Procesos, inquisiciones, pruebas

Homenaje a Mario Sbriccoli

EMANUELE CONTE
MARTA MADERO
(editores)

Procesos, inquisiciones, pruebas

Homenaje a Mario Sbriccoli

MANANTIAL
Buenos Aires

Diseño de tapa: Eduardo Ruiz

Marta Madero
Procesos, inquisiciones, pruebas : homenaje a Mario Sbriccoli / Marta Madero y Emanuele Conte . - 1a ed. - Buenos Aires : Manantial, 2009.
256 p. ; 23x16 cm.

ISBN 978-987-500-125-1

1. Historia Jurídica. I. CONTE , EMANUELE
CDD 340.09

Hecho el depósito que marca la ley 11.723
Impreso en la Argentina

Avda. de Mayo 1365, 6° piso
(1085) Buenos Aires, Argentina
Tel: (54-11) 4383-7350 / 4383-6059
info@emanantial.com.ar
www.emanantial.com.ar

ISBN 978-987-500-125-1

Índice

Prólogo

Según un artículo publicado en el *New York Times* el 30 de mayo de 2007, mientras la administración Bush reformulaba las reglas que debían seguirse en los interrogatorios de prisioneros, un grupo de expertos criticaba los métodos usados hasta entonces con el argumento de que se trataba de una mezcla que databa de los años cincuenta o de una copia de las prácticas soviéticas. Los expertos proponían, en contra de lo que se denomina púdicamente "*harsh interrogation techniques*", la revisión de las estrategias de interrogación usando trucos de veteranos detectives de homicidios y sofisticadas fórmulas de *marketing*. Pero los expertos no eran unánimes. En el año 2005 un estudio de la Universidad de Harvard había apoyado el uso selectivo de técnicas "altamente coercitivas", mientras que un estudio de marzo de 2003 redactado por un profesor de derecho de la Universidad de Berkeley, el doctor John C. Yoo, proponía una definición limitada de lo que podía ser considerado tortura que abría ampliamente las puertas a su uso: "La víctima debe experimentar un intenso dolor o sufrimiento del tipo que es equivalente al dolor que estaría asociado con un daño corporal tan severo como para que de él resulte la muerte, la falla de un órgano o la pérdida de significativas funciones corporales".

Si buscamos la forma mínima de estas consideraciones –y sin que esto impida desde luego una reflexión indispensable sobre sus consecuencias en el plano ético y en término de derechos–, vemos que se trata de dos cosas. Por un lado, de las diferentes prácticas y teorías de producción de verdad. Por otro, de lo que Jean Bodin llamaba, a fines del siglo XVI, "el poder absoluto y perpetuo de una República, que los latinos llamaban *majestatem*".[1]

La *maiestas* se manifiesta disciplinando precisamente ese momento fundamental del proceso en el que la prueba de los hechos se ordena según la calificación que da forma al universo abstracto del derecho. La prueba no revela una verdad pura, exterior y "salvaje", se sitúa por el contrario en el cruce entre hechos y calificación jurídica. Esto sucede tanto en el ámbito del derecho privado, en la protección de los intereses de los particulares en términos de propiedad, sucesiones, familia, contratos, como en el del derecho penal. El régimen de la prueba, construido doctrinalmente y puesto en práctica por el magistrado público, produce efectos mayores en la defensa de los intereses. En la *maiestas* se articula también uno de los momentos más decisivos de la historia del derecho procesal, el del pasaje medieval del proceso acusatorio –que requiere un demandante para iniciarse–, al proceso inquisitivo –en el que la *fama* de un hecho bastará para la introducción de la instancia–. Se pondrá así en manos del magistrado que realiza la *inquisitio* un poder susceptible de justificar el uso de la tortura en la búsqueda de una verdad que cela el secreto que vulnera la *maiestas* del soberano con la traición, de la naturaleza con la homosexualidad, de Dios con la herejía.[2] La verdad se arranca del cuerpo –éstos eran los términos mismos que designaban la tortura en el proceso inquisitorio: "eruere veritatem". Una tortura que era objeto de reglas específicas, de condiciones de uso, que debía, en definitiva, respetar un orden y produciría una ingente literatura doctrinal.

Pero antes de la tortura (si tomamos como punto de partida la Edad Media) y junto a ella, existen otros regímenes de prueba que acompañan o sustituyen la práctica testimonial. El cuerpo revela la verdad en las ordalías, en las que Dios daba el triunfo a quien defendía en combate judicial un enunciado verdadero, curaba la palma de la mano del inocente que hubiese tomado el hierro candente, hacía que el agua mostrara, impidiendo que flote, que no rechazaba a quien juraba sinceramente que no había cometido un acto de brujería, o preservaba de la destrucción y la eterna condena a quien no juraba en falso. Y al mismo tiempo que el cuerpo habla en la tortura que remplazaría a las ordalías, rechazadas por el IV Concilio de Letrán en 1215, la verdad es arrancada en cierto modo del cuerpo por las técnicas persuasivas tendientes a producir la confesión auricular que el mismo Concilio de 1215 imponía al menos una vez al año a los creyentes con el fin de asistir al alma del penitente, dando lugar a la producción de manuales de confesión que enseñasen a los sacerdotes las formas de la interrogación, los síntomas del pecado, el encadenamiento de las preguntas. Los peritajes harían, a su vez, de un cuerpo silencioso e inmóvil el objeto de una enunciación de verdad vista por otro, pero acosada no obstante por la incertidumbre, porque la semiología somática no daba lugar a un conocimiento sensorialmente certero. Proceso y prueba son interrogantes siempre vivos, siempre, desgraciadamente, en carne viva, y la historia no puede ser ignorada si se quiere entender el presente.

* * *

Cuando comenzamos a organizar en Buenos Aires un coloquio sobre *Proceso judicial y prueba de la Antigüedad a la Modernidad Temprana* que tenía la ambición de reunir a algunas de las grandes figuras europeas de la historia del derecho, el nombre de Mario Sbriccoli fue una inmediata certeza. Aceptó con entusiasmo y ofreció incluso su colaboración en una organización que ha requerido mucho de la generosidad de los colegas y las instituciones a las que pertenecen. Pocos meses después llegaba la noticia de su prematura muerte, que transformó el encuentro, ensombrecido por su ausencia, en un homenaje a su recuerdo. El brillante análisis de su obra hecho aquí por uno de sus discípulos, Massimo Meccarelli, haría redundante una empresa análoga por parte nuestra, y por lo tanto estas breves líneas no incluirán una evocación de su obra, sino sólo la memoria emocionada de una de las figuras que más ha contribuido al diálogo indispensable entre historia y derecho. La temática parecía pensada para honrarlo y esperamos que así haya sido.

El encuentro tuvo lugar los días 4 y 5 de septiembre de 2006 en la Universidad Nacional de General Sarmiento y en la Universidad Torcuato Di Tella. Reunió a jóvenes y menos jóvenes y fue, como Mario Sbriccoli, amable y fecundo. La decisión de publicar los textos en español responde a la esperanza de llegar a un público más amplio con temáticas que no ofrecen excesivas publicaciones en nuestra lengua fuera del ámbito de las revistas especializadas.

Debemos agradecimiento a muchos. Ante todo, a la Agencia Nacional para la Promoción de la Investigación Científica y Técnica, que financió un proyecto sobre "Formas del proceso judicial en la tradición romana y canónica en Bizancio y Occidente durante la Edad Media" que ha tenido este libro entre sus resultados, a la Embajada de Italia en Argentina y en particular al Sr. Consejero Fabrizio Marcelli, a las Universidades de Roma Tre, La Sapienza, Macerata y Huelva, a la Universidad de Buenos Aires y la Universidad Nacional de General Sarmiento, a la École des Hautes Études en Sciences Sociales y al Doctorat européen en histoire, sociologie, anthropologie et philosophie des cultures juridiques européennes. Con profundo dolor, debemos recordar también la figura luminosa de Yan Thomas, director del Centre d'Ètudes des normes juridiques de l'EHESS, recientemente fallecido. Su pródiga colaboración hizo posible este encuentro y a su fervor por la formación en historia del derecho de jóvenes de las más variadas latitudes nuestro país le debe mucho. Una salud ya inestable cuando preparábamos este volumen no le permitió unir la versión final de su intervención al homenaje rendido, *viva voce*, a un amigo. Eleonora Dell'Elicine, Héctor Francisco, Paola Miceli y Sebastián Provvidente han consagrado un enorme esfuerzo a la realización del encuentro. Alejandro Morin y Eleonora Cavazzini han prolongado su compromiso y su dedicación dando forma final a este libro. En la Universidad Nacional de General Sarmiento, el equipo técnico administrativo ha apoyado la realización del coloquio con eficiencia, generosidad y humor. Debemos por ello agradecer vivamente a María Inés Barone, Emilia Romero, José Manuel Latasa, Daiana Díaz y en particular a Romina Antognoni, quien llevó la más pesada carga. A

Agustín Campero y a Inés González Bombal, generosa y casi plácida directora del Instituto de Ciencias de la UNGS, debemos el apoyo brindado en el tramo final.

EMANUELE CONTE y MARTA MADERO

NOTAS

1. La frase es citada por Mario Sbriccoli en *Crimen Laesae Maiestatis. Il problema del reato politico alle soglie della scienza penalistica moderna,* Milán, 1974, pág. 11.

2. Se deben recordar aquí tres obras esenciales, la de Mario Sbriccoli, la de Yan Thomas y la de Jacques Chiffoleau.

La dimensión doctrinal del proceso desde una perspectiva de historia de la justicia criminal, a la luz de la lección historiográfica de Mario Sbriccoli*

MASSIMO MECCARELLI
Università di Macerata

> No hablaré de culturas que se pierden. La constancia de vida, la duradera continuidad de la vida, es una certidumbre de arte.
>
> J. L. BORGES, *Inquisiciones*

Encontrar las palabras para recoger las ideas. Reflexionar sobre la lección historiográfica de Mario Sbriccoli es también una ocasión para reapropiarse de un legado intelectual que, después de su muerte y en el persistente sentimiento de su ausencia, permanece fuerte y vital. Se trata, por otra parte, de pasar revista a un itinerario científico tan irrepetible como capaz de proponer ideas y claves de interpretación de la experiencia jurídica actualísimas.[1] Éste es, por consiguiente, un ejercicio necesario, de una utilidad no aplazable; incluso en la clara percepción del alumno que se sabe inadecuado para medirse con el talento de su maestro.

En las páginas que siguen trataré de rastrear en sus trabajos el método, los instrumentos, los esquemas analíticos, las categorías interpretativas; luego quisiera analizar el resultado al que ha llegado, y finalmente reflexionar acerca de las perspectivas historiográficas que, teniendo en cuenta aquellos instrumentos y sobre la base de sus aportes, pueden ser todavía recorridas.

LA INTEGRACIÓN DE LOS SABERES

El destino adverso impidió a Mario Sbriccoli llevar a término aquella "Historia de lo penal" que desde hacía tantos años se proponía escribir, aunque estuviese ya presente en sus trabajos. Su itinerario de estudioso se ha desarrollado de hecho paso a paso, a través de atentas verificaciones, ponderaciones y replanteos de los que ha manado un formidable recorrido historiográfico que ahora se nos presenta coherente, orgánico y unitario.

La elección del método fue decisiva a este respecto; ella tuvo el carácter de una fundación *ex ante*, y ha servido por lo tanto para establecer el campo de las indagatorias, elegir los acercamientos y elaborar los instrumentos. El anclaje metodológico toma su iniciativa de la idea de desarrollar una indagación científica sobre el derecho, prestando atención también a la complejidad en la que se halla inmerso el dato jurídico. Es una elección del campo que está ya presente en su afortunada *opera prima*,[2] en la que el tema de la interpretación del estatuto medieval se transforma en una reflexión acerca de la función de los juristas en la época comunal.[3] Aplicada a la materia penal, a la que Sbriccoli dedica enteramente sus estudios, esta formulación ha delineado luego contornos más definidos. Intentemos releerlos.

El historiador del derecho penal, en aquellos años setenta, parecía llamado a cumplir un triple objetivo:[4] indicar "lo que de político produce cada sistema"; estudiar sistemáticamente "la reflexión sobre el nexo derecho-política";[5] considerar el derecho penal en "su centralidad en la historia y en la lucha cívica", es decir, pensarlo no sólo como un instrumento de poder, sino también como un lugar de choque político y social: "El terreno mismo en el que se reclaman y contestan derechos, prerrogativas, espacios".

Pero para lograr un objetivo tan inédito era necesario encontrar una dimensión epistemológica idónea: ésta partía de la constatación de la fuerte relación entre el momento jurídico y la conciencia de la sociedad y su funcionamiento.[6] Las características de lo penal, ha reiterado Sbriccoli en numerosas ocasiones, dependen directamente de la constitución material de una sociedad, porque lo penal "tiende naturalmente a adaptarse a las lógicas constitucionales de los poderes que lo expresan".[7]

Esta situación ha impuesto la necesidad de considerar la historia del derecho como historia de una ciencia de la sociedad, estrechamente relacionada así con otras ciencias sociales.[8] Aquí se justifica el despliegue interdisciplinario que constituye lo típico y constante de su actividad científica.

En el plano programático había que buscar y promover un diálogo capaz de crear una relación instrumental recíproca entre las diversas disciplinas históricas (y no sólo históricas) interesadas en la cuestión penal.[9] Sbriccoli entendía que de esta forma podía afirmarse un principio de integración de los saberes. No era un simple llamado al diálogo interdisciplinario; en realidad se trataba de una verdadera y profunda refundación epistemológica: era necesario des-disciplinarse y adquirir competencias complejas.[10] En el plano historiográfico, había observado Sbriccoli más recientemente, debía someterse el tema de lo penal a "una serie de reactivos disciplinarios plurales", capaces de "complicarlo, fecundándolo y dislocándolo en terrenos diversos de aquel en el cual, disciplinariamente (debería haber) estado".[11]

Pero atención, esto no significaba de ninguna manera renunciar al propio ámbito específico; en una convergencia metodológica era necesario continuar desarrollando sus propias investigaciones, desde aquellas perspectivas que provienen de la propia ubicación disciplinar; es más, si los objetos específicos permanecen distintos, la integración de los saberes se proponía como (necesariamente) funcional a su estudio.[12]

Mario Sbriccoli, al adoptar un método integrado, permanecía como un historiador del derecho, es decir, un jurista que, al recuperar el sentido de ciertas parábolas de la experiencia histórica, pretendía insertarse (y lo hacía) en los debates contemporáneos de los juristas. El objetivo se indicaba con claridad: "Instaurar una relación de sostén –un verdadero *feed-back*– entre la historia del fenómeno jurídico y el movimiento de reforma jurídica e institucional cuya urgencia se advierte y que se intenta poner en marcha en él".[13] No es casual que la investigación de Sbriccoli se haya desarrollado más allá de la cronología medieval y moderna, siguiendo aquello que él ha denominado el "proceso de civilización penal",[14] hasta la edad contemporánea.

Él advertía, además, la exigencia de conservar el perfil técnico jurídico en la individuación del objeto de estudio, porque la historia de lo penal, explicaba Sbriccoli, "debe tener en cuenta el momento jurídico específico".[15] Una especificidad tal era, desde la perspectiva de la buscada integración, también funcional para los estudios de historia social. Es decir, en virtud de aquella inclinación a "reflejar la realidad" y junto al registro de mensajes y señales propias del fenómeno jurídico, el historiador social podía descubrir "fenómenos sociales que serían de otro modo asintomáticos".[16]

Esta impostación metodológica ha conducido a la individuación de un ámbito de investigación inédito: aquel de la historia del crimen y de la justicia criminal, entendida ésta como terreno de encuentro o también como punto de fusión de objetos y metodologías, que pertenecen en partes equilibradas a la historia del derecho y a la historia social;[17] la historia de la justicia criminal habría recompuesto juntas "la historia de la sociedad y la de las producciones normativas de los poderes públicos, los enfoques políticos y antropológicos, las relaciones entre justicia y poder, las justicias plurales y su progresiva *reductio ad unitatem*, las culturas y costumbres, las mentalidades y las prácticas".[18]

La historia del derecho penal integrada en una perspectiva de historia de la justicia criminal se ha convertido, de esta forma, en una historia de lo penal. Aquí el derecho es visto como parte de una experiencia jurídica compleja,[19] y considerado en sus conexiones con la sociedad; en este sentido –y continúo utilizando expresiones de Sbriccoli– la historia de lo penal es la historia de una pluralidad articulada, capaz de considerar la materia penal como un objeto pluridimensional. Se recuperan por ejemplo elementos privatísticos, se descubren caracteres publicísticos que no tienen connotaciones estatales; se considera al proceso (entendido en términos modernos) como inserto en un contexto de formas de justicia diversas.[20]

La historia de lo penal también permite descubrir que estos elementos de pluralidad no se encuadran en una sucesión evolutiva en la que un elemento es sustituido por otro siguiendo una secuencia lógica; los elementos de la pluralidad "conviven, se condicionan y se influencian", la historia de lo penal permite ver esta complejidad como sistema y reconstruir sus regímenes de funcionamiento internos.[21]

REPRESENTACIÓN DE LA DIMENSIÓN DE JUSTICIA

Tratemos ahora de considerar los aportes de las investigaciones conducidas con estas formulaciones metodológicas a partir de lo relativo a la representación de la dimensión de la justicia entre el medioevo tardío y la edad moderna. Ésta –observaba Sbriccoli, haciendo un balance de la historiografía de los últimos decenios– ha sido redescubierta como objeto unitario pero plural, en el sentido de que "es una sola [...] pero conoce modos diversos para manifestarse o afirmarse";[22] la multiplicidad de puntos de vista involucrados en la investigación sobre la justicia criminal ha permitido de hecho tomar la noción de justicia en el marco de la "complejidad que efectivamente la caracterizó y por lo que objetivamente fue".[23]

Es una reconstrucción de la dimensión de la justicia que Sbriccoli ha entendido realizar sin recurrir al condicionante paradigma del Estado, que aquí entonces es útil para designar sólo una cierta tipología de justicia penal, aquella propia del siglo XIX, cuya lógica llevaba a circunscribir la noción de justicia sobre la base de su finalidad: la defensa de la ley y la aplicación de una pena a quien la desobedeciese.[24] La inadecuación del paradigma del Estado resultaba evidente frente a los datos, que precisamente las investigaciones de historia de la justicia criminal hacían emerger: el problema se relacionaba con la comprensión de una forma de justicia comunitaria que se proponía como típica (sobre un plano cuantitativo pero también cualitativo)[25] en la dimensión de la justicia de aquellos siglos. El empleo (a sabiendas o no) del paradigma de Estado para interpretarla llevaba a resultados paradojales y desviantes,[26] porque terminaba colocando por fuera de la dimensión de la justicia algo que, en cambio, constituía una de sus características; Sbriccoli agregaba, a modo de ejemplo de ese vicio de configuración, ciertas categorías interpretativas tales como infrajudicial o extrajudicial.[27]

El criterio de delimitación de esta dimensión de la justicia, unitaria y plural, no podía por otra parte ser el de su finalidad, porque los fines de aquella justicia eran variados: " 'Dar razón' o 'dar satisfacción', reparar una injusticia, reparar un daño, compensar, resarcir, pacificar, incluso infligir una pena, o más sencillamente dar lugar a una previsión normativa a través de un procedimiento regulado".[28]

Este criterio de delimitación se volvía entonces, más ampliamente, el carácter ritual de la justicia; es decir, el hecho de ser una justicia entendida como "resultado aceptado de un rito".[29] El discurso de la justicia terminaba entonces por concentrarse en el rito, como lugar jurídico en el que es posible observar el surgimiento de la dimensión penal pública "del complejo indistinto de la conflictualidad urbana confiada a la justicia negociada y a las transacciones".[30] Las formas de manifestación de la justicia consideradas en esta perspectiva debían ser aquellas que presentaban características de derecho público –en el sentido de que respondían a la tutela de intereses colectivos– aun sin poseer los rasgos de lo público-estatal,[31] y también aquellas con vocación más relevantemente privatista. Sobre la base de estos resultados, Sbriccoli ha alcanzado una racionalización de categorías muy eficaz para leer esta justicia plural en sus valencias históricas unitarias. Me refiero a la afortunada distinción entre justicia negociada y justicia hegemónica.[32]

La primera le ha servido para designar a la justicia comunitaria de la mediación, que tiende a sustituir la venganza, obteniendo, además de la satisfacción de la víctima, una composición de la disputa. Es la justicia que llama también a la causa los entornos de pertenencia, que intervienen bajo varios títulos en el proceso de negociación y comprende las diferentes formas de justicia: aquella "obtenida con la mera tratativa entre los interesados con exclusión de cualquier formalidad, las que implican una mediación social, e incluso aquellas que aprovechan la estructura judicial pública, a condición de que ésta se deje involucrar en la negociación haciéndose promotora, fiduciaria o garante". Este tipo de justicia "reposa sobre el consenso más que sobre la certeza".[33]

Con la segunda, en cambio, Sbriccoli designa una justicia que pretende afirmar y promover el principio de obediencia a la ley más que conseguir la recomposición del conflicto. Ésta cambia el sentido de la noción misma de justicia en la esfera semántica de la "represión y de la 'lucha contra el crimen'" abandonando el lenguaje "de la distributiva y resarcitoria".[34] Contrariamente a la precedente, este tipo de justicia avanza "sobre la certeza y no necesariamente sobre el consenso".[35] Es la connotación hegemónica, de hecho, la que reduce la justicia a la mera aplicación de la ley.

Justicia hegemónica y justicia negociada, en la reconstrucción de Sbriccoli, sirven para designar al mismo tiempo la mutación y el sostén de aquella dimensión plural de la justicia. Me detendré brevemente sobre esta ambivalencia. Bajo el primer aspecto, la justicia negociada opera ya desde la primera fase de la experiencia jurídica medieval; la justicia hegemónica en cambio comienza a afirmarse entre los siglos XIII y XIV; se restablece junto a la justicia negociada y progresivamente toma la delantera, constituyendo la plataforma sobre la que se edificará la justicia penal en la época contemporánea.[36]

En la base está aquel largo proceso que, partiendo de la crisis del modelo comunal, lleva a la afirmación de los regímenes señoriales, y luego, ya en la

Edad Moderna, a la conformación de formaciones políticas estatales, con una conexa transmutación del sistema de poder ciudadano que, de una fase comunitaria (donde primaba la regla consuetudinaria), pasa a una fase autoritaria (donde cuenta cada vez más la regla de la voluntad del príncipe).[37] Esto configura una nueva relación entre derecho y poder en la que la *Res publica* encuentra estratégico ejercer un derecho de castigar para tutelarse a sí misma.[38]

Justicia negociada y justicia hegemónica son expresiones, sin embargo, que designan también las bases del sistema judicial entre el medioevo y la Edad Moderna. De hecho, si bien son portadoras de concepciones opuestas de la justicia, tienden en concreto a combinarse en un régimen relativamente variable, pero tendencialmente estable durante todo el Antiguo Régimen.[39]

El nuevo registro hegemónico de la justicia no logrará afirmarse completamente; se limitará a interesarse por la alta criminalidad, y tendrá una capacidad limitada de penetración territorial que deja afuera las periferias, conservando así espacios libres, externos al juicio "público", y que se reservan a las prácticas de la justicia tradicional.[40] Pero hay más aún: la justicia negociada "preservará su núcleo distintivo anidándolo en las prácticas que presidirán el nuevo modo de hacer justicia, mientras su espíritu continuará condicionando los sistemas penales hasta el fin de los antiguos regímenes".[41] Aquello que se realiza, explica Sbriccoli, es un fenómeno de "homologación de la justicia negociada 'tradicional', que paulatinamente acaba tomando el color, el estilo, hasta hacerse absorber por la justicia hegemónica".[42] Se trata de una permeabilidad recíproca por medio de la cual la justicia negociada, al conformarse en aquella hegemónica de aparato, termina por atribuirse algunos perfiles de negociación que no le eran en su origen propios. Puede pensarse en el discurso de la "mediación" en el momento de la ejecución penal, que tiene un papel importante en el sistema penal del Antiguo Régimen.[43]

La posibilidad técnica de una homogeneización de este tipo es individualizada por Sbriccoli en la relación entre la dimensión procesal y la sustancial. Hoy estamos habituados a concebir un primado de lo penal sustancial, que predefine y circunscribe el ámbito de acción del proceso penal; pero en lo penal del medioevo tardío esta relación aparece invertida, pues las normas sustanciales no son "ni prioritarias ni presupuestas, sino entregadas al juez para que exprese juicios interpretativos sobre los actos de los justiciables, de quienes es necesario sobre todo evaluar la *pravitas*, la nocividad y el grado de desobediencia". Por esto la justicia hegemónica se expone necesariamente a las infiltraciones de la justicia negociada y se dificulta la emergencia de una dimensión procesal autónoma.[44]

La falta de sujeción de la dimensión procesal a aquella sustancial constituye, en el plano técnico jurídico, un cotejo de la existencia de varias formas de justicia, que precisamente el terreno multiforme del proceso hace emerger en su disposición más efectiva.

EL "DERECHO RITUAL" EN LA DIMENSIÓN DE LA JUSTICIA PLURAL

Volvamos por lo tanto sobre el rito, para poder valorar mejor el significado de este punto en referencia al proceso penal. La dimensión plural de la justicia, redescubierta a la luz de aquellas categorías ordenadoras, es observada por Sbriccoli sobre el terreno más estrechamente técnico-jurídico, respecto al "complejo conjunto de operaciones y ritos judiciales que está dentro de los tantos (y diferentes) 'procesos' posibles, en las tantas combinaciones espacio-temporales posibles".[45] A este propósito Sbriccoli habla de derecho ritual, entendido como "el conjunto de reglas (o prácticas) que, respecto de las instituciones judiciales, disciplinan las competencias y el procedimiento";[46] y propone además desarticular la categoría de proceso penal,[47] incapaz de abarcar en su conjunto este articulado panorama de ritos procesales,[48] y de buscarla dentro de las prácticas, incluso cuando se estudia el punto científico-doctrinal sobre el proceso; esto justamente "para evitar equívocos, exclusiones o anacronismos".[49]

La perspectiva que de esto deriva, y aquí la expresión me pertenece, es aquella de una historia de la dimensión doctrinal del proceso desde una perspectiva fenomenológica. Se estudian las diversas procedencias desde el punto de vista del sistema en acto; es decir, considerando sus posibles y efectivas concatenaciones y los correspondientes desarrollos evolutivos, para reconstruir, desde un punto de vista técnico-jurídico, el sentido histórico de aquella dimensión de la justicia.

Un ejemplo posible es la relectura innovadora ofrecida por Sbriccoli sobre los conceptos de *accusatio* e *inquisitio*: estos "modus procedendi" son considerados como "maneras procesales [...] trenzadas entre ellas en el efectivo desarrollo del proceso", hasta poder concluir que "parecen corresponder con estadios del procedimiento, o con sus fases, que se combinan diversamente siguiendo la dinámica propia de cada caso procesal".[50] Pero esto no significa desconocer la peculiaridad y los elementos de diferenciación, que el mismo Sbriccoli describe y remarca con precisión.[51] El punto que nos interesa aquí, no obstante, es otro: reconsiderada de este modo, la composición entre registro acusatorio e inquisitorial da vida a un procedimiento mixto, caracterizado "en modo creciente por la expansión de la función investigadora, pero no obstante condicionada incluso por el comportamiento extra-procesal de las partes implicadas".[52]

Sobre esta línea se coloca también el intento de reconstrucción de la relación entre aquellas formas procesales y las dinámicas de pacificación transaccionales.[53] Esto ha podido así dar cuenta, desde el punto de vista del proceso, de la existencia de un lazo, en la justicia plural, entre la vocación marcadamente privatística y aquella en cambio de derecho público.

Pero no son sólo las categorías generales del proceso las que se vivifican a partir de la historia de su dimensión doctrinal desarrollada desde una perspectiva fenomenológica; ésta de hecho permite también considerar aspectos específicos de los procesos sin caer en una reconstrucción tecnicista y descontextualizada. En particular, el instituto procesal viene comprendido más bien en su función respecto a las tendencias al cambio que atraviesan la dimensión de la justicia. Una formulación de este tipo induce a considerar los medios procesales en relación con un tipo de justicia que logran inducir, transformándolos así en indicadores de la naturaleza de los ordenamientos punitivos.[54] Así sucede por ejemplo para ciertas categorías individualizadas por Sbriccoli como pivotes técnico-jurídicos de la transformación del derecho ritual en una perspectiva hegemónica; piénsese en la acción, en la prueba, en la pena.[55]

Esta aproximación al estudio del proceso judicial es de indudable utilidad en el terreno socio-político e institucional, tal como la historiografía más atenta sobre historia medieval ha demostrado, pero lo es fundamentalmente también desde el punto de vista más específicamente histórico-jurídico: permite individualizar y explicar la fase de surgimiento de lo penal, y ciertas premisas de aquella que conformarán luego, en el siglo XIX, la fase de construcción de lo penal.[56]

LA DOCTRINA JURÍDICA Y LA FENOMENOLOGÍA DEL PROCESO

Hay un tercer punto en el itinerario historiográfico sbriccoliano sobre el que quisiera detenerme: se trata del discurso acerca de la relevancia, en este cuadro de reconstrucción fenomenológica, de la fuente doctrinal. El jurista, nos enseña Sbriccoli, se inserta en la relación que se instaura entre procesos de poder y medios jurídicos, mediando los intereses socialmente relevantes a partir de su ponderación en el nivel del ordenamiento jurídico.[57] Los juristas, además, desarrollan también un rol de contrapeso constitucional[58] en un horizonte, como aquel tardomedieval y de Antiguo Régimen, en el que las disposiciones de poder trazan los empujes dinámicos del poder político, pero no el nivel de orden.

Para Sbriccoli, la dimensión de la justicia criminal es un terreno útil para verificar, en concreto, la función del jurista; siendo el de la justicia también el terreno en el que se juega la redefinición de las nuevas relaciones de poder, y la relación entre poder y derecho. La doctrina se descubre así en su capacidad de realizar la tarea de adecuar el orden jurídico a las nuevas disposiciones constitucionales, que vienen madurando desde el fin de las autonomías comunales y el nacimiento de los estados jurisdiccionales: "El fin político de la justicia se anuda en la teorización de los juristas, que confieren a la realización de ese fin racionalidad, base técnica, credibilidad y consenso, además del necesario crisma de legitimidad".[59]

También en este caso las conclusiones a las que llega Sbriccoli brotan de cotejos puntuales. Un primer ejemplo importante es la individuación del rol decisivo que el estudio doctrinal tuvo en la racionalización del enlace, dialéctico y a la vez cooperativo, que se produce al nivel de la justicia practicada, entre *accusatio* e *inquisitio*.[60] El mismo discurso vale para el aporte de la doctrina en la construcción del diseño jurídico que tipifica y estabiliza la justicia hegemónica. Son los juristas con sus obras doctrinales quienes aseguran la tarea de integrar "cada vez más en la justicia penal ordinaria los criterios típicos de la justicia hegemónica".[61] Técnicamente, la operación, como bien lo ha demostrado Sbriccoli,[62] se ha exteriorizado en una generalización a todas las tipologías del delito, del paradigma del delito político, entendido éste como principio de obediencia, traduciendo en lenguaje científico (y por lo tanto estabilizándolo en el tiempo) lo que acaecía en la práctica.

En la operación de síntesis doctrinal dedicada a cuestiones de naturaleza procesal,[63] que parte del "vidi communiter observari", el jurista del *ius commune* añade valencias y contenidos que son, por decirlo de algún modo, apropiados para la realidad descripta, pero no originariamente propios de aquella realidad. En particular para aquella doctrina se ha tratado, y los estudios de Sbriccoli así lo han puesto en evidencia, de explicar el formato penal de los conflictos, y de implementar así una primera base de conceptos y categorías para construir el derecho penal sustancial.[64] Ha sido un trabajo fundamental para inspirar los contenidos de las principales legislaciones criminales, que en la Edad Moderna serán emanadas de los Príncipes, siempre desde una óptica de consolidación de (su) justicia hegemónica.[65]

De este modo, la doctrina plantea una descripción científica de lo penal practicado, desarrollando un discurso constitutivo de la alta justicia, pero al mismo tiempo también un discurso reflexivo de la justicia plural,[66] en el sentido de que "mientras funda y explica los engranajes y las razones de un sistema punitivo, da también cuenta ampliamente de los contextos que les están relacionados".[67]

Esto no quiere decir para Sbriccoli que en la lectura doctrinal se contemple toda la multiplicidad de niveles en los que la dimensión de justicia se exterioriza.[68] Incluso en el abordaje científico del problema de la justicia, Sbriccoli da cuenta de los contextos y de las tendencias en acto, y explica cuáles son los instrumentos estratégicos para favorecerlas o gobernarlas. Si interpreto bien su pensamiento, diría que podemos considerar la dimensión doctrinal del proceso como un eficaz punto de observación unitario (aunque no exhaustivo) de la justicia plural.

LAS PERSPECTIVAS HISTORIOGRÁFICAS

A continuación formularé algunas reflexiones sobre las perspectivas historiográficas abiertas por la obra de Mario Sbriccoli. A mi entender, se puede, incluso se debe, continuar interrogando las fuentes doctrinales desde una perspectiva que tenga presente su aptitud para la efectividad. Es cierto que mucho ha sido esclarecido con respecto a la fase de surgimiento del derecho penal y de la historia del proceso que la encuadra. Pero todavía hay terrenos para desbrozar. Pienso en particular, como historiador del derecho, en las categorías sistemáticas que articulan las prácticas de justicia y sus lecturas doctrinales. Un ejemplo, pensando en mis experiencias de investigación, es la pareja conceptual *ordinarium/extraordinarium.*[69] A través de estas categorías teóricas, la complejidad procesal de la justicia practicada es descripta (y concebida) en el plano doctrinal como "sistema". Y esto sin tener que recurrir a mecanismos sistemáticos de encierro autorreferencial.[70]

Una investigación sobre la dimensión doctrinal de la flexibilidad procesal, a la que apunto, puede ser pensada en relación con al menos cuatro perfiles:[71] la variabilidad del procedimiento; el carácter abierto del momento de cierre del procedimiento; la "accidentalidad" del sujeto de derecho; los regímenes de la jurisdicción (concurrencia, exclusión, articulación).

Bajo el primer perfil, la variabilidad del procedimiento, sería interesante analizar más de cerca cuáles son las categorías teóricas pensadas para regular los regímenes de concatenaciones variables de los módulos procedimentales heterogéneos. Esto incluso desde una perspectiva de reconstrucción de la relación entre categorías ordenadoras del proceso y categorías generales del sistema jurídico. Sobre este terreno por ejemplo podría considerarse el aporte específico de la doctrina canónica a la producción de conceptos e instituciones capaces de favorecer la caracterización flexible del rito procesal; pienso, a modo de ejemplo, en las así llamadas *clausulae diminuentes iuris ordinem*;[72] pero me parece que podrían indagarse desde esta óptica también los terrenos de la prueba y de la pena.

Otra vertiente a considerar –si bien se inscribiría en una cronología de la Edad Moderna– es aquel legado en la génesis de los modelos procesales. Objeto de investigación sería entonces el significado, en el plano de las categorías jurídicas, de la tipificación del rito procesal, o para decirlo de otro modo, de la cristalización de las "maneras procesales" en modelos procesales.

Llegamos ahora al perfil que he designado como el carácter abierto del momento de cierre del procedimiento; el objeto de estudio serían en este caso las instituciones que en el plano doctrinal, siguiendo la lógica de aquella justicia plural, pueden funcionar como instrumentos para regular (*rebus sic stantibus*) la conclusión del rito y más en general los modos de salida de los procesos.[73] Pienso en este momento en los complejos regímenes jurídicos de la *absolutio* (por ejemplo la *absolutio cum clausula* o *ab instantia* o bien *cum cautione*, *cum fideiussione*, etc.), o en aquellos de la *transactio*, que tienden a hacer oscilar los asuntos judiciales entre el registro hegemónico y el negociable, interrumpiendo, reenviando, dislocando el proceso. No descuidaría ni siquiera considerar la vertiente de la condena; incluso aquí permanece el carácter abierto en el momento de cierre del procedimiento. Piénsese en las negociaciones sobre las ejecuciones de la pena o en las revisiones de las condenas.

Un tercer perfil es aquel que he definido a partir de la "accidentalidad" del sujeto de derecho, que hace referencia a los actores que entran en juego en el proceso porque son legitimados, o bien porque están involucrados en él por diversas circunstancias.[74] Sobre el punto tenemos numerosos testimonios en las fuentes de archivo, y sería interesante desarrollar una investigación orientada hacia las categorías doctrinales que traducen en el plano de la doctrina (y por lo tanto del sistema) esta dinámica de la justicia practicada.

Finalmente, el cuarto perfil indicado: aquel de los regímenes de la jurisdicción (concurrencia, exclusión, articulación). Se trata en este caso de considerar los instrumentos jurídicos capaces de regular los regímenes de dislocación de jurisdicción, que a menudo son acompañados por (o están en la base de) la variabilidad de los recorridos procesales sobre los que ya hemos puntualizado. El punto es cuanto menos relevante en ordenamientos como los de la Edad Media y Moderna, caracterizados por un pronunciado pluralismo jurisdiccional,[75] y por la variabilidad de los concretos equilibrios entre los poderes políticos;[76] por lo que podemos decir que la jurisdicción penal no es repartida, sino compartida entre jurisdicciones concurrentes, y la justicia administrada es el resultado de la efectiva disposición que éstas asumen recíprocamente.

Podría efectuarse con este propósito un reconocimiento de los criterios puestos en juego por los juristas para combinar, en el terreno del derecho ritual, la coexistencia de jurisdicciones concurrentes, asumidas como un dato fisiológico de la dimensión de la justicia. Éstas podrían revelarse no sólo como referibles a un cuadro de conjunto, sino también esclarecer cómo y en qué medida la justicia se convierte en un terreno de manifestación de la confrontación política, que se desarrolla sobre el terreno de la *iurisdictio*.

Todos los ámbitos de investigación que he ilustrado tienen un perfil histórico-jurídico muy acentuado. Pero tienen sin embargo una implicación directa en la justicia practicada. Así, integrados en una perspectiva de historia de la justicia criminal, serían muy útiles para comprender no sólo la historia de la justicia, sino también las concretas dinámicas de legitimación del espacio público en la ciudad medieval[77] y en los ordenamientos del Antiguo Régimen.

Éstas sin embargo son valoraciones apenas esbozadas, y que precisamente por esto permanecen en la superficie; no constituyen ni siquiera una lista de cosas por hacer; si bien pretendían ser, en la medida en que pudiesen, un testimonio de la actualidad de la lección metodológica e historiográfica de Mario Sbriccoli; una lección que, precisamente por su pertinencia, me parece destinada a ser un punto de referencia seguro en el recorrido que nos resta cumplir como juristas e historiadores.

NOTAS

* Traducción de Eleonora Cavazzini.

1. Véanse los resultados del Congreso dedicado a Mario Sbriccoli (Macerata, 26-28 de octubre de 2006) en L. Lacchè, C. Latini, P. Marchetti, M. Meccarelli (dir.), *Penale, Giustizia, Potere. Metodi, Ricerche, Storiografie. Per ricordare Mario Sbriccoli*, Macerata, EUM, 2007.

2. M. Sbriccoli, *L'Interpretazione dello Statuto. Contributo allo studio della funzione dei giuristi nell'età comunale*, Milán, Giuffrè, 1969.

3. Véase P. Grossi, "Ricordo di Mario Sbriccoli", en *Quaderni fiorentini per la storia del pensiero giuridico moderno*, 33-34 (2004-2005), pág. 1.393; L. Lacchè, "Mario Sbriccoli (1941-2005)", en *Rivista di storia del diritto italiano*, LXXVIII (2005), págs. 403 y sigs.; P. Cappellini, "Mario Sbriccoli, il giurista civile", en L. Lacchè, C. Latini, P. Marchetti, M. Meccarelli (dir.), *Penale, Giustizia, Potere*, *op. cit.*, pág. 89. El mismo Sbriccoli en *L'Interpretazione dello Statuto*, *op. cit.*, pág. 3, explica su intención de considerar la interpretación "non (o non più soltanto) come problema in ordine ad un procedimento (tecnico), ma come filo conduttore di un'indagine più vasta, che si allarghi su di un terreno i cui confini sono segnati dal mondo (e dalla 'funzione') dei giuristi, dal ruolo concreto e specifico dell'attività interpretativa, dalle ripercussioni ('a sbocco politico') che tale attività ha sull'ordinamento giuridico e –mediatamente– su tutta l'organizzazione del sistema"; "dall'atteggiarsi dell'interpretazione possiamo chiaramente comprendere [...] come una società vede e pensa se stessa, e come una dottrina intende il proprio ruolo politico e culturale". Cf. *id.*, "Politique et interprétation juridique dans les villes italiennes du Moyen Age", en *Archives de Philosophie du Droit*, XVII (1972), págs. 99-101; *Crimen lease maiestatis. Il problema del reato politico alle soglie della scienza penalistica moderna*, Milán, Giuffrè, 1974, pág. 3; "Recensione a Materiali per una storia della cultura giuridica, V, 1975", en *La Questione Criminale*, II (1976), págs. 205-210; "Legislation, Justice and Political Power in Italian Cities, 1200-1400", en A. Padoa Schioppa (dir.), *Legislation and Justice: The Origins of the Modern State, 13th-18th Centuries*, Oxford, Oxford University Press, 1997, págs. 37-38. Esta es por lo tanto una convicción persistente, que Sbriccoli repite incluso en su ponencia "Histoire sociale et dimension juridique. Crime et justice dans l'historiographie italienne récente", presentada en el Iterlabo GERN de Ferrara el 19 de septiembre de 2003. "Dix ans d'histoire du crime et de la justice criminelle en Europe (1990-2000)", publicación póstuma en *Crime, Histoire et Sociétés / Crime, History and Societies*, nº 2, 2007, págs. 139-148.

4. M. Sbriccoli, "Recensione a Materiali per una storia della cultura giuridica, V, 1975", *op. cit.*, págs. 207-208.

5. También "sul rapporto tra interessi economici dei ceti dominanti o emergenti, loro strategie politiche e strumento penalistico", *ibid.*

6. *Id.*, "Storia del diritto e storia della società. Questioni di metodo e problemi di ricerca", en P. Grossi (dir.), *Storia sociale e dimensione giuridica. Strumenti di indagine e ipotesi di lavoro,* Milano, Giuffrè, 1986, pág. 131. Cf. P. Grossi, "Ricordo di Mario Sbriccoli", *op. cit.*, págs. 1395-1396; P. Caroni, "Blicke über den Gartenzaun. Von der Beziehung der Rechtsgeschichte zu ihren historischen Nachbarwissenschaften", en L. Pahlow (dir.), *Die zeitliche Dimension des Rechts. Historische Rechtsforschung und geschichtliche Rechtswissenschaft*, Paderborn-München-Wien-Zürich,

Schöning, 2005, págs. 27-55, *passim*. Las tesis expresadas en aquel ensayo de 1986 fueron luego retomadas por Sbriccoli también en "Histoire de la criminalité et histoire pénale. Le problème des sources juridique dans l'histoire du crime et de la justice criminelle", en *International Association for the History of Crime and Criminal Justice Bulletin*, Nro. 14, 1991, pág. 89.

7. *Id.*, "Giustizia criminale", en M. Fioravanti (dir.), *Lo Stato moderno in Europa. Istituzioni e diritto*, Roma-Bari, Laterza, 2002, pág. 167; para esto, prosigue, "l'osservazione dei tratti costituzionali delle formazioni politiche ha fondamentale importanza nello studio del penale". Véase también de Sbriccoli "Giustizia negoziata, giustizia egemonica. Riflessioni su una nuova fase degli studi di storia della giustizia criminale", en M. Bellabarba, G. Schwerhoff, A. Zorzi (dir.), *Criminalità e giustizia in Germania e in Italia. Pratiche giudiziarie e linguaggi giuridici tra tardo medioevo ed età moderna*, Bolonia, Il Mulino / Berlín, Duncker u. Humblot, 2001, pág. 363 y "Gobernar castigando. Francisco Tomás y Valiente e la storia del diritto penale moderno", en *Quaderni fiorentini per la storia del pensiero giuridico moderno,* 26 (1997), pág. 697.

8. Muy eficaces son a este propósito las palabras de Sbriccoli en el inédito texto escrito para la conferencia "Le droit à la Renaissance", dictada en La Sorbonne, el 9 octubre de 2004: "Je crois qu'il soit nécessaire, désormais, d'accepter l'idée que l'histoire du droit ne peut plus se passer de l'histoire des contextes avec lesquels la pensée juridique se confronte et interagit [...]. *L'historien d'une science de la société* ne doit pas oublier que l'objet de ses recherches est complexe: il est formé par des livres, mais aussi par la réalité qui les a produits" [las cursivas me pertenecen].

9. Se trataba de convocar a historiadores sociales, historiadores de la criminalidad, de las instituciones, de la política, de la economía, del derecho, a juristas, antropólogos, sociólogos, filósofos; sólo para mencionar las principales ramas de las ciencias sociales involucradas. Véanse los ensayos "Storia del diritto e storia della società", *op. cit.*, pág. 127 y "Giustizia negoziata, giustizia egemonica", *op. cit.*, pág. 352. Movido por esta conciencia, Sbriccoli manifiesta aprecio por la apertura interdisciplinaria que caracterizaba el experimento editorial de los *Materiali* de Giovanni Tarello (ya sea en referencia a los terrenos de investigación como a los instrumentos materialmente utilizados). Léase su "Recensione a Materiali per una storia della cultura giuridica, V, 1975", *op. cit.*, pág. 206.

10. Citado así en el ensayo "Storia del diritto e storia della società", *op. cit.*, págs. 137-148. Es necesario adquirir, explica, "una doppia competenza di storici giuristi e sociali" [pág. 148]; en "Repliche", en P. Grossi (dir.), *Storia sociale e dimensione giuridica, op. cit.*, pág. 456, especifica: es necesario "non solo guardare, dunque, ai risultati del lavoro degli altri ma cercare di assorbire le istituzioni, le tecniche, le metodologie, nella misura in cui questo è possibile, ma soprattutto nella misura in cui questo è assolutamente necessario". El concepto es ampliado por Sbriccoli también en el ensayo "Histoire de la criminalité e historie pénale", *op. cit.*, pág. 93: "Il ne s'agit pas seulement d'affirmer la nécessité d'une synergie: il s'agit de réaliser un *modèle d'histoire intégrée*, dans lequel l'analyse des sociétés se mêle à la valorisation de la dimension juridique des problèmes, grâce à l'emploi convergent de la sociologie historique et des autres sciences de la société, rapportées –à travers l'analyse des sources juridiques, et non seulement judiciaires– aux profils 'normatifs' des événements sociaux".

11. "Giustizia negoziata, giustizia egemonica", *op. cit.*, pág. 352. Aquel innovador y ambicioso programa de renovación metodológica, observó *ibid.*, pág. 347, ha encon-

trado su verificación en el resultado de múltiples investigaciones: "la questione chiave fu quella dell' 'integrazione'. Si trattava di mettere insieme metodologie (e conoscenze) di storia sociale, istituzionale, politica e giuridica, in una fase in cui, al di là delle declamazioni, i recinti erano ancora più alti e robusti; ma soprattutto si trattò si spezzare il principio della pertinenza delle fonti, che erano di fatto lottizzate: le giuridiche ai giuristi, le altre agli altri".

12. Sbriccoli lo afirma con claridad en el ensayo "Storia del diritto e storia della società", *op. cit.*, pág. 137. Lo subraya también P. Grossi, "Ricordo di Mario Sbriccoli", *op. cit.*, págs. 1.395-1.396 e *id.*, "Conclusioni", en L. Lacchè, C. Latini, P. Marchetti, M. Meccarelli (dir.), *Penale, Giustizia, Potere*, *op. cit.*, pág. 455, donde recuerda que esto respondía al fin de "fondare una autonomia non artificiosa della storia del diritto". Por otra parte, la noción de justicia criminal que toma Sbriccoli es tal como para poder (y deber) ser considerada desde múltiples ángulos; cf. *infra* nota 23.

13. "Recensione a Materiali per una storia della cultura giuridica, V, 1975", *op. cit.*, pág. 206. No es sólo una sensibilidad que percibe el particular clima de una estación, aquella de los años setenta, en la que tuvo particular relevancia el discurso de la militancia civil de los intelectuales. En otro contexto y fase histórica (véase el ensayo "Le droit pénal, le crime et la justice criminelle ont une histoire", en *Déviance et Société*, 15 (1991), 4, pág. 377), Sbriccoli volvía a marcar la relevancia del método de la integración para la reflexión científica contemporánea: "Pendant les derniers dix ou quinze ans, l'histoire du phénomène criminel et celle de la justice punitive et du droit pénal ont montré cette rare capacité. Le point de vue historique s'est imposé, en tant que clef interprétative, critère de recherche ou principe de vérification, à telle enseigne qu'il est devenu outil privilégié dans la charpente des sociologues du pénal, des criminologues et des pénalistes qui travaillent dans la perspective de donner profondeur et densité à leurs propres recherches. [...] Il est question, en effet, de prendre acte d'un secteur de nos travaux qui est pour ainsi dire enkysté dans nos études et agit à l'intérieur des parcours productifs de la sociologie criminelle, de la criminologie, du droit pénal, et des stratégies de la justice en général: de la police jusqu'à la prison, en passant par le procès". Es significativo ver a Sbriccoli deternerse sobre la idea de Tomas y Valiente de una "*conexión* tra la storia che si vive e la storia che si scrive", como modo "di concorrere all'analisi e quindi alla conoscenza della *realidad como problema*"; cf. M. Sbriccoli, "Gobernar castigando", *op. cit.*, pág. 697. L. Lacchè, "Mario Sbriccoli", *op. cit.*, págs. 406-407, demostró en Sbriccoli, en las intervenciones realizadas tanto en una perspectiva de relaciones científicas en Italia (en particular con Giovanni Tarello y Franco Bricola) como a un nivel internacional (el GERN, Group européen de recherches sur les normativités, la IAHCCJ, International Association for the History of Crime and Criminal Justice, etc.), la importancia del encuentro entre "cultura giuridica e il penale" para el redescubrimiento del "rapporto naturale e simbiotico tra dimensione giuridica e storicità dell'esperienza". Es un punto que remite a una idea de jurista *politisé*, puesta en evidencia en el ensayo de P. Cappellini, "Mario Sbriccoli, il giurista civile", *op. cit.*, págs. 68 y sigs.

14. M. Sbriccoli, "Giustizia negoziata, giustizia egemonica", *op. cit.*, pág. 354: por "processo di incivilimento del penale" se entiende "l'interminabile cammino per 'fuoriuscire dalla vendetta' e il sempre precario 'avvento della garanzia'". Así también en *id.,* "Vidi communiter observari". "L'emersione di un ordine penale pubblico nelle città italiane del secolo XIII", en *Quaderni fiorentini per la storia del pensiero giuridico*

moderno, Nro. 27 (1998), pág. 254. Los desarrollos de la justicia penal a lo largo de los siglos son leídos por lo tanto por Sbriccoli sobre la base de una original visión historicista; P. Costa, "Politica, diritto, società: la 'storiografia civile' di Mario Sbriccoli", en L. Lacchè, C. Latini, P. Marchetti, M. Meccarelli (dir.), *Penale, Giustizia, Potere, op. cit.*, págs. 53-57, recientemente ha reconstruido los rasgos: al considerar la historia como *praxis*, Sbriccoli tendrá en cuenta la recíproca implicación de presente y pasado, incluso en el sentido de desarrollar una problematización de esa relación; para individuar la dirección del proceso histórico, éste es "smontato nelle sue molteplici fasi" y liberado de prejuicios hermenéuticos [pág. 55]. Este enfoque, explica Costa, no atribuye "alcuna valenza provvidenzialistica e teleologica al processo storico" y menos aún lo representa como un *continuum*; permanece intenso el "senso della varietà delle esperienze" y la distancia de cada "acritica proiezione del presente nel passato" [pág. 54].

15. M. Sbriccoli, "Gobernar castigando", *op. cit.*, pág. 700: la historia de lo penal, prosigue, "non può sfuggire ad una componente tecnica provvista di una sua speciale autonomia: il modo di creazione del diritto penale non risponde soltanto a logiche puramente politiche, perché proprio per ottenere l'efficacia che si domanda alla norma penale, essa deve essere costruita in riferimento a regole tecniche e principi giuridici che sfuggono ai criteri dell'utile, del contingente e dell'opportuno. Nella creazione della legge penale, questo è il punto, il diritto fa da strumento, e lo strumento va usato secondo l'indicazione che è sua, e secondo la logica che lo regge".

16. *Id.*, "Storia del diritto e storia della società", *op. cit.*, págs. 141-143. Cf. "Giustizia negoziata, giustizia egemonica", *op. cit.*, pág. 347. En el ensayo metodológico "Fonti giudiziarie e fonti giuridiche. Riflessioni sulla fase attuale degli studi di storia del crimine e della giustizia criminale", en *Studi storici*, XXIX (1988), 2, pág. 500, afirma: "il penale appare come fonte primaria della storia criminale o, se si vuole, della storia sociale che si vale delle fonti così dette criminali. Esso è lo strumento di una messa in contesto dell'oggetto della ricerca. E' di tutta evidenza, infatti, che per ricostruire, situare e valutare la trasgressione (in sé e nelle sue relazioni), l'elemento normativo si presenta per un verso coessenziale e per un altro prodromico rispetto all'elemento giudiziario". Y aún, *ibid.*, pág. 499: "Solo in conseguenza dell'ingresso del giuridico, oggetti di storia sociale si trasformano in oggetti di storia del crimine e della giustizia criminale". El concepto es retomado también en "Histoire de la criminalité et histoire pénale", *op. cit.*, pág. 90, cf. L. Lacchè, "Mario Sbriccoli (1941-2005)", *op. cit.,* pág. 409.

17. M. Sbriccoli, "Histoire de la criminalité et histoire pénale", *op. cit.*, págs. 89-93; "Fonti giudiziarie e fonti giuridiche", *op. cit.*, págs. 489-501.

18. *Id.*, "Giustizia negoziata, giustizia egemonica", *op. cit.*, pág. 354. "Ingredientes" de este tipo de historia, explicaba en el ensayo "Storia del diritto e storia della società", *op. cit.*, pág. 146, deben individualizarse en: derecho penal (legislación y doctrina), "il grande apparato della giustizia criminale, il quale coinvolge i giuristi e la loro funzione [...] le istituzioni ad esso collegate, da quelle repressive (la polizia innanzitutto) a quelle punitive (con particolare riguardo al rapporto pena-società, o tutta la problematica che ruota intorno al carcere o agli altri trattamenti reclusivi)". Es un estudio que "coinvolge le grandi discussioni di ordine ideologico sul diritto di punire [...] le pratiche sociali della punizione e del controllo, dai processi di normalizzazione a quelli di disciplinamento, dalle strategie dell'ordine a quelle che riguardano gli spostamenti di risorse, il governo dell'opinione pubblica, il rapporto tra pena e mercato del lavoro";

concierne al empleo de sistemas científicos de "medida" de la sociedad (etno-atropología social e histórica), de cuantificación (demografía), de descripción (sociología). Cf. "Histoire de la criminalité et histoire pénale", *op. cit.*, pág. 91 y "Fonti giudiziarie e fonti giuridiche", *op. cit.*, pág. 494.

19. *Id.*, "Histoire de la criminalité et histoire pénale", *op. cit.*, pág. 88: "Par 'pénal', entends expérience juridique d'ensemble: positive/substantielle et de procès, doctrinale et normative [...] eu égard à chaque moment de la pratique de la répression ou de la prévention (quand il y en a), à a peine, en passant par le jugement". Una puesta a punto del concepto de "penal" usada luego por Sbriccoli en otros escritos, cf. L. Lacchè, "Introduzione", en L. Lacchè, C. Latini, P. Marchetti, M. Meccarelli (dir.), *Penale, Giustizia, Potere*, *op. cit.*, págs. 13-16.

20. M. Sbriccoli, "Problemi e prospettive dell'insegnamento in Italia "Storia del diritto italiano": articolazioni disciplinari vecchie e nuove", en P. Grossi (dir.), *L'insegnamento della storia del diritto medievale e moderno. Strumenti, destinatari, prospettive*, Milán, Giuffrè, 1993, pág. 129, cf. *infra* nota 31.

21. Conviene reproducir completamente la eficaz explicación de Sbriccoli, *ibid.*, que hemos tratado de sintetizar en el texto: la historia de lo penal es designada como "un campo che comprende la storia del diritto penale ma non si esaurisce in essa, perché nel penale non c'è soltanto il diritto. Ci sono le norme, che sono una cosa diversa e talora assai diversa, ci sono le connessioni con la società, ci sono i valori, gli interessi, le ragioni di allarme, i rapporti con lo Stato, il rapporto tra ordine e garanzia; c'è il controllo sociale, che non è diritto né legislazione, non è sanzione, non è sanzionato, ma ha una importanza straordinaria. Inoltre, malgrado quanto ci siamo abituati a pensare nel presupposto che il penale sia qualcosa di unidimensionale, determinato della sua derivazione integralmente statale, la storia penale è in realtà la storia di un'articolata pluralità. Per una lunga fase che arriva fino al momento della sua statalizzazione, il penale mantiene al suo interno elementi privatistici (gli storici cominciano solo ora a lavorare sulla natura sociale e giuridica dei conflitti), insieme a caratteri pubblici che però non sono ancora statali ed accanto a connotazioni statali che però non hanno ancora occupato interamente il campo. C'è il processo, ma ci sono forme di giustizia diverse dal processo (modernamente inteso) perché non hanno come fine l'inflizione di una pena, ma il conseguimento di una vendetta, o una composizione, o un risultato arbitrale che prescinde dalla pena. Elementi di pluralità che, come sappiamo, non si dispongono ordinatamente in una successione nella quale quello più razionale e moderno prende via via il posto di quello più rozzo ed arretrato, ma tutti insieme convivono, si condizionano e si influenzano, facendo della storia penale qualcosa che si concilia a fatica con l'evoluzionismo giuridico".

22. *Id.*, "Giustizia negoziata, giustizia egemonica", *op. cit.*, pág. 355. Cf. *id.*, "Problemi e prospettive dell'insegnamento", *op. cit.*, pág. 129.

23. *Id.*, "Giustizia negoziata, giustizia egemonica", *op. cit.*, pág. 352. Múltiples son los ángulos desde los que, precisaba Sbriccoli, el historiador de lo penal puede considerar la dimensión de la justicia: "una risorsa d'uso per individui e per comunità in quelle società conflittuali [...] un mezzo per l'affermazione di una concezione del potere che diverrà progressivamente un'idea di Stato [...] uno dei livelli in cui si manifesta il conflitto politico, a anche un mezzo per gestirlo [...] una rivelazione del dato di fondo delle società medievali e moderne, lette attraverso il paradigma del conflitto [...] uno strumento di assicurazione dell'ordine imposto dall'alto, ma anche il luogo della

soddisfazione privata, della vendetta mediata [...] spia del carattere negoziale e concertato delle società a base comunitaria e cetuale, ma anche spia del procedere incessante e inarrestabile di un'egemonia dei poteri pubblici [...] il luogo in cui [...] cogliere la coesistenza tra regole comunitarie 'locali' e norme 'centrali', la dialettica tra diritto e pratiche, tra repressione e patteggiamenti [...] e infine lo slittamento progressivo [...] verso l'affermazione di un corpo normativo unico, combinazione di leggi e giurisprudenza che solo dopo la frattura rivoluzionaria riesce a cancellare d'imperio consuetudini e pratiche" [págs. 352-353].

24. *Ibid.*, pág. 355; la justicia de ese modo sirve para garantizar la "corretta applicazione della legge, realizzata dai giudici soggetti soltanto ad essa, per mezzo di un apparato pubblico legalmente funzionante" [pág. 356].

25. En el medioevo y también en la Edad Moderna no sólo este tipo de justicia comunitaria es "cuantitativamente" el más difundido al nivel de la justicia practicada; también probablemente haya sido reconocido por aquellas sociedades como el principal modo de hacer justicia. Cf. *ibid.*, pág. 350. "Questione di grande momento, che esigerebbe lunghe e laboriose indagini, è poi quella che nasce dall'ipotesi che questo genere di giustizia [...] venisse sentita come la sola vera giustizia pensabile ed accettabile. L'altra, quella dei poteri pubblici costituiti in apparato per far osservare le leggi [...] sembrava non corrispondere se non per tratti, ed in speciali circostanze, all'idea di giustizia elaborata ed introiettata dalle comunità" [*ibid.*, pág. 359]. El dato es confirmado, agrega Sbriccoli, también por la resistencia opuesta a la aplicación de importantes legislaciones de la Edad Moderna portadoras de la nueva justicia hegemónica; Sbriccoli en particular mira el ejemplo de la *Constitutio Criminalis Carolina.* Véase a tal propósito su ensayo "La benda della giustizia, Iconografia, diritto e leggi penali dal medioevo all'età moderna", en AA.VV., *Ordo iuris. Storia e forme dell'esperienza giuridica*, Milán, Giuffrè, 2003, págs. 79-88.

26. *Id.*, "Giustizia negoziata, giustizia egemonica", *op. cit.*, pág. 355. Es necesario, advierte Sbriccoli, prestar mucha atención al empleo explícito y también implícito del "paradigma dello Stato nella ricostruzione del penale medievale e moderno"; el problema es urgente porque este paradigma está "incistato nell'ordine mentale dello storico del diritto, cresciuto dentro un orizzonte nel quale le 'condizioni di pensabilità' vengono tutte risucchiate nell'orbita del modello dualistico stato-societá" [págs. 348-349]. Cf. *id.*, "Problemi e prospettive dell'insegnamento", *op. cit.*, págs. 130-131.

27. *Id.*, "Giustizia negoziata, giustizia egemonica", *op. cit.*, pág. 350. Tal precisión fue ampliada por Sbriccoli también en "Histoire sociale et dimension juridique", *op. cit.*

28. *Id.*, "Giustizia negoziata, giustizia egemonica", *op. cit.*, pág. 356. Cf. *id.*, "Problemi e prospettive dell'insegnamento", *op. cit.*, pág. 129.

29. *Id.*, "Giustizia negoziata, giustizia egemonica", *op. cit.*, pág. 355.

30. *Id.*, "Lex facit delictum. Tiberio Deciani e la criminalistica italiana nella fase cinquecentesca del penale egemonico", en M. Cavina (dir.), *Tiberio Deciani (1509-1582). Alle origini del pensiero giuridico moderno*, Udine, Forum, 2004, pág. 104. Véase también "Vidi communiter observari", *op. cit.*, págs. 259-268.

31. *Id.*, "Giustizia negoziata, giustizia egemonica", *op. cit.*, pág. 357. La justicia practicada, en una realidad ordinariamente no connotada por el dualismo Estado-sociedad, es administrada por sujetos que tienen una connotación "pública". Los poderes públicos son "espressione di equilibri comunitari" y no "di una forma statale che a que-

gli equilibri di sovrappone". Por lo tanto, son llamados a desarrollar un rol de mediación y recomposición de los conflictos que es funcional a la paz de la comunidad. Esencialmente esta tarea, al menos en la fase tardomedieval, legitima el carácter público del poder. Cf. *supra* nota 20.

32. *Ibid.*, págs. 356-364. Véase también lo observado por L. Lacchè, "Mario Sbriccoli (1941-2005)", *op. cit.*, pág. 411 y sigs.

33. M. Sbriccoli, "Giustizia negoziata, giustizia egemonica", *op. cit.*, págs. 356-359. Los instrumentos usuales de la justicia penal negociada son "composizioni, paci, accordi e transazioni, mediazioni e fideiussioni, compensazioni, reintegrazioni e risarcimenti, insieme a ritualità penitenziali o satisfattorie". Así aparece también en *id.*, "Giustizia criminale", *op. cit.*, págs. 164-167.

34. *Id.* "Giustizia negoziata, giustizia egemonica", *op. cit.*, pág. 361. Ésta de hecho es "segnata da uno spiccato carattere di apparato, fondata sulla sudditanza, diretta principalmente alla punizione del colpevole". Por esto propone una ritualidad mucho más formalizada, que prefiere la escritura a la oralidad y "si incardina su quattro presupposti tecnici: la legge, l'azione, la prova, la pena", al mismo tiempo como presupuestos y condiciones de su realización [pág. 360]. Por justicia de aparato Sbriccoli, *ibid.* (nota 23), entiende una justicia en la que encontramos "giudici professionali, ordinamenti giudiziari organizzati per settori di competenza [...], magistrature con giurisdizione che oggi ci appare mista, amministrativa e giudiziaria. Poteri penetranti accordati ai giudici inquirenti, mezzi praticamente illimitati per la raccolta delle prove. Grandi leggi criminali (prevalentemente processuali) a valere per tutto lo Stato, con abrogazione di legislazione e consuetudini locali, che imporranno seppure a grande fatica l'ulteriore marginalizzazione delle giustizie comunitarie. Infine [...] grandi tribunali che lavoreranno alla unificazione degli stili giudiziari, dell'interpretazione della legge, delle politiche giudiziarie". Por lo tanto, los nuevos trazos organizativos de la justicia del tipo hegemónico se inspiran en la centralización y jerarquización de la actividad judicial, a la fuerte normativización de la actuación de los jueces y a una profesionalización progresiva del personal judicial. Cf. *ibid.*, pág. 363, *id.*, "Giustizia criminale", *op. cit.*, pág. 169.

35. *Id.*, "Giustizia negoziata, giustizia egemonica", *op. cit.*, pág. 360. Véanse también sus ensayos: "Vidi communiter observari", *op. cit.*, pág. 263; "Giustizia criminale", *op. cit.*, págs. 169-171; "Tormentum id est torquere mentem. Processo inquisitorio e interrogatorio per tortura nell'Italia comunale", en J.-C. Maire-Vigueur y C. Paravicini Bagliani (dir.), *La parola all'accusato*, Palermo, Sellerio, 1991, pág. 21.

36. M. Sbriccoli, "Lex delictum facit", *op. cit.*, págs. 95-96: "da Alberto da Gandino in poi, quei criminalisti (alcuni più e meglio di altri) producono cultura giuridica, formano un capitale tecnico, escogitano soluzioni, affinano idee, creano linguaggi, sintassi ragionative e categorie mentali, mettendo insieme un patrimonio del quale vivranno i loro affossatori. All'avvento del c.d. stato di diritto, quando si sarebbe giustamente detto che il diritto penale comune era consegnato alla storia e che *quel* processo e *quelle* pratiche erano ormai travolti e storicamente condannati, non era tuttavia estinto il loro lascito. Il diritto nuovo –nuovo perché riorientato da una nuova visione politica– non poteva fare a meno del materiale tecnico contenuto in quella eredità, e se ne sarebbe servito a piene mani". Véase también "Tormentum id est torquere mentem", *op. cit.*, pág. 18 y págs. 30-31, respecto al descubrimiento del garantismo a través de la elaboración doctrinal de la tortura. Sbriccoli retorna a aquel punto también en "Giustizia cri-

minale", *op. cit.*, pág. 175, para explicar que la doctrina está en estos siglos empeñada en edificar "un diritto penale sostanziale che mostri la *regula recti* ad un potere di punire naturalmente tentato dall'abuso. Un diritto che si presenti da subito come criterio di riferimento, per poi costituirsi come insieme di principi generali che siano moderatori delle leggi per un verso, disciplina della giustizia amministrata per l'altro. Timone, briglia e freno, avrebbero detto quei giuristi, così come oggi noi potremmo dire garanzia".

37. *Id.*, "Giustizia criminale", *op. cit.*, págs. 167 y 171-172.

38. *Id.*, "La benda della giustizia", *op. cit.*, pág. 71. Los estados jurisdiccionales emergentes, explica en "Lex delictum facit", *op. cit.*, pág. 102, descubren en la justicia criminal un instrumento para el ejercicio y la conservación de su poder; de este modo, se impone una "normatività penale condizionata in primo luogo dal vincolo di soggezione che lega il *subditus* al *Princeps*", por la que a cada acción calificada como dolo con daño se aplica el paradigma de la infracción política. Es ésta una tesis enunciada por Sbriccoli también en la relación inédita "L'inquisizione come apparato giuridico nella storia della giustizia criminale" (presentada en el coloquio "L'Inquisizione romana: metodologia delle fonti e storia istituzionale", Montereale Valcellina (PN), 23-24 de septiembre de 1999): la justicia hegemónica "si vale dell'idea –che viene veicolata dalle pratiche di giustizia e poi progressivamente si fa ideologia e senso comune– secondo la quale la violazione di un obbligo penale corrisponde interamente al 'mettersi contro'". En este sentido puede afirmarse que "lo Stato, al termine del lungo cammino del dispositivo penale costruito dagli apparati egemonici pubblici, riceve un processo che non ha più molto a che fare con la 'giustizia' (nelle sue antiche accezioni di giustizia distributiva e commutativa) e con un lungo, ideologico ed egemonico 'discorso', non diverso nel metodo da quello che ha portato alla creazione 'immaginaria' della stessa categoria di Stato, lo rimette sul terreno della giustizia". Cf. *id.*, "Giustizia criminale", *op. cit.*, pág. 178; "Crimen lesae maiestatis", *op. cit.*, págs. 5-7 y *passim;* P. Costa, *Lo Stato immaginario. Metafore e paradigmi nella cultura giuridica italiana fra Ottocento e Novecento*, Milán, Giuffrè, 1986.

39. *Id.*, "Lex delictum facit", *op. cit.*, pág. 109. La justicia hegemónica será realmente una alternativa a la negociada sólo a partir del desarrollo de la codificación. Si es verdad que el penal hegemónico está relacionado con la afirmación del estado jurisdiccional, eso va a operar todavía sobre una dimensión consolidada de justicia (aquella negociada) "che si appoggia su un largo consenso delle comunità e sull'azione dei moltissimi giudici".

40. *Ibid.*, págs. 109-110; serán por lo tanto "pratiche di giustizia che non si fanno inglobare nei *publica iudicia* controllati in esclusiva dagli apparati ufficiali". Véase también "Tormentum id est torquere mentem", *op. cit.*, pág. 20; "Legislation, Justice", *op. cit.*, pág. 24; "Giustizia criminale", *op. cit.*, pág. 169; "Giustizia negoziata, giustizia egemonica", *op. cit.*, pág. 357.

41. *Id.*, "Giustizia criminale", *op. cit.*, pág. 167. Cf. "La benda della giustizia", *op. cit.*, pág. 59.

42. *Id.*, "Giustizia negoziata, giustizia egemonica", *op. cit.*, pág. 363. El dato de la persistencia de una dimensión negociada de la justicia, en un marco de progresivo predominio de la justicia hegemónica, explica *id.*, "Lex delictum facit", *op. cit.*, págs. 116-118, es particularmente evidente en Italia, donde las formaciones políticas están destinadas a perder su autonomía, generando la falta de aquel sostén constitucional del Estado sobre el que se consolida el penal hegemónico. "La giustizia egemonica, una

volta compiuta la lunga parabola della sua imperfetta affermazione, ristagna e si piega su se stessa, lasciando che mantengano piede –e nei fatti si rafforzino– prassi di negoziazione, di transazione e di aggiustamento che impediscono materialmente la 'modernizzazione' del sistema. [...] Quella stessa Italia che aveva conosciuto nella fase comunale il precocissimo avvio di un sistema penale pubblico, che ne aveva visto crescere l'egemonia sulle mai estinte forme di giustizia transattiva, consuetudinaria e negoziata, accusa –al giungere del *great divide* della metà del Seicento– un deciso ripiegamento che si trasformerà in un severissimo ritardo" [pág. 117]. El siglo XVII es el "secolo della frammentazione e della perdita di autonomia delle formazioni politiche italiane, il secolo in cui l'Italia, non più protagonista, diviene un capitolo della storia degli altri. Si forma l'Italia degli *iura patria*, poco adatti alla maturazione di un penale alto, generale e padrone di sé. [...] Il fatto è che, per via della perduta 'unità culturale storica' si era spezzato, in Italia, il cordone che aveva consentito fino al Cinquecento la reciproca alimentazione tra penale e apparati statuali: si era sfasata la sincronia che manteneva appaiati l'ordine punitivo e la costituzione politica degli Stati" [págs. 117-118].

43. Cf. *id.,* "Giustizia negoziata, giustizia egemonica", *op. cit.*, pág. 363 y "Giustizia criminale", *op. cit.,* pág. 172.

44. *Ibid.*, págs. 177-178. Cf. M. Meccarelli, "Tortura e processo nei sistemi giuridici dei Territori della Chiesa. Il punto di vista dottrinale (secolo XVI)", en B. Durand (dir.), *La torture judiciaire. Approches historiques et juridiques*, Lille, Centre d'histoire judiciaire, 2002, vol. II, págs. 706-707, *id.*, "Le categorie dottrinali della procedura e l'effettività della giustizia penale nel tardo Medioevo", en J. Chiffoleau, C. Gauvard, A. Zorzi (dir.), *Pratiques sociales et politiques judiciaires dans les villes de l'Occident à la fin du Moyen Âge*, Roma, École Française de Rome, 2007, pág. 580.

45. *Id.*, "Fonti giudiziarie e fonti giuridiche", *op. cit.,* pág. 498.

46. *Ibid.*; Cf. *id.*, "Giustizia negoziata, giustizia egemonica", *op. cit.*, pág. 355.

47. *Ibid.*, pág. 348. Ésta de hecho, explica Sbriccoli, para la época que nos interesa, no está enteramente comprendida por las reglas del proceso romano canónico, ni por la legislación.

48. *Id.*, "Fonti giudiziarie e fonti giuridiche", *op. cit.*, pág. 498 (nota 15): "'Diritto processuale' o 'procedura penale' rispetto alle pratiche di giustizia di antico regime sono espressioni in forte odore di anacronismo, ma anche se l'equivoco fosse evitato dall'intelligenza del lettore, è certo che esse non coprirebbero tutto il complesso insieme di operazioni e riti giudiziali che sta dentro i tanti (e differenti) 'processi' possibili nelle tante combinazioni spazio-temporali possibili, considerato che si tratta di una miriade di 'istituzioni' giudiziarie (tante per Stato in tanti Stati) e di un arco di tempo di tre secoli. Così sarebbe anche per termini come *ordo*, *iudicium*, *ritus*, *processus*, *praxis*, ed altri ancora, che hanno significati troppo precisi, o troppo imprecisi, legati ad esperienze puntuali, o suggeriti da una esigenza di genericità".

49. *Ibid.*: "L'uso convenzionale della terminologia contemporanea (legata, tra l'altro, all'area culturale di chi se ne serve) per indicare nozioni giuridiche storiche è tollerato nella misura della sua efficacia, ed a patto che non induca fraintendimenti [...]. Lo storico deve allora ricorrere ad espressioni capaci di designare con efficacia, ma di pura invenzione, per evitare equivoci, esclusioni o anacronismi".

50. *Id.*, "Vidi communiter observari", *op. cit.*, pág. 233. La *inquisitio* entra en el proceso haciéndose "compatibile con la struttura accusatoria dell'azione"; e incluso donde afirma el procedimiento de oficio "non esce, se non potenzialmente, o soltanto

in parte, dalla logica dell'*accusatio*". "L'attore pubblico si inserisce in un rito che è ancora privatamente introdotto, perché l'offesa è ancora sostanzialmente avvertita come la fonte di un danno che dà poteri di rivalsa, o diritto di ritorsione, in primo luogo, se non soltanto, a chi lo subisce" [pág. 236]. Contemporáneamente "da atto tipico dell'offeso che muove l'azione giudiziaria, l'*accusatio* tende a farsi l'equivalente di un atto processuale qualificato, realizzabile da soggetti diversi, che si può inquadrare nel metodo della *positio*: è *accusatio* quella della vittima che chiede giustizia per sé, così come corrisponde al formato dell'*accusatio* il passo del giudice che muove a fare giustizia in nome della *civitas* offesa dall'atto criminale, quando la vittima non lo fa, o quando non è previsto, o non è necessario, che lo faccia; vi equivale la *denunciatio*, e vi equivale ogni genere di *notitia criminis* 'vestita', per così dire, con una richiesta di sanzione o risarcimento [...]. Tutte queste forme che l'accusa può assumere legittimano un processo mosso dal giudice ed avviato con un'*inquisitio generalis*, per un numero crescente di reati, ferma restando la classica possibilità che l'*accusatio* mantenga la sua figura tradizionale, sia mossa *regulariter et cum libello inscriptionis* da un privato, conducendo così all'apertura di un processo *secundum ius civile*, che però potrebbe anch'esso conoscere, nel prosieguo, fasi di inchiesta decise o guidate dal potere pubblico" [págs. 247-249]. Cf. *id.*, "Tormenetum id est torquere mentem", *op. cit.*, pág. 20; "Legislation, Justice", *op. cit.,* pág. 48; "Giustizia criminale", *op. cit.,* pág. 168.

51. Justamente en el ensayo "Vidi communiter observari", *op.cit.*, pág. 235, Sbriccoli individualiza tres perfiles de diferenciación de tales regímenes procesales: la calificación de la acción; la tipología de los delitos a los que tendencialmente se refieren (las violencias menores para el accusatorio y los crimenes altos y medios para el inquisitorio); el modelo de referencia en las fuentes (el acusatorio tomado del modelo romano custodiado por los *notarii* y los *curiales*, el inquisitorio que emerge de la práctica y los textos) "fino ad arrivare ad *un genere terzo*".

52. *Ibid.,* pág. 246. El carácter híbrido de los procesos practicados para ejercitar la justicia en el medioevo tardío encuentra confirmación puntual de la vertiente de las prácticas judiciales. Cf. A. Zorzi, "Negoziazione penale, legittimazione giuridica e poteri urbani nell'Italia comunale", en M. Bellabarba, G. Schwerhoff, A. Zorzi (dir.), *Criminalità e giustizia in Germania e in Italia, op. cit.*, pág. 21; M. Vallerani, *La giustizia pubblica medievale*, Bolonia, il Mulino, 2005, págs. 11-14 y *passim*.

53. M. Sbriccoli,"Vidi commniter observari", *op. cit.,* pág. 240: el recurso al procedimiento acusatorio [pero el discurso valdría también para el inquisitorio] se transforma en "mezzo per costringere il colpevole ad accettare una transazione". Cf. *id.*, "Giustizia criminale", *op. cit.*, pág. 165. La superación de la venganza, a través de mediadores, tuvo el tenor de una tratativa en la búsqueda de la obtención de reintegraciones, y todo aquello que pueda sanar la ofensa. Esto puede también involucrar al juez; "se è vero che la sola punizione del colpevole non basta alla soddisfazione dell'offeso, è anche vero che dall'avvio di un processo pubblico egli può trarre una certa forza negoziale, da spendere nella trattativa 'privata', che è quella che conta. Il processo una volta raggiunto un accordo, lo potrà sempre fermare".

54. *Id.,* "Vidi communiter observari", *op. cit.*, pág. 232.

55. Cf. "Tormentum id est torquere mentem", *op. cit.*, pág. 21; "Vidi communiter observari", *op. cit.*, págs. 232-233 y 246-249; "Giustizia criminale", *op. cit.*, págs. 168-171; "Giustizia negoziata, giustizia egemonica", *op. cit.,* pág. 360.

56. *Id.*, "Fonti giudiziarie e fonti giuridiche", *op. cit.,* págs. 498-500.

57. Tal como se recordará, éste es un perfil constante en la producción científica de Mario Sbriccoli, a partir de su primera monografía *L'interpretazione dello Statuto*, *op. cit.* Cf. P. Grossi, "Conclusioni", *op. cit.*, págs. 457-458.

58. *Id.*, "Tormentum id est torquere mentem", *op. cit.*, pág. 31.

59. *Id.*, "Giustizia criminale", *op. cit.*, pág. 175; antes [pág. 170], explicó cómo la "adesione [dei giuristi] alle logiche costituzionali e politiche degli ordinamenti nei quali operano, garantisce ai governanti coerenza di intendimenti e organicità di disegni". Cf. *id.*, "Lex delictum facit", *op. cit.*, pág. 102. Particularmente eficaz es en este aspecto el género literario doctrinal de la *practica criminalis*; véase su ensayo "Giustizia criminale", *op. cit.*, págs. 173-178: en la *practica*, observa Sbriccoli, el juez del *ius commune* funda "scienza ed esperienza in un'opera sola, destinata agli *artifices iustitiae*" [pág. 174]. "Il giurista *theorico-practicus*, grazie al giudice che gli dà seguito, produce dunque un diritto che ha la sua origine nella pratica e perpetua quella pratica convertendola in *ius*. Il giudice che se ne lascia guidare segue le sue indicazioni e le stabilizza in una *consuetudo iudicandi* che diventa ben presto *norma agendi*" [pág. 175]. Cf. *id.*, "Brigantaggio e ribellismi nella criminalistica dei secoli XVI-XVIII", en G. Ortalli (dir.), *Bande armate, banditi, banditismo e repressione di giustizia negli Stati europei di antico regime,* Roma, Jouvence, 1986, pág. 488, donde se evidencia el rol primario de la doctrina en un horizonte caracterizado por el primado de la política penal por sobre la política criminal (entendida la primera como el "uso del sistema punitivo e sua costante messa a punto" y la segunda como "l'uso dell'intervento politico, o degli strumenti ideologici, per 'governare' il fenomeno criminale e facilitarne la comprensione, secondo criteri omogenei agli interessi dei ceti dirigenti").

60. M. Sbriccoli, "Vidi communiter observari", *op. cit.* pág. 236. La legitimación de una acción procesal que se puede ejercer *ex officio* en un horizonte procesal todavía anclado en la iniciativa (privada) del ofendido fue primeramente "decisa dalla prassi, sulla spinta di esigenze pratiche e di necessità politiche, e soltanto in seguito fu, per così dire, razionalizzata dalla dottrina". Aquí "l'esperienza affida alla scienza la propria edificazione, così che un nuovo schema ordinante, convalidato dall'autorità delle fonti e reso effettivo dalla rispondenza agli scopi, fonda un diverso processo che si affina col tempo, adattando insieme continuità ed innovazione, secondo la logica dell'*interpretatio* medievale" [pág. 235]. En particular, la obra constructiva de la doctrina consiste en hacer emerger "dall'interno di un interesse privato e particolare [...] un profilo immateriale (oggi potremmo dire simbolico) che va a costituire la base del *publice interest* e del dovere pubblico –l'*officium*– che ne deriva. La violazione di diritto si separa dalla lesione del bene ed il bene leso si divarica secondo due distinte logiche che danno vita a due differenti aspetti: quello materiale, concretamente apprezzabile, che appartiene alla vittima, e che deve essere compensato; quello immateriale, politico, che appartiene alla *communitas* –o alla *civitas*– e che deve essere retribuito con la pena. Un'astrazione, come si vede. Il che accade ogni volta che il giuridico opera un salto di qualità, o si pone ad una decisiva svolta nella storia del suo progredire sulla via dell'adesione alle esigenze nuove delle società che crescono complicandosi. Un'astrazione risolve un problema politico nato dalla complessità, e lo fa 'costituendo' la base, ovvero il presupposto, della soluzione, in modo tale che essa –la soluzione– non potrà essere che giuridica" [pág. 267]. Cf. *id.*, "Giustizia criminale", *op. cit.*, pág. 175.

61. *Ibid.* Véanse también sus ensayos "Giustizia negoziata, giustizia egemonica", *op. cit.*, pág. 363 y "Tormentum id est torquere mentem", *op. cit.*, pág. 18.

62. *Id.*, "Lex delictum facit", *op. cit.*, pág. 102 (nota 30): "l'estensione dello schema dell'infrazione politica ad ogni violazione penale di qualche rilievo, consegue allo spostamento della rilevanza penale di un'azione dal piano del danno a quello della disobbedienza". En "Giustizia negoziata, giustizia egemonica", *op. cit.*, pág. 362, Sbriccoli escribe: "Il paradigma del reato politico –che passa attraverso l'egemonia del 'suo' processo– si fa vettore di un 'principio dell'obbedienza', al quale fa da sponda l'affermarsi corrispettivo di un 'severo disfavore per l'infrazione'. La sola disobbedienza alla legge penale diventa motivo di pena: cosa che appare del tutto ovvia ai nostri occhi, ma non era piccola novità, e fece grande fatica ad affermarsi, nel contesto di quelle società abituate ad un rapporto diverso con la dimensione del normativo, e ad un altro modo di fare giustizia. Le ragioni di fondo di questa trasformazione stanno, come è ovvio, nel potere politico del *Princeps* (o della *respublica civitatis*, cioè di chi la governa) e nella logica espansiva di poteri pubblici istituzionalizzati (costituiti in apparato) e armati. Ma stanno anche in esigenze di prevenzione generale, pedagogiche, di rassicurazione dei sudditi, di ammonizione e terrizione, affidate al penale dell'ordine pubblico che invade la dimensione processuale; mentre il penale sostanziale, si direbbe per le stesse ragioni, si 'peccatizza' progressivamente, facendosi etico e paternalistico". Cf. *id.*, "Vidi communiter observari", *op. cit.*, pág. 263. Sbriccoli había encuadrado el sistema de los delitos políticos como *speculum societatis* ya en *Crimen lesae maiestatis, op. cit.*, págs. 4-5 y *passim*. Al respecto véanse las observaciones de P. Grossi, "Ricordo di Mario Sbriccoli", *op. cit.*, págs. 394-1.395; L. Lacchè, "Mario Sbriccoli (1941-2005)", *op. cit.*, pág. 405 y sigs.

63. Como explica M. Sbriccoli en "Lex delictum facit", *op. cit.*, pág. 92 (nota), el derecho penal sustancial "si forma in quella lunga fase al di fuori di ogni partizione disciplinare e per vie complesse, scaturendo da cavità insospettate o mettendo radici negli interstizi del discorso di fondo: cosa deve/può fare il giudice, quale deve/può essere la pena. E' così che André Tiraqueau, ragionando sulla opportunità di attenuare le pene, costruisce una complessa –e straordinaria– teoria della responsabilità penale [...]; è così che Antonio Gomez formula una vasta dottrina delle circostanze dopo aver ricordato ai giudici che 'poena homicidii regulariter est poena mortis' [...]; è così –e si potrebbe continuare all'infinito– che Angelo Gambiglioni, istruendo il giudice a proposito di colui che *maleficio assistit*, elabora gli elementi costitutivi del concorso di persone [...]".

64. Véase por ejemplo "Giustizia criminale", *op. cit.*, págs. 173-178. Es una operación, explica en su ensayo "Lex delictum facit", *op. cit.*, pág. 104, iniciada precozmente ya por Alberto da Gandino; pero será sin embargo el pensamiento de Deciani el que representará el momento de mayor maduración de tal orientación programática de la doctrina: "forte di una ben più alta consapevolezza, fa del formato penale del conflitto il punto di avvio di una teorica nuova (che fonda il ruolo della legge) e l'asse portante dell'autonomia del *ius criminale*". Cf. "Fonti giudiziarie e fonti giuridiche", *op. cit.*, págs. 498-499.

65. Cf. *id.*, "Giustizia criminale", *op. cit.*, pág. 181; "Giustizia negoziata, giustizia egemonica", *op. cit.*, págs. 347-348; "La benda della giustizia", *op. cit.*, págs. 79-88; "Lex delictum facit", *op. cit.*, *passim* y en particular págs. 98-99, 104-105, 118-19; "Histoire sociale et dimension juridique", *op. cit.*

66. *Id.*, "Giustizia negoziata, giustizia egemonica", *op. cit.*, pág. 347.

67. Sbriccoli escribe en "Fonti giudiziarie e fonti giuridiche", *op. cit.*, pág. 501,

"Perché il diritto come ben sa chi ci lavora per i versi giusti, ha nella sua natura uno straordinario potere di assorbimento ed un'altissima capacità di rifrazione. Esso è in alto grado capace di imprimere su di sé, seppure in cifra, i segni distintivi delle attitudini sociali, per poi rimandarli in chiaro a chi sappia leggerli o decodificarli". Esto aparece también en el ensayo "Nox quia nocet. I giuristi, l'ordine e la normalizzazione dell'immaginario", en M. Sbriccoli (dir.), *La notte. Ordine, sicurezza e disciplinamento in età moderna*, Florencia, Ponte alle Grazie, 1991, pág. 11, refuerza la tesis de las fuentes doctrinales "come mezzi privilegiati per la lettura dei codici più complessi e riposti che connotano la società medievale e moderna, ed insieme come specchio del suo modo di leggere se stessa, grazie alla mediazione culturale di una tra le fasce intellettuali più attente che quella società abbia saputo esprimere". Cf. *id.*, "Storia del diritto e storia della società", *op. cit.*, págs. 141-145.

68. *Id.*, "Giustizia negoziata, giustizia egemonica", *op. cit.*, pág. 348. En el plano metodológico no debe olvidarse que para tener una percepción completa de la dimensión de justicia siempre es necesario integrar las fuentes doctrinales con las fuentes de archivo, ante todo las judiciales. Véanse también sus ensayos "Fonti giudiziarie e fonti giuridiche", *op. cit.*, pág. 494 y "Storia del diritto e storia della società", *op. cit.*, pág. 131.

69. Sobre la base de esta distinción, la complejidad procesal es descripta por la doctrina en un plano bidimensional de modo que el *extraordinarium* representa el nivel de actualización y adecuación permanente del *ordinarium*. De la vertiente de la extraordinariedad, de hecho, se experimentan modalidades de solución de los conflictos que tienden ellas mismas a resultar ordinarias. La generación de la manera procesal inquisitorial, por ejemplo, se explica bien a través de tales categorías. Sobre este punto véase M. Meccarelli, *Arbitrium. Un aspetto sistematico degli ordinamenti giuridici in età di diritto comune*, Milán, Giuffrè, 1998, págs. 288-298, 367-376 e *id.*, "Le categorie dottrinali della procedura", *op. cit.*, págs. 575-578. Para una observación de esta dinámica desde el punto de vista de las prácticas judiciales, y una consideración de las correspondientes a sus valencias respecto de la dialéctica política ciudadana, véase la reconstrucción hecha para Bolonia entre el siglo XIII y el XIV por M. Vallerani, *La giustizia pubblica medievale*, *op. cit.*, págs. 16-17 y 247-270.

70. Me refiero a aquel tipo de cierre sistemático –presente no por nada en los sistemas basados en el principio de legalidad– que se determina cuando la dimensión factual a la que se aplica el derecho deviene pura aplicación de un discurso jurídico que ya se ha afirmado en las disposiciones normativas. A. Schütz, "L'immaculée conception de l'interprète et l'émergence du système juridique: à propos de 'fictions' et 'construction' en droit", *Droits. Revue française de théorie juridique*, 21 (1995), págs. 113-123, ha mostrado cómo en aquellos sistemas se realiza una "politique constructive de la réponse à la transgression". Viceversa, en el *ius commune* se produce una "politique fictive de l'autodéfense du droit": la norma jurídica mantiene su vigor en el tiempo, precisamente porque se puede suspender la aplicación donde resulta inadecuada. Cf. M. Meccarelli, *Arbitrium*, *op. cit.*, págs. 318-325; *id.*, "Le categorie dottrinali della procedura", *op. cit.*, pág. 577.

71. Retomo aquí una clasificación mía propuesta *ibid.*, págs. 6-10.

72. Cf. M. Meccarelli, *Arbitrium*, *op. cit.*, págs. 255-306; M. P. Alonso Romero, "El solemne orden de los judicios. La lentitud como problema en la historia del proceso en Castilla", en *Anuario de la Facultad de Derecho de la Universidad Autónoma de Madrid*, 5, 2001, págs. 40-53.

73. Para una vuelta a esa perspectiva de estudio del proceso en una dimensión de historia política de la justicia, véase M. Vallerani, *La giustizia pubblica medievale, op. cit.*, pág. 16 y *passim*.

74. El sistema procesal experimenta de manera más acentuada, respecto a nuestro modo de concebir la justicia penal, la relevancia colectiva del hecho procesal. Antes que instrumento de tutela o punición de un individuo, es un instrumento de búsqueda de la paz social, de definición de los equilibrios entre los cuerpos sociales; su concreta articulación se coloca de hecho al interior de la dialéctica política entre los poderes que se refleja necesariamente en el hecho procesal específico. La justicia medieval se ocupa de conflictos que, antes que representar "une déviance ou une pathologie sociale", son "un mode de relation ordinarie, comme un processus social ouvert", explica bien A. Zorzi, "Conflits et pratiques infrajudiciaires dans les formations politiques italiennes du XIII au XV siècle", en B. Garnot (dir.), *L'infrajudiciaire du Moyen Age à l'époque contemporaine*, Dijon, EUD, 1996, pág. 21; para decirlo con M. Vallerani, *La giustizia pubblica medievale, op. cit.*, pág. 13, hace del proceso "un micro-evento sociale".

75. Cf. P. Grossi, *L'ordine giuridico medievale*, Roma-Bari, Laterza, 1995, *passim* en particular págs. 29-35, 130-135, 223-235; G. Chittolini, "Il 'privato', il 'pubblico', lo Stato", en G. Chittolini, A. Mohlo, P. Schiera (dir.), *Origini dello Stato. Processi di formazione statale in Italia fra medioevo ed età moderna*, Bolonia, il Mulino, 1994, págs. 582-586; P. Costa, *Civitas storia della cittadinanza in Europa, 1. Dalla civiltà comunale al Settecento*, Roma-Bari, Laterza, 1999, págs. 9-19; L. Mannori, B. Sordi, *Storia del diritto amministrativo*, Roma-Bari, Laterza, 2001, págs. 17-20.

76. A. Zorzi, "Negoziazione penale", *op. cit.*, págs. 13-34, en particular págs. 24-26 y 33-34.

77. Una confirmación en este sentido viene de las recientes páginas de A. Zorzi, "L'egemonia del penale in Mario Sbriccoli", en L. Lacchè, C. Latini, P. Marchetti, M. Meccarelli (dir.), *Penale, Giustizia, Potere, op. cit.*, págs. 173-178.

Rex ivdex. El momento judicial del rey de Toledo

Carlos Petit
Universidad Onubense, España

La primera imagen del monarca visigodo que encontramos en el *Liber Iudiciorum* (LV) lo presenta sentado solemnemente ante la corte ("coram universis Dei sanctis sacerdotibus cunctisque officiis palatinis"), presidiendo la asamblea de notables eclesiásticos y miembros del oficio palatino desde su trono de juez supremo ("iudiciali presidens trono").[1] Sabemos además, por Isidoro (cf. *Historia Gothorum*, 64), que el rey Suíntila (621-631) poseía "plurimae… regiae maiestatis virtutis", entre las que destacó su perspicaz labor juzgadora: "in iudiciis examinatio strenua".[2] La alta cura de la justicia resulta así –también en Toledo– emblema o símbolo de la autoridad real. Y sin embargo, son raros e imprecisos los textos que tratan la competencia judicial del rey visigodo y de las circunstancias para su ejercicio.[3]

I

Uno de esos casos –tal vez el supuesto principal– se refiere al delito político: las acciones "contra principem vel gentem aut patriam". Hay que pensar que la *traición*, regulada por Chindasvinto en LV 2.1.8, se tradujo en un procedimiento seguido ante la audiencia real, pues la ley citada presupone la continua presencia del monarca en la tramitación de la causa al establecer, junto a la pena capital, el castigo alternativo de la ceguera y la confiscación de bienes a modo de perdón decretado *ex abrupto* por el rey ofendido ("si fortasse pietatis intuitu a principe fuerit illi vita concessa").[4] En rigor, nada excluye aquí que la gracia tuviera lugar después de una condena pronunciada por algún otro juez (tal vez sucediese así en la conjura emeritense contra Recaredo, como se verá enseguida) pero disponemos de ciertas informaciones literarias que refuerzan la hipótesis de una directa intervención regia en la represión de los traidores.

Medio siglo antes de la promulgación del precepto de Chindasvinto, el cronista Juan de Bíclaro (*Chron.* año VI Mauricii [a. 587]) relata la existencia de una amplia conjura contra el converso Recaredo que tuvo su foco en Mérida. El principal elemento de la trama, un tal Segga, sufrió la amputación de ambas manos y el exilio ("manibus amputatis in Gallaeciam exul transmittitur"; como se sabe, la amputación ha sido una pena clásica para los traidores, de frecuente aplicación en el imperio bizantino). Si medió una decisión judicial del monarca no lo sabemos, pero parece lo más probable a la vista del caso protagonizado por otro conjurado emeritense, el noble Vagrila, castigado con la pérdida de bienes y *honores* (entre ellos, seguramente, la *testimoniandi licentia*) por Recaredo en los términos de la *suggestio* del *dux* Claudio, vencedor de la rebelión (cf. *Vitas Patrum Emeritensium* xviii, 42 [5.11.13-16]: "rex vero hiuscemodi accipiens suggestionem talem dedit sententiam: ut cuncti omnibus patrimoniis vel honoribus privati exilio multis vinculis ferrei vel constricti ligarentur"); por otra parte, la intervención del rey reaparece en las *Vitas* cuando Vagrila, acogido al asilo en la basílica de Santa Eulalia, es condenado a ingresar junto con los suyos en la familia servil de ese templo (*Vit. Pat. Emer.* xviii, 43 [5.11.90-104]). De todas formas, la autonomía de Claudio en la delicada crisis también se destaca en las fuentes. Aparte las sugerencias sobre el castigo de Vagrila, que el *dux* haría llegar a Recaredo junto con el mismo reo, el fiel Claudio decidió *in situ* la suerte de Witerico, futuro rey de los godos (603-610) y por entonces un recio joven a quien los rebeldes habían confiado la muerte del obispo católico Masona, auténtico protagonista de esta historia; pues bien, sin que conste la mediación judicial de Recaredo, Witerico quedó libre tras denunciar un segundo conato de revuelta (*Vit. Pat. Emer.* xviii, 41 [5.11.47-48]: "[Claudius] Wittericum vero qui nefandorum consilia manifestavit liberum abire praecepit").

La intervención justiciera del rey se dio también en relación con el *dux* Argimundo, cabeza de otro conato de rebelión ("adversus Reccaredum regem tyrannidem assumere cupiens, ita ut, si posset, eum regno privaret et vita"), acaecida unos años después. Las informaciones proceden nuevamente del Biclarense (cf. *Chron.* a. viii Mauricii [a. 590]), quien describe en detalle las actuaciones y los castigos aplicados: confeso bajo tormento, Argimundo fue sometido a la decalvación (*turpiter*, quiere decirse: ablación del cuero cabelludo) y la pérdida de la mano derecha, conducido a lomos de un asno por las calles de Toledo ("ipse tamen Argimundus, qui regnum assumere cupiebat, primum verberibus interrogatus, deinde turpiter decalvatus, post haec dextra amputata exemplum omnibus in Toletana urbe asino sedens pompizando dedit") para escarmiento general y especialmente de la nobleza aúlica ("et docuit famulos dominis non esse superbos"), a la que Argimundo pertenecía ("quidam ex cubiculo eius": un miembro de la cámara de Recaredo).[5]

Es inevitable pensar que la importancia de la sublevación, la índole del traidor y la localización de la conjura en la *urbs regia* y aun entre los adláteres del monarca explican la apertura de una causa fallada por el soberano. Otra vez no está claro si la decisión fue tomada por Recaredo en solitario o, como creo más probable y se documenta en la segunda mitad del siglo VII, de forma colegiada en una *audientia* que el rey presidiría. La referencia al *cubiculum* y a los *famuli* puede valer, no sólo para cortesanos que debían tomar buena nota del trato que se reservaba a los conspiradores, sino también en relación con cuantos conocieran como jueces aúlicos de la traición cometida por uno de los suyos. A favor de esta hipótesis cabe alegar la probable organización del *aula* bajo Leovigildo según hipótesis de Sánchez-Albornoz,[6] así como testimonios disponibles sobre la corte merovingia y sus actividades judiciales, lo que permite imaginar una situación similar en el reino de Toledo.[7] En cualquier caso, especialmente si mediaba esta suerte de crímenes, desde el Concilio IV de Toledo (año 633) quedó claro –lo veremos– el deber real de conocer la causa "consensu publico cum rectoribus ex iudicio manifesto".

Las revueltas contra el converso Recaredo tuvieron como antecedente los problemas creados por su padre en aquella Mérida levantisca. Al menos, las *Vitas Patrum Emeritensium* narran al detalle la inquebrantable catolicidad del mencionado Masona, en vano tentado por Leovigildo (*Vit. Pat. Emer.* x, 26 [5.4]). Ante el fracaso de su política, el rey designó al arriano Sunna para la sede emeritense y ordenó dirimir el conflicto por la titularidad de la basilíca de la mártir Eulalia con una discusión teológica que había de celebrarse ante el pueblo y los jueces reales (*ibid.* xi, 27 [5.5]). El triunfo resonante de Masona sólo motivó que le llovieran las acusaciones (*ibid.*, xii. 29 [5.6]: "contra militem Xpi omne genere septus telorum se ipsum potius adpugnaturus aduehere ipsumque beatissimum uirum Masona episcopum in auribus principis Leouigildi Arriani clam multis criminibus accusaree"). El rey ordenó deponer y conducir al obispo hasta Toledo; una medida que se daría generalmente para iniciar un proceso ante la corte (*ibid.*, "Tandem spiritus nequa conpulit sepe nominatim Arrianorum regem ut sanctum uirum a propria sede remoueret suisue obtutibus presentare deberet. Ociusque ministri conpares criminis eius preceptiones edictum implentes atque ad Emeretensem urbem uenientes uirum beatum sub omni celeritate ad urben Toletanam, in que rex erat, properare conpellunt"). El anónimo relato no abunda lógicamente en particulares procesales, pero se nos dice que el obispo, arrancado de Mérida "quasi reus ad exilium", compareció en presencia de Leovigildo para sufrir allí toda clase de sevicias (*ibid.*, "quumque peruenisset ad urbem Toletanam et atrocissimi tiranni conspectibus adstitisset, plurimis eum rex lascessans conuiciis multisque terroribus pulsans ad heresem Arrianam omne adnisu praue intentionis pertraere cupiebat"). Lo peor llegó al exigirle el rey la entrega de la túnica de Eulalia; un enviado a la basílica no había conseguido dar con la preciosa reliquia, de modo que Leovigildo, haciendo traer otra vez al obispo ante su trono, lo amenazó con el exilio (*ibid.*, "qui quum eius obtutibus sisteretur, ayt ad eum: Aut dic ubi est quod requiro aut, si non dixeris, cognosce te grauibus afficiendum esse iniuriis et post in regionem longiquam in exilium proficisci, ubi multis erumnis affectus omnibusque necessitatibus intolerabiliter cruciatus crudeli morte deficies"). Siguieron más amenazas de arrancarle una confesión bajo tormento (*ibid*., "si non prensataueris [tunicam], diuersis supliciis faciam diuaricari membra tua"), pero el obispo emeritense alegó que había reducido a polvo la túnica, se lo había bebido y por lo tanto la reliquia estaba en su vientre; en realidad, la llevaba debajo de sus ropas. Tras más reproches del obispo, Leovigildo pronunció una sentencia de condena (*ibid*., "Masona, moribus nostris semper contra nos infestum et fidei nostre inimicum religionique contrarium, occius a conspectibus nostris subtractum exilio religari iubemus"). La marcha del reo al exilio encerraba realmente otro suplicio, pues el pérfido monarca le dio por montura un peligroso caballo que había descalabrado a más de uno; milagrosamente, en manos del obispo la fiera fue un corderillo ("agnus mansuetissimus"). Pero el santo varón estuvo tres años relegado en un monasterio (*ibid*. 13.32 [5.7]) antes de obtener el perdón de Leovigildo.

"La narración de estas vidas maravillosas está hecha en un tono auténticamente panegírico, y es inevitable la sensación de leyenda en la mayor parte de los hechos milagrosos que se narran", ha escrito Justo Fernández Alonso en relación con la hagiografía consultada.[8] Sin embargo, para nosotros resulta indiferente esa fantasía, pues la obra responde, a pesar de todo, a la cultura del momento, y así vale como testimonio, si no de unos hechos históricos incontrovertidos, desde luego de la realidad supuesta que otorgó sentido a su texto. Con toda cautela se podría afirmar que el desconocido autor de las *Vitas* no comete demasiados errores de índole jurídica. Su léxico es cuidado, acorde con el lenguaje de las leyes visigodas ("in auribus principis", "ad urbem regiam compellere", "exilio religari iubemus"); también tiene algún sentido –más allá de lo necesario para el relato heroico– la comparecencia personal de Masona, pues sólo con Recesvinto disfrutaron los obispos de la actuación por representante (LV 2.3.1, "Quod principum et episcoporum negotia non per se, sed per subditos sint agenda").[9] La confesión bajo tormento –tratándose de traición, como el rey terminó por echar en cara a Masona– es otro extremo que sería regulado, con probabilidad, en el *Codex Revisus* (cf. para los *servi* LV 6.1.4, *antiqua*). Finalmente, la deposición como castigo del rebelde, característica del derecho canónico según enseguida veremos (Concilio de Toledo VII, año 646, c. 1, donde va acompañada de excomunión), se acumula al exilio –una pena que sabemos documentada, inmediatamente después de Leovigildo, en tiempos de su hijo Recaredo.

Parece que el monarca arriano condenó en solitario al obispo de Mérida. Tampoco se deduce la presencia institucional de la corte en la condena que afligió al noble Bulgar, un magnate que sufrió los excesos del proarriano Witerico ("plurima in me noxia nixus est intulisse, a rebus exulem reddidit, carceribus multis, fame et siti vexavit, poenam poenis inflixit atque vesanis in me consiliis ita sepius exilivit, ut, nisi Dominus adiuvisset me, perdere me suae voluntatis atrocitate contendit"); mas las noticias que dan sus epístolas sobre el proceso padecido resultan tan escasas que sólo cabe recordar ese caso desgraciado.[10] Por el contrario, no cabe duda alguna sobre la intervención del *aula regia* en otra sonada traición. Me refiero a la rebelión del *dux* Paulo, un episodio bien conocido gracias a la *Historia Wambae* compuesta por Julián de Toledo.[11]

La fuente mencionada encierra una obra compleja, mezcla de géneros literarios diversos.[12] En parte panegírico cortesano, en parte crónica o *vita* del rey ungido, ahí presentado al modo y manera de los viejos reyes de Israel, la *Historia Wambae* narra su milagroso acceso al trono (año 672) y la campaña emprendida contra Paulo, noble enviado por Wamba a la Septimania para aplastar una revuelta, proclamado soberano de la Tarraconense (*rex orientalis*) con ayuda de los mismos rebeldes que había de combatir (año 673). La antítesis o contraposición de ambos reyes –el piadoso y legítimo Wamba, elegido por los designios divinos;[13] el blasfemo pseudo-rey "oriental" Paulo, un impío que llega al extremo de coronarse con una diadema votiva robada de los altares de San Félix–[14] es tan acentuada que constituye el esqueleto retórico del relato de Julián. La clemencia del auténtico monarca se opone de continuo a la tiranía del usurpador: el *Ivdicivm in tyrannorvm perfidia promulgatvm*, una de las piezas que integran la obra,[15] narra minuciosamente el juicio del culpable y el perdón generoso con que respondió a sus pérfidas acciones el misericordes, monarca de Toledo.

En presencia de los gardingos, los señores y los oficiales palatinos, Paulo y los suyos fueron llevados ante Wamba ("in conspectu gloriosi nostri domni"), en lo que debemos considerar una solemne sesión del *aula regia* celebrada en presencia del ejército ("adstante exercitu uniuerso"). El nobilísimo Wamba interpeló al cabecilla sobre las razones de su traición: ningún mal, más bien, sólo confianza y bondad inmerecidas habría recibido Paulo del rey legítimo, contra quien se sublevó por inspiración demoníaca.[16] Fueron exhibidas a continuación las *conditiones* o pactos jurados de fidelidad suscritos de puño y letra por los rebeldes al acceder Wamba al trono de Recesvinto (cf. Concilio IV de Toledo, año 633, c. 75);[17] salieron también a relucir los juramentos que Paulo había arrancado a sus seguidores, comprometiéndolos a derrocar a Wamba, de ser necesario a sangre y fuego.[18] La confesión de los acusados y la pesquisa documental se completaron con la *recitatio* de los preceptos aplicables: un trámite probatorio, procedente del derecho romano tardío, destinado a fundar jurídicamente la sentencia sobre textos legales en copias auténticas;[19] en nuestro caso, se invocaron el canon 75 del Toledano IV –un precepto fundamental en la historia de las relaciones del poder regio con la jerarquía eclesiástica– y la ley de Chindasvinto sobre la traición, citada con gran precisión y respeto a la sistemática del *Liber*: "legis... sententia in libro ii, titulo i, era vi", esto es, según la versión de la *lex* recesvindiana.[20] El *Ivdicivm* presenta el fallo como decisión colectiva, adoptada por Wamba juntamente con la corte ("ob hoc secundum latae legis edita hoc omnes communi definiuimus sententia"), señalando las penas previstas en aquel precepto: como sabemos, condena a muerte y confiscación (ahora razonada en tanto expediente necesario para borrar la memoria de los rebeldes; argumento de peso que tendrá desarrollo en la terrible regulación del *crimen maiestatis* del *ius commune*),[21] dejándose a salvo la posibilidad de un perdón de la vida con pérdida de los bienes e imposición de ceguera.

Que la vida de Paulo y sus secuaces fue respetada lo sabemos por otro pasaje de la *Historia Wambae*, donde hay una versión diferente y más estilizada del juicio examinado. Aun en campaña militar, a los tres días de ser apresado Paulo fue condenado "uniuersorum iudicio", pero Wamba lo dejó con vida, sometiéndolo a la *decalvatio*;[22] el traidor entró en Toledo sobre un carro tirado por camellos, cabeza ceñida de laureles, en una procesión burlesca (cf. *Historia Wambae* 30: "omni confusionis ignominia dignus et picea ex coreis laurea coronatus") que recuerda aquella otra del rebelde Argimundo en tiempos de Recaredo. Nada se menciona en la *Historia* sobre la ceguera de los traidores, lo mismo que el *Ivdicivm* calla cualquier referencia a la decalvación que la primera fuente documenta; a tenor de la amnistía decretada por el sucesor de Wamba, el rey Ervigio (680-687), en el Concilio de Toledo XIII, año 683, sabemos que los traidores habían perdido sus bienes y derechos procesales: un castigo añadido a la *decalvatio* que, con todo, tampoco aparece expresamente mencionada en las actas conciliares.[23] Más abajo habrá ocasión de insistir sobre este punto.

Las dudas e inseguridades sobre la condición y el castigo de los rebeldes no impiden apreciar la regularidad de los trámites judiciales seguidos ante la corte, similares a los de otros casos contemporáneos. Por ejemplo, la fórmula visigoda nº 40, un modelo de carta procesal, incluye la prueba de testigos –equivalente a la confesión de Paulo en el caso examinado– y la *recitatio* de preceptos legales.[24] También el juicio entre los obispos Habencio y Marciano, recogido en las actas del Concilio de Toledo VI (año 638) –sin duda el litigio hispanogodo que mejor conservamos–[25] presenta paralelos con el proceso cortesano de Paulo y los suyos, pues en esa otra controversia los jueces eclesiásticos revisaron las escrituras juradas por las que el diácono Eulalio, acusador de Marciano, se comprometía ante Habencio a hacerle mal al segundo; se realizó además la recitación de preceptos –del derecho secular (*Pauli Sententiae* 1,1,4, procedente del Breviario alariciano); del derecho canónico (Concilio de Lérida, año 546, c. 7)– para razonar a favor de la nulidad de pactos y conjuras contrarios a moral y derecho. Sin relación con el relato de Julián, aunque muy cerca de lo previsto en la recordada fórmula nº 40, las cuestiones relativas a la prueba de testigos (falsedad de ciertos testimonios, tacha de testigos inhábiles por razón de edad) cobran aún gran presencia en el proceso eclesiástico recordado. La conclusión me resulta clara: los litigios tramitados ante el aula regia seguían los procedimientos comunes o generales de la justicia visigoda.

A su vez, el derecho propio de la Iglesia hispana contiene disposiciones que ilustran ciertos aspectos de la actividad judicial del rey en el conocimiento de los delitos de traición. En el decisivo Concilio de Toledo IV, antes citado, el canon 31 consideró la frecuencia con que los monarcas encomendaban a los obispos casos de lesa majestad ("saepe principes contra quos libet maiestatis obnoxios sacerdotibus negotia sua conmittunt"; conviene precisar que el término *maiestas*, de uso excepcional, se desliza en el precepto por probable influencia isidoriana).[26] Pues bien, tal delegación de funciones sólo valdría cuando el rey jurase mantener con vida a los culpables ("ubi iureiurando supplici indulgentia promitittur, non ubi discriminis sententias praeparatur").[27]

Parece evidente que el Toledano IV presupone el ejercicio *natural* de la justicia por parte del rey ofendido con la traición ("negotia sua", en las palabras precisas del canon),[28] pero también documenta la tendencia a castigar el delito con penas diferentes de la muerte en consideración a la *clementia*, según enseñan testimonios más arriba alegados. Sin que sea necesario recordar aquí el peso del pensamiento católico en la figuración del gobernante perfecto, vicario de Dios entre los hombres que actúa a imagen y semejanza de Cristo,[29] podemos observar en el citado c. 31 una inclinación hacia el perdón que cobra sentido a la luz de las referencias examinadas sobre los levantamientos en contra de Recaredo, mas también resalta en el precepto la participación de los dignatarios eclesiásticos en crisis provocadas por acciones "contra principem vel gentem aut patriam". En realidad, la regulación canónica resulta coherente con la definición del vínculo político sobre la base del juramento de fidelidad; una decisiva cuestión abordada por primera vez, lo sabemos, precisamente en este mismo concilio (c. 75).

El canon recién citado ("De commotione plebis ne in principes delinquatur") presenta un rico contenido que podemos sintetizar en dos ideas principales. Por una parte, la aludida cuestión del vínculo jurado a favor del monarca legítimo, cuya ruptura se castiga con un solemne y repetido anatema; por otra, a modo de contraprestación al compromiso de fidelidad otorgado por el pueblo a su rey ("et regis in populis, et populi in regibus, et Deus utrisque laetetur"), la prohibición que pesa sobre el monarca de juzgar en solitario causas civiles y criminales ("in causis capitum aut rerum"): esto significa exactamente el deber de asegurar al reo un imparcial juicio en el curso de alguna sesión del *aula regia* ("ne quisquam vestrum solus in causis capitum aut rerum sententiam ferat, sed consensu publico cum rectoribus ex iudicio manifesto delinquentium culpa patescat, serbata... inoffensis mansutudine", ed. Vives, pág. 220). La enemiga al juez único, particularmente en las causas criminales, fue un motivo frecuente de la legislación visigoda, que documenta la presencia en los estrados de *auditores* (LV 2.2.2, Chindasvinto), *viri honesti* (LV 6.1.2, Chindasvinto) y una cierta contrariedad oficial cuando el *iudex* actuaba por su cuenta, dado el riesgo de parcialidad o corrupción (LV 7.1.5, *antiqua*); sin embargo, nada de ello nos autoriza a suponer la subsistencia en Toledo de viejas formas germanas de participación comunitaria en la vida procesal.[30]

Además, parece innegable la relación estructural existente entre el deber popular de prestar juramento de fidelidad y la obligación asumida por el rey de respetar la colegialidad en los procesos cortesanos, lo que deja suponer el alcance esencialmente político del c. 75; tiene entonces razón Dietrich Claude al opinar que esta "disposición estaría pensada ante todo en relación con los procesos políticos, en los que el rey, cuando intervenía como juez, era al mismo tiempo una parte".[31] La referencia a los juicios patrimoniales ("in causis... rerum") no sería un obstáculo grave a la conclusión anterior si se recuerda que la confiscación y la pérdida de *honores*, medidas de contenido económico, ya figuraban entre las clásicas penas de la traición; además, tal y como relata la crónica del Biclarense, nunca fueron castigados con idéntico rigor el jefe de una revuelta y sus meros seguidores, en su caso hombres de iglesia que merecerían otra suerte de penas.

Ahora bien, en nuestro canon 75, lo mismo que en el c. 31 analizado más arriba, la misericordia constituye el mensaje insistente que transmiten los padres conciliares, con el viejo Isidoro a la cabeza. El derecho canónico hispanogodo inauguró así una línea de intervención que las decisiones de asambleas eclesiásticas posteriores llevaron a sus últimas consecuencias.[32] Son cuestiones generales que abordaré más adelante; ahora me limito a destacar que el perdón del rebelde tuvo un cumplido desarrollo, al compás de la participación de eclesiásticos y nobles en la justicia del rey.

El único sínodo convocado por Chindasvinto (Concilio de Toledo VII, año 646), el autor de la famosa ley sobre los traidores (LV 2.1.8), señaló varias penas canónicas (deposición, penitencia, excomunión) para los culpables de esa acción (cf. c. 1, "De refugis atque perfidis clericis sive laicis"); parece evidente la intención de reforzar, con la complicidad de la Iglesia, las medidas contemporáneas sobre delincuencia política. El concilio condenó en particular la huida a territorio enemigo y la acción de encubrir o meramente aconsejar a los expatriados; se repetían los castigos para cualquier acto encaminado a deponer al rey, difamarlo o procurar su muerte. Sin duda preocupaban las deserciones en el seno del ejército, pero el problema sería más general, pues no faltan en el canon referencias a traidores de condición eclesiástica.[33] Desde luego, tanto éstos como los laicos serían sometidos a perpetua penitencia, amén de sufrir la privación de bienes y dignidades.

De tal regulación, ahora drásticamente resumida,[34] me interesa subrayar las cautelas establecidas para la gracia, pues nos encontraríamos en un terreno institucional que constituye el reverso del momento punitivo. De un lado, también ahora el perdón aparecía entre las más excelsas virtudes propias del estado real ("cuius proculdubio potestatis est subiectorum culpas misericordiae iudicii sententia temperare"), lo que a su modo había recogido LV 2.1.8 al admitir, como alternativa a la pena de muerte, la de ceguera. Por otro lado, el ejercicio de la clemencia en relación con la excomunión[35] tenía que realizarse contando con el beneplácito de la jerarquía ("ne quandoquidem absque iusta ubi necesse fuerit inploratione sacerdotali exconmunicationis huius sententiam a perfidis clericis vel laicis ad externas partes se transferentibus vel consensum praebentibus quaquumque temeritate suspendant", ed. Vives, pág. 252), previsión sin duda congruente con la índole religiosa del castigo. El canon del año 646 guarda aún estrecha relación con otra ley de Chindasvinto recopilada como LV 6.1.7, "De servanda principibus pietate parcendi", donde se establece, siempre en relación con los delitos políticos ("pro causa... gentis et patrie"), la intervención en la gracia de los dignatarios de la Iglesia y de la nobleza palatina ("quod si divina miseratio tam sceleratis personis cor principis misereri conpulerit, cum adsensu sacerdotum maiorumque palatii licentiam miserandi libenter habebit"), vale decir: el mismo círculo cortesano que conocía *in audientia* de las causas junto con el rey, a tenor del c. 75 del Toledano IV.

El hijo y sucesor Recesvinto (649-672) mantuvo la norma paterna en sus propios términos, mas obtuvo del Concilio VIII (año 653) un reforzamiento del derecho a indultar. Todo indica que, en contra de lo establecido por esa ley 7, el cruel Chindasvinto habría exigido jurar a los suyos que los rebeldes nunca serían perdonados. Ahora los eclesiásticos congregados por el nuevo monarca recordaban los juramentos inmorales o al menos poco caritativos que recorren la historia sagrada (el famoso compromiso de Herodes con Salomé, el juramento de Jefté...) para revocar el injusto compromiso, a beneficio final de la piedad: al fin y al cabo, argumentaron los obispos, violar un juramento inicuo sería un mal mucho menor que seguir a rajatabla su doloroso imperativo.[36]

De modo que, bien al jurar la aplicación rigurosa del régimen punitivo de la traición, bien por dulcificar –si convenía– el mandato contenido en esos mismos juramentos, se trataba de contar con la presencia eclesiástica y nobiliaria en las causas tocantes al rey y a la gente de los godos, según había avanzado décadas atrás el decisivo Toledano IV. Se recordará que, a partir de ese sínodo, la jerarquía fijó el régimen jurídico de la judería (cc. 57-66), la actuación de los jueces seculares (c. 32) o la conflictiva sucesión al trono (c. 74), por mencionar tan sólo tres arduas cuestiones, asumidas de inmediato por la legislación real (sobre la condición jurídica de los judíos, cf. LV 12.2.3-17 y 12.3.1-28; para la supervisión de las actuaciones judiciales con auxilio del obispo, cf. LV 2.1.30; finalmente, resulta superfluo añadir, en relación con la fidelidad al rey del c. 74, los lugares concordantes de LV 2.1.7-8). La relevante función reservada entonces a la Iglesia, que sólo tuvo parangón en la conversión de Recaredo, osciló de modo inevitable a tenor de la personalidad y los apoyos de que gozase cada monarca, mas la definición religiosa del lazo político se tradujo en una mayor participación de la jerarquía eclesiástica en el enjuiciamiento del delito de traición. Así se explica la ley 7 de Chindasvinto y las disposiciones del mucho más débil Ervigio, acordadas en el Concilio XIII de Toledo (año 683).

Dos años antes, en el primer concilio (XII) de su reinado se proclamó que el perdón de los traidores tocaba al monarca en exclusiva ("quia remissio talium qui contra regem, gentem vel patriam agunt per definitiones canonum antiquorum in potestate solum regi apponitur qui et pecasse noscuntur", lo que tenía el c. 2 del Toledano VIII como referente);[37] el siguiente paso consistió en levantar la excomunión a los previamente indultados por el rey, "quos regia potestas aut in gratiam benignitatis receperit aut participes mensae suae effecerit, hos etiam sacerdotum et populorum conventus suscipere in ecclesiastica communione debebit" (cf. c. 3, "De culpatorum receptione vel communione apud ecclesiam"). Se acordó también mitigar los durísimos efectos de la ley militar de Wamba (LV 9.2.8) y devolver la capacidad procesal a cuantos hubieran desoído la llamada a la hueste y merecido así el trato reservado a los *infames* (c. 7, "De recepto testimonio personarum qui per legem de promotione exercitus facta est testificandi licentiam perdiderunt"). De esta forma, Ervigió avanzó hacia la concesión de una amnistía completa a Paulo y sus secuaces, gran asunto del momento abordado en el Toledano XIII (cf. c. 1, "De reddito testimonie dignitatis eorum quos profanatio infidelitatis cum Paulo traxit in societatem tyrannidis") y aceptado, según el deseo real, por la asamblea.[38]

A la vista de sus actas se diría que la infamia –el apartamiento absoluto de la justicia real, significado en la pérdida de la *testificandi licentia*– había sido la pena sufrida por los rebeldes de Septimania.[39] Si el juramento de fidelidad al rey contenía, como parece, deberes específicos de asistencia militar, de modo que la renuncia al ejército equivalía a una traición; si aceptamos además que LV 9.2.8, Wamba, fue la desesperada respuesta oficial al peligroso intento de Paulo y a la lealtad frágil de las zonas nordorientales.[40] entonces no puede extrañar que los perdones respectivos presentasen un idéntico contenido.[41] Por otra parte, aunque se repetía a favor de Ervigio que el derecho de agraciar era prerrogativa regia, en ambos casos –dos supuestos de rara envergadura, pues estaban en juego las alianzas en que el nuevo rey basaba el gobierno– su ejercicio había tenido lugar mediante concilio, esto es, a ciencia y paciencia del oficio palatino y con la aprobación de los padres sinodales; ahora, sin que la existencia de una previa pena canónica requiriese su concurso en la gracia. La exhortación "de servanda principibus pietate parcendi" (LV 6.1.7, Chindasvinto) lograba al fin cumplimento; de modo significativo, en contra de su habitual manía revisora (cf. LV 2.1.1), Ervigio mantuvo en el código toledano el tenor literal de esa disposición, sin glosa ni añadido alguno.

El peso de la nobleza palatina en la dispensa de la gracia y la tramitación de los procesos resultaba un valor tradicional: ¿no fue por ventura Recesvinto quien había calificado a los nobles "in regimine socios, in adversitate fidos et in prosperis amplecturos strenuos, per quos iustitia leges implet, miseratio legis inflectit, et contra iustitiam legum moderatio aequitates temperantiam legis extorquet"?[42] Obviamente, la relación con esos especiales partícipes en las ingratas empresas del reino fue muy inestable, en función de las riquezas y de los apoyos seguros con que contara cada monarca. En busca de tales complicidades, las generosas medidas de perdón adoptadas por Ervigio se completaron así con otra, más famosa, dotada para nosotros de un gran interés.[43] Me refiero al llamado *habeas corpus* del Toledano XIII, un conjunto de reglas para las acusaciones de altos eclesiásticos y magnates cortesanos que parecía albergar el propósito de evitar en el futuro aquella purga judicial en la que se vieron envueltos los rebeldes alzados contra Wamba. Al menos, el canon pertinente (c. 2, "De acusatis sacerdotibus seu etiam obtimatibus palatii atque gardingis sub qua eos iustitiae cautela examinari conveniat") se adoptó a continuación de la concesión de amnistía por sus crímenes, en una secuencia literaria que también aparece en el terreno de lo ideológico: según el anuncio del rey (cf. ed. Vives, págs. 412-413), se quería proteger a los componentes del *aula regia* –el grupo comprobado de los probables traidores– contra imputaciones falsas, prohibiéndose confesiones incriminatorias obtenidas con apremios y torturas;[44] además, el juicio del noble sería siempre "in publica sacerdotum, seniorum atque etiam gardingorum discussione" (o, según la versión del tomo, "in communi omnium examine iudicetur", pág. 413), quiere decirse: ante los pares del acusado bajo presidencia del rey; la sentencia y la eventual condena habría de someterse a la aprobación general. La regulación aprobada en la asamblea describía las presiones del rey sobre los jueces, arrancándoles sentencias contra personajes incómodos que así resultaban depurados: temibles y torcidos procesos, antes castigados por la legislación real (cf. LV 2.1.29, Recesvinto).

Como puede observarse, Ervigio y el concilio seguían fielmente lo previsto en el c. 75 del Toledano IV (un precepto que advertía a los monarcas "ne quisquiam vestrum solus in causis capitum aut rerum sententiam ferat, sed consensu publico cum rectoribus ex iudicio manifesto delinquentium culpa patescat, servata vobis inoffensis mansuetudine"), pero también se asumía lo hecho efectivamente por Wamba al juzgar ante la corte a los mismos rebeldes que el rey ahora perdonaba. Si dejamos aparte la intención que encerrase insistir en celebrar los juicios *omnium examine*, la novedad de ese canon 2 del año 683 –cuyo amplio tenor no se limitaba, por cierto, a las causas abiertas por motivo de traición– consistió, simplemente, en excluir la aplicación de la tortura en los procesos que afectaran a la aristocracia cortesana.

Supuesto único entre las *leges barbarorum* altomedievales, de las que se encuentra ausente este violento instrumento probatorio de abolengo romano, no es necesario insistir en el régimen visigótico relativo al tormento judicial, para cuyo análisis contamos con suficientes trabajos.[45] Me limito a destacar que la ley de referencia (se trata de LV 6.1.2, Chindasvinto) tuvo como finalidad principal admitir la tortura contra los nobles, siempre y cuando se cumplieran ciertos requisitos: la confesión bajo tormento sólo cabía a falta de otras pruebas y en el caso extremo de los *crimina capitalia*, esto es: "in causa regie potestatis vel gentis aut patrie seu homicidii vel adulterii"; las excepcionales circunstancias en que, desde la Roma imperial, valía el testimonio servil *in capite dominorum.*[46] Chindasvinto exigía además que el acusador fuera otro noble y se siguiesen las reglas, en particular la redacción de una *inscriptio* o denuncia formal ante testigos con descripción de los hechos y el compromiso de asumir las consecuencias de una acusación no probada.[47] Que, a pesar de referencias a la tortura del *ingenuus* (un trámite lógicamente menos riguroso), la ley se dirigía ante todo a los *potentes* lo demuestra la previsión de otorgar la *inscriptio* "coram principe vel his, quos sua princeps autoritate preceperit": se diseñaba así un juicio donde actor y reo se encontrarían al mismo nivel social y procesal, en presencia ambos del monarca toledano, juez natural de la causa.[48]

Otra ley de Chindasvinto refuerza la anterior interpretación. Se trata de LV 6.1.6, "Qualiter ad regem accusatio deferatur". Bajo sus términos, las acusaciones más graves se presentarían ante el rey si el denunciante "in eo loco fuerit, ubi tunc regiam potestatem esse contingerit", pero cabía una forma indirecta de comenzar la causa, esto es, elevando al trono la acusación por alguno de los *fidelis regis*. Por una u otra vía –la primera, expedita para los nobles palatinos… que servirían tal vez a los efectos de la segunda– se desencadenaba la actuación judicial del soberano, sin perjuicio de la presencia aristocrática, en su caso (pensemos en los atentados "adversus regem, gentem vel patriam"), en las sesiones del *aula*.

La imposibilidad de torturar a los nobles, en contra de lo establecido desde Chindasvinto, fue entonces la reforma principal introducida por el Toledano XIII. Una novedad de valor limitado –la abundancia de pruebas de la rebelión de Paulo excluyó ciertamente la tortura del reo, incluso en los términos estrechos de LV 6.1.2– pero en absoluto indiferente si se trataba de perseguir simples conjuras: una acusación de *complot* ofrecería la mejor excusa para eliminar a los nobles malquistados con el rey; algo que Ervigio quiso (o se vio forzado a) evitar, multiplicando las garantías procesales. Por ello se prohibió también (c. 6, "Ut exceptis servis vel libertis fiscalibus nullo de servitu quorumlibet aut libertis deinceps ad palatinum officium quocumque tempore transeat") la promoción de dependientes privados a cargos palatinos, notable ascenso social que hubiese permitido a algún monarca represor –(cf. LV 2.4.4, Chindasvinto, "Servo non credendum, et qualibus regis servis debeat credi")– contar con delatores serviles mas procesalmente capaces "sicut et ceteris ingenuis".[49]

De todas formas, si admitimos la veracidad de Égica en su tomo ante el Concilio XV (año 688), parece que Ervigio actuó contra algunos nobles, sometidos a pérdida de honores y bienes, torturas y juicios violentos.[50] Puede que fuera el caso de ese Ricimiro, *vir inluster*, seguramente un leal partidario de Wamba cuya familia padeció las actuaciones arbitrarias de Ervigio apenas entronizado ("subito regia furoris saevissima irruente sententia, protinus memorata domus in atrocissima subversionis mittitur vastatione ejusque proprii heredesco comprenhensi, procerrimae captivitatis dirissimis religantur exiliis").[51] Aunque este temprano suceso no tenía por qué comprometer la suerte del (más tardío) *habeas corpus*, las quejas presentadas al concilio parecen descansar sobre la infracción de ese régimen procesal; no puede extrañar entonces que, al verse a las puertas de la muerte, Ervigio reclamase a su sucesor un juramento a favor de la familia real: la probable víctima propiciatoria de querellas y odios bajo el nuevo reinado. Como antes había sucedido con Recesvinto (cf. Concilio de Toledo VIII, año 653, c. 2), los sacerdotes no experimentaron ninguna desazón en anular el compromiso arrancado a Égica: siempre sería prioritario aquel otro juramento, también exigido por Ervigio, de dispensar recta justicia a los pueblos (ed. Vives, pág. 450: "ut non ante regnum adirem nisi primum strictis me iuramentorum vinculis alligarem, ut iustitiam comissis populis non negarem"). No procede considerar el amplio contenido procesal de esos vínculos jurados,[52] pero era conveniente recordarlos ahora para comprender cambios políticos que tuvieron mucho que ver, sin duda, con las revueltas que sacudieron las décadas finales del reino de Toledo.

En efecto, aparte de ciertos testimonios numismáticos (acuñaciones de régulos que dominaron ciertas zonas, con mayor o menor continuidad), disponemos de información sobre una importante conjura levantada contra Égica, dirigida por el arzobispo toledano Sisberto y mal que bien resuelta con ocasión del Concilio XVI de Toledo (año 693). Aunque las sesiones tocaron temas graves y variados (represión de la idolatría, impiedad de los judíos, conservación y dotación de templos, cuestiones dogmáticas y disciplinares) siempre estuvieron marcadas por el funesto acontecimiento: desde el tomo regio de apertura hasta la insólita alocución de Égica inserta al final de las actas (una suerte de nuevo tomo, exclusivamente centrado en la traición de Sisberto), la conjura del metropolita parece dominar los debates de la asamblea. El monarca se apresuró a proclamar, inaugurándola, una reforma del régimen de la traición: hondamente dolido a causa de la arrogancia de los cortesanos, la pena de la traición sería en adelante la confiscación de bienes con pérdida de honores y reducción a la servidumbre fiscal.[53] El concilio lo repitió en uno de sus cánones (c. 10, "De his qui iuramenti sui profanatores extitisse noscuntur"), pero la elevada condición de Sisberto –nada menos el obispo de la sede regia– justificó que fuera privado de su iglesia, excomulgado y preso en el exilio... dejándose a salvo la facultad de perdón tradicionalmente reconocida al monarca (cf. c. 9, "De Sisberto episcopo").

En lo que nos concierne más de cerca, no creo que Égica interviniese como juez en esta condena. Por una parte, aunque el caso de Sisberto estaba detrás de las continuas quejas del rey, el tomo ofrece referencias sólo genéricas a unos conspiradores envalentonados. Por otra, gracias al "Decretum iudicii ab universis editum" inserto en las actas (ed. Vives, págs. 513-515)[54] sabemos que el obispo traidor compareció ante sus pares, confesó el crimen y fue castigado y sustituido *antes* de comenzar las sesiones del concilio ("idco non congruit nos prius concilium inchoare nisi illo prius canonica ac legali censura multato in loco eius alius fuerit subrogatus"); un proceder obligado si se quería determinar la autoridad y sede de los eclesiásticos convocados: pues las veleidades políticas del arzobispo de Toledo afectaron a la jerarquía episcopal en su conjunto.[55] Todo eso excluiría la participación del rey y de los nobles en el juicio de Sisberto; la referencia a los procesos pendientes ante los obispos y los oficiales palatinos ("cunctos... inlustres aulae regiae seniores, quos in hoc concilio nostrae serenitatis praeceptio vel oportuna interesse fecit occasio", según el tomo, ed. Vives, pág. 488; *ibid.* pág. 521, con las suscripciones de los nobles presentes) estaría limitada a los asuntos ordinarios que llegasen al sínodo – según la exigencia de colaboración entre jueces seculares y clérigos acordada en tiempos de Recaredo (cf. Concilio III de Toledo, año 589, c. 18, "Ut semel in anno synodus fiat et iudices et actores fisci praesentes sint").[56]

Nada sabemos sobre los cómplices de Sisberto, seguramente personajes de elevado rango toda vez que la conspiración atentó contra la vida del rey y sus fieles más próximos ("non tantum regno privare sed et morte cum Frogello, Theodomiro, Liuvilane, Leuvigotone quoque Tecla et ceteris", cf. c. 9).[57] El análisis de las actas conciliares revela, en cualquier caso, cambios muy profundos en los primeros años del reinado: mientras localizamos hasta ocho firmantes del Toledano XIII, último concilio de Ervigio, que participaron aún en el XV (año 688), primer sínodo general convocado por su sucesor, sólo dos de ellos mantenían una elevada posición cinco años después. El transcurso del tiempo y la paulatina renovación de cargos en palacio bajo otro rey explicarían la tendencia, si no fuera porque la principal novedad del Toledano XVI concernía precisamente a los nobles de Égica: a excepción de cuatro (Vítulo, Ega, Audemundo, Wimar), el resto de los suscribientes de las actas eran personajes de nuevo cuño.

La movilidad de la nobleza respondería a crisis políticas, pero justifica a su vez las disposiciones legales de un monarca que se sentía continuamente amenazado. Al menos, tal es el sentido de la novela de Égica recogida en LV 2.5.19. De su texto, objeto de atento estudio y nueva edición,[58] nos basta saber que prohibía cualquier compromiso jurado, a salvo el juramento de fidelidad al rey (*citra fidem regiam*: otra cuestión que ocupó a Égica en LV 2.1.7) y los juramentos legítimos producidos en el curso de un proceso (*propria causarum negotia*). Es posible que Sisberto y los suyos se hubieran juramentado contra el rey, si no pretendían incluso arrancar una torcida fidelidad jurada, como había hecho Paulo en Septimania; en todo caso, el recuerdo del *habeas corpus* se hace explícito en la norma ("sententi[a] ill[a] canonis Toletani... in qua decretum est, neminem licere citra manifestum et evidens culpe indicium ab honore sui ordinis vel servitio domus regie deici et nec antea vinculorum nexibus inligari vel questionibus subdi, nisi prius in publica fuerint examinatione deducti") y expresaba los escrúpulos de un rey al que todos los recursos parecían pocos en su lucha contra la traición.

II

"In keiner frühmittelalterlichen Rechtsaufzeichnung", ha escrito un germanista a propósito de la justicia y los jueces en las *leges barbarorum*, "kommt die Gerichtshocheit des Königs in so ausgeprägte... Wendung zum Ausdruck wie gerade in der Lex Visigothorum".[59] Y en efecto, si los delitos políticos obligaban a la intervención justiciera del monarca ofendido, el tribunal real aparece mencionado en otros variados contextos institucionales. La escasez de noticias nos impide reconstruir trámites procesales o conocer las circunstancias de actuación del rey juez;[60] aunque lo poco que sabemos –recuérdese otra vez el juicio de Paulo– permite concluir que la regulación ordinaria sería de aplicación en esa elevada instancia; con mayor facilidad, incluso, que en los siempre singulares procesos por traición.

La ley de Égica que reguló la prestación del juramento de fidelidad (LV 2.1.7) no sólo extendió a los contraventores penas propias de traidores (confiscación y reducción a servidumbre); también atribuyó el conocimiento de la causa a la "principalis auctoritas". Puede ser que la obsesión con las conjuras llevara a tal previsión, pero tal vez estemos ante un principio seguido de modo insistente por Égica si otra de sus novelas, dictada contra los litigantes que dejan el juicio en marcha para convenirse de modo extraprocesal, describe la instancia abandonada como "inchoatum negotium coram principe, vel quos idem princeps arbitrio suo elegerit" (LV 2.2.10).

La renuncia a prestar el juramento y el abandono de la justicia real constituían dos obstáculos opuestos al poder oficial establecido en Toledo: un mundo de relaciones de dependencia generalizadas, de lazos entre potentes y patrocinados con merma cierta de las facultades del rey –fenómeno tan visible en las normas del proceso–[61] palpitaba en la enemiga de Égica contra las *convenientiae* y en la exigencia universal de la fidelidad jurada. Otro caso que también llamaría "híbrido" -se coloca entre lo político y lo puramente patrimonial- se contiene en LV 7.6.2, Recesvinto, pues al atentado económico que encierra la falsedad de moneda ("qui solidos adulteraverit, circumciderit sive raserit") se añade un levantamiento contra la autoridad real ("qui... falsam monetam sculpserit sive formaverit"): en efecto, la numismática visigoda incluye acuñaciones de personajes que protagonizaron una rebelión y que compraban con emisiones espurias el difícil acceso al trono del rey legítimo.[62] Por eso no extrañará la severidad de las penas que estableció Recesvinto para este delito (amputación de la mano derecha para el delincuente servil, pérdida de la mitad de los bienes tratándose de un *ingenuus*, reducción a servidumbre del reo *humilior*) ni las amenazas que sembraba su ley contra los jueces que no actuasen con la debida prontitud. Así encuentra sentido la remisión de los monederos reincidentes ante el rey, "ut eius arbitrio super eum sententia depromatur": perfectamente clara la responsabilidad del falsificador pertinaz, la justicia regia intervenía ahora para determinar un castigo apropiado.[63]

La ley anterior merece algunas consideraciones adicionales. En primer lugar, se trata de una intervención recesvindiana entre las cuatro *antiquae* del título *de falsariis metallorum*, orientado según precedentes romanos. Una de ellas (LV 7.6.1) admite la tortura servil *in capite*, destacando la gravedad atribuida al delito; pero se repite ahí el régimen contenido en el *de accusationibus criminum*, donde la falsedad monetal que aparece junto al adulterio, la traición, el homicidio y la hechicería (LV 6.1.4) justificaría la deposición de *servi* y *liberti* contra el *dominus* o el *patronus*. La relación de estos crímenes especialmente odiosos aparece –con alguna adición– en la conocida ley de Chindasvinto sobre acusaciones ante el rey (LV 6.1.6), indicándonos cuáles serían las competencias "naturales" del tribunal real: en general, todos aquellos casos "que ad capitis periculum vel rerum amissione pertinere videntur".[64] Por eso las leyes dictadas para castigar las acciones descritas podían remitirse nuevamente a la justicia de la corte: al caso de la moneda falsa se sumó la condena de los hechiceros y de sus seguidores, obra también del activo Chindasvinto (LV 6.2.4: "iudex… regie presentie dirigat").

En segundo término, otra vez a la vista de LV 7.6.2, queda claro que la decisión judicial del rey habría de establecer la pena del falsario reincidente a partir de un régimen intencionadamente abierto; la singular posición del monarca, juez supremo en el reino pero también máximo legislador, convertía sus actuaciones en ocasión propicia para dictar nuevas leyes pues, en palabras de una *antiqua* conocida, "[s]epissime leges oriuntur ex causis, et cum aliquid insolite fraudis existit, necesse est contra notande callidatatis astutiam preceptum nove constitutionis opponi" (LV 5.4.17). El motivo de la *iusta novitas causarum* (cf. LV 2.1.14, Recesvinto), muy presente en la legislación visigoda como vemos, alcanza enunciado general en el precepto que aborda la cuestión de las lagunas en el *Liber Iudiciorum*: a falta de ley aplicable las partes comparecían ante el tribunal del rey para zanjar sus diferencias y establecer además una solución de futuro ("et res finem accipiat et potestatis regie discretione tractetur, qualiter exortum negotium legibus inseratur", LV 2.1.13).

Pero los peores crímenes y las sentencias reales que estaban a un paso de convertirse en leyes no agotaban todavía las actuaciones judiciales del trono. Por una parte, el rey tenía que intervenir si sus jueces, enfrentados a enemigos demasiado poderosos, carecían en la práctica de facultades coercitivas; por ejemplo cuando la índole social de dos adúlteros impedía al simple *iudex* separar por sus medios la unión ilícita (LV 3.6.1, *antiqua*: "si nobiles fuerint fortasse persone, quos iudex tale nefas commissum agnoverit, nostris id auditibus confestim publicare non differat, ut severitatem legis, quam merentur, excipiant"); otra *antiqua* intentaba controlar el pago regular de la *annona* que algunos condes y oficiales (*annonarii*) llegaban a perturbar: en esa circunstancia, advertido por la autoridad militar, el rey se hacía cargo de sancionar al culpable, en proporción a la recaudación perdida (LV 9.2.6: "[…] et tunc ille prepositus hostis hominum suum ad nos mittere non moretur, ita ut numerentur dies, ex quo annone eorum iuxta consuetudinem eis inplete non fuerint…"). Lo mismo valía para los desmanes del clero: "auditibus regis" habían de comunicar los jueces cualquier abuso episcopal cometido contra las iglesias propias (LV 4.5.6, Wamba); la solución se había adoptado, unas generaciones atrás, por el católico Recaredo para atajar los desvíos sexuales de viudas y vírgenes consagradas: los jueces que desfallecieran en su función represora "regis hoc auditibus insinuare procurent" (cf. LV 3.5.2, "De coniugiis et adulteriis incestivis, seu virginibus sacris ac viduis et penitentibus laicali veste coitu sorditatis"). Y es que, en general, la audiencia regia se afirmó –con el mismo rango que el concilio– como el ámbito procesal más idóneo para reprimir a los obispos demasiado complacientes con los clérigos impuros ("[…] quod si corrigere hoc nequiverit, aut concilium adpellet aut regis hoc auditibus nuntiet", según LV 3.4.18, Recesvinto, "De inmundicia sacerdotum et ministrorum").

Por otra parte, sin temer ahora presiones de los poderosos, un par de leyes de Chindasvinto recordaron las atribuciones del monarca como máximo juez en garantía de la justicia o de la devastada curia municipal; en ambos textos el foro regio –interesado en el juicio a partir de una denuncia "regis auditibus"– se citaba como una posibilidad más, junto a la intervención del *dux* o del *comes civitatis* (cf. LV 2.2.7, "Si quilibet ex alterius iudicis potestate in alterius iudicis territorio habeat causam") y aun de un inespecífico *iudex* (cf. LV 5.4.19, "De non alienandi privatorum et curialium rebus"); en el primer supuesto, se trataba de reparar a la víctima de un injusto embargo cuando mediaba una cuestión territorial;[65] en el segundo, estaban en cuestión las duras obligaciones de los curiales, que debían asegurarse no obstante la transmisión de sus bienes a terceros. Y, en fin, al disponerse bajo Égica "De sodomitis, qua debeant ultionis sententia perculi" (LV 3.5.7), se ordenó aumentar la pena de castración que reprimía el acto *contra natura* (cf. LV 3.5.4, Chindasvinto) con lo establecido al respecto en el Concilio de Toledo XVI, c. 3, abriéndose la causa "mox iubente príncipe vel quolibet iudice insistente".

Otra ley de Chindasvinto se encuentra muy próxima a la mencionada LV 2.2.7, pues prevé la actuación real en la condena de aquel juez que demora tramitar una causa de homicidio: el culpable sufriría multa de ciento cincuenta sueldos, "si… ad regiam cognitionem ex hoc querela pervenerit" (LV 6.5.14, "Ut homicida liceat omnis accusare"). El pensamiento del legislador se nos muestra muy congruente con la amplitud reconocida al derecho-deber de acusar, mas el propósito palpita sin duda en los ejemplos examinados. En pocas palabras: se trataba de acudir al órgano judicial que pudiera reprimir el delito con una mayor eficacia, tanto en razón de su cercanía al acusador o por disponer de mejores instrumentos para cumplir el mandato legal; si lo último vale para LV 2.2.7, lo primero justificaría que la *ant.* 7.1.1, "De indice et hec, que indicare dicuntur", recuerde a los jueces impedidos en conocer las denuncias ("per alicuius potentis defensionem aut patrocinium")[66] su obligación de llevar el caso "ad regiam… cognitionem, si prope est".

Una vez iniciado el proceso desconocemos cuándo juzgaba el monarca en solitario o cuándo se tramitaba la causa ante el *aula regia*. Ni siquiera debemos identificar la denuncia *in auditibus regis* con la inmediata acción justiciera de la corona: pues la noticia del crimen acaso daba lugar a la mera designación de un enviado, quien trataría la controversia por encargo real. Tal fue lo sucedido con el *comes* Angelas, un juez especialmente nombrado *ex regia iussione* (cf. LV 2.1.27, Recesvinto) en tiempos de Chindasvinto, a raíz de la queja de un gardingo, para costreñir a la pía Benedicta ("claro genere exorta, atque ex Gardingo regis sponsa") a celebrar las nupcias que había prometido y sin embargo rechazaba, profesando en un cenobio.[67]

En cualquier caso, para la traición sabemos que el derecho canónico imponía al *rex iudex* la regla de la colegialidad (c. 75 del Toledano IV). Tratándose de cualquier otro negocio probablemente correspondía al rey decidir el extremo, aunque sería frecuente que juzgase junto con sus nobles, cuanto menos, todas aquellas acciones sancionadas con pena capital o confiscación: una hipótesis desde luego coherente con las singularidades reservadas a esa clase de delitos (así, la tortura servil *in capite dominorum*, según se vio). Y en la medida en que suponían un estrecho control sobre el aparato oficial desplegado en el *regnum*, la resolución de reclamaciones contra los fallos de las autoridades inferiores seguramente también fue abordada en Toledo de forma colegiada.

Tocamos así un argumento de la mayor consideración. En la estela del derecho romano cristiano, acaso con un cierto conocimiento de la praxis bizantina,[68] la principal medida al respecto se tomó en el c. 18 del Concilio Toledano III, antes mencionado; ahora conviene precisar que ese precepto ordenó a los obispos vigilar a los jueces seculares (*iudices locorum*) y los administradores del fisco (*actores rerum fiscalium*), con eventual denuncia de los corruptos ante el rey ("ut aut ipsos praemunitos corrigant aut insolentias eorum auditibus principis innotescant"); restaba incólume la competencia del concilio para castigar canónicamente los abusos.[69] Una regulación similar adoptó Recaredo por las mismas fechas, mediante una ley que establecía la responsabilidad de los sacerdotes remisos a comunicar al rey ("ad nostram agnitionem") las quejas populares contra los jueces y *actores* injustos (LV 12.1.2, "Ut nullus ex his, qui populorum accepiunt potestatem et curam, quoscumque de populis aut in sumptibus aut indictionibus inquitare pertemtet"). La historia de las asambleas eclesiásticas obliga a ser escépticos sobre la importancia de estas disposiciones,[70] pero no faltan textos que a su modo intentaron conjugar la protección debida a los fieles y el compromiso de los hombres de Iglesia para atajar los desmanes de jueces y *potentes*.[71] De hecho, según manifestó Ervigio ante los obispos del Concilio de Toledo XII (año 681), la participación de dignatarios (*clarissimorum ordinum totius Spaniae duces, rectores provinciarum*) en el sínodo era cosa utilísima para lograr una buena aplicación de las leyes, "quo praesentialiter adsistentes prespicua oris vestris conceperint instituta" (ed. Vives, pág. 384).

Sobre base semejante cobra sentido la original *appellatio a iudice suspecto* regulada por Chindasvinto en LV 2.1.24. De recelar un litigante la parcialidad del juez (un juez de cualquier grado) que conocía su caso, podía acudir con la queja ante el *episcopus civitatis*, provocando entonces la resolución conjunta de la causa; contra la sentencia del juez sospechoso y del obispo se concedía aún una *appellatio* "aput audientiam principis" que, de prosperar (pero en sólo efecto devolutivo: "completis prius, que per iudicium statuta sunt"), constituía a los juzgadores de instancia en el deber de indemnizar al recurrente un *alium tantum*;[72] ahora bien, cuando el recurso fracasaba la parte pagaría al juez (¿y qué pasaba con el obispo interviniente?) la misma suma, o bien sufría cien azotes en caso de insolvencia ("in eiusdem iudicis presentiam"). Chindasvinto combinó el respeto debido a la justicia con la cura pastoral que ejercían los obispos sobre los gobernantes opresores –un motivo insistente en la teología moral de Isidoro–[73] mas no ocultó los intereses del trono en la supervisión estricta del aparato judicial (cf. de nuevo LV 2.2.7 y 6.4.14) cuando una cláusula inserta al final de la ley 24 declaró que nadie impidiese a un litigante llegar hasta el rey con cualquier información que entendiese de alguna relevancia ("nam si forte quisquam pro utilitatem regiam aliquid scire se dixerit, aditus ei ad conspectum nostre glorie negari non poterit").

La cuestión jurídica de la justicia del fallo o de la justicia denegada se subordinaba, entonces, al asunto más político del control sobre la judicatura. La legislación de reyes posteriores, con su insistencia inusual en ese control, manifiesta que fue un asunto mal resuelto o, al menos, que la parcialidad de los jueces preocupó en Toledo muy seriamente. Ya conocemos una ley de Égica que prohibía las *convenientiae* (LV 2.2.10); pues bien, varias décadas antes, Recesvinto había decretado la nulidad de los acuerdos impuestos por los jueces impidiendo a las partes recurrir una decisión injusta (LV 2.1.28, "Ut omne vinculum, quod post datum iniustum iudicium a causidicis fuerit exactum, habeatur invalidum"). El propio Recesvinto se volvió hacia los obispos para otorgarles competencias en causas seculares cuando, mediando los temores de un litigante (*pauper*), el *comes civitatis* rehusaba sentenciar junto con él, según lo dispuesto por Chindasvinto, pero tocaba al *comes* ejecutar ese fallo episcopal (LV 2.1.30, "De data episcopis potestatem distringendi iudices nequiter iudicantes"). Recesvinto conocía, sin embargo, las debilidades de unos obispos demasiado poderosos,[74] y así la ley 30 contemplaba aún la posibilidad de un rechazo injusto de la queja, castigándose al obispo renuente con el pago de un quinto de la cuantía en litigio.

La revisión ervigiana del *Liber* sustituyó, caso extraordinario, con un texto enteramente nuevo la regulación anterior; en esta otra versión se destacó el papel episcopal "pro remediis oppressorum vel pauperum", pero también fueron reforzadas las facultades del rey en tanto supremo juzgador. Al obispo se le ordenaba convocar al juez perverso para dictar un nuevo fallo; si se negaba a reformar su decisión, entonces el obispo dictaba sentencia, recogía en el *iuditium* el pronunciamiento inicuo del juez y remitía todo lo decidido a la corte con las partes interesadas, "ut, que pars videatur veritatis habere statum, glorioso serenitatis nostre oraculo confirmetur".

Las leyes que van resumidas, a veces de difícil compresión,[75] silencian las circunstancias en que el rey conocía estos pleitos. Hemos supuesto que aquellas donde se viera comprometida la cura real sobre la justicia y los jueces (no olvidemos que la norma de Chindasvinto menciona al *dux*) aconsejaban tramitar los recursos ante el *aula regia*. Ahora bien, cualquier otro particular sobre la justicia del rey permanece en el ámbito de las hipótesis. Acaso podamos recuperar algún pormenor de las actuaciones judiciales de la corte acudiendo al *Ordo* visigótico *de celebrando concilio*, pergeñado en el c. 4 del Toledano IV, desarrollado a lo largo del siglo y siempre influyente en la Hispania post-gótica, entre otros territorios europeos;[76] al menos, los concilios generales y provinciales constituyeron un amplio tribunal con cuestiones prácticas de funcionamiento probablemente similares a las planteadas al *aula regia*: hemos comprobado que una lectura comparada del juicio de Habencio y Marciano, y el proceso de Paulo ante Wamba arroja notables semejanzas. Y es que la judicialización del episcopado hispano a lo largo del siglo VII, mediante las disposiciones más arriba recogidas, permite pensar en un cruce de influencias sobre los procedimientos de las instituciones laicas y las eclesiásticas.

Despejada la iglesia donde tenía lugar el encuentro, entraban los obispos y se sentaban en círculo según antigüedad de ordenación; seguían los presbíteros, que tomaban asiento tras los obispos, los diáconos, que permanecían de pie; finalmente, los laicos convocados ("qui electioni concilii interesse meruerint", señala el canon; pero el tomo de Recesvinto en el Concilio VIII de Toledo, año 653, se dirigía a nobles que asistían gracias a una inveterada costumbre: "vos etiam inlustres viros, quos ex officio palatino huic sanctae synodo interesse mos primaevus obtinuit", ed. Vives, pág. 265). No faltaban escribas para levantar acta. Tras una larga oración, se procedía a la lectura de los cánones sobre la celebración del concilio y el metropolita proclamaba que procedía la presentación de reclamaciones, tanto de los congregados como de clérigos y laicos que esperaban su turno fuera del templo; éstos hacían llegar las demandas mediante el arcediano, y si eran aceptadas el actor comparecía en persona para defender su causa. Como digo, es tentador imaginar que algo aproximado sucedió con los litigantes que acudieron al tribunal de la corte: denuncias ante el monarca o presentadas por algún *fidelis regis* (cf. LV 6.1.6), análisis preliminar de la acusación y apertura, en su caso, del juicio con admisión del demandante a la presencia del rey. Por lo demás, las medidas *de celebrando concilio* adoptadas en el Toledano XI, año 675 (c. 1, "De concilii damnatione derisorum vel praestrepentium ne tumultu concilium agitetur"), estaban cerca de lo dispuesto antes por Chindasvinto en salvaguarda del orden de los juicios (LV 2.2.2, "Ut nullo audientia clamore aut tumultus turbetur"); al fin y a la postre, se decía en el concilio, la causa de la justicia se sirve mejor en silencio ("erit cultus iustitiae silentium": Isaías 32.17).

III

Sería equivocado estimar que el rey de Toledo, al actuar como juez, se encontraba atrapado en el terreno de la justicia estricta. Al revisar las reglas sobre traición hemos comprobado que la dura penalidad del crimen político nunca suprimió la esperanza del perdón; en realidad, la participación graciosa de los nobles y los eclesiásticos a favor de los condenados por rebelión (cf. LV 6.1.7, Chindasvinto) equivalía al compromiso real de tramitar tales procesos *universorum iudicio* (cf. Concilio de Toledo IV, c. 75: "consensu publico"). Pero la *clementia* fue la virtud primordial del *rex iudex* en cualquier caso y delito.

Lo enseña el léxico de nuestras fuentes, en una opción formal que respondió a valores culturales profundos. Según comprobé hace unos años,[77] en el *Liber Iudiciorum*, voluminosa colección de varios centenares de leyes, apenas veintiséis contienen el término *iustitia*, con casi cincuenta ocurrencias (en su mayoría correspondientes a intervenciones de Recesvinto, Wamba y Égica): un resultado escuálido frente a las seiscientas apariciones de *iudex*, las doscientas de *testis*, en fin, las trescientas de *lex*. Y el lenguaje de los concilios revela similares preferencias.[78]

La compilación toledana constituye, con todo, un supuesto singular entre las fuentes tardo-antiguas: no obstante su volumen, el Digesto contiene apenas nueve menciones de *iustitia*; algunas más documenta el Código, pero aun así las recurrencias no llegan a treinta. En rigor, los fragmentos del *ius* y las *leges* respondían a la vieja teoría de las virtudes del gobernante, tal y como venía enunciándose desde Octavio Augusto: en sus propios términos, un perfecto soberano había de ser antes piadoso que justiciero.[79]

Inserto en esta tradición, que el cristianismo ciertamente acentuó,[80] para Casiodoro la virtud real por excelencia es, de nuevo, la *clementia*. En Gregorio de Tours, el rey merovingio se califica de *serenus*, *felix*, *bonus*, *celsus*, *egregius*, *excellens*, *inclitus*, *mitis*... no especialmente *iustus*; por eso el panegírico de Cariberto, obra del poeta Venancio Fortunato, celebra en este monarca la *mansuetudo*, la *sapientia*, la *pietas* y la *grauitas*; sólo rara vez Cariberto se representa como *semita iustitiae* (cf. Proverbios 12.28) y *iustitiae rector*.

La pervivencia de la doctrina clásica sobre las virtudes reales palpita en la obra de Isidoro (cf. *Etym*. 9.3.5: "Regiae virtutes praecipuae duae: iustitia et pietas…"), con una decidida complacencia en la piedad ("plus autem in regibus laudatur pietas), siempre preferible a la severidad de la justicia ("nam iustitia per se severa est", *ibid*.); así se explica la ausencia de la segunda en la *Historia Gothorum*, esto es: la pieza más oportuna para verbalizar una cualidad regia.[81] Pero, en general, la literatura *de viris illustribus* nunca ha destacado la virtud de la justicia entre los atributos incontables de los santos visigodos.[82]

Tiene interés relacionar la definición que Isidoro ofrece en *Etym.* 2.46.6: "Iustitia, qua recte iudicando sua cuique distribuunt", dependiente de la autoridad de Agustín,[83] con el paso correspondiente del libro de las *Diferencias*:

> "Definito prudentia genere, nunc partes justitiae subjiciamus, cujus est primum Deum timere, religionem venerari, honorem referre parentibus, patriam diligere, cunctis prodesse, nocere nulli, fraterna charitatis vincula amplecti, pericula aliena suscipere, opem ferre miseris, boni accepti vicissitudinem rependere",[84]

pues el contenido clásico de esa virtud, recogido en la enciclopedia de Isidoro, ha cedido en *Diff.* al mandato cristiano del amor. Dentro de este orden de ideas –tan penetradas de las enseñanzas de Pablo– Isidoro advierte aún sobre la existencia de cinco especies de justicia, entra las que destaca aquella "ad misericordiam"; sólo ésta sería la más conveniente o próxima a la "justitia Novi Testamenti".[85] Tiene entonces sentido la sustitución de la justicia por la piedad que recorre las *Sententiae*, la gran aportación de filosofía política y moral que cierra la imponente biblioteca del obispo sevillano.[86]

Sería excesivo detenernos en un texto de contenido riquísimo, ya que basta una lectura rápida para apreciar el sentido que encierra su doctrina.[87] Por ejemplo, una de las reflexiones sobre la justicia se coloca en el capítulo "De male usus virtutibus" (*Sent.* 2.34), donde el moralista se apresura a advertir sobre la cercanía peligrosa que mantiene la justicia con la crueldad, apenas se rebasen sus límites ("saepe iustitia, dum suum modum excedit, crudelitatis saevitiam gignit", nº 4). Y es que la justicia carece de tratamiento autónomo en los capítulos del libro segundo, esto es, en la sede principal de la enseñanza isidoriana sobre las virtudes;[88] otros pasajes de la obra, verdaderos catálogos de cualidades morales, mantienen la tendencia negativa y silencian cuanto ahora nos interesa.[89] Finalmente, la justicia tampoco entretiene al teólogo de Sevilla a la hora de distinguir entre las virtudes supremas y las medias[90] o cuando diserta *de pugna virtutum adversitus vitia.*[91]

El libro III conserva dos *sententiae* que revisten un particular interés, pues expresan con eficacia los fundamentos de la concepción visigoda del derecho y la justicia. El primer pasaje se contiene en el capítulo "De judicibus" y su formulación amplia lo convierte en una regla de conducta para cualquier juzgador, también para el monarca: quien conoce de las causas judiciales dispone de una balanza con la justicia y la misericordia; la primera servirá para castigar el pecado, en tanto la segunda mitiga el castigo que recibe el pecador; la situación equilibrada se consigue combinando la pena con el perdón.[92] El segundo fragmento resulta aún más apropiado, pues pertenece al tratado "De patientia principum"; colocado tras el capítulo "De iustitia principum", su verdadero asunto no es la paciencia, sino, más bien, la *clementia*. "Reddere malum pro malo vicissitudo iustitiae est", enseña Isidoro (*Sent.* 3.50.3), "sed qui clementiam addit iustitiae, non malum por malo culpatis reddit, sed bonum pro malo offensis impertit". Devolver bien por mal es un mandato evangélico (cf. Mateo 5.39 y sigs.) que Isidoro desarrolla con intención particular. En efecto, la *sententia* que antecede justifica la inclinación de los pueblos hacia la traición como una prueba divina puesta a la clemencia del príncipe, pues "de illorum malo bene istis facit, dum culpas quas illi faciunt isti mira patientia indulget", de modo que el relato de la rebelión de Paulo y la sacrosanta figura de Wamba en la pluma de Julián resultaría una extensa glosa de esa sentencia isidoriana. Si, como ha afirmado Cazier, las *Sententiae* se encuentran en directa relación con el Concilio IV de Toledo –aquel célebre cónclave presidido por el Hispalense que reguló la fidelidad al rey y la condena de la traición, como sabemos– podemos concluir que las consideraciones sobre la gracia real, contemplada desde la ética del buen juez, tenían como contexto institucional inmediato los siempre peligrosos delitos políticos.

Tal ha sido el sentido de las alusiones a la *iustitia* que, a su vez, documentan los concilios, cuyas actas arrastran continuamente este concepto al campo semántico de la *misericordia* y la *pietas*. Así sucedió en el recordado Toledano IV, cuyo c. 75 exhortaba a Sisenando y sus sucesores "ut moderati et mites erga subiectos existentes cum iustitia et pietate populos a Deo vobis creditos regatis... regnantes in humilitate cordis cum studio bonae actionis" (ed. Vives, pág. 220). Poco tiempo después, en el Concilio de Toledo VI, año 638, c. 12, los traidores acogidos al asilo eclesiástico "intercessu sacerdotum et reverentia loci regia in eis pietas reservetur conmitante iustitia". En el VIII, año 653, se recogió Salmos 84.11 con su admirable tensión entre *misericordia –veritas* y *iustitia– pax* (c. 2), con nuevos usos de la juntura *misericordia ac iustitia* (c. 12). En las asambleas reunidas bajo Ervigió el tópico se mantiene (Concilio XII, año 681, c. 13; Concilio XIII, tomo regio, ed. Vives, pág. 414), con el añadido que exigía el perdón de Paulo y sus secuaces. La última mención del par *iustitia-pietas* aparece en el Concilio XV, año 688, al debatirse (bajo la dirección de Julián) el conflicto de los juramentos pronunciados por Égica: "non enim plene iustitiam diligit qui pietatem proximo non inpendit"; los concilios más tardíos insistían por su parte en una *sincera iustitia*, que era resultado de atenuar la *severitas legum* (Concilio XVI, año 693, tomo regio; ed. Vives, pág. 487).

Gloria, serenitas, clementia, mansuetudo: he aquí los atributos del monarca visigodo, no rara vez designado con tales palabras —en las leyes, sin ir más lejos— mediante una expresiva metonimia.[93] Y vimos anteriormente que la *Historia Wambae*, la obra que mejor ilustra las competencias judiciales del trono, mezcla continuamente hagiografía y teología moral: el resultado es una monografía sobre la virtud de la clemencia que culmina en la preservación de la vida del traidor Paulo.[94]

Creencias extendidas en el seno de una cultura religiosa que no concibe la amenaza del castigo sin el consuelo del perdón. "Clementia est regalis", escribió el monje Tarra a Recaredo –para defenderse precisamente de una acusación falsa–.[95] La legislación real asumió, como los cánones, estos motivos piadosos que tanto preocuparon a Isidoro y su escuela. Por ejemplo, la *principalis pietas* se invocaba de modo expreso para atenuar la punición crudelísima que golpeaba a los judaizantes (LV 12.2.11, Recesvinto), pero este rey seguía los consejos de su padre, quien, prohibiendo a los jueces sentenciar *personarum acceptione* (cf. *Sent.* 3.54, "De acceptione personarum"), también les había exigido dulcificar el rigor de la ley "circa victas tamen personas ac presertim paupertate depressas... Nam si in totum iudicii proprietas adtenditur, misericordie procul dubio mansuetudo deseritur" (LV 12.1.1, que abre el breve título "De temperando iudicio"). No es necesario insistir en aquella otra ley *de servanda principibus pietate parcendi*[96] que antes se mencionó (LV 6.1.7); sabemos que Chindasvinto supeditó allí el indulto a los traidores a un acuerdo del oficio palatino ("cum adsensu sacerdotum maiorumque palatii"): añadamos simplemente que los condenados por otros crímenes ("in causis nostris": ¿se refería sólo a los criminales sentenciados por el monarca?)[97] serían perdonados merced a la sola voluntad amorosa del *rex iudex* toledano. De modo significativo, el precepto citado concebía el perdón como la gracia que Dios sembraba en el corazón mismo del rey.

* * *

Y sin embargo, la justicia real, aun transida de la piedad, era el cauce establecido por Cristo para reprimir a los pecadores. El mismo Julián que celebraba la clemencia de Wamba compuso para el todavía *comes* Ervigio una interesante obra hoy perdida, precisamente un *libellum de divinis iudiciis* cuya lectura influiría, ciertamente, en el talante de un rey torturado como juez y como legislador: no en vano, presentándose ante el Concilio de Toledo XII, aludía a su acceso al trono en virtud de los secretos juicios de la divinidad ("unde licet sublimationis nostrae primordia paternitati vestre opiniabili relatione non lateant, quibus clara divinorum iudiciorum dispositione praeventus et regnandi conscenderim sedem ad sacrosanctam regni perceperim unctionem", ed. Vives pág. 381). Corrían tiempos muy duros, cuando la caída de Jerusalén en manos del Islam (año 638) había desatado una auténtica mentalidad apocalíptica en la cuenca mediterránea. La legislación toledana, a partir de Recesvinto, acercó cada vez más su estilo y contenido a las fuentes canónicas, aumentó el empleo –no siempre expreso– de citas y doctrinas de la *Biblia* y adoptó un marcado talante escatológico; tanto Recesvinto como Ervigio y luego Égica acentuaron la enemiga contra los judíos, cuando la sinagoga y la iglesia se enzarzaron en toda clase de cómputos para determinar el cercano fin de los siglos.[98]

Momentáneamente, al menos, la rectitud en las decisiones colectivas y el auxilio prestado al rey por el concilio –recordaba aún Ervigio al Toledano XII– conseguían apuntalar un mundo en ruinas ("ruenti mundo", "pro contemtu divinorum praeceptorum terra perniciem sustineat pressurarum", ed. Vives, pág. 380). Los jueces reales comprendieron antes que nadie la terrible coyuntura ("et vos patres sanctissims et vos inlustrae aulae viros... per divini nominis adtestationem et terribilem cunctis futuri iudicii diem, quia sine personarum acceptione aliqua... quaeque vestris sensibus audienda ingesserint sana verborum examinatione discutite", ed. Vives, pág. 384), aunque algunos, de forma equivocada, arriesgaron fama y oficio acudiendo a los adivinos; colocado a la cabeza de esos aterrados subalternos (cf. aún Concilio de Toledo XVI, año 693, tomo regio, ed. Vives, págs. 483-484) el monarca ortodoxo tuvo así que castigar con rigor renovado la penetración de prácticas diabólicas en los procesos (LV 6.2.2, Ervigio, "De personis iudicum sive etiam ceterorum, qui aut divinos consulunt aut auguriis intendunt").

La presencia judicial del Maligno era un signo del fin de los tiempos. Lo mismo valía para la recurrente *perfidia iudeorum* y la proliferación de herejías; seguramente no hay un testimonio mejor del terror oficial ante los días novísimos que aquella ley de Recesvinto donde este monarca legislador y juez entronizado (cf. otra vez LV 2.1.5) interpretaba ese mal como anuncio del fin de los siglos.[99]

Repásese rápidamente su tenor. Se trata de la ley "De omnium heresium erroribus abdicatis" (LV 12.2.2), donde los asesores reales introdujeron un pasaje apocalíptico tomado de la segunda carta a Timoteo, calcando la visión de Ananías (Hechos de los Apóstoles, 9.9 y sigs.) para insinuar así el nombre del apóstol Pablo:

> "Divine virtutis eternum consilium et in ultimorum serie seculorum pietatis eius revelatum arcanum per retroactarum dierum tempora omnem, ut cernimus, a cunctis nostri regimonii finibus et perfidiam dissipavit errantium et dogmatum abdicabit conmenta pravorum. Verumtamen ne, dum nostris consistimus in diebus, tempus illut occurrat, de quo vas electionis [*cf. Act. 9.15: vas electionis est mihi iste...*] olim protulit, dicens: 'Erit enim tempus, cum sanam doctrinam non sustinebunt, sed secundum sua desideria coacerbabunt sibi magistros prurientes auribus; et a veritate quidem auditum avertent, ad fabulas autem convertentur' [*2 Tim. 4.3-4*], convenit et ea, que in luce fidei manent, a tenebris contradictionem edicto legali defendere et ea, que exoriri obvia forsitan error inpulerit, gestis legalibus propulsare".

Anudar la autoría de la cita bíblica a otra cita, implícita en este caso (cf. LV 12.3.18, Ervigio, donde *vas electionis* para significar *Paulus apostolus* se utiliza de modo expreso), era un recurso literario de gran brillantez, pero no parece necesario detenernos en estas cuestiones formales. Con la *Biblia* a la vista, el rey legislador sabía que la herejía anunciaba el juicio postrero, y por eso, en tanto perdurasen los días de los hombres ("dum nostris consistimus in diebus"), tenía que tomarla contra los heterodoxos de cualquier condición, "proprius et advena, proselitus et indigena, externus et incola": la repetida sinonimia expresa sin duda un estado de ánimo muy torturado. En realidad, más allá o más abajo de cuanto ordenaban las leyes, la justicia de los hombres en esos tiempos difíciles tenía que mirarse en el espejo de la inminente justicia divina.

Tocamos así el final de nuestras páginas. Por desgracia, no hemos sido aún capaces de relacionar como es debido la exuberancia procesal del *Liber Iudiciorum*, texto sin parangón en el alto medioevo occidental, con la riqueza teológica de la literatura hispana *de novissimis*, también sin rivales entre los siglos VII al X. Se ha olvidado que Julián, la figura principal en el gobierno de Ervigio, fue además el autor de la primera monografía sobre el juicio final, objeto de mil y una copias en los años posteriores. A estas alturas sería muy aventurado reparar ese olvido.[100] Para mi propósito actual es suficiente llamar la atención sobre una obra de enorme relieve cultural –un elaborado centón de pasajes de las Escrituras y sus exégetas, con predilección por Agustín e Isidoro– que relata un momento al fin y al cabo procesal, con la entrada triunfante del Rey Juez, que es Cristo, acompañado por su corte de santos y dispuesto a revolver los secretos ocultos en un juicio manifiesto (*Prognosticon* 3.4: "Christus Dei Filius, finito mundi termino, in ea qua ascendit coelos corporis forma, ad iudicium cum sanctis omnibus ueniet... quia idem qui aliquando uenit ut iudicaretur occultus, tunc ueniet ut omnes iudicet manifestus"). Como insignia de la realeza de este Juez postrero, unos ángeles llevarán a hombros la cruz (*Prognosticon* 3.5: "Quod praevnte crvce sva Christus ad ivdicium veniet, et qvod eadem crvx angelorum hvmeris, Christo de coelis descendente, portabitvr... Et quemadmodum ingrediente rege in ciuitatem, exercitus antecedit, praeferens signa atque uexilla regalia... ita Domino descendente de coelis, praecedet exercitus angelorum"), pues se trata de un recto juzgador, tan suave con los justos como terrible con los injustos (*Prognosticon* 3.7: "Redemptor humani generis cum apparuerit, et mitis iustis et terribilis erit iniustis") según quiso, aunque no siempre supo ser el propio monarca toledano ("nam si in totum iudicii proprietas adtenditur, misericordie procul dubio mansuetudo deseritur", LV 12.1.1, Chindasvinto). Sentado el Cristo en su trono de gloria (*Prognosticon* 3.11, "De sedibvs ivdicantivm"), acturá rodeado de asesores (*Prognosticon* 3.12: "omnes sancti qui perfecte mundum reliquerunt, cum Domino residentes, caeteros iudicabunt..."), acaso la versión definitiva de aquellos *auditores* judiciales (LV 2.2.2, Chindasvinto), *boni homines* (LV 6.1.5, Chindasvinto) y *vicarii* (interpolación ervigiana a LV 2.1.15, Recesvinto) –sin mencionar el *aula regia*– que la legislación mundana sobradamente conocía; un juez justísimo que convocará con las tubas de sus ángeles legiones de cuerpos fallecidos y ahora resucitados "ad aduentium iudicis" (*Prognosticon* 3.15; cf. LV 8.1.7, *ant.* y especialmente LV 2.1.19, Chindasvinto), según un riguroso orden formal (*Prognosticon* 3.33, "De ordini fvtvri ivdicii") de separación a izquierda y derecha de los réprobos y de los buenos (*Prognosticon* 3.36, "Quod separatis in dexteram partem bonis, in sinistram vero reprobis, libri aperti svnt, id est conscientiae singvlorum") que conseguirá, a no dudarlo, "ut nullo audientia clamore aut tumultu turbetur" (cf. otra vez LV 2.2.2, Chindasvinto). Y ante Cristo se practicarán las pruebas, mediante la consulta de los libros de las conciencias individuales (*ibid.*) en una demostración de la preferencia visigoda por la escritura (cf. LV 2.1.23, *antiqua*), pero también se recurrirá al gran Libro de la Vida (*Prognosticon* 3.39), en una suerte de cotejo a lo divino que nos recuerda la *contropatio* regulada en el *Liber* (LV 2.5.15, Chindasvinto). En fin, no habrá lugar al error de este Dios y Juez último que distribuye penas y castigos "pro diversitate meritorum" (*Prognosticon* 3.42, "De diversitate poenarvm pro diversitate meritorvm").

Sin duda a ese patrón transcendente respondió la justicia de los reyes toledanos... Aunque los justos y los réprobos –los traidores y los fieles; los jueces diligentes pero también los vendidos; los monederos falsos lo mismo que los adúlteros– oscilaran al compás de las más débiles circunstancias.

NOTAS

1. LV 2.1.5, Recesvinto. Utilizo la edición de K. Zeumer para los *Monumenta Germaniae Historica*, 1902.

2. Ed. Th. Mommsen en *MGH. Auctores*, xi: *Chronica minora*, pág. 293. En la versión de la *Historia pseudo-isidoriana*, 16, *ibid.* pág. 386, Suíntila se describe elogiosamente como "amenosus, benivolus, largus et ab omnibus amabilis. Inquisitor scripturarum sapientissimus, *sue legis ac sui iudicii bonus causidicus*, amator pauperum viduarumque pater, refugium orfanorum". Parece evidente que el Hispalense construye de ese modo una imagen de la realeza, sin describir en rigor la admirable actividad justiciera de un personaje histórico.

3. Cf. J. M. Kelly, *Princeps iudex. Eine Untersuchung zur Entwicklung und zu den Grundlagen der kaiserlichen Gerichtsbarkeit*, Weimar, Hermann Böhlaus Nachfolger, 1957; anteriormente, para las fuentes francas, V. Barchewitz, *Das Königsgericht zur Zeit der Merowinger und Karolinger*, Leipzig (jur. Diss.), Veit, 1882. No conozco nada parecido con relación a cuanto aquí interesa, pero véase. F. Dahn, *Die Könige der Germanen. Das Wesen des ältesten Königsthums der germanischen Stämme und seine Geschichte bis auf Feudelazeit. Nach den Quellen dargestellt.* Sechste Abtheilung: *Die Verfassung der Westgoten. Das Reich der Sueven in Spanien,* Wurzburg, Stuber's Buchhandlung, 1871 (rep. facs., Nueva York, Olms, 1976), pág. 226 y sigs. de "Gerichtsbann. Gerichtswesen". También, C. Sánchez-Albornoz, "El Aula Regia y las asambleas políticas de los godos", *Cuadernos de Historia de España* 5 (1946), págs. 5-110; cf. *ibid.* pág. 23, con textos de Sidonio Apolinar sobre las actividades judiciales de Teodorico II en la corte de Tolosa.

4. LV 2.1.8, Chindasvinto (*selecciono párrafos significativos*): "[...] horum omnium scelerum vel unius ex his quisque reus inventus inretractibilem sententiam mortis excipiat, nec ulla ei de cetero sit vivendi libertas indulta. Quod si fortasse pieta-

tis intuitu a principe fuerit illi vita concessa, non aliter quam effossis oculis relinquatur ad vitam, quatenus nec excidium videat, quo fuerat, nequiter delectatus, et amarissiman vitam ducere se perenniter doleat. Res tamen omnes, vel eius, qui morte est pro tali iscelere perimendus, vel huius, qui vite propter suam nequitiam infelicissime reservabitur, in regis ad integrum potestate persistant, et cui donate fuerint ita perpetim securus possideat... Nam si humanitatis aliquid cuicumque perfido rex largiri voluerit, non de facultate eius, sed unde placuerit principi tantum ei solumodo concessurus est, quantum hereditatis eiusdem culpati vicesima portio fuisse constiterit".

5. Tomo las fuentes de L. A. García Moreno, *Prosopografía del reino visigodo de Toledo*, Salamanca, Universidad, 1974, nº 19 (Argimundus), nº 128 (Segga), nº 157 (Vagrila), nº 172 (Witerico),), pero uso también la posterior edición de A. Maya Sánchez, *Vitas Sanctorum Patrum Emeretensium*, Tvrnholti, Brepols (*Corpvs Christianorvm*, series latina, cxvi), 1992. Estos pasajes han servido para conocer algo mejor la corte toledana: C. Sánchez-Albornoz *op. cit.* (n. 3), pág. 26.

6. Cf. C. Sánchez-Albornoz *op. cit.* (n. 3), pág. 22, donde se asegura que la organización del aula sería cosa de Leovigildo; en este último sentido, véase M. Reydellet, *La royauté dans la littérature latine de Sidoine Apollinaire à Isidore de Séville*, Roma, École Française?, Palazzo Farnese, 1981, pág. 533. Durante el Concilio de Toledo III (año 589) condenaron el arrianismo cinco *viri inlustres* (Fonsa, Afrila, Aila, Ella; también Gussinus, *vir inluster* [*et*] *procer*) que sin duda formaban un selecto grupo de personajes cortesanos, diverso de aquellos "omnes seniores Gothorum" citados seguidamente en las actas (ed. J. Vives, *Concilios visigóticos e hispano-romanos*, Barcelona-Madrid, Consejo Superior de Investigaciones Científicas, Instituto Enrique Flórez, 1963, pág. 123).

7. V. Barchewitz *op. cit.* (n. 3), pág. 15 y sigs.

8. Cf. *La cura pastoral en la España romano-visigoda*, Roma, Iglesia Nacional Española, 1955, pág. 139.

9. La razón estribaba, sin embargo, en los temores que la presencia de un litigante poderoso pudiera desatar en su contrincante ("ne magnitudo culminis eius evacuet veritatis", precisa la ley); además, el vocablo *negotium* parece excluir aquí un asunto criminal. De todas formas, una novela valentiniana del año 452 recogida en el Breviario (*Nov. Val.* 12.1) concedía a la jerarquía eclesiástica el privilegio de un *mandatarius* incluso en casos penales, "religionis et sacerdotis veneratione".

10. L. A. García Moreno *op. cit.* (n. 5), nº 30, págs. 37-38.

11. Ed. W. Levison (*Monumenta Germaniae Historica*) en J. N. Hillgarth, *Sancti Ivliani toletanae sedis episcopi opera*, Tvrnholti, Brepols (*Corpvs christianorvm. Series latina*, cxv), mcmlxxvi (1976), pág. 213 y sigs. Una cumplida versión del suceso puede consultarse en D. Pérez Sánchez, *El ejército en la sociedad visigoda*, Salamanca, Universidad, 1989, pág. 146 y sigs.

12. Sobre la *Historia*, cf. S.Teillet, "L'*Historia Wambae*, est-elle une oeuvre de circunstance?", en AA.VV., *Los visigodos. Historia y civilización*, Murcia, Universidad (Antigüedad y cristianismo, III), 1986, págs. 415-424. Sobre el episodio político allí relatado, I. Velázquez Soriano, "Wamba y Paulo: dos personalidades enfrentadas y una rebelión", *Espacio, tiempo y forma. Serie II, Historia antigua* 2 (1989), págs. 213-222.

13. Al procederse a la unción, oficiada por el arzobispo Quirico, ascendió de la real cabeza una nube de humo donde revoleteaba una abeja, símbolo de felicidad (*Historia Wambae*, 4).

14. *Historia Wambae*, 26: "Vnde factum est, ut uasa argenti quam plurima de thesauris dominicis rapta et coronam illam auream, quam diuae memoriae Reccaredus princeps ad corpus beatissimi Felicis obtulerat, quam idem Paulus insano capiti suo imponere ausus est, tota haec in unum collecta studiosius ordinaret secernere et deuotissime, prout competebat ecclesiae, intenderet reformare".

15. Son varias esas piezas, en efecto: la *Epistula Pavli perfidi*... (ed. cit. [nº 11], pág. 217) que dirige el rebelde al legítimo rey, la *Historia excellentissimi Wambae regis* propiamente dicha (págs. 218-244), la *Insvltatio vilis storici in tyrannidem Galliae* (págs. 245-249) y el *Ivdicivm in tyrannorum perfidia promulgatvm* (págs. 250-255). La principal estudiosa moderna de estas fuentes, S. Teillet, *Des goths à la nation gothique. Les origines de l'idée du nation en Occident du Ve au VIIe siècles*, Paris, Les Belles Lettres, 1984, no se pronuncia sobre su autoría; en especial, el *Ivdicivm* constituiría "la trama" de la posterior *Historia*, habiendo sido "redigé sans doute en Gaule Narbonnaise lors des événements de 673", pág. 603; la relación entre la *Historia* y el *Ivdicivm* tiene interés, derivado del contenido jurídico del segundo frente a la intención más bien religiosa de la primera, pág. 604. E. A. Thompson, *Los godos en España* (1969), trad. Javier Faci, Madrid, Alianza, 2da. ed., 1979, pág. 250, para quien el *Ivdicivm* "parece haber sido escrito en Nîmes, en 673, por alguien que estuviese familiarizado con el derecho secular y eclesiástico de los godos", da por hecho la autoría de un tercero; Julián, que no acompañó al rey en su campaña, tomaría luego noticias y textos de testigos presenciales.

16. *Ivdicivm*... 5-6: "[Wamba] 'Coniuro te per nomen omnipotentis Dei, ut in hoc conuentu fratrum meorum contendas mecum iudicio, si aut te in aliquio laesi aut occasione qualibet malitiae tibi nutriui, per quod excitatus hanc tyrannidem sumeres uel huius regni apicem suscipere attemptares'. Mox idem nefandissimus Paulus uoce clara testatus est, dicens: 'Per Deum, quia neque a gloria tua laesum me esse sensi neque a uobis mali aliquid pertuli, sed tantum boni in me impertire iussisti, quod percipere omnino non merui. Ego tamen diaboli instinctu prouocatus id feci'. Similiter iam dicti socii sui quaesiti sunt, et omnes similiter responderunt".

17. Paulo y los suyos encajaron perfectamente en la descripción fáctica incluida en este canon: "multarum quippe gentium, ut fama est, tanta extat perfidia animarum, ut fidem sacramento promissam regibus suis observare contemnant, et ore simulent iuramenti professionem dum retineant mente perfidiae impietatem, iurant enim regibus suis et fidem quam pollicentur praevaricant" (ed. J. Vives, pág. 217).

18. *Ivdicivm*... 6: "Vnde prolatae sunt conditiones, ubi spontanea promissione in electione gloriosi domni nostri Wambani regis ipse nefandissimus Paulus uel socii sui una pariter nobiscum consenserunt et inuiolabiliter se ei uel patriae fidem obseruaturos sub diuini numinis sponsione testati sunt, quas etiam manus suae subscriptionibus notauerunt [...]. Post haec aliae conditiones, ad quas ipse perfidus Paulus populum sibi iurare fecerat, relectae sunt, in quibus iste impietatis et crudelitatis ordo serutus est, ubi ipsi Paulo omnes socii sui sub isto ordine iurauerunt, ut et fideles illi essent et unanimiter cum eodem contra gloriosum domnum nostrum Wambanem regem pugnarent atque in deiectionem eius uel periculum usque ad effusionem sanguinis dimicarent uel contra eos, qui eundem domnum nostrum defendere uoluissent [...] et cetera destestanda, quae in ipsis conditionibus reperiuntur scripta". No se oculta al lector del *Iudicium* la intención retórica que subyace en la contraposición entre los dos juramentos.

19. C. Petit, *Ivstitia gothica. Historia social y teología del proceso en la Lex Visigothorum*, Huelva, Universidad, 2001, pág. 252 y sigs.

20. *Ivdicivm*... 7: "His excursis atque perlectis, canonum est prolata sententia ex concilio Toletano era LXXV, ubi ad locum sic dicit: *Quicumque amodo ex nobis uel totius Spaniae populis qualibet coniuratione uel studio sacramentum fidei suae, quod pro patriae gentisque Gothorum statu uel conseruatione regiae salutis pollicitus est, temerauerit*, et cetera. Deinde legis est relata sententia in libro II, titulo I, era VI, ubi ad locum sic dicit: *Quicumque ex tempore reuerendae memoriae chintilani principis usque ad annum, Deo favente, regni nostri secundum uel amodo et ultra* [...]".

21. Cf. M. Sbriccoli, *Crimen laesae maiestatis. Il problema del reato politico alle soglie della scienza penalistica moderna*, Milano, Giuffrè, 1974. Sírvame la nota para recordar a un colega excepcional, por desgracia prematuramente desaparecido; Marta Madero lo hizo con toda elegancia y rigor en el encuentro académico que está en el origen de estas páginas.

22. *Historia Wambae*, 27: "coram exercitibus cunctis adiudicatur cum ceteris, quum uniuersorum iudicio et mortem exciperent, qui mortem principi praeparassent. Sed nulla mortis super eos inlata sententia, decaluationis tantum, ut praecipitur, sustinuere uindictam".

23. C. Petit *op. cit.* (n. 19), pág. 107 y sigs.

24. Ed. I. Gil, *Miscellanea wisigothicae*, Sevilla, Universidad de Sevilla, 1972, págs. 69-112 con el formulario. Una presentación general de esta fuente en C. Petit, "Sobre la práctica jurídica del sur peninsular: las fórmulas notariales godas", en L. A. García Moreno (ed.), *Historia de Andalucía, II. (Andalucía en la Antigüedad tardía: de Diocleciano a Rodrigo)*, Barcelona-Sevilla, Planeta-Fundación J. M. Lara, 2006, págs. 184-189.

25. J. Tejada y Ramiro (ed.), *Colección de cánones de la Iglesia española*..., II, Madrid, Impta. Anselmo Santa Coloma y Compañía, 1850, pág. 326 y sigs. Alguna corrección de lecturas aportó F. Fita, "El papa Honorio I y san Braulio de Zaragoza", en *La Ciudad de Dios* 5 (1891), págs. 358-365, en particular págs. 364-365.

26. Cf. A. Iglesia Ferreirós, *Historia de la traición. La traición regia en León y Castilla*, Santiago de Compostela, Universidad, 1971, págs. 33-34.

27. "De discretione causarum. Saepe principes contra quoslibet maiestatis obnoxios sacerdotibus negotia sua conmittunt; sed quia sacerdotes a Christo ad ministerium salutis electi sunt, ibi consentiant regibus fieri iudices, ubi iureiurando supplici indulgentia promittitur, non ubi discriminis sententia praeparatur. Si quis ergo sacerdotum contra hoc commune consultum discussor in alienis periculis extiterit, sit reus effusi sanguinis apud Christum, et apud ecclesiam perdat proprium gradum" (ed. J. Vives cit., pág. 203).

28. Cf. LV 6.1.7, Chindasvinto: "[...] pro his, qui *in causis nostris* aliquo crimine inplicati sunt, subplicatur [...]".

29. Ya lo hizo con toda eficacia, en relación con las fuentes que interesan, M. Reydellet *op. cit.* (n. 6), pág. 505 y sigs. Cf. también E. Ewig, "Zum christlichen Königsgedanke im Frühmittelalter", en *Das Königtum. Seine geistigen und rechtlichen Grundlagen*, Lindau-Konstanz, Jan Thorbecke Verlag, 1956, págs. 7-73. Pero sobre esto se vuelve más adelante.

30. Cf. C. Petit *op. cit.* (n. 19), cit. pág. 243 y sigs.

31. D. Claude, *Adel, Kirche und Königtum im Westgotenreich*, Sigmaringen, Jan

Thorbecke Verlag (Vorträge und Forschungen. Sonderband 8. Hrg. vom Konstanzer Arbeitskreis für mittelalterliche Geschichte), 1971, pág. 99.

32. Cf. ahora I. Velázquez, "Impronta religiosa en el desarrollo jurídico de la Hispania visigoda", en *'Ilu. Revista de ciencias de las religiones*, Cuadernos, 2 (1999) (Santiago Montero (coord.), *Fronteras religiosas entre Roma, Bizancio, Damasco y Toledo. El nacimiento de Europa y el Islam, siglos V-VIII*), págs. 97-121.

33. Sin necesidad de perseguirse una conspiración, ley y canon amenazaron el viaje –carente de autorización real– de Fructuoso de Braga a Bizancio: cf. E. A. Thompson *op. cit.* (n. 15), pág. 223.

34. Probablemente novedosa, en relación con la tradición euriciana. Cf. A. Iglesia Ferreirós *op. cit.* (n. 26), pág. 37 y sigs. Este autor es la referencia principal para conocer las modificaciones sufridas por la regulación, civil y eclesiástica, de la traición visigoda, pero véase aun F. Seyward Lear, *Treason in Roman and Germanic Law, Collected Papers*, Austin (Tx.), University of Texas Press, 1965, en particular el capítulo "The Public Law of the Visigothic Code" (págs. 136-164) (1951).

35. No tenemos que dilucidar aquí el contenido técnico de la *poenitentia* prevista en el canon, que, al menos en lo tocante a los clérigos, sería simplemente una "práctica penitencial" (con reclusión en un monasterio o lugar apartado) y en ningún caso el riguroso sacramento público y perpetuo de la liturgia primitiva (*poenitentia una*); por eso cabía el perdón (concedido por el rey y los obispos) sin tener que esperar la reconciliación *in extremis*. Cf. F. J. Lozano Sebastián, *La penitencia canónica en la España romano-visigoda*, Burgos, Aldecoa, 1980, pág. 149 y sigs.

36. "[...] etenim dum periurare conpellimur, creatorem quidem offendimus sed nos tantummodo maculamus; quum vero noxia promissa complemus, et Dei iussa superbe contemnimus ut proximis inpia crudelitate nocemus, et nos ipsos crudeliori mortis glaudio trucidamus: ille enim dupplici culparum telo percitimur, hinc tripliciter iugulamur" (ed. J. Vives, pág. 273).

37. A decir verdad, saltándose por encima del c. 1 del Toledano VII, la exclusividad de la gracia en las manos del rey fue un motivo repetidamente tratado en los concilios: cf. Toledo IV, año 633, c. 75, *in fine*; Toledo V, año 636, c. 8 ("De indulgentia principum noxiis reservata"); Toledo VI, año 638, c. 14 ("De remuneratione conlata fidelibus regum").

38. En realidad, el concilio extendió retrospectivamente la amnistía a los condenados por traición desde tiempos de Chintila ("de ceteris omnibus qui ex tempore divae memoriae Chintilani regis simili hucusque infamationis nota respersi sunt", ed. J. Vives, pág. 416); la *lex in confirmatione concilii* se limitó exclusivamente al caso de Paulo (*ibid.* págs. 437-438), que fue lo anunciado en el tomo por Ervigio (*ibid.* pág. 412). D. Claude ve en estas diferencias la razón que aconsejó al rey no convocar ningún otro concilio general (*op. cit.* nº 31, págs. 183-184).

39. Cf. C. Petit *op. cit.* (n. 19), pág. 94 y sigs. La infamia podía ir aneja a la decalvación, castigo que tal vez sufriera Paulo, como vimos; los efectos jurídicos de aquélla serían el único objeto susceptible de perdón posterior. Según antes advertí, nada dice el concilio sobre la *decalvatio* de los amnistiados, pero es significativo que la redacción de LV 2.1.8 a manos de Ervigio incluyese por fin esta pena entre los castigos señalados a los traidores.

40. Cf. D. Pérez Sánchez *op. cit.* (n. 11), pág. 157 y sigs. Ilustra perfectamente la visión toledana de las cosas de Septimania aquella dura pieza de condena inserta por

Julián en la *Historia* (cf. *Insvltatio vilis storici in tyrannidem Galliae*, ed. J. N. Hillgarth *op. cit.* [nº 11], págs. 245-249). No está de más recordar el reinado local de un Agila II, coetáneo del desgraciado Roderico, según conocemos por testimonios numismáticos.

41. Se autorizó además la devolución de bienes confiscados a los rebeldes, con tal de que no hubiesen sido concedidos a otros en estipendio (ed. J. Vives *op. cit.*, pág. 416).

42. Concilio VIII de Toledo (año 653), ed. J. Vives, pág. 265.

43. Cf. F. Dahn *op. cit.* (n. 3), pág. 241 y sigs.

44. No debemos otorgar demasiada importancia a la amplitud personal con que Ervigio parecía anunciar el *habeas corpus* en su tomo ("sive de religiosis sive de laicis", ed. J. Vives, pág. 412), pues la ley confirmatoria, según lo establecido en el canon, precisa que se trataba de integrantes del círculo palatino ("de accusatis sacerdotibus seu etiam obtimatibus palatii atque gardingis", *ibid.* pág. 438).

45. Cf. G. Martínez Díez,"La tortura judicial en la legislación histórica española", *Anuario de Historia del Derecho Español* 32 (1962), págs. 223-300, pág. 234 y sigs.; limitado a las leyes que nos interesan, C. Petit *op. cit.* (n. 19), págs. 301-307.

46. LV 6.1.4, *antiqua*: "Servus seu ancilla in capite domini vel domine non propter aliut torqueantur, nisi tantum in crimine adulterii, aut si contra regnum, gentem vel patriam aliquid dictum vel dispositum fuerit, seu falsam monetam quisque confixerit, aut etiam si causam homicidii vel maleficii querendam esse constiterit [...]". Y en efecto, con esta disposición el *Liber* se mantiene dentro de la lógica del derecho romano: cf. L. Schumacher, *Servus index. Sklavenverhör und Sklavenanzeige im republikanischen und kaiserlichen Rom*, Wiesbaden, Franz Steiner, 1982, pág. 205 y sigs.

47. A favor de los nobles, se prohibía también solicitar el trámite mediante mandatario: LV 2.3.4, Chindasvinto.

48. Sería una lectura algo forzada, pero no imposible, ver en la referencia a los delegados como una oblicua alusión a la *audientia*. No veo claro (*ex silentio legis*) que Chindasvinto aceptase el tormento de los nobles por simples cuestiones pecuniarias; de todos modos, esa posibilidad quedó excluida expresamente bajo Ervigio ("nobiles... potentioresque persone, ut sunt primates palatii nostri eorumque filii, nulla permittimus ratione questionibus agitare"), donde destaca, además, la condición hereditaria de un estatuto privilegiado.

49. En realidad, la prohibición de aprovechar torcidamente la capacidad procesal del *servus regis* sería cosa de Chindasvinto, o, mejor dicho, de la versión recesvindiana de su ley, acaso manipulada en su tenor primitivo con inserción de la cláusula protectora (capacidad testifical de los *servi regis* [...] "nisi qui ad hoc regalibus servitiis mancipentur"). El canon 6 insistió en la regla de Recesvinto, tanto más útil cuanto que la versión ervigiana de LV 2.4.4 revela una incomprensión absoluta de la norma anterior (cf. K. Zeumer en su edición, pág. 97, nº 2; también del mismo, *Historia de la legislación visigoda* [1897-1900], trad. C. Clavería, Barcelona, Facultad de Derecho, 1944, pág. 190).

50. "Additur super hoc ut fertur pressurarum eius in plerosque acerbitas, quos indebite rebus et honore privavit, quos de nobili statu in servitutem sui iuris inplicuit, quos tormentis subegit, quos etiam violentis iudiciis pressit" (ed. J. Vives, pág. 451).

51. Son palabras de Valerio del Bierzo (*Ordo querimoniae*, 5), recogidas por L. A. García Moreno *op. cit.* (n. 5), nº 124, pág. 71. Para D. Claude *op. cit.* (n. 31), pág. 201, el rey conocía aquí, casi con toda certeza, de un crimen político.

52. C. Petit *op. cit.* (n. 19), pág. 177 y sigs. En realidad, un canon de solemne tenor a favor de la familia de Ervigio ya había sido adoptado en el Concilio de Toledo XIII (c. 4, "De munitione prolis regiae"), como expresa recompensa eclesiástica por la amnistía de Paulo y la concesión del *habeas corpus*.

53. Con buenas razones Y. García López, *Estudios críticos y literarios de la Lex Wisigothorum*, Alcalá de Henares, Universidad de Alcalá, 1996, considera que el primer tomo de Égica encierra propiamente una novela (pág. 331 y sigs.). Me pregunto si no hubiera sido preferible mantener los castigos tradicionales, que incluían la pena capital, como sabemos; lo cierto es que la versión de LV 2.1.8 debida a Ervigio contemplaba la muerte o la ceguera de los traidores como hipótesis extraordinaria: lo habitual serían aquellas penas que, con más o menos detalles, había repetido Égica en el año 693.

54. Recordemos que Ervigio, al referirse en el tomo del Toledano XIII a los rebeldes de Septimania, los presentó condenados "per iudicii universalis edictum". La terminología aproxima, entonces, la actuación judicial del *aula regis* y la del concilio, sobre la base de la composición –ampliamente plural– del órgano que conocía del proceso. Pero también sobre esto volveremos.

55. Y en efecto, Félix de Sevilla pasó a Toledo, según había dispuesto Égica al deponer apresuradamente a Sisberto; Faustino de Braga fue nombrado metropolita de Sevilla, sustituyéndole en la sede principal de Galicia Félix, obispo de Oporto (ed. J. Vives, pág. 514).

56. I. Velázquez *op. cit.* (n. 32), *passim*. Cf. R. Letinier y Michel, *La función judicial de los concilios hispanos en la antigüedad tardía*, León, Universidad, 1998, págs. 104-105 sobre el *affaire* de Sisberto.

57. Ante la duda sobre la condición de víctimas o de verdugos de esos personajes (Y. García López *op. cit.* [nº 53], págs. 345-346), doy preferencia a la redacción literal del pasaje y acepto que se trata de lo primero.

58. Y. García López *op. cit.* (n. 53), pág. 331 y sigs.

59. A. Schmitt-Weigand, *Rechtspflegdelikte in der fränkischen Zeit,* Berlin, Walter de Gruyter & Co. (Münsterische Beiträge zur Rechts-und Staatswissenschaft, 7), 1962, pág. 69.

60. Así C. Sánchez-Albornoz *op. cit.* (n. 3), pág. 55 (en especial, n. 139) y sigs.; tampoco es más lo que el autor ofrece al estudiar *La curia regia portuguesa. Siglos XII y XIII*, Madrid, Centro de Estudios Históricos, 1920, pág. 88 y sigs. Cf. ahora M. R. Valverde Castro, *Ideología, simbolismo y ejercicio del poder real en la monarquía visigoda: un proceso de cambio*, Salamanca, Universidad, 2000, pág. 226 y sigs.

61. Cf. C. Petit *op. cit.* (n. 19), pág. 145 y sigs., pág. 158 y sigs., pág. 206 y sigs., pág. 305 y sigs.

62. Por ejemplo aquel *Iudila rex* que removió las regiones meridionales contra Sisenando (aa. 632-636); cf. G. Kampers, *Personengeschichtliche Studien zum Westgotenreich in Spanien*, Münster, Aschendorffsche Ver., 1979, nº 34 (págs. 14-15). Al final del reinado de Égica un *Suniefredus*, probablemente el *comes scanciarum et dux* homónimo que suscribe el Toledano XIII, acuñó moneda en la misma capital; cf. J. A. García Moreno *op. cit.* (n. 5), nº 142 (pág. 77).

63. Y tratándose del falsario *humilior* de nuevo encontramos al rey al frente de la causa, como se deduce de su entrega en servidumbre "cui rex iusserit servitio depuntandus".

64. Por supuesto, no procede establecer aquí las conexiones, indudables, que median entre la ley de Chindasvinto y los llamados "casos de corte" o "pleitos de justicia" (el mero y mixto imperio del monarca) en el derecho castellano medieval.

65. Sobre el difícil precepto, que prevé una toma de prendas dentro del territorio confiado al juez que rehúsa tramitar la causa de un litigante extraño a su distrito, cf. A. Schmitt-Weigand *op. cit.* (n. 59), págs. 71-72, con resumen de la ley, para este autor "einzigartig im Bereich der Stammesrechte"; además, *ibid.* págs. 109-110. Probablemente se trataba de combatir los vínculos del *iudex* real con los poderosos locales.

66. "Seu metu regie potestatis", añade extrañamente la *ant.*; en este caso no tendría mucho sentido enviar la causa al mismo rey que presionaba de modo ilegítimo, aunque sí, tal vez, al *episcopus* o al *dux* (cf. K. Zeumer en su ed., pág. 286, nº 2), según previsión de la norma cuando el monarca estaba demasiado lejos como para hacerle llegar la denuncia. Sea como se quiera, acaso reparando excesos de su padre, Recesvinto legisló sobre la nulidad de las sentencias dictadas "principum metu vel iussu... regio vigore" (LV 2.1.29).

67. *Vita Fructuosi* (ed. M. C. Díaz y Díaz, *La vida de san Fructuoso de Braga. Estudio y edición crítica*, Braga 1974), 15 (pág. 106 y sigs.): "Sponsus uero saepedictae uirginis... inmissus perfida laboris inuidia inimici, suggessit regi; sicque de praesentia regis leuauit iudicem qui inter eis examinaret iudicii ueritatem comité nomine Angelate qui ueniens ad monasterium uirginum regia procinctus auctoritate... Quumque ille aduersus eam adsisteret, ita per gratiam domini spiritu sancto repleta eum paucis adclusit uerbis ut ultra ei quod diceret non haberet. Tunc ipse iudex dixit: Dimitte eam domino seruire et quaere tibi aliam uxorem". Supongo que andaría por medio la restitución de la dote entregada por el esposo, cuya noble condición hace pensar sería muy elevada (cf. LV 3.1.5, Chindasvinto); la cuestión se complicaría posteriormente si esos bienes habían sido llevados al cenobio por la *sponsa* Benedicta (lo que justificaría por cierto la intervención del *praepositus* en la causa, como refiere la *Vita*). En cualquier caso, tanto Chindasvinto (LV 3.1.3) como Recesvinto (LV 3.1.4) exigieron en sus leyes el estricto cumplimiento del acuerdo esponsalicio, castigando su ruptura unilateral como adulterio (cf. LV 3.1.2, *antiqua*; 3.6.3, Recesvinto, donde la entrada en religión se presenta como una excusa a combatir).

68. Cf. B. Biondi, *Il diritto romano cristinano*, I, Milano, Giuffrè, 1952, pág. 435 y sigs. sobre las actividades civiles del obispo; también, S. Mochi Onory, "Vescovi e città (sec. IV-VII)", en *Rivista di Storia del Diritto italiano* 4 (1931), págs. 245-329; para la presencia del derecho justiniano en los textos legales (LV 2.1.24, 30, 31), un problema que planteó Karl Zeumer en las notas de su edición, basta ahora mencionar A. K. Ziegler, *Church and State in Visigothic Spain*, Washington D. C., The Catholic University of America, 1930, pág. 75 y sigs.

69. "Iudices vero locorum vel actores fiscalium patrimoniorum ex decreto gloriossimi domini nostri simul cum sacerdotali concilio autumnali tempore die calendarum novembrium in unum conveniant, ut discant quam pie et iuste cum populis agere debeant, ne in angariis aut in operationibus superfluas sive privatum onorent sive fiscalem gravent. Sint etenim prospectores episcopi secundum regiam admonitionem, qualiter iudicis cum populis agant, ut aut ipsos praemunitos corrigant aut insolentias eorum auditibus principis innotescant; quod si correptos emendare nequiverint, et ab ecclesia et a comunione suspendant: a sacerdote vero et a senioribus deliberetur, quid provincia sine suo detrimento praestare debeat iudicium", lo que supone el normal conocimiento

de los abusos por parte del rey, actuando los obispos como denunciantes, pero se deja abierta la posibilidad de otro tipo de decisión sobre la injusticia judicial y, en cualquier caso, reserva a la jerarquía la condena canónica del juez injusto. Véase J. Mellado, "Intervención episcopal en la política judicial y fiscal de Recaredo. (Problemas filológicos y jurídicos.)", en *Anuario de Historia del Derecho Español* 65, 1995, págs. 837-847: en su opinión, basada en el testimonio negativo que ofrece el códice *Fossatensis* de La Haya, el c. 18 fue interpolado a comienzos del siglo VII, en orden a reforzar las competencias episcopales sobre el aparato regio, más allá de lo que querría la (precedente) citada ley de Recaredo. Con su indudable interés, esta cuestión resulta ahora secundaria, pues el autor mismo expresa que en el c. 18 (*sc.* en la redacción manipulada a posteriori por los obispos) "se recono[ce] la suprema autoridad civil en el rey" (pág. 842).

70. Cf. A. K. Ziegler *op. cit.* (n. 68), págs. 141-142. Parece que las disposiciones no fueron generalmente cumplidas, pues sólo hay constancia de la presencia de oficiales en el Concilio de Sevilla II (año 619), que contó con un Sisclo, *rector rerum publicarum* (acaso gobernador de la Bética: J. A. García Moreno *op. cit.* (n. 5), nº 135, pág. 75, n. 1 a esa entrada) y un Suanila, *actor rerum fiscalium* (esto es, "el encargado de la administración de los bienes del fisco en la provincia Bética", *ibid.* nº 140, pág. 76); por eso, el Concilio de Toledo IV, año 633, c. 3, optó por llamar a los jueces seculares tan sólo si mediaba una acusación contra ellos.

71. Cf. Concilio de Toledo IV cit., c. 32, "De cura populorum et pauperum". Tiene que ver con ello la decisión de liberar de posibles acusaciones al *spatarius* Teudemundo, obligado por Wamba a desempeñarse como numerario en Mérida: véase Concilio de Toledo XVI, año 693 (*lex in confirmatione concilii*, ed. J. Vives, págs. 517-518).

72. Esto es, se aplicaba el castigo de la *antiqua* LV 2.1.21 por dictar a sabiendas una sentencia injusta. No parece que la severísima alternativa a la insolvencia del juez ("ipse iudex illi, cui conponere debuit, subiaceat serviturus") siguiese contemplada; en cualquier caso, Ervigio sustituyó con pena de azotes la primitiva reducción a esclavitud.

73. Cf. H. J. Diesner, *Isidor von Sevilla und das westgotiche Spanien*, Berlín, Schäsische Akademie der Wissenschaften zu Leipzig (phil.-hist. Klasse), 1977, pág. 56 y sigs.

74. Cf. LV 6.5.13, "Ne liceat quemcumque servum vel ancillam quacumque corporis parte truncare", que sin duda tenía como referente la preocupación por los excesos de la justicia episcopal abordados en el Concilio de Mérida, año 666, c. 15.

75. Véase K. Zeumer *op. cit.* (n. 49), pág. 169; A. Schmitt-Weigand *op. cit.* (n. 59), pág. 75 y sigs.; A. Padoa-Schioppa, *Ricerche sull'appello nel diritto intermedio*, I, Milán, Giuffrè, 1967, pág. 125 y sigs.

76. J. Fernández Alonso *op. cit.* (n. 8), pág. 248 y sigs.; J. Orlandis Rovira y D. Ramos-Lisón, *Historia de los concilios de la España romana y visigoda*, Pamplona, EUNSA, 1986, pág. 170 y sigs.

77. Cf. C. Petit *op. cit.* (n. 19). Seguidamente utilizo datos y materiales contenidos en esas páginas.

78. En efecto, un recuento a partir del Toledano III arroja cincuenta y cuatro registros de *iustitia* (menos que los de *iudicium* y casi tantos como los de *iudex*), si bien siete proceden de citas insertas en las actas. Por otra parte, se trata de asambleas celebradas bajo Recesvinto, Wamba y Égica, esto es, los reyes cuyas disposiciones emplearon el lema con mayor frecuencia.

79. Cf. Aug. *Rer. gest.*, 34 (H. Malcovati (ed.), *Impp. Caesaris Augusti Operum fragmenta,* Turín, Paravia, 1944): "pro merito meo senatus consulto Augustus appellatus sum et... clupeus aureus in curia Iulia positus, quem mihi senatum populumque Romanum dare virtutis clementiaeque et iustitiae et pietatis causa testatum est per eius clupei inscriptionem", donde resaltan obviamente la clemencia y la piedad sobre la justicia. En general, A. Wallace-Hadrill, "The Emperor and his Virtues", en *Historia* 30, 1981, págs. 298-323; también, Gy. Balázs, "Clementia and Divinitas. A Study in the Political Thought of the First Century BC", en *Oikumene* 5, 1986, págs. 243-327.

80. Cf. M. Reydelleyt *op. cit.* (n. 6), págs. 548-549; para lo que sigue, *ibid.* pág. 224 (Casiodoro), pág. 331 (Gregorio de Tours), pág. 328 (Fortunato).

81. Cf. M. R. Valverde Castro *op. cit.* (n. 60), pág. 202 y sigs.

82. C. Codoñer, *El* De Viris illvstribvs *de Isidoro de Sevilla. Estudio y edición crítica*, Salamanca, Consejo Superior de Investigaciones Científicas, 1964; J. Fontaine, "El De uiris illustribus de San Ildefonso de Toledo: tradición y originalidad", en *Anales Toledanos* 3, 1971, págs. 59-96.

83. Así J. Fontaine, *Isidore de Seville Seville et la culture classique dans l'Espagne wisigothique*, II, París, Études Augustiniennes, 2da. ed., 1983, pág. 699, n. 3, donde relaciona el pasaje con *Civ. Dei* 19.4.2: "iustitia, cuius munus est sua cuique tribuere", pero cf. *Civ. Dei* 19.21: "Iustitia porro ea virtus est, quae sua cuique distribuit".

84. *Diff.* 2.39.156, col. 95 (ed. Migne, *Patrologia Latina*, 83, cols. 9-98). Cf. J. Fontaine *op. cit.* (n. 83), pág. 700 y n. 1, aproximando este texto a la *Formula de vita honesta* de Martín de Braga.

85. Cf. Isidor. *De Veteri et Novo Testamento Quaestiones*, quaest. 26, col. 204 (ed. Migne *op. cit.* [m. 84]).

86. Así P. Cazier, "Les Sentences d'Isidore de Seville et le IVe Concile de Tolède. Réflexions sur les rapports entre l'Eglise et le pouvoir politique en Espagne autour des années 630", en *Los visigodos. Historia y civilización*, Murcia, Universidad (*Antigüedad y cristianismo*, 3), 1986, págs. 373-386. El autor es también el moderno editor de las *Sentencias*, pero tengo a la vista la versión de Arévalo reproducida en J. Campos e I. Roca, *Santos Padres Españoles, II. San Leandro. San Fructoso. San Isidoro*, Madrid, Biblioteca de Autores Cristianos, 1971, pág. 213 y sigs.

87. Cf. *Sent.* 1.27.3; 2.7.4-5; 2.34.4; 2.35.3; 2.38.1; 3.4.2; 3.39.1; 3.49.1-2 y 4; 3.50.3; 3.52.2-3 y 6; 3.53.1-2; 3.54.1-2 y 5-6.

88. *Sent.* 2.1: "De sapientia"; 2.2: "De fide"; 2.3: "De caritate"; 2.4: "De spe"; 2.5: "De gratia".

89. *Sent.* 2.11.12: "Exempla sanctorum, quibus aedificatur homo, varias (faciunt) consectari virtutes: humilitatis ex Christo, devotionis ex Petro, caritatis ex Ioanne, obedientiae ex Abraham, patientiae ex Isaac, tolerantiae ex Iacob, castimoniae ex Ioseph, mansuetudinis de Moyse, constantiae de Iosue, benignitatis de Samuele, misericordiae de David, abstinentiae de Daniele; sic et cetera facta priorum quo labore, quo moderamine, quave intentione, vel compunctione gerantur, vir sanctus imitando considerat".

90. *Sent.* 2.36.7: "Quaedam sunt summae virtutes, quaedam vero mediae. Fides, spes, et caritas summae virtutes sunt. Nam a quibus habentur, utique veraciter habentur. Aliae vero virtutes mediae sunt, quia et ad utilitatem et ad perniciem possunt haberi, si de his arroganter quisque tumuerit, utpote doctrina, iuiunium, castitas, scientia, sive temporales divitiae, de quibus scilicet et bene operari possumus, et male".

91. *Sent.* 2.37.2: *cordis munditia, dilectio, patientia, fiducia, zelus, gaudium, fortitudo, largitas, humilitas*; 2.37.3: *abstinentia*; 2.37.4: *tolerantia*; 2.37.5: *spes aeterni gaudii*; 2.37.6: *caritas*; 2.37.7: *humilitas*. Cf. Gálatas 5,22-23: "Fructus autem Spiritus est: charitas, gaudium, pax, patientia, benignitas, bonitas, longanimitas, mansuetudo, fides, modestia, continentia, castitas".

92. *Sent.* 3.52.4: "Omnis qui recte iudicat stateram in manu gestat, et in utroque penso iustitiam et misericordiam portat. Sed per iustitiam reddit peccati sententiam, per misericordiam peccantis temperat poenam, ut iusto libramine quaedam per aequitatem corrigat, quaedam vero per miserationem indulgat".

93. Cf. M. C. Díaz y Díaz, "Titulaciones regias en la monarquía visigoda", en *Revista Portuguesa de História,* 16, 1976, págs.133-141. Por obvias razones, sólo las monedas emplean el calificativo de *iustus*.

94. Cf. S. Teillet *op. cit.* (n. 15), pág. 585 y sigs.

95. J. Gil (ed.), *Miscellanea wisigothica*, Sevilla, Universidad, 1972, pág. 28: "Et licet clementia sit regalis, sed seruiens regi sensu it lugubri, dum uadit quo nolit iussu precepti". Ahora disponemos de Isabel Velázquez Soriano, "El *Suggerendum* de Tarra a Recaredo", en *L'Antiquité tardive* 4, 1996, págs. 291-298.

96. LV 6.1.7, "De servanda... Quotienscumque nobis pro his, qui in causis nostris aliquo crimine inplicati sunbt, subplicatur, et suggerendi tribuimus aditum et pia miseratione delinquentibus culpas omittere nostre potestati servamus. Pro causa autem gentis et patrie huiusmodi licentiam denegamus. Quod si divina miseratio tam sceleratis personis cor principis misereri conpulerit, cum adsensu sacerdotum maiorumque palatii licentiam miserandi libenter habebit".

97. Me parece que la expresión destacada cobra su auténtico sentido a la luz de la ley 6.1.6: pues las dichas "causas del rey" serían precisamente aquellas abiertas por los graves delitos (traición, falsedades, usurpación de funciones judiciales, envenenamiento, hechicería, adulterio...) que debían ser denunciados ante el trono.

98. Cf. J. Gil Fernández, "Judíos y cristianos en la Hispania del siglo VII", en *Hispania Sacra* 30, 1977, págs. 9-110. También, para los textos del *Liber*, C. Petit, "Derecho visigodo del siglo VII. Un ensayo de síntesis e interpretación", en *Hispania Gothorum. San Ildefonso y el reino visigodo de Toledo. Catálogo de la exposición* (23 de enero-30 de junio de 2007, Toledo, Museo de Santa Cruz). Toledo, Empresa Pública Don Quijote 2005 S. A., 2007, págs. 75-85.

99. Para lo que sigue, C. Petit *op. cit.* (n. 98), pág. 83 y sigs.

100. Además de Hillgarth *op. cit.* (n. 11), pág. 7 y sigs., servirá, al menos, Cándido Pozo, "La doctrina escatológica del *Prognosticon futuri saeculi* de San Julián de Toledo", en *La patrología toledano-visigoda*, Madrid, CSIC, 1970, págs. 215-243.

91 [illegible] 3312 [illegible] ... [illegible] ... 2.376 [illegible] ... 2.742 [illegible] ... 5.024 [illegible] ... est charitas, gaudium, pax [illegible] ... fides, modestia, continentia [illegible].

92 [illegible] ... [illegible] ... continentia, castitas [illegible] ... semper [illegible].

93 Cf. M. S. Díaz y Díaz [illegible] ... Fuentes de la Historia [illegible] ... pág. 14 [illegible] ... el calificativo de [illegible].

94 [illegible] ... pág. 53 [illegible].

95 [illegible] ... [illegible] ... [illegible] de Toledo [illegible] ... [illegible].

96 [illegible] ... [illegible] ... [illegible] ... et [illegible] ... [illegible] ... [illegible] ... [illegible] ... [illegible].

97 [illegible] ... [illegible] ... [illegible] ... [illegible].

98 [illegible] ... 1947 [illegible] ... [illegible] ... Museo de Santa Cruz [illegible] ... Don [illegible] 5.02 [illegible].

99 [illegible] ... [illegible].

100 [illegible] ... [illegible] ... [illegible].

Probatio y *purgatio* en el proceso canónico medieval, entre rito acusatorio e inquisitorio*

Antonia Fiori
Università di Roma "La Sapienza"

En un encuentro como éste, sobre el comprometido tema del proceso y de la prueba, mi trabajo estará dedicado a un pariente pobre, por así decir, de la *probatio*: una institución bautizada con el nombre poco feliz de *purgatio canonica,* y destinada a suscitar relativamente poco interés entre los historiadores del derecho, señalada de modo injusto de una vez y para siempre como "germánica".

La *purgatio canonica,* a diferencia de otras *purgationes* judiciarias, ha sido la única aprobada con continuidad por la Iglesia. Un juramento de inocencia que ha acompañado la historia del proceso canónico medieval al menos a partir del siglo VI, aparentemente siempre igual a sí mismo sin serlo nunca, a causa de la absoluta heterogeneidad de las fuentes a través de las cuales había sido regulado normativamente en el alto medioevo, y que se hallaban en parte en el *Decretum* de Graciano. Esta heterogeneidad vuelve difícil cualquier tentativa de analizar su disciplina de modo "dogmático", a nosotros no menos que a muchos canonistas de la Edad Media; uno de ellos, el todavía anónimo autor de la *Summa Coloniensis,* en torno a 1170, observaba desconsoladamente que no dejaba de maravillarse de opiniones tan diversas de los diversos maestros sobre la materia: "in tanta canonum dissonantia".[1]

Pero volvamos atrás y tratemos de entender qué cosa es la *purgatio* y en qué se distingue de la *probatio. Purgatio* significa, naturalmente, "purificación". Sin embargo en las lenguas modernas, como en el latín clásico, la purificación no es ni un término ni un concepto jurídico. En el alto medioevo, por el contrario (y me refiero a un léxico compartido tanto por el derecho canónico como por las leyes populares germánicas), el juicio desarrollaba una función purgatoria en su conjunto, en tanto tenía la tarea de reparar un equilibrio social alterado por el crimen, y debía concluirse con una *satisfactio* o, en sentido equivalente, con una *purgatio.* Por lo tanto, si hubiera terminado en una condena, la reparación del orden social habría consistido en la expiación de la pena ("poenitentia se purgare", dicen comúnmente las fuentes eclesiásticas); si, de modo inverso, fuese declarado inocente el acusado –o por lo menos no *convictus*– habría salido del juicio "purgatus absolutusque".

En el primer caso, esto es, expiando la pena, se purificaba de una culpa: éste es el uso del verbo *purgare* que corresponde sustancialmente al nuestro. La *purgatio peccati,* luego, incluso en el medioevo, no era sólo el efecto de una sentencia; basta pensar en la creación medieval del Purgatorio, en el siglo XII,[2] que ha tenido su monumento literario en el segundo Canto de la *Comedia* dantesca. Dicho entre paréntesis, uno de los primeros comentadores de la obra de Dante fue un jurista del siglo XIV muy bien conocido, Alberico da Rosciate, que hizo una traducción libre en latín del comentario de Iacopo della Lana.

Curiosamente, en el Proemio al segundo Canto, Alberico pensó que para aclarar mejor qué cosa era el Purgatorio "ultra ea qui dicit auctor", podía de algún modo servirse de la definición jurídica del verbo *purgare,* acompañada por una serie de alegaciones de derecho canónico y civil.[3] La definición, sin embargo, que correspondía en sustancia a aquella de su *Dictionarium iuris*,[4] se adaptaba sobre todo a la segunda acepción a la cual hicimos referencia: aquella del acusado no *convictus* que debía salir del juicio "purgado y absuelto".

En este segundo caso no se purificaba de una culpa –que evidentemente no fue cometida– sino de la acusación, "mostrando" –y no he dicho "demostrando"– la propia inocencia en los modos predefinidos por el ordenamiento particular. En esta acepción, *purgatio* es un término (y un concepto) técnico-jurídico típicamente medieval.

Según la definición prevaleciente de los canonistas, la *purgatio* era una *innocentiae ostensio*. *Ostensio*, porque los medios de purgación estaban unidos por un cierto carácter fenoménico; y, como se señaló, no servían para "demostrar", sino para "manifestar" la inocencia o la culpabilidad. Eran "pruebas" que debían superarse con riesgo del cuerpo (como en las ordalías o en los duelos) o peligro para el alma (como en los juramentos), sin ser "medios de prueba" como nosotros los entendemos, destinadas como estaban a revelar quién estaba en lo justo, más que a averiguar la existencia de un hecho.

El resultado de la purgación constituía por lo tanto una "certeza" para las partes y para el juez.[5] La relación entre esta "certeza" –adquirida necesariamente con los instrumentos formales preestablecidos por el ordenamiento– y la verificación de los hechos aducidos en el juicio variaba según el modo en que el proceso, en cada ordenamiento, ponía en relación medios de prueba y medios de purgación. Si el medio de purgación era utilizado como medio de prueba, por añadidura decisorio –como ocurría en gran parte de los procesos germánicos–, entonces el lazo entre el resultado de la purgación y la *veritas rei* podía no ser tomado en cuenta, y se contemplaban aquellas que fueron definidas, creo que inapropiadamente, como "pruebas irracionales".[6]

A la categoría de las *purgationes* pertenecían las ordalías unilaterales, los duelos y el juramento particular de inocencia que será luego llamado *purgatio canonica*. Era prestado por el acusado, algunas veces con el apoyo de un cierto número de otras personas, llamadas en conjunto *compurgatores* o *sacramentales*, que a su vez juraban no sobre la inocencia del jurador principal, o sobre el hecho presentado en juicio (que no estaban obligados a conocer) sino *de credulitate* acerca de la confiabilidad del acusado.

El juramento era un medio de purgación previsto ya sea por las leyes populares germánicas como por el derecho canónico; en el ámbito de los juicios eclesiásticos era prestado por los clérigos, sobre los cuales existía una competencia *ratione personarum*, en las causas criminales.

Como señalaba, el escaso conocimiento que se tiene de la *purgatio* como institución del derecho canónico deriva del hecho de que –no obstante la única monografía sobre la materia, un estudio de Karl Hildebrand de 1841, la había considerado originariamente como tal, esto es, una institución del derecho canónico–[7] gran parte de la historiografía del siglo XIX y de los inicios del XX prefirió calificarla como una institución germánica simplemente "recibida" por el derecho canónico.[8] Con la consecuencia de que mientras entre los germanistas, en torno a la cuestión de su rol –o sea, si era medio de prueba principal o subsidiario– se encendió una discusión más amplia acerca de la existencia de un *onus probandi* en el proceso germánico,[9] los canonistas se desinteresaron sustancialmente de ella, si no es para repetir, por ejemplo, que "der germanische Reinigungseid des Beklagten" se encuentra en diversos cánones del *Decretum* de Graciano.[10]

Ahora, sin embargo, el mismo concepto de "derecho germánico" –entendido como un ordenamiento originario susceptible de reconstrucción a posteriori, sobre la base de los elementos comunes a los derechos populares varios– ha sido puesto en discusión. Incluso las ordalías han dejado de ser consideradas simplemente "eine gemeingermanische Institution" para ser estudiadas según las tipologías particulares y los tiempos y los modos de difusión (por ejemplo por Bartlett),[11] con el beneficio de un análisis más realista de la praxis del Bajo Imperio y del derecho romano vulgar.

Cambiando la perspectiva, se han elaborado diferentes hipótesis acerca del origen de la praxis de los juramentos de inocencia,[12] y se constató una difusión que iba más allá de los derechos germánicos;[13] al punto de que alguno llegó incluso a definirla como "un producto del derecho común europeo".[14] En el siglo VI puede reportarse una expansión generalizada del uso procesal del juramento, muy evidente también en el derecho romano –al decir de quien lo ha estudiado–,[15] ya sea en la legislación, en la cual adquiere valor de prueba legal, ya en la praxis.[16] Y es éste el período en el cual surgen también los primeros testimonios de un juramento canónico de purgación, carente sin embargo de aquel elemento tan típico de los juramentos germánicos, que era la presencia de los *coniuratores*.

La costumbre de concluir los juicios con juramentos estaba bastante difundida en la praxis vulgar del derecho tardoantiguo y resulta lógico pensar que los ordenamientos particulares habían reglamentado de modos diversos o afines el mismo fenómeno. Sin embargo, aun si quisiéramos considerarla como una misma institución –y, paradójicamente, incluso si se quisiera admitir que se trata de una recensión canónica de una institución "germánica"–, no debería dejarse de considerar el hecho de que, inserta en un contexto procesal basado en principios diferentes, tenía que adquirir una función diferente. En el caso del derecho canónico altomedieval, las normas procesales estaban orientadas a un *ordo iudiciarius* acusatorio, inspirado, aunque en modo simplificado, en el proceso romano. Las reglas de este proceso eran las contenidas, sobre todo, en la primera Colección Dionisiana, luego en las Decretales pseudoisidorianas.[17] Sabemos por cierto, pese a la escasez de noticias relativas a causas criminales, que las prácticas judiciales locales estaban alejadas en buena medida de las aplicaciones de aquellas normas. No obstante esto, el respeto al *ordo iudiciarius* canónico ha sido, durante el alto medioevo, un interés (más o menos) constante de la Curia romana, y la salvaguarda de este *ordo* constituirá incluso uno de los incentivos del redescubrimiento del derecho romano en época gregoriana.

En este contexto, el juramento canónico de purgación constituía una declaración jurada de la propia inocencia, solicitada por el juez al acusado en ausencia de pruebas válidas de culpabilidad. Al faltar una confesión, o al no ser *idonei* según las normas canónicas los acusadores y testigos, o al no ofrecer el acusador la prueba del hecho, las normas de la tradición pontificia desde el alto medioevo preveían que con un juramento se podía alejar definitivamente la acusación, y, sobre todo, la *infamia* que la acusación había portado consigo. Era éste el objetivo principal: eliminar el *rumor*, la sospecha difusa que, en el caso de un sacerdote, habría minado las bases de la relación con sus fieles, al punto de ser considerado un *periculum gregis*. No se trata, naturalmente, de la infamia legal del derecho romano, sino de aquella que en el siglo XII se denominará *infamia facti*: es decir, un descrédito social que no podía ser conminado y tampoco extirpado por sentencia, al que correspondían por lo tanto sólo mecanismos de control social.[18]

El rechazo a jurar estaba considerado una manifestación de culpabilidad, y equiparado a una confesión. Purgándose, en cambio, el acusado sería liberado de la *infamia* y su acusador, condenado como calumniador, a la pena prevista para el reo al que había acusado injustamente.

Sin embargo, aunque el juicio concluyera, la potencialidad decisoria del juramento en el proceso canónico era bastante limitada. A diferencia, por ejemplo, del juramento decisorio previsto actualmente por el ordenamiento italiano en sede de causas civiles,[19] no podía prevalecer sobre resultados probatorios ya adquiridos, desde el momento en que no era admitido, por regla, cuando el actor había absuelto la carga de la prueba. Tenía por lo tanto una función simplemente supletoria y sobre todo confirmatoria de los resultados procesales. De este modo, se limitaba incluso el riesgo de perjurio: dado que no era quien rechazaba simplemente la acusación el que prestaba el *sacramentum*, sino quien parecía haber sido acusado injustamente.

Así, en líneas generales, no era un instrumento que se utilizase como medio de prueba para resolver casos dudosos, como frecuentemente se lee en las leyes germánicas, sino que era un instrumento que se adaptaba a disipar dudas sobre la irresponsabilidad del acusado en relación con el hecho aducido en juicio, solamente una vez que la aplicación de las reglas procesales había ya excluido la responsabilidad. Entre otras cosas, como se ha dicho, precisamente por el motivo no menor de que la Iglesia legitimaba el juramento, no debía correr el riesgo de incentivar perjurios. Por lo tanto, no era un medio de prueba sino en caso de rechazo, más un medio de purgación en el sentido de "manifestación" de la inocencia.

Junto a la "disciplina" de la institución que hemos descrito de modo sumario, de origen predominantemente pontificio, en las fuentes es posible hallar otra, que justifica la confusión entre el juramento germánico y el juramento canónico, del cual he hablado anteriormente. Los concilios francos aplicaban según las propias costumbres locales las reglas sobre la purgación de clérigos, y desde el siglo IX, con el nacimiento del Imperio Carolingio, los cánones germánicos fueron adquiriendo visibilidad e influencia por fuera de los confines territoriales propios. Ambientes eclesiásticos francos se activaron por ejemplo con falsificaciones veraces y propias, o reclamando con analogías más o menos convincentes antiguos cánones africanos, para dar legitimidad al uso de los *compurgatores* en los juramentos: con éxito, en el largo plazo, visto que el derecho canónico clásico conocerá los *compurgatores* como elemento esencial del juramento de purgación.[20]

La aplicación de esas costumbres comportaba un énfasis de la función probatoria del juramento, que era ordinariamente adoptado por los libres (a condición de que no estuviesen manchados por hurto, perjurio o adulterio), como alternativa a la ordalía, y jugaba como privilegio para los eclesiásticos, en el caso en que hubiesen negado la acusación movilizada en su contra.

Veremos más en detalle en qué medida la aplicación de la institución según estas costumbres la volvía, en todo o en parte, distinta de cómo la he descrito hasta este punto, y en qué medida una tradición muy articulada de los textos ha influido en los desarrollos sucesivos que transmitiría la tradición de los cánones germánicos, sobre todo por medio de la colección de Burcardo de Worms,[21] a la *Concordia discordantium canonum*, haciendo de éstos, y no sólo de las normas de tradición pontificia, la base de referencia para el trabajo de la ciencia jurídica posterior.

En el alto medioevo, el juramento de purgación convivió estrechamente con procedimientos de tipo acusatorio, y no sólo en el derecho canónico; la estructura era la que en mayor medida se adaptaba también a todos aquellos procedimientos que estuvieran basados en una visión "privatista" de la justicia.

En el momento de la introducción del modelo inquisitorio, sin embargo, la función del juramento de purgación en el proceso canónico no se redujo, ni se vio limitada al procedimiento acusatorio. Todo lo contrario.

En los últimos decenios se buscó profundizar acerca del rol del IV Concilio Lateranense de 1215 en las reformas producidas en el derecho procesal de la Iglesia, al cual estaba destinado, pero también en las consecuencias "secundarias" producidas en los derechos laicos. Ha sido puesto en evidencia[22] cómo algunos de los efectos más relevantes producidos en este campo fueron atribuibles a la combinación de tres cánones de este concilio que, como se ha observado, se limitó sustancialmente a aprobar un texto propuesto por la Curia romana. Los tres cánones eran: el c. 38, *Quoniam contra falsam*, que imponía la redacción de un proceso verbal para cada juicio eclesiástico, con la previsión de penas para el juez que no hubiese obtemperado (en beneficio de un control mayor del procedimiento por parte de las cortes locales); el c. 18, *Sententiam sanguinis,* que en sustancia prohibía a los eclesiásticos tomar parte en los ritos ordálicos con la bendición de los instrumentos por utilizar y, finalmente, el c. *Qualiter et quando* –que retomaba una decretal de Inocencio III de 1206–, en el cual se fijaban en tres los procedimientos eclesiásticos, diferenciados sobre la base del acto de introducción de la instancia: *accusatio, inquisitio, denunciatio*.[23]

En torno al c. *Sententiam sanguinis* se abrió una importante discusión acerca del rol jugado por la disposición conciliar en la disminución del uso procesal de las ordalías, centrándose el debate en si se trataba del reconocimiento de una norma que respondía en origen a una modificación social, o si por el contrario la norma lateranense había dado impulso a la exclusión de los ritos ordálicos.[24] Es un problema que reenvía al tema del juramento de purgación, que desde hacía tiempo se consideraba como la única alternativa posible a las *purgaciones vulgares* que el derecho canónico ya prohibía. Las prohibía, naturalmente, en el ámbito de la propia jurisdicción eclesiástica.

Quisiera detenerme sin embargo en otro debate interesante surgido en torno a la actividad normativa de Inocencio III, el de la introducción del procedimiento *per inquisitionem*, que comportaba en primer lugar la posibilidad para el juez de proceder *ex officio*, sin una acusación formal, cuando la *mala fama* en torno a un crimen, actuando casi en el lugar del acusador, lo hubiere justificado. Inocencio definió en efecto tres modos de proceder contra un prelado: *per accusationem*, precedida por *inscriptio*; *per denuntiationem*, precedida por *caritativa monitio*, y *per inquisitionem*, precedida por *clamosa insinuatio.* Al delinear los caracteres requeridos por la *fama* para que "quasi deferente", ésta fuese válida *ad inquisitionem,* Inocencio señaló que no debía provenir de los envidiosos y maledicentes, sino de *providi* y *honesti*, y no *semel sed saepe*, que eran los caracteres requeridos a la fama por los decretistas para que ésta fuese válida *ad purgationem.* En un artículo publicado en 1988 en la *Kanonistische Abteilung* de la *Zeitschrift der Savigny-Stiftung*, Winfried Trusen[25] ha puesto lúcidamente en evidencia cómo justamente, del procedimiento previsto por la purgación canónica nació la posibilidad de proceder *ex officio* en el proceso inquisitorio.

Comparto la reflexión de Trusen en todo punto, excepto en uno particular: el que se refiere al hábito –que sin embargo precede el artículo de Trusen y que ahora prevalece en la literatura– de considerar la purgación canónica, y la indagación acerca de sus presupuestos, como un procedimiento de carácter disciplinar que habría flanqueado aquellos procedimientos judiciarios indicados por Inocencio III. Estos procedimientos han sido bautizados "Purgationsverfahren" y luego "Infamationsverfahren", para indicar un paralelo con los otros procedimentos, *accusatio* e *inquisitio,* también ellos denominados sobre la base del acto introductivo, y retrotraídos esta vez a la época carolingia.[26]

Obviamente, nada prohíbe hablar de la purgación en términos de procedimientos como serie de actos interconectados entre ellos y culminantes en un resultado; me parece menos apropiado definirlo como otro tipo de proceso, o como procedimiento disciplinar, que habría flanqueado los procesos acusatorio e inquisitorio. Al menos por dos motivos. El primero es que podría ser riesgoso hablar de un procedimiento disciplinar para épocas en las cuales, asentada una competencia exclusiva del juez eclesiástico sobre los eclesiásticos, resulta dificultoso distinguir qué sería judicial, administrativo, disciplinar, y aun quizá qué sería civil o penal, si no por el objeto, es decir, según se tratase de crímenes, de irregularidades o de tutela de derechos. En el caso de la purgación canónica, las fuentes altomedievales comúnmente indican su uso en el presupuesto de acusaciones criminales: no obstante, incluso una indicación así de clara podría inducir a una cierta perplejidad, teniendo en cuenta la propia indefinición de la noción de *crimen* en el alto medioevo. Lo ha aclarado Stephan Kuttner subrayando, entre otras cosas, que en la obra de Graciano se pueden encontrar cinco definiciones distintas, no todas ellas acogidas por la decretística posterior.[27] El segundo motivo –y el principal– es que las fuentes normativas no hacen referencia a un procedimiento independiente para la remoción de la infamia.

La idea de un procedimiento autónomo, respecto a la instauración de un proceso acusatorio, nace con la decretística, parte de la cual asociaba efectivamente la prestación del juramento a la sola existencia de una infamia "calificada", sin necesidad de una *accusatio.* Se trata, sin embargo, de un debate canonístico casi al reparo de la reforma de Inocencio III, y que constituye, como veremos, el antecedente. No es el testimonio de la existencia de un procedimiento extraordinario *per infamationem*, de época carolingia. Dado que el juramento ha estado siempre ligado al resultado de remover la infamia, lo ha sido en el contexto de un *ordo* procesal que era el vigente, o bien un *ordo* en principio acusatorio, luego también inquisitorio, y como consecuencia de la aplicación del principio por el cual "accusatore non probante reus absolvitur". *Accusatore non probante*, o *accusatore deficiente* –como afirman las fuentes canónicas– el imputado, antes que ser simplemente el destinatario de una sentencia de absolución, que de por sí evidentemente no tenía la fuerza de cancelar el *rumor* surgido en torno al clérigo, era convocado a dar solemnidad y a confirmar la propia inocencia con un gesto que pusiese en juego su propia alma. No estoy dispuesta a decir que esta función, ciertamente de control social, sería extraprocesal, en la perspectiva de un proceso experimentado en conjunto como una *satisfactio* o una *purgatio*. Daré por esto un paso atrás, tomando como ejemplo la historia de un texto del siglo IX que en dos versiones diferentes fue recogido en el *Decretum* de Graciano, y que la *Compilatio I* y luego el *Liber Extra* han conocido también. Se trata del c. 8 del concilio de Mainz de 852,[28] un concilio desarrollado en el reino de Luis el Germánico y bajo el episcopado de Rabano Mauro.

En su versión original, o al menos según la edición crítica de Wilfried Hartmann para las MGH, el canon decía que si un presbítero, con su comportamiento, hubiese ofrecido ejemplos malvados y dado motivos de sospechas, dando lugar al nacimiento de una fama maligna en el pueblo, sería posible proceder al respecto de dos maneras:

1) Si faltaran los acusadores:
   - sería amonestado por el obispo, primero solo, luego delante de dos o tres testigos. Si no se corrigiera, el obispo debería reprenderlo públicamente delante de todos los demás sacerdotes;
   - si hubiera perseverado, debería ser suspendido del oficio hasta la *digna satisfactio* (entendiéndose como una penitencia apropiada) para impedir que el pueblo de los fieles debiera soportar el escándalo. Son las formas de la *denunciato evangelica* sugerida por el famoso párrafo del Evangelio de Mateo (*Mt.* 18, 15-7).
2) Si en cambio hubiera *accusatores legitimi*, susceptibles de probar sus crímenes con índices manifiestos, y todavía el sacerdote hubiese negado la propia culpabilidad, entonces habría debido purgarse con otros seis sacerdotes, o tres si hubiese sido un diácono.

   Así como estaba, el canon no se colocaba en línea directa con la tradición canónica que antes he señalado como "pontificia", que excluía el juramento de inocencia en presencia de pruebas a cargo del *reus*. Solicitar la purgación al acusado que hubiese negado la propia culpabilidad respondía en cambio a un *usus ecclesiae gallicana*, como se lee en otra parte.[29]

Debido a este motivo, presumiblemente, el texto sufrió modificaciones, y circuló en versiones diversas. Algunas añadían referencias al juramento de purgación de León III, otras –por ejemplo– eliminaban la presencia de *coniu-*

ratores.[30] Pero las versiones más importantes eran dos: una circulaba como c. 4 de un concilio agatense (por lo tanto de un concilio galo), la otra como c. 10 de un sínodo ilerdense (por lo tanto, español). Las falsas *inscriptiones* recordaban los nombres de lugares en los cuales se desarrollaron concilios famosos especialmente en el siglo VI, dando a los textos un *plus* de autoridad, y probablemente hayan sido obra de Burcardo de Worms, en cuya colección ambas versiones fueron reportadas.

En Burcardo el canon es, en la versión agatense,[31] igual al original, salvo por una particularidad no marginal. El canon maguntino preveía la hipótesis de que hubiera acusadores legítimos dispuestos a probar el crimen: "si autem accusatores legitimi fuerint [...] et ipse negaverit"; en Burcardo (II, 181) en cambio se lee: "si autem accusatores legitimi NON fuerint". El texto modificado de este modo terminaba por alinearse con la tradición canónica, y no significaba que no haya sido presentada la acusación (en tanto que ésta era la hipótesis precedente provista por el canon, para el caso que no requería purgación) sino que la acusación había sido avanzada de modo regular por sujetos que, sin embargo, no eran considerados idóneos según las normas canónicas (no podían ser admitidos a la acusación excomulgados, infames, siervos, los que no estaban admitidos por las leyes civiles, los que se encontraban en relación de enemistad con el acusado, etc.). Una estimación de no-idoneidad de los acusadores no impedía naturalmente que el proceso cobrara existencia, pero impedía no obstante el proseguimiento de la actividad procesal, que no podía concluirse con una sentencia favorable al actor. En lugar de la que hoy llamamos una pronunciación "de mero rito" acerca de la improcedencia de la causa, intervenía un juramento de purgación. Todo esto plenamente en el contexto de un proceso acusatorio.

Como c. 10 del concilio de Lérida presentaba un texto más sintético, relativo sólo a la primera parte del canon. En la síntesis se había sacado la referencia a los acusadores; por eso parecía que probar la acusación era competencia del juez. Pero sobre todo, en la versión original el canon decía que, en ausencia de acusadores, si después de las amonestaciones del obispo el sacerdote no se hubiese corregido, debería ser suspendido "usque ad dignam satisfactionem", por lo menos hasta que hubiese expiado una penitencia apropiada. En ese contexto, *satisfactio* no podía significar otra cosa (sobre este punto hay acuerdo en la literatura).[32] En la nueva versión ilerdense, en cambio, se encontraba un añadido, que explicaba que por *digna satisfactio* se debía entender el juramento con *compurgatores*.[33]

Básicamente, en el canon ilerdense la primera hipótesis, la de la ausencia de acusadores y de *fraterna correctio* (según las formas de la *denunciatio evangelica*) estaba disimulada en la segunda, por la cual un clérigo infamado debía ser sospechoso o purgarse, sin ninguna referencia ni a la *denunciatio evangelica* ni a un *ordo accusatorio*.

Ambos capítulos se hallaban, en forma más sintética respecto a la colección de Burcardo, también en la *Concordia discordantium canonum* (C.2 q.5 c.12 e 13)[34] –sea en la versión "vulgata", sea en las redacciones precedentes, sin variaciones textuales significativas.

En los capítulos de Graciano asomaba muy claramente un rito acusatorio detrás de las solicitudes de juramento a los acusados; la letra de los textos, sin embargo, se prestaba a equívocos: ya sea como resultado de una tradición las más de las veces corrupta (en el modo que hemos visto), ya sea porque la mezcla de *excerpta* de proveniencia diversa –pontificia o de concilios germánicos– daba paso a interpretaciones difíciles.

Lo que resultaba evidente era que la condición necesaria, es más, la razón misma de la prestación del juramento, fuese una *infamia* difusa, que los primerísimos decretistas (Paucapalea y Rolando) definieron como *popularis*[35] o *communis*.[36]

Ahora bien, la *quaestio* puesta en el *Decretum* era si, *deficiente accusatore*, el acusado podía ser obligado a purgarse. Graciano sugería, básicamente, que un sacerdote no podía ser constreñido a jurar para probar judicialmente la inocencia propia, desde el momento que la absolución seguía técnicamente a la caída de la acusación en la *probatio*; pero que por el contrario podía ser obligado a ello para liberarse de la sospecha que pesaba sobre él, la de la infamia, siendo por otra parte un caso para el cual la Iglesia había siempre previsto la licitud del juramento.

Esta lógica desligaba, por primera vez, el juramento de la *accusatio*: dado que si el presupuesto de su prestación era solamente la infamia y no la acusación, entonces se podría fácilmente concluir, como una parte de la doctrina efectivamente hizo, que la sola infamia –sin la acusación formal– podía justificar el juramento.

No es sin embargo algo que las fuentes normativas dijeran claramente, es el resultado de una interpretación de la doctrina. Y es tan claro que no existía una "Infamationsverfahren" paralelo a una "Akkusationsverfahren" que esta interpretación no se presentaba de hecho como consensual. Gran parte de los decretistas inicialmente (esto es, antes de la introducción del proceso inquisitorio por parte de Inocencio III) no podían dejar de preguntarse si resultaba posible proceder a una purgación en ausencia de una acusación formal. Y las respuestas eran diversas.

El primer motivo de duda para los canonistas estaba representado por la expresión "deficiente accusatore": una expresión que, como ya he dicho, se encuentra en el *Decretum* y pretendía ser más o menos equivalente a "actore non probante", como presupuesto de la purgación.

Deficiente accusatore, sin embargo, puede querer decir cosas distintas:

1) que el acusador no está, por lo tanto no hay *accusatio*;
2) que el acusador está pero no es juzgado "legítimo" según las normas canónicas, y entonces la acusación será improcedente, o bien,

3) que se ha presentado una acusación, no obstante, sin que el que tuviera la carga de la prueba hubiese alcanzado a demostrar la culpabilidad del acusado.

El primero en referirse a una fama calificada como presupuesto único de la purgación, aunque sin acusación, fue Rufino, quien vio en el origen de la *mala fama* el criterio para discriminar entre infamia válida o no válida *ad purgationem*. Sin *mala fama* originada por una *verisimilis presumptio* no podría exigirse la purgación, y había que remitirse entonces a otra *quaestio*, C.6 q.5, según la cual *faltando* el *acusador*, el acusado no habría debido probar nada (*non sit cogendus ad probationem*).[37]

La posición de Rufino es probablemente la que ha justificado más que ninguna otra los futuros desarrollos: una posición casi súbitamente mayoritaria. Pero por cierto no unánime. El autor de la ya citada *Summa Coloniensis* se lamentaba de que acerca de la cuestión de la purgación de un clérigo 1) acusado e infamado, o 2) infamado sin acusación, o 3) acusado sin infamia, las normas canónicas dieran indicaciones tan diversas que las pocas certezas que deberían existir eran motivo de duda para los *doctores*.[38]

No me parece que pueda individualizarse una diferencia neta de posiciones entre las escuelas, aun si quizás los canonistas más propensos a dar valor a la sola *infamia* son los de la escuela francesa. Los boloñeses tienden un poco más a encuadrar la purgación en un ámbito acusatorio, incluso si ésta permanece como una posición minoritaria aún entre ellos.

De esto ante todo da testimonio Esteban de Tournai, en su *Summa* (1165-1166), considerando que, según algunos, en ausencia de acusador no existiría siquiera la obligación de purgarse. Incluso al dar cuenta de esto como opiniones de otros, el mismo Esteban no parecía un gran sostenedor de la idea de que la purgación dependiese de la sola infamia, y que estuviese desligada completamente de la acusación. Y lanzó una propuesta bastante desafortunada, que tendrá resonancia pero será poco compartida por los decretistas.[39] La idea era que en caso de sola infamia, sin acusación, el reo debía purgarse solo; en cambio, si era acusado e infamado, debía purgarse según la regla con 6, con 3, o con cuántos *compurgadores* hubiera decidido el juez.[40]

Pocos años después de Esteban y en ambiente anglo-normando, Sicardo de Cremona en su *Summa* (1179-1181)[41] admitía que, sobre la base de algunos capítulos del *Decretum,* no sería posible convocar una purgación si no estaba precedida por una acusación regular. Añadía, sin embargo, que para que esto fuese verdaderamente *rationabiliter*, la Iglesia debía defender sólo aquellas situaciones que encontrara irreprensibles, y por lo tanto solicitaba la purgación de quien estuviera infamado, incluso sin acusación. Para sostener esta tesis, Sicardo alegaba dos pasajes del Digesto en los cuales alguien había sido condenado o alejado del ejercicio de una tutela *sine accusatore* (D. 26.10.3.4, D. 48.5.2.6).[42]

Volvamos a Bolonia. El aparato *Ordinaturus magister,* que durante un cierto tiempo, antes que aquel del Teutónico, era prácticamente el aparato ordinario al *Decretum* (y que reunía el pensamiento de diversos maestros representando un poco el producto de la escuela boloñesa), ya en su primera redacción glosaba el texto de Mainz, del cual nos hemos ocupado, especificando la palabra *infamatus*: "instituta accusatione per aliquem".[43] Estamos en los años ochenta del 1100: la primera redacción del aparato es del comienzo del decenio; la segunda, del final.[44]

Y aún más: Ricardo Ánglico (y aquí estamos en la escuela normanda), en los años noventa del siglo, al comentar las normas de la *Compilatio prima*,[45] dirá que a nadie se le puede exigir una purgación "nisi primo fuerit accusatus", y alegará –nuevamente– las dos versiones del canon de Mainz del que hemos hablado.[46] Quizá justamente refiriéndose a Ricardo, Alano Ánglico, poco después de 1207, testimoniará –en el mismo lugar de la *Compilatio prima*– que *quidam* todavía piensan falsamente que la *acusación* debía preceder siempre a la purgación.[47]

Existía por lo tanto una parte de la doctrina que no concebía la posibilidad de una purgación canónica por fuera del modelo acusatorio, y continuaba viéndola como consecuencia procesal del hecho de que el acusador no hubiese ofrecido la prueba de la culpabilidad, en presencia de una difusa *infamia facti.* Y dejaba rastro de un debate que no se explicaría si en verdad hubiese ya existido un "Infamationsverfahren".

Había también otra parte de la doctrina, mayoritaria, sobre posiciones opuestas: de los juristas, que sostenían que sobre la base de la sola *infamia* un juez podía solicitar al clérigo infamado un juramento de purgación. Esta parte de la doctrina anticipó netamente los temas del proceso inquisitorio.

Nos interesan, también en este caso, las obras que precedieron a las célebres decretales de Inocencio III que introdujeron el rito inquisitorio, la *Licet Heli* de 1199 y la *Qualiter et quando* de 1206, luego recibida y publicada por el IV Concilio de Letrán. Sobre todo, ¿cuál *infamia* legitimaba al juez para pedir la purgación, en ausencia de una acusación?

Rufino, como habíamos dicho, veía en el origen de la *mala fama* el criterio que permitía discriminar entre infamia válida y no válida *ad purgationem*: no era válida la que provenía de las invenciones de los enemigos ("ex inimicorum confictione"), ni –añadiría luego Giovanni di Faenza–[48] la de aquellos que difaman por hábito de la maledicencia. Resultaba válida aquella originada en una *certa praesumptio* o, en sentido absolutamente sinonímico, con una expresión tomada de Burcardo de Worms, de una *verisimilis suspicio.* Para Esteban de Tournai debía incluso nacer "non [...] ab uno [...], sed a pluribus",[49] y debía tener como base muchos indicios: se daba así lugar a la idea que debía ser verificada (tratándose naturalmente de una *infamia facti*).

Con Sicardo de Cremona el problema comenzó lentamente a desplazarse de la cuestión del origen a la de su difusión: la infamia válida *ad purgationem* podía ser incluso de origen incierto, pero debía abonar la sospecha entre los *boni*[50] (un adjetivo que supone en general una calificación social, antes que moral).[51]

En esta línea, Huguccio dirá que aunque nacida de una presunción verosímil, si se difunde entre los viles, "maledici" y enemigos, la *mala fama* no conduce a la purgación, como en cambio ocurre si se afirma "apud graves et maiores de populo", pero sobre todo si llega al juez natural de aquel sacerdote.[52]

Con la *Summa* de Huguccio estamos próximos a los años del pontificado de Inocencio III.[53] Pues bien, incluso en la *Qualiter et quando* se dirá que la fama que lleva a la *inquisitio* no es la que proviene de los "malevoli y maledici", sino la que llega "ad aures superioris" (esto es, las del juez), de "providi y honesti", también éste un adjetivo que indica una relevancia social. Un primer indicio de que Inocencio había tenido en cuenta las sugerencias de la doctrina.

Pero vayamos adelante: la *diffamatio* se debe manifestar no "semel tantum sed sepe". Naturalmente que la *mala fama* se manifiesta dependiendo también del número de personas entre las cuales se difunde y que dan noticia de ella. Bastaría reenviar a aquello que decía Esteban de Tournai, "non [...] ab uno [...], sed a pluribus".

En realidad, sin embargo, también esta expresión utilizada en la decretal lleva las cicatrices de un debate sobre el número de *providi* y *honesti* que se volvían necesarios: porque un importante capítulo del *Decretum,* el c. *Omnibus vobis* (C.2 q.5 c.19), decía que se debería purgar al sacerdote que, fallida la acusación en su contra, resultara *suspiciosus* a su obispo o a sus *confratres* o a los *boni et iusti homines de suo populo vel de sua plebe.*[54]

Los problemas eran dos: el primero, considerado totalmente secundario, era cuántos debían ser. Baziano, por ejemplo, en los años ochenta del siglo XII, sugirió que se requerían diez personas, aunque admitía también dos (con tal que se respetara el plural).[55] Para Huguccio, "unus bonus de plebe" podía bastar.[56]

El segundo problema resultaba en cambio más complejo, y nos avecinamos al tema de la *Qualiter et quando*: el c. *Omnibus vobis* decía, como hemos visto, que se debía purgar el sacerdote que su obispo *o* (*aut*) sus *confratres* o los *boni et iusti homines de suo populo* considerasen sospechoso. Ese *aut* hacía pensar que bastaba con ser sospechoso para el solo obispo o para los otros. Y de hecho, algunos desarrollaron argumentos para afirmar que el obispo, *ex officio*, podía obligar al juramento a cualquiera por el hecho de que le resultase personalmente sospechoso. Pero la tesis, desde un principio, no convence demasiado: según Sicardo, Huguccio y el aparato *Ordinaturus magister*, sería mejor leer *et* en el lugar de *aut*, una partícula conjuntiva en vez de una disyuntiva, con el fin de indicar que el infamado debería ser sospechoso para el pueblo y para el obispo. También Alano Ánglico manifestó perplejidad acerca de esta hipótesis.

No obstante, al comentar el capítulo de Mainz del cual hemos hablado tanto, ya en la primera redacción del aparato *Ius naturale*, que ha sido datado para 1192, Alano afirmaba sorprendentemente que el obispo *ex officio suo sine accusatione potest de crimine cognoscere*.[57] Un concepto que será expresado también en la glosa ordinaria:[58] en un período en el cual–ya introducido el proceso inquisitorio por Inocencio III– no suscitará ninguna impresión. Pero en 1192[59] –si la datación de la obra es correcta– era papa desde poco tiempo atrás Celestino III, y de *Inquisitio* todavía no se hablaba.

Hay más. La *Summa Tractatus magister* es una obra de escuela francesa, conservada por un solo manuscrito de la Biblioteca Nacional de París,[60] que Kuttner ha datado para 1181-1185.[61] Al comentar el pasaje del cual hablábamos arriba, el autor –a diferencia de aquellos que preferían leer *et pro aut*– manifestaba la idea de que, bastando su sospecha, el obispo mismo podía ser simultáneamente acusador y juez. Contra tal tesis, algunos sostuvieron que esto podía ocurrir cuando el juez actuaba *ad correptionem*, no cuando actuaba *ad depositionem. Ad depositionem*, o *ad degradationem*, se actuaba en el proceso acusatorio. Inclusive otros, decía siempre el autor del *Tactaturus magister*, "dicunt infamiam obtinere vicem accusatoris".[62]

Volvamos al texto del c. *Qualiter et quando.* Las tres posiciones doctrinarias resumidas por el anónimo canonista están todas representadas: 1) la *canonica districtio* golpeará a los delincuentes "non tamquam sit actor et iudex", sino 2) "quasi deferente fama vel denunciante clamore", el obispo exigirá el deber de su oficio. Se recuerda además que 3) se trata de un caso diferente de la *accusatio criminalis*, que conlleva la degradación.

Para concluir, quisiera volver brevemente a lo que he afirmado al inicio del texto, esto es, que el juramento de purgación es una institución que parece siempre igual a sí misma, pero que jamás lo es. Responde plenamente a la definición dada por Paolo Prodi del juramento como "istituto giuridico dinamico".[63] Junto a las líneas que he buscado individualizar, emergen de las fuentes canónicas pregracianas mil juramentos de purgación: el del canon auténtico y el del canon falso, el de función probatoria y el que no la tenía, aquel sobre el hecho y aquel sobre las circunstancias, aquel con *coniuratores* y aquel sin ellos, y así en más. El pasaje de la fase pre a la postgraciana marca el intento, por parte de la doctrina, de formar una disciplina coherente: aclarada ya la ambigua diferencia entre *probatio* y *purgatio,* sin embargo, el de los juristas permanece como un intento complejo, en el cual continúan conviviendo juramentos diversos: uno nacido en el *ordo* acusatorio, el otro provocado por la sola *infamia.* En el debate cobra forma lo que Mario Sbriccoli ha definido como la "funzione espansiva assegnata alla fama, come [...] impulso all'azione repressiva";[64] y en el mismo debate (sobre la purgación) fueron colocados los temas y propuestas, las soluciones que Inocencio III hará propias cuando introduzca el procedimiento *per inquisitionem*, en el interior del cual el juramento de purgación, aparentemente siempre igual a sí mismo pero en realidad en posición siempre distinta, continuará su evolución.

NOTAS

* Traducción de Eleonora Dell'Elicine.

1.G. Fransen, S. Kuttner (ed.), *Summa "Elegantius in iure divino" seu Coloniensis*, 2 vol., Ciudad del Vaticano, Monumenta Iuris Canonici A/2, 1978. Cf., S. Kuttner, *Repertorium der Kanonistik (1140-1234). Prodromus Corporis Glossarum* I (Studi e testi 71), Ciudad del Vaticano, 1937, pág. 170 y sigs.

2. Véase el clásico J. Le Goff, *La naissance du Purgatoire*, París, Gallimard, 1981.

3. C. Di Fonzo, "La leggenda del 'Purgatorio di S. Patrizio'nella tradizione di commento trecentesca", en S. Foà y S. Gentili, *Dante e il locus inferni. Creazione letteraria e tradizione interpretativa, Studi (e testi) italiani* 4, 1999, págs. 53-72 e *id. La leggenda del "Purgatorio di S. Patrizio" fino a Dante e ai suoi commentatori trecenteschi*, "SD" LXV, 2000, págs. 177-201, edición electrónica http://www.danteide.net/claudia_di_fonzo.html: "de quo purgatorio quantum in scriptis reperii ultra ea que dicit auctor breviter subicio purgare et omnem est innocentiam suam ostendere. Et ideo scribitur in iure quod non relacione criminum sed innocencia reus purgatur, ff. *de publicis iudiciis* lex *is qui reus* et *de requi rei* lex ulterius Et ideo preses provincie studere debet suam provinciam purgare malis hominibus ut ff. *de officio praesidis* lex III et lex congrue. Et inde extra de purgatione vulgari per totum et de purgatione canonica per totum et per Hostiensem et Gotofredum in summa ipsorum titullorum".

4. Albericus de Rosate, *Dictionarium iuris tam civilis quam canonici,* Venetiis 1581, ad v. *Purgare.*

5. El así llamado *probatum*, cf. F. Sinatti D'Amico, *Le prove giudiziarie nel diritto longobardo*, Milán, 1968, pág. 28 n. 7.

6. Acerca del problema de la racionalidad / irracionalidad de las pruebas ordálicas, cf. J. Gaudemet, "Les ordalies au Moyen Âge: doctrine, legislation et pratique canoniques", en *La Preuve* (Récueils de la Société Jean Bodin pour l'histoire comparative des institutions, XVI-XVII) II, Bruselas, 1965, pág. 99 y sigs.; R.V. Colman, "Reason and Unreason in Early Medieval Law", en *Journal of Interdisciplinary History* 4.4, 1974, pág. 571 y sigs.; P. Brown, "Society and the Supernatural. A Medieval Change", en *Daedalus* 104, 1975, pág. 133 y sigs.; Ch. M. Radding, "Superstition to science: Nature, Fortune, and the Passing of Medieval Ordeal", en *The American Historical Review* 84.4,1979, pág. 945 y sigs.; R. Van Caenegem, "Reflexions on Rational and Irrational Modes of Proof in Medieval Europe", en *Tijdschrift voor Rechtsgeschiedenis, Revue d'histoire du droit* 58, 1990, pág. 263 y sigs.; D. Werkmüller, "Per pugnam probare. Zum Beweisrecht im fränkischen Prozeß", en S. Buchholz, P. Mikat, D. Werkmüller (comps.), *Überlieferung, Bewahrung und Gestaltung in der rechtsgeschichtlichen Forschung*, Munich, Paderborn, 1993, pág. 379 y sigs.; A. Padoa Schioppa, "Discorso conclusivo", en *La giustizia nell'alto Medioevo (secc. V-VIII)*, 7-13 de abril de 1994, Spoleto, 1995, pág. 1.256 y sigs.; M. Schmoeckel, "Ein sonderbares Wunderwerck Gottes". "Bemerkungen zum langsam Rückgang der Ordale nach 1215", en *Ius Commune* 26, 1999, pág. 153 y sigs.; F. Bougard, "Rationalité et irrationalité des procédures autour de l'an mil: le duel judiciaire en Italie", en *La justice en l'an mil*, Actes du colloque du 12 mai 2000, París, 2003 (Collection *Histoire de la justice*, 15), pág. 93 y sigs.

7. K. Hildebrand, *Die purgatio canonica und vulgaris*, Munich, 1841, pág. 36 y sigs.

8. W. Molitor, *Über kanonisches Gerichtsverfahren gegen Kleriker*, Mainz, 1856, págs. 52 y 60; E. Loening, *Geschichte des deutschen Kirchenrechts*, vol. II, Estrasbur-

go, 1878, pág. 496 y sigs.; C. Groß, *Die Beweistheorie in canonischen Proceß*, II, *Die Beweisverfahren in canonischen Proceß*, Innsbruck, 1880, pág. 68 y sigs. y n. 17; P. Hinschius, *System des katholischen Kirchenrechts*, IV, Berlín, 1888, pág. 772, n. 3 y pág. 840; P. Fournier, *Les officialités au Moyen Age*, París, 1880, pág. 263; G. Salvioli, *Storia della procedura civile e criminale*, Vol. I, Milán, 1925, pág. 353.

9. Cf. principalmente U. Stutz, "Die Beweisrolle im altdeutschen Rechtsgang", ZSS GA 49, 1929, pág. 1 y sigs., R. Loening; *Der Reinigungseid bei Ungerichtsklagen im deutschen Mittelarter*, Heidelberg, 1880, pág. 12; E. Mayer-Homberg, *Beweis und Wahrscheinlichkeit nach älteren deutschen Recht*, Marburgo, 1921.

10. E. Jacobi, "Der Proze? im Decretum Gratiani un bei den ältesten Dekretisten", *ZSS KA* 34, 1913, pág. 310.

11. R. Bartlett, *Trial by Fire and Water. The Medieval Judicial Ordeal*, Oxford, 1986.

12. I. Wood, "Disputes in late fifth-and sixth-century Gaul", en W. Davies y P. Fouracre (eds.), *The Settlement of Disputes in Early Medieval Europe*, Cambridge, 1986, pág. 16 y sigs.; L. Loschiavo, *Figure di testimoni e modelli processuali tra antichità e primo Medioevo,* Milán, 2004, pág. 91 y sigs.

13. Han sido detectados ejemplos en Grecia, Egipto, Siria, en la tradición hebraica: véase D. Simon, *Untersuchungen zum Justinianischen Zivilprozeß*, Munich, 1969, pág. 322; K. Latte, *Heiliges Recht. Untersuchungen zur Geschichte der sakralen Rechtsreformen in Griechenland*, Tubinga, 1920, reimpreso en Aalen, 1964, pág. 17 y sigs. y 30 y sigs.; A. Steinwenter, "Der antike kirchliche Rechtsgang und seine Quellen", *ZSS KA* 23 (1934), pág. 58 y sigs.; *Id.*, "Der Einfluss des römischen Rechtes auf den antiken kanonischen Prozess", en *Atti del congresso internazionale di diritto romano* (Bolonia y Roma 17-27 de abril de 1933), Bolonia, 1934, vol. I, pág. 210; E. Seidl, *Der Eid in ptolemäischen Recht*, Munich, 1929, págs. 64, 98 e Id. *Der Eid in römischen-ägyptischen Provinzialrecht*, Munich, 1935, vol. II, pág. 94; B. Guindon, *Le serment. Son histoire, son caractère sacré*, Ottawa, 1957, pág. 23 y sigs.; P. De Benedetti, "Il giuramento nella Bibbia", en N. Pirillo (comp.), *Il vincolo del giuramento e il tribunale della coscienza*, Bolonia, 1993, pág. 31 y sigs.

14. M. Lupoi, *Alle radici del mondo giuridico europeo. Saggio storico-comparativo*, Roma, 1994, pág. 437 y sigs.

15. B. Biondi, *Il giuramento decisorio nel processo civile romano,* Palermo, 1913 (reimpreso en Roma, 1970), pág. 88; A. Calore, "'*Iuro per Deum omnipotentem...*': il giuramento dei funzionari imperiali all'epoca di Giustiniano", en A. Calore (comp.), *Seminari di storia e diritto*, vol. II, *Studi sul giuramento nel mondo antico*, Milán, 1998, pág. 110 y sigs.

16. Cf. C. 4.1.12pr.: "*cum enim iam increbuit iudices in plenissima definitione sacramentum imponere*" (Justiniano, año 529) y la controvertida interpretación de D. 2.12.3.1 (Gayo), cf. B. Biondi, *Il giuramento decisorio*, *op.cit.*, pág. 90 y sigs.; I. Wood, *Disputes in late fifth- and sixth-century Gaul, op.cit.*, 16 y sigs.; G. Pugliese, "La preuve dans le procès romain de l'époque classique", en *La Preuve* (Récueils de la Société Jean Bodin pour l'histoire comparative des institutions, XVI-XVII), Bruselas, 1964-1965, vol. I, pág. 277 y sigs.

17. *Codex canonum ecclesiasticorum Dioniysii exigui sive Codex canonum vetus ecclesiae romanae*, PL 67; *Decretales pseudo-Isidorianae et Capitula Angilramni*, P. Hinschius (ed.), Leipzig, 1863, reimpreso en Aalen, 1963.

18. F. Migliorino, *Fama e infamia. Problemi della società medievale nel pensiero giuridico nei secoli XII e XIII*, Catania, 1985, pág. 196.

19. Art. 27361 c.c. y 233 c.p.c.

20. Acerca de este aspecto reenvío a lo afirmado en A. Fiori, "Il giuramento di purgazione dei chierici nell'alto Medioevo. La presenza dei 'coniuratores'", en M. Bellomo y O. Condorelli (comps.), *Proceedings of the Eleventh International Congress of Medieval Canon Law* (Catania, 30 de julio-6 de agosto de 2000), Ciudad del Vaticano, 2006.

21. Burcardo de Worms, *Decretorum Libri XX*, G. Fransen y T. Kölzer (eds.), reimpresión de la *editio princeps*, Colonia, 1548, Aalen, 1992.

22. R. M. Fraher, "IV Lateran's Revolution in Criminal Procedure: the Birth of Inquisitio, the End of Ordeals, and Innocent III's Vision of Ecclesiastical Politics", en R. Castillo Lara (comp.), *Studia in honorem eminentissimi cardinalis A.M. Stickler*, Roma, 1992, pág. 108 y sigs.

23. *Constitutiones Concilii quarti Lateranensis una cum Commentariis glossatorum,* A. García y García (ed.), MIC A/2, Ciudad del Vaticano, 1981.

24. Cf. J. W. Baldwin, "The Intellectual Preparation for the Canon of 1215 against Ordeals", *Speculum* 36, 961, pág. 613 y sigs.; P. Hyams, "Trial by Ordeal: The Key to Proof in the Early Common Law", en M. S. Arnold y otros (comp.), *On the Laws and Customs of England. Essays in Honor of Samuel E. Thorne*, Chapel Hill, 1981, pág. 90 y sigs.; R. Bartlett, *Trial by Fire and Water*, *op. cit.*, pág. 127 y sigs.; R. Fraher, "IV Lateran's Revolution in Criminal Procedure", *op. cit.*, pág. 97 y sigs.; W. Trusen, "Das Verbot der Gottesurteile und der Inquisitionsprozeß", en J. Miethke y K. Schreiner (comps.), *Sozialer Wandel im Mittelalter*, Sigmaringen, 1994, pág. 235 y sigs.; M. Schmoeckel, "Ein sonderbares Wunderwerck Gottes", *op. cit.*, pág. 123 y sigs.

25. W. Trusen, "Der Inquisitionsproze?. Seine historischen Grundlagen und frühen Formen", *ZSS KA* 105, 1988, pág. 168 y sigs.

26. La expresión "Purgationsverfahren" fue utilizada por E. Jacobi, "Der Proze? im Decretum Gratiani", *op. cit.*, pág. 320 y sigs.; W. Trusen, en "Der Inquisitionsproze?" (*op. cit.*, pág. 179), ha preferido hablar de "Infamationsverfahren" en relación con los otros procesos, acusatorio e inquisitorio, "*weil die anderen Verfahren nach ihrem Einleitungsmodus bezeichnet werden*"; la misma terminología fue adoptada por L. Kéry, "Inquisitio–denunciatio–exceptio: Möglichkeiten der Verfahrenseinleitung im Dekretalenrecht", *SS KA* 118, 2001, pág. 226 y sigs.

27. S. Kuttner, *Kanonistische Schuldlehre von Gratian bis auf die Dekretalen Gregors IX* (Studi e Testi 64), I Ciudad del Vaticano, 1935, pág. 6 y sigs.

28. W. Hartmann (ed.), *MGH Concilia III Die Konzilien der karolingischen Teilreiche, 843-859*, Hannover, 1984, pág. 245: "Si quis presbiter vite sue neglegens pravis exemplis mala de se suspicari permiserit et populus ab episcopo iuramento seu banno Christianitatis constrictus, infamia eius patefecerit, et certi accusatores criminis eius defuerint, admoneatur primo seorsum ab episcopo, deinde sub duobus vel tribus testibus; si non emendaverit, in conventu presbiterorum episcopus cum publica increpatione admoneat; si vero nec sic se correxerit, ab officio suspendatur usque ad dignam satisfactionem, ne populus fidelium in eo scandalum patiatur. Si autem accusatores legitimi fuerint, qui eius crimina manifestis indiciis probare contenderint, et ipse negaverit, tunc ipse cum sociis suis eiusdem ordinis vi viris, si valet, a crimine semetipsum expurget. Diaconus vero si eodem crimine accusatus fuerit, semetipsum cum tribus examinet".

29. Hugonis *Chronicon* ad a. 1100, G.H. Pertz (ed.), *MGH SS* VIII, Hannover, 1848, pág. 490.

30. Mss. Munich BaySB Clm 5541 fol. 121rv, Munich BaySB Clm 3853 fol. 315R, Vaticano BAV Arch. S. Pietro C 118 fol. 38Va; ms. Napoli XII A 38 fol. 117Vb; el canon se vuelve a proponer también en el c. 4 del concilio de Erfurt de 932, *MGH Concilia VI, Die Konzilien Deutschlands und Reichsitaliens 916-1001*, E.D. Hehl y H. Fuhrmann (eds.), Hannover, 1987, pág. 109.

31. Burcardo de Worms, *Decretum* II.181: De presbytero qui pravis exemplis mala de se suspicari permiserit. Ex concil. Agathen., cap. 4. "Si quis presbyter vitae suae negligens pravis exemplis mala de se suspicari permiserit, et populus, ab episcopo iuramento seu banno Christianitatis constrictus, infamiam eius patefecerit, et certi accusatores criminis eius defuerint, admoneatur primo seorsum ab episcopo, deinde sub duobus vel tribus testibus. Si non [se] emendaverit, in conventu presbyterorum episcopus eum publica increpatione admoneat. Si vero neque sic se correxerit, ab officio suspendatur usque ad dignam satisfactionem, ne populus fidelium in eo scandalum patiatur. Si autem accusatores legitimi non fuerint qui eius crimina manifestis indiciis probare contenderint, et ipse negaverit, tum ipse cum septem sociis suis eiusdem ordinis, si valet, a crimine semetipsum expurget. Diaconus vero, si eodem crimine accusatus fuerit, semetipsum cum tribus excuset".

32. *MGH* Concilia III, 246 n. 55.

33. Burcardo de Worms, *Decretum* II.184: *De presbyteris qui a plebibus infamabuntur, quomodo purgari debeant.* Ex concil. Hilerdensi, cap. 10. "Si quis presbyter a plebe sibi commissa mala opinione infamatus fuerit, et episcopus legitimis testibus approbare non potuerit, suspendatur ab officio presbyter usque ad dignam satisfactionem, ne populus fidelium in eo scandalum patiatur. Digna enim satisfactio est, si eis a quibus reus creditur, post rectam securitatem de imposito crimine, innocens esse manifestatur. Quod ita nobis a maioribus constitutum esse docetur. Sed sive secundum canones, sive ad arbitrium episcopi sibi collegas VII coniungat, et iuret id sacro coram posito Evangelio: quod eum sancta Trinitas et Christus filius Dei, qui illud fecit et docuit quod Evangelium continet, et sancti quatuor Evangelistae qui illud scripserunt sic adiuvent, quod ille praenominatam actionem ita non perpetrarit, sicut ei de illis oblatum est. Et, in hac satisfactione purgatus, secure deinceps suum exerceat ministerium. Quam satisfactionem nonnulli praecedentium patrum sanctum Leonem papam, in basilica sancti Petri apostoli, coram reverendissimo caesare Carolo, ac clero et plebe ita fecisse commemorant: atque ita mox venerandum principem contra eiusdem sancti papae adversarios, dignae ultionis vindictam exercere".

34. C.2 q.5 c12: *De purgatione clericorum, si convinci non potuerunt.* Item ex concilio Agatensi. "Si legitimi accusatores crimina sacerdotis probare non potuerint, et ipse negaverit, cum septem sociis suis eiusdem ordinis, si valet, a crimine semetipsum expurget. Diaconus vero, si eodem crimine accusatus fuerit, cum tribus semetipsum excuset".

C.2 q.5 c.13: *De eodem.* Item ex concilio Ylerdensi. "Presbyter si a plebe sibi commissa mala opinione infamatus fuerit, et episcopus legitimis testibus adprobare non potuerit, suspendatur usque ad dignam satisfactionem, ne populus fidelium in eo scandalum patiatur. Digna vero satisfactio est (sicut a maioribus constitutum esse docetur), quando sive secundum canones, sive ad arbitrium episcopi septem sibi collegas adiungit, et iurat in sacro Evangelio coram posito, quod crimen sibi illatum non perpetravit. Et hac satisfactione purgatus, secure deinceps suum exequatur officium".

35. F. von Schulte (ed.), *Die Summa des Paucapalea*, Giessen, 1890, Aalen, 1965, pág. 60.

36. F. Thaner (ed.), *Die Summa magistri Rolandi*, Innsbruck, 1874, pág. 17.

37. Rufinus von Bologna (magister Rufinus), *Summa Decretorum*, en H. Singer (ed.), Paderborn, 1902, Aalen, 1963, pág. 249. La *Summa* fue fechada por A. Gouron, "Sur les sources civilistes et la datation des Sommes de Rufin et d'Étienne de Tournai", *BMCL* 16, 1986, pág. 55 y sigs. hacia 1164 (ahora también en *Id. Droit et coutume en France aux XIIe et XIIIe siècles*, Aldershot-Brookfield, 1993).

38. *Summa* "Elegantius in iure divino" seu Coloniensis, *op. cit.*, vol. II, pág. 68.

39. Son la excepción la *summa Tractaturus magister* ad C.2 q.5 c.13, ms. París, BN lat. 15994 fol. 36Vb, y las *Distinctiones "si mulier eadem hora" seu Monacenses*, R. Sorice (ed.), MIC Series A: Corpus Glossatorum, Ciudad del Vaticano, 2002, pág. 90.

40. Ad C.2 q.5 c.5, 169s.

41. S. Kuttner, *Repertorium*, *op. cit.*, pág. 150 y sigs.; G. Brocchieri, *Sicardo di Cremona e la sua opera letteraria*, Cremona, 1958, pág. 45, corre la datación posible, a más tardar, a 1183.

42. Ad C.2 q.5, mss. Bamberg SB Can 38 fol.154, München BaySB Clm 11312 fol. 55r.

43. Mss. München BaySB Clm. 10244 fol. 64ra, Erlangen UB 342 fol. 104va.

44. R. Weigand, "Die erste Glossenapparat zum Dekret: 'Ordinaturus magister'", *BMCL* 1, 1971, pág. 39.

45. S. Kuttner, *Repertorium*, *op. cit.*, pág. 323 y sigs.

46. Gl. ad. v. *defitientibus*, Comp. I 1.23.4 y 1.29.7 (y la repetición del mismo canon), ms. Bamberg SB can. 20 fol. 8vb y 52rb.

47. Gl. ad. v. *compellendum*, Comp. I 1.23.4, ms. París, BN lat. 3932 fol. 10rb.

48. Mss. Angers, Bibliothèque Municipale 370 fol. 62ra, Arras, Bibl. Municipale 271 fol. 53ra-b, Reims BM 684 fol. 54vb.

49. *Die Summa*, *op. cit.*, 160.

50. Mss. Bamberg SB Can 38 fol.153, München BaySB Clm 11312 fol. 54v.

51. Véase por ejemplo M. Bourin, "Les 'boni homines' de l'an mil", en *La justice en l'an mil*, *op.cit.*, pág. 53 y sigs.

52. Ms. Vaticano BAV Vat. lat. 2280 fol. 114va.

53. La obra fue compuesta verosímilmente entre 1188 y 1191, cf. F. Gillmann, "Die Abfassungszeit der Dekretsumme Huguccios", *AKKR* 94 (1914) págs. 233-251 = R. Weigand (ed.), *Gesammelte Schriften zur klassischen Kanonistik von Franz Gillmann* (Forschungen zur Kirchenrechtswissenschaft 5) I, Würzburg 1988, n.8 y W. P. Müller, *Huguccio. The Life, Works, and Thought of a Twelfth-Century Jurist* (Studies in Medieval and Early Modern Canon Law, 3), Washington D. C., 1994, pág. 68 y sigs.

54. C.2 q.5 c.19: "[...] Statutum est namque ratione et necessitate atque auctoritate predicta, consultu omnium, ut quotiescunque cuiquam sacerdoti crimen imponitur, si ipse accusator talis fuerit, ut recipi debeat (quia quales ad accusationem sacerdotum admitti debeant in canonibus pleniter expressum est), si autem, ut dictum est, ille accusator qui canonice est recipiendus, eum cum legitimo virorum numero et bonorum testium approbare in conspectu episcoporum poterit, tunc canonice diiudicetur, et si culpabilis inventus fuerit canonice damnetur. Si vero eum supra scripto pretextu approbare ipse accusator minime potuerit, et hoc canonice diiudicetur. Ipse ergo sacerdos si suspiciosus aut incredibilis suo episcopo aut reliquis suis consacerdotibus, sive bonis et

iustis de suo populo vel de sua plebe hominibus fuerit, ne in crimine aut predicta suspicione remaneat cum tribus aut quinque vel septem bonis ac vicinis sacerdotibus, exemplo Leonis pape qui duodecim episcopos in sua purgatione habuit, vel eo amplius si episcopo suo visum fuerit, aut necesse propter tumultum populi perspexerit, et cum aliis bonis et iustis hominibus se sacramento coram populo, super quatuor evangelia dato, purgatum Ecclesie reddat".

55. C.2 q.5 c.19 v. R. Weigand, "Bazianus und B.-Glossen zum Dekret Gratians", en *Mélanges G. Fransen II, Studia Gratiana* XX (1976), pág. 297 y sigs., ahora también en *id.*, *Glossatoren des Dekrets*, *op. cit.*, pág. 468 y sigs.

56. Ms. Vaticano BAV Vat. lat. 2280 fol. 115va.

57. C.2 q.5 c.13 v. *episcopus*, ms. París, BN lat. 3090 fol. 22va.

58. Gl. *suspendatur* ad C.2 q.5 c.13.

59. Sobre la datación de las dos redacciones del aparato *Ius naturale*, cf. A. M. Stickler, "Alanus Anglicus als Verteidiger des monarchischen Papsttums", *Salesianum* 21 (1959), pág. 371 y sigs.

60. Ms. París, BN lat. 15994.

61. S. Kuttner, *Repertorium der Kanonistik* (1140-1234). *Prodromus corporis glossarum*, *I* [Studi e testi 71], Ciudad del Vaticano, 1937, pág. 184 y sigs.

62. C.2 q.5 c.19 ad v. *incredibilis suo episcopo etc.*, fol. 37rb: "per haec videtur quod episcopus possit esse accusator et iudex iiii q. iiii c. i contra quod quidam dicunt locum habere ubi episcopus agit ad correptionem non ad depositionem quia nullo extante accusatore potest eum tunc cogere ad purgationem; alii dicunt infamiam obtinere vicem accusatoris, ut supra e. Presbiter, secus si non est infamatus ut vi q. ii Si tantum et ponuntur disiunctive coniunctiones pro affermationibus, nec loquitur de privata suspitione vel purgatione malorum sed de manifesta et bonorum".

63. P. Prodi, *Il sacramento del potere. Il giuramento politico nella storia costituzionale dell'Occidente*, Bolonia, 1992, pág. 65.

64. M. Sbriccoli, "'Vidi communiter observari'. L'emersione di un ordine penale pubblico nelle città italiane del secolo XII", *Quaderni fiorentini* 27, 1998, pág. 246.

Posesión y proceso en el siglo XII*

EMANUELE CONTE
Università di Roma Tre

> Le possessoire est comme une forêt obscure au travers de laquelle quelques voies se laissent à peine reconnaître, encombrées et presque entièrement couvertes de vieux troncs morts et de pousses nouvelles.
>
> P. VIOLLET,
> *Histoire du droit civil français...*,
> 3ª ed., París, 1905, pág. 632

Puesto que Mario Sbriccoli ha ligado su nombre sobre todo a la historia del proceso penal y a la relación entre derecho penal, procedimiento y poder político, puede parecer curiosa la idea de recordarlo presentando algunas observaciones sobre la posesión, que es un instituto privatístico e incluso una especie de palestra de ejercitación de la dogmática más pura y más lejana de la empiria de lo penal. Sin embargo, tengo la impresión de que los trabajos sobre lo penal de Sbriccoli surgen de una valoración global del fenómeno jurídico en la sociedad de la baja Edad Media, al inscribirse en el cono de luz que él abordó con su primera investigación, publicada cuando tenía apenas veintiocho años, sobre el papel desarrollado por los juristas en la consolidación del poder comunal en Italia.

Con aquel libro, Sbriccoli captaba una insatisfacción causada por el dogmatismo de mucha de la historia del derecho medieval, e invitaba a aprehender las instancias de la política en las doctrinas –no sólo penales– de los juristas medievales. También gracias a aquel libro, y a los estudios que suscitó, aquella que la tradicional historiografía había llamado "redescubrimiento" o "segunda vida" del derecho romano comenzaba a presentarse como un hecho histórico de relevancia autónoma, que había buscado y utilizado la autoridad de Justiniano para dar respuesta jurídica a las exigencias políticas y sociales dc su propio ticmpo.

En sus trabajos sucesivos, Sbriccoli desarrolló esta intuición originaria especialmente en el plano del derecho penal, seguido por muchos; mientras que los aspectos técnicos del proceso civil medieval, también ellos profundamente transformados por la influencia de la nueva cultura jurídica, no han sido igualmente indagados, o al menos no han estado igualmente de moda. Algunas señales importantes, sin embargo, sugieren que en la historia del proceso civil se puede aprehender una evolución que, aunque autónoma en los instrumentos técnicos utilizados, sigue las líneas históricas de aquella que conduce al "penal hegemónico" de Sbriccoli. La función desarrollada por la posesión en el proceso es en este sentido reveladora de la profundidad del cambio de ordenamientos que, en la segunda mitad del siglo XII, condujo a transformar completamente la idea de justicia civil que había caracterizado los siglos del primer Medioevo.

1. No es fácil aproximar el tema del proceso medieval a aquel de la posesión, aunque más no sea por el peso de la tradición historiográfica, que se ejercita sobre la posesión desde hace más de dos siglos, y sobre el proceso desde hace poco menos. El método consolidado de los factores históricos, que reconstruye los institutos jurídicos analizando sus componentes romanos, germánicos y canónicos ha marcado profundamente tanto los estudios sobre la posesión, como aquellos sobre el proceso, dando sin embargo resultados curiosamente divergentes. Por una parte, de hecho, el proceso civil de la baja Edad Media fue presentado como un sistema nuevo, nacido del afortunado encuentro entre los acostumbrados tres componentes romano, germánico y canónico, tanto es así que el más grande procesalista italiano del siglo XX, Giuseppe Chiovenda, podía recapitular las interminables polémicas de los juristas alemanes observando que "nuestro código de procedimiento civil es el producto de una larga historia, que en grandísima medida se resume en aquella de las relaciones entre el romanismo y el germanismo en el campo del proceso civil".[1]

Pero si en el proceso civil se reconoce la fusión de los diversos sistemas, y la consecuente función creadora de la doctrina y de la práctica medieval, la historia de la posesión fue en cambio descripta como un choque insanable entre concepciones diversas, e incluso algunas incongruencias sistemáticas de los derechos privados hoy vigentes fueron explicadas a partir del entrelazado de concepciones irremediablemente conflictivas, constreñidas a convivir en la historia.[2] De esta manera, es precisamente en torno de la noción de posesión que nació en Alemania la escuela histórica y su articulación en romanistas y germanistas: en primer lugar, en torno del afortunadísimo ensayo de Savigny de 1803,[3] y 25 años más tarde en torno del estudio de Wilhelm Albrecht[4] que a la posesión romana de Savigny oponía su contraaltar germánico, la *Gewere* que, con sus contrafiguras francesas e inglesas, las *saisines*, y la *vestitura* italiana estaba destinada a constituir el corazón del así denominado derecho germánico. Desde entonces, y por todo el siglo XIX, la confrontación entre la *possessio* y la *Gewere* fue puesta en el centro de discusiones profundas en torno de las relaciones entre las familias de derechos que la historiografía romántica veía confrontarse ásperamente por el predominio sobre la sociedad medieval.[5]

Sobre la posesión, que era el terreno originario de la confrontación, no se llegó nunca a conferir al derecho medieval una autonomía análoga a aquella que había sido delineada para el proceso: la posesión continuaba siendo descripta como romana o germánica, y en cada fuente se buscaban las manifestaciones de esta o de aquella idea, como si en este campo la teoría de los factores históricos –entonces asaz seguida por una historiografía jurídica que atendía al evolucionismo científico– no pudiese producir criaturas nuevas (productos de los factores), sino sólo monstruos, en los cuales se mezclaban elementos incompatibles entre sí.[6]

Incluso cuando hablar de un derecho germánico ha quedado fuera de moda para los historiadores del derecho no alemanes, la idea de la oposición de modelos no ha sido del todo superada. Para reemplazar "el elemento germánico" intervinieron los reclamos a una "mentalidad posesoria" que habría caracterizado el mundo de la alta Edad Media. Recelosa de las abstracciones romanísticas que distinguían un hecho tutelado del ordenamiento de un derecho profundamente radicado en el sujeto, esta mentalidad medieval habría privilegiado la factualidad sobre la definición soberana de los derechos subjetivos; y una vez rota la armonía entre el sentido común y las normas que se limitaban a reconocer aquello que la sociedad había creado, esta mentalidad estaba destinada a confrontarse vivamente con el naciente Estado moderno, que presionaba por hegemonizar el derecho privado y hacer de él, por cuanto atañe a su fuente de producción, un derecho público dirigido a los privados.[7]

Pero estas reconstrucciones, aun confeccionadas con términos cautivantes y modernos, no hacen sino reproponer las líneas de la reconstrucción decimonónica que, más allá de todo, aplica artificialmente al Medioevo la distinción moderna entre derecho sustancial y derecho procesal. La predilección –típica del siglo XIX– por la construcción como sistema de los ordenamientos jurídicos inducía de hecho a concebir también el derecho medieval (que se usaba calificar de "germánico") como un sistema de "droit de fond" a la espera de ser aplicado en el momento procesal pero perfectamente formado ya en abstracto, al interior de una "mentalidad" que "percibe" los derechos incluso cuando éstos, no siendo contrariados, no tienen necesidad alguna de ser definidos analíticamente.

2. Ahora bien, precisamente en torno del problema clásico de la posesión puede ser útil poner a prueba un punto de observación distinto, que se libere sobre todo de la pregunta que ha ocupado a legiones de pandectistas a partir de Savigny, a saber, "¿cuál es la naturaleza jurídica de la posesión?",[8] para pre-

guntarse en cambio "¿en cuáles situaciones históricas se recurre a la noción de posesión? ¿Cuándo y por qué motivos se distingue la posesión de la propiedad? ¿Qué instrumentos legislativos y culturales hacen posible este desarrollo?".

En este sentido, el examen de algunos documentos procesales del siglo XII –incluso si todos son ya conocidos por la historiografía– puede proveer indicaciones interesantes para captar las dinámicas de cambio impuestas por la historia más que la mentalidad "subterránea" de una sociedad.

Esta transformación, que es de cultura jurídica y de práctica contractual y judicial, puede captarse, como es ahora muy sabido, entre la segunda mitad del siglo XI y el inicio del XII, cuando al nacimiento de una doctrina del derecho le corresponde una renovación consistente de la documentación privada y procesal. Puede subrayarse que en estos documentos que atestan las primeras apariciones de una cultura jurídica nueva, y junto a nuevas preocupaciones de procedimiento, aparece casi siempre la referencia a la posesión, sobre la cual en algunas ocasiones el redactor del documento se demora en observaciones teóricas dirigidas a precisar el contenido jurídico de aquella expresión y sus efectos sobre el proceso que se documenta. En los testimonios más precoces del recurso a la cultura jurídica en la práctica procesal, quien invoca la posesión, para atribuírsela o bien negársela al adversario, siente a menudo la necesidad de ilustrar el sentido jurídico del término que usa, como si éste no estuviese bien claro para su interlocutor.

Esta preocupación de clarificación puede sorprender, porque la referencia a la posesión nunca faltó en la documentación medieval. El término *possessio* (*possessiones*), de hecho, se encuentra repetido un número extraordinariamente alto de veces en la documentación privada y en las noticias de juicios públicos, ya que con él se calificaban los bienes detentados a cualquier título. Actos de transferencia de bienes *inter vivos* o *mortis causa* califican el objeto de la disposición como *possessiones*, y así también las numerosísimas confirmaciones de bienes producidas por la cancillería pontificia y por aquella imperial reaseguran a los entes eclesiásticos sobre las propias *possessiones*, detentadas a cualquier título.

Sobre este uso extendido de la palabra debe haber influido la terminología del Bajo Imperio, que había ampliado el recurso al término *posesión* hasta invadir los campos que el derecho clásico había reservado a la propiedad, a la relación obligatoria, hasta llegar incluso al ejercicio de poderes públicos. Muchas fuentes imperiales ofrecen una estabilización al disfrute de cosas por parte de privados no calificando el derecho como *dominium*, sino como *firma possessio*: una situación más bien difuminada, pero devenida segura por la tutela de la ley.[9] En el mismo sentido, el derecho fiscal había calificado de *possessores* a aquellos que, detentando un bien a cualquier título y gozando sus frutos, eran obligados al pago del impuesto fundiario. *Possessores* eran, para el feroz fisco del Imperio tardío, bien los propietarios, bien los titulares de derechos reales de amplio disfrute, como la superficie o la enfiteusis, bien aquellos que detentaban un terreno en virtud de una relación obligatoria consolidada por largo tiempo.[10]

De crucial importancia para la subsistencia del Imperio, el problema fiscal había inducido transformaciones profundas de los institutos jurídicos incluso privatísticos, no dudando algunas veces de modificar los principios generales del ordenamiento frente a las exigencias contingentes de las arcas imperiales. Por otro lado, las reglas procesales del derecho vulgar tardoantiguo privilegiaban la tutela de la posesión sobre aquella de la propiedad, preocupadas sobre todo de reprimir la violencia privada: de modo que la célebre constitución *Si quis in tantam* de Valentiniano II (389 d. C.), recogida en el Código de Justiniano pero ya presente en el Teodosiano y en el Breviario de Alarico, así como también retomada por Casiodoro y evocada por Isidoro de Sevilla, había devenido el modelo de la tutela de los derechos usufructuados a cualquier título y defendidos por la autoridad pública contra cualquier intento de invasión.[11]

Ya antes de que el Medioevo hubiese comenzado, por tanto, el procedimiento de recuperación de bienes y derechos tendía a olvidar la distinción entre titularidad de un derecho real y posesión de un bien, para concentrarse sobre el objetivo de tutelar cualquier detentación y castigar cualquier apropiación violenta o ilegítima. En su clásico estudio sobre los derechos reales en el proceso de vulgarización, Ernst Levy podía por esta razón concluir que "neglect of the cause of action, and emphasis upon its object, are truly the distinctive features of a popular point of view which asks in the first instance: "what can I demand?" and not: "why can I demand it?".[12]

Se perdía por tanto, en el intento de poner una barrera al desorden de la sociedad tardoimperial, la distinción cualitativa entre acciones reales directas e interdictos posesorios, que en la Roma clásica habían distinguido netamente el fundamento del derecho a actuar (el "why can I demand" de Levy): por una parte el derecho de propiedad que fundaba la *rei vindicatio*, por otra el hecho de la posesión, que el magistrado valoraba digno de una providencia (*interdictum*) que no alcanzaba su legitimidad por el derecho del sujeto, sino por la autoridad pública del magistrado.

Es verdad que al menos el recuerdo de los procedimientos interdictales se mantiene en la literatura escolástica,[13] pero no hay rastros de una utilización de ella en la práctica ni de su vulgarización en las *leges* romano-bárbaras.

3. Si por tanto la posesión se extiende en la alta Edad Media como sustituto de las diversas formas de pertenencia, y si bien los documentos privados rebosan de *possessores* y *possessiones*, la posesión técnicamente entendida desaparece de la escena con una cierta rapidez: no hay menciones de las cualificaciones jurídicas necesarias para que una situación de hecho pueda ser calificada como *possessio*; la disposición de ánimo del posesor no presenta relevancia alguna, ni nadie se plantea el problema de la idoneidad de una cosa o de un derecho a ser poseído.

Este retroceso de la posesión clásica, que fue un fenómeno vulgar,[14] ha sido entendido por los historiadores del derecho germánico como el efecto del triunfal ingreso a Occidente de los pueblos germánicos, que una visión fuertemente ideológica pintaba como portadores de un derecho propio, que se pretendía incluso organizado en sistema.

Se ha repetido muchas veces, por ello, que propiedad y posesión habían dejado el lugar a la *Gewere*, instituto central y casi quintaesencia del derecho de los pueblos germánicos. Esta *Gewere*, se repite, habría constituido una alternativa germánica, bien a la propiedad, bien a la posesión romanas, puesto que garantizaba tutela a la apariencia de un derecho, a la manifestación exterior de un disfrute.

He buscado en otro lugar[15] desenredar la maraña de historiografía, historia e ideología que complica extraordinariamente el tema de la *Gewere* medieval, y con ella el secreto de la *vestitura*, que una tradición ya no más creíble había considerado traducción latina de la germánica *Gewere*, mientras que es bastante más probable lo contrario. Y creo entender que el *vestimentum* que tantos documentos atribuyen a sujetos laicos y eclesiásticos represente sobre todo el reconocimiento formal de un derecho a ser tutelados por la autoridad pública en caso de obstáculos al disfrute pacífico. La *vestitura* es, en suma, lo contrario del expolio, y la premisa del ejercicio de una acción de expolio. La cual, precisamente, puede ser ejercida para la tutela de cada tipo de derecho, bien de naturaleza personal, bien de naturaleza real, e incluso para obtener la reintegración en un *officium* laico o eclesiástico, o en el *status* conyugal.[16]

La *vestitura-Gewere*, en suma, es la garantía de tutela procesal que se recibe en el acto de entrar en posesión de una cosa, o de un crédito, o bien cuando se es –precisamente– investido de un *status* vasallático, eclesiástico o conyugal.

Nos aproximamos al secreto de la *Gewere*, por tanto, sólo si lo encuadramos en el *continuum* que une el momento en el cual una posición jurídica se constituye o se confirma con aquel en el cual ella es tutelada en juicio. La tutela procesal estaba así estrechamente ligada a la definición de los derechos, que cada derecho existía sólo porque la autoridad política prometía su protección, con el acto solemne de la investidura.[17] Para renovar esta promesa de protección servían, creo, las frecuentísimas confirmaciones que los entes eclesiásticos obtenían de pontífices y emperadores en reconocimiento de sus propiedades, con las familias de campesinos que residían en las tierras que cultivaban y los censos por percibir. Derechos que, como las propiedades, estaban garantizados por aquel que, ejerciendo la jurisdicción, tenía el poder de restablecerlos en el caso de que fuesen contrariados.

4. En el conjunto, por lo tanto, es bastante obvio que haya más o menos desaparecido de la escena la posesión, en su sentido técnico, que el Digesto califica como una situación de hecho caracterizada por un *animus* del poseedor,

por una buena fe fundada sobre un título de adquisición, y por la idoneidad de la cosa en cuestión a ser poseida.

Las funciones operativas principales de las cuales aquella posesión constituía la premisa –y esto es la adquisición por usucapión y la tutela interdictal en juicio– eran asumidas en el Medioevo por diversos mecanismos jurídicos: en cuanto a la tutela procesal, una corte feudal, o imperial, o bien eclesiástica no tenían necesidad de calificar como posesión el disfrute que se les demandaba restablecer. Bastaba que quien se declaraba expoliado pudiese demostrar haber sido *vestitus* de un disfrute: cosa no demasiado difícil, también porque a veces la misma autoridad que era llamada a juzgar había conferido la investidura en los bienes o en los cargos disfrutados, o había reconocido su existencia con un acto formal. Por otro lado, tampoco la usucapión parece sobrevivir en su significado clásico como modo de adquisición de la propiedad, que ya se había modificado por la fusión tardoimperial con la prescripción de que, en el origen, no atribuía el dominio sino sólo paralizaba la reivindicación por parte de terceros de un terreno provincial poseído por largo tiempo. En el Código de Justiniano los dos institutos han sido ya fundidos en uno solo, la *prescriptio longi temporis*; lo que revela que entonces la preocupación principal ya no era la adquisición de un derecho real, sino la consolidación de un disfrute que las fuentes llaman *firma possessio* o *possessio sine inquietudine.*[18]

Cuando un mecanismo análogo fue recogido en la legislación lombarda por obra de Grimoaldo,[19] no previene la condición de una verdadera y propia posesión, ya que tenía sólo la finalidad de abreviar y simplificar los procesos. Grimoaldo estableció de hecho que si el demandado en juicio demostraba haber usufructuado pacíficamente un bien o el *status* de libertad por al menos treinta años, no podía ser aceptado el reclamo del actor de regular una cuestión de propiedad a través del duelo (*per pugnam*).[20] También aquí, sin embargo, no se puede hablar técnicamente de una posesión que da lugar a la prescripción extintiva de las acciones, sobre todo porque el acceso a la justicia lombarda no está en absoluto mediado por la acción en sentido clásico. El lombardo, aunque se dirige al juez armado de su *munimen* (vestido de su vestidura, se diría) que le garantiza el ser escuchado, no se funda sobre un derecho ni sobre un hecho jurídicamente relevante como es la posesión, sino sólo sobre elementos que dan visibilidad exterior al propio disfrute, como son en primer lugar las escrituras, pero incluso los testimonios de transferencias acaecidas, las sentencias emitidas en juicios precedentes y, obviamente, el largo tiempo transcurrido en el disfrute pacífico de un bien o de un derecho.

Si incluso el disfrute pacífico prolongado en el tiempo podía bien disponerse como un *munimen*, con todo ni el edicto de Grimoaldo ni los documentos privados se habían preocupado de calificar técnicamente aquel disfrute como una *possessio*. No presuponen su buena fe ni el *animus possidendi* y no hacen sutilezas sobre la idoneidad del bien a formar objeto de posesión: entienden en suma la detentación prolongada y no contrariada como una forma de *vestitura* ordenada –como toda otra *vestitura*– a obtener protección en juicio.[21]

5. El siglo XI estaba destinado a conmover profundamente este ordenamiento, porque primero la revolución gregoriana, luego el ascenso de las jurisdicciones ciudadanas, transformaron profundamente el cuadro del poder y como consecuencia la jurisdicción y el procedimiento.

Se sabe que las transformaciones políticas del siglo gregoriano fueron justificadas con un recurso nuevo a la autoridad de textos antiguos: no sólo los libelos polémicos en defensa del Papa y del Emperador, como la historiografía ha señalado desde siempre, hicieron uso del derecho justinianeo para sostener sus propias opuestas razones, sino incluso los nuevos poderes ciudadanos se volvían hacia lo antiguo para justificar la propia independencia y el propio derecho al ejercicio de poderes públicos.[22] Las nuevas jurisdicciones y aquellas antiguas renovadas por la reforma indujeron inevitablemente a una renovación del proceso, dispuesto éste incluso al recuerdo de una justicia pública y soberana propuesta por los textos de Justiniano, que precisamente en aquellos decenios emergían en formas y modos diversos en las manos de doctores eclesiásticos, abogados y jueces ciudadanos. De modo que las tutelas judiciales garantizadas por la vestidura comenzaron a revelarse insuficientes de frente a la avanzada de nuevos poderes y al afirmarse de equilibrios económicos diversos.

El retorno a un ordenamiento en el cual el magistrado ofrece a la propiedad una tutela distinta de aquella reservada a la posesión –y considera la investidura una suerte de pasaje procedimental independiente de ambas cuestiones– se ve por tanto ciertamente favorecido por la influencia del texto autorizadísimo de Justiniano. Pero responde también a una transformación del concepto mismo de jurisdicción que se encuentra en el centro de la Reforma gregoriana y de las políticas de los papas del siglo XII: la justicia de la Iglesia gregoriana se aleja del modelo conciliatorio de la alta Edad Media para imponer un sistema fuertemente jerárquico fundado sobre la soberanía absoluta de la Santa Sede.[23] Revestida de un carácter fuertemente publicístico, la autoridad juzgante se desvincula de las garantías de disfrute como la vestidura, para consagrarse a atribuir *unicuique suum*.

Primero indefinidamente, luego con siempre mayor conciencia, el poder de jurisdicción va así separándose del poder de garantía del disfrute que confiere la *vestitura*, y el juicio comienza a concentrarse sobre la definición de un título de disfrute que se radica en el derecho legítimamente adquirido o en el hecho jurídicamente definido. Es en este contexto que resurge la distinción entre propiedad y posesión que, observada desde el punto de vista del proceso, es una distinción de pruebas y de remedios procedimentales.

En efecto, una de las primeras atestaciones de una conciencia de la diferencia entre posesión y propiedad aparece en el contexto de la justicia eclesiástica, en un momento de particular determinación del papado por una transformación del procedimiento civil. Estamos en 1125, durante el pontificado de Honorio II y el canciller Aimerico, que en este proceso orienta el procedimiento y firma la sentencia de propia mano.[24]

Aimerico era entonces canciller de la Santa Iglesia Romana desde hacía un par de años, y estaba destinado a permanecer en el cargo también durante el pontificado de Inocencio II, hasta 1141.[25] Son los años en los cuales las orientaciones de la Iglesia gregoriana se precisan, dando vida al ordenamiento jurídico canónico del nuevo milenio. Mientras Graciano compila su *Decretum*, el proceso se ritualiza siempre más, y los préstamos del derecho romano se hacen más numerosos.

En un artículo que ha generado discusión,[26] Johannes Fried ha ligado al ambiente pontificio de estos años el nacimiento de la literatura procesal medieval, y ha subrayado cómo el fin de la lucha por las investiduras había impulsado un fuerte reclamo de justicia ante la curia romana. Roma, por su parte, favorecía ampliamente el recurso a la sede papal, que Gregorio VII había puesto en el centro de la propia reforma de la justicia. De modo que el tecnicismo procesal que se difundía en Roma estaba destinado a influenciar la entera justicia eclesiástica medieval. Aimerico contribuyó en el modo más explícito a esta renovación con el célebre pedido a Bulgaro de redactar un breve tratado sobre las acciones romanas, que es una obra sin duda singular en el panorama de la producción escolástica boloñesa,[27] pero que demuestra la fuerte tendencia de la curia hacia una renovación revestida de antigüedad. Antes de entrar en la vía de la legislación soberana y de la codificación, que caracterizará los pontificados de la segunda mitad del siglo XII y los del siglo XIII hasta Bonifacio VIII, la Iglesia busca y explota la autoridad de lo antiguo, como habrán de hacer poco más tarde las comunas italianas para enfrentarse al Imperio.

En este sentido, el recuerdo de algunos principios del proceso romano, extraidos de la compilación de Justiniano pero más cercanos al proceso clásico que a la experiencia real del procedimiento justinianeo, servía para proponer una justicia bien distinta de aquella que en los siglos medievales había buscado la *amicabilis compositio* antes que el restablecimiento de derechos violados. Una justicia administrada por una autoridad pública, emanación directa del poder soberano, y jugada en la confrontación entre tres sujetos fuertemente ritualizados: el actor, el demandado y un juez tercero y público.[28] Este nuevo juez, que a lo largo del siglo XI se había desvinculado de la colegialidad de las decisiones,[29] admite las instancias formuladas por sujetos que, más que apelar al respeto de garantías en su tiempo concedidas, reclaman que sean reconocidos los derechos de los que se consideran titulares. Es en suma una justicia *unicuique suum tribuens*, según la definición ciceroniana que resuena en las Instituciones y en el Digesto[30] y aparece a la cabeza de la sentencia de 1125[31] pronunciada por Honorio II y redactada por un Aimerico ansioso de demostrar la coincidencia de los principios romanos con la voluntad divina:

> "Religionis unitas et amor iustitie consuevit Ecclesiam Dei in sublime provehere et in sibi grata tranquillitate iugiter custodire. Sicut autem iuris precepta servantibus convenit honeste vivere, ita expedit unicuique ius suum tribuere".

La cuestión era en efecto de difícil solución, por lo menos porque se derivaba de una disputa antiquísima que había opuesto durante siglos al obispo de Arezzo con el de Siena en torno de la pertenencia de algunas iglesias parroquiales disputadas entre las dos diócesis. En esta fase de la interminable controversia, Honorio había reasumido un juicio que se había abierto ante su predecesor Calixto II, prodigándose sobre las primeras para favorecer un acuerdo entre las partes: componer las partes *ad pacem et concordia* habría sido el primer deseo del pontífice, animado primeramente por una preocupación pastoral que evita atribuir a uno la razón y el error al otro.[32] Pero los desacuerdos eran demasiado fuertes, y entonces el pontífice había asignado un término dentro del cual las partes debían llegar a un acuerdo, transcurrido el cual el pastor se transformaba en juez soberano y el concilio en tribunal.

Es en este punto cuando el tono del documento cambia: las partes apelan a abogados y legisperitos,[33] que oponen dos líneas de argumentación muy distintas entre sí: por una parte, los aretinos se apoyan sobre precedentes juzgados, afirmando ser propietarios de las parroquias disputadas; por otra, los sieneses insisten sobre el expolio violento consumado en su contra por los adversarios. Ambos, de cualquier modo, alegan una cantidad de pasajes justinianeos, siempre citados según el estilo "eclesiástico" de la mención de la *inscriptio* y no según el boloñés por título e *incipit*. Más sensibles a las reglas del procedimiento parecen los sieneses, que invocan una inmediata restitución de los bienes disputados combinando dos normas romanas sabiamente elegidas: por un lado, la conocidísima constitución *Si quis in tantam*, y por el otro, un pasaje más rebuscado, extraído del *Digestum novum* (D. 48.7.7, Calistrato), que en 1125 no podía ser todavía muy conocido. Ambos textos son citados con variantes significativas respecto de la Vulgata: la constitución de Valentiniano es atribuida erróneamente a un Valerius, mientras que el texto del Digesto es arbitrariamente abreviado,[34] lo que hace pensar en la tradicional libertad con que las fuentes gregorianas remodelan textos clásicos y medievales, cosa que habría generado horror en Irnerio (quien probablemente murió justo en aquel año) y en sus discípulos ocupados en proyectar el éxito europeo de la escuela de Bolonia.

En las manos de los abogados y jurisconsultos de Siena, los dos pasajes de Justiniano combinados conjuntamente describían la posesión como disposición interior del posesor, calificaban de violencia cualquier apropiación de cosas no autorizada por el magistrado, configurando el caso en discusión como merecedor de una inmediata reintegración de la posesión, con la pérdida de la cosa por parte del posesor violento.

La línea defensiva de Siena debe haber golpeado al colegio juzgante, que se muestra sensible al punto de demandar a las partes de concentrarse sobre la cuestión posesoria aplazando la disputa sobre la propiedad:

> "Ceterum advocatis alternatim nunc de possessione ad proprietatem, nunc de proprietate ad possessionem confusum transitum facientibus, ab assessoribus impetratum est ut de possessione inter se disceptarent".

La causa deviene por tanto un juicio posesorio que deja a salvo la cuestión petitoria sobre la propiedad. Y es la primera vez, si no me equivoco, que la documentación conservada y conocida permite observar esta separación en la historia del procedimiento medieval.[35]

No se puede decir, sin embargo, que la pasión anticuaria de jueces y abogados imponga un retorno integral a Justiniano. La investidura medieval está bien presente en las argumentaciones de los abogados, y con todo no excluye en absoluto el recurso a la categoría de la posesión. Es en suma engañoso describir la investidura como un instituto alternativo a la posesión: es en cambio otra cosa, que puede inducir una posesión material (*corpore*) pero no interrumpir una detentada *solo animo*. La cuestión encuentra una conclusión provisoria precisamente en el juego entre investidura y posesión: los sieneses, que en virtud de una sentencia precedente pronunciada en ausencia del obispo de Arezzo tenían el derecho de ser investidos de diez parroquias, obtienen que se proceda efectivamente a la investidura; no por esto, sin embargo, el proceso puede concluirse. Al contrario: en la audiencia posterior a las investiduras, los aretinos no consideran en absoluto interrumpida la propia posesión retenida *solo animo*. Sostienen de hecho que las investiduras apenas efectuadas habían sido decididas por una sentencia pronunciada en contumacia, puesto que el precedente obispo de Arezzo no había comparecido en juicio. En tal caso, una constitución de Justiniano (C. 7.39.8.3) preveía la reintegración de la posesión, consintiendo al demandado de defenderse en juicio como posesor.

> "Aretini per hanc imperialem constitutionem restitutionem sibi oblata cautione debere fieri petierunt. "Imperator Iustinianus augustus Menne prefecto pretorio: Si quis non per vim sed per sententiam iudicis eam rem detinuit, ea tamen occasione, quod absens prior possessor et ad litem vocatus minime respondit, licebit ei (*ad addit C. J.*) similitudinem ceterorum qui rei dominium habent, infra annum se offerenti cautionemque suscipiende litis danti eandem rem recipere superque ea cognitionalia subire certamina" (C. 7.39.8.3 con inscripción corregida).

Ciertamente, Justiniano disponía que la facultad que concedía al demandado contumaz fuese ejercida en el plazo de un año, lo cual no había acontecido en nuestro caso. Y sin embargo los aretinos lograron ser reintegrados en la posesión invocando el principio "delictum vel desidiam (!) episcopi in dampnum ecclesie non esse convertendum"[36] (inspirado en Nov. 120).

6. Citando el pasaje de Calistrato sobre la desposesión violenta (D. 48.7.7), el documento de 1125 menciona un pasaje que debía haber tenido su importancia en la renovación del proceso: "optimum est, ut, si quas putas te habere petitiones, actionibus experiaris". Y aun si el documento de 1125 no contiene una verdadera y propia *editio actionis*, es evidente que en la cultura romana circulaba un fuerte impulso a la recuperación del formalismo en el acceso a la justicia. Un testimonio que impresiona por la precocidad y la claridad lo provee el documento romano de 1107[37] que parece hasta hoy la más antigua atestación de la eficaz aceptación de elementos de cultura jurídica en la práctica romana:

> "et certum est non esse debitum quod actione peti non potest, cum actio sit ius persequendi in iudicio quod sibi debetur (Inst. 4.6 pr. = D. 44.7.51); undecumque igitur actio exerceri non potest, nec debetur aliqua ratione".

Parece en suma que el ideal de un proceso que da a cada uno lo suyo debía recurrir a la acción para identificar los derechos de los sujetos, partiendo de la hipótesis de que no existen prerrogativas dignas de tutela que no fueran defendidas por una acción. Esto vale bien para las acciones petitorias, bien para los interdictos posesorios, como parece atestar un acto procesal de sólo un año más tarde, un proceso teramano de 1108.[38] Aquí el desacuerdo que opone al obispo y su causídico Guido con un señor del lugar se inicia de modo informal y se prolonga hasta que el abogado del demandado no objeta que no se puede dar curso al procedimiento hasta que no se determine que el actor tiene el derecho de hacer valer una acción:

> "Causidicus ecclesie petivit fieri satisdationis iudicio sisti et iudicatum solvi cum ceteris clausulis. – Ad hec causidicus illorum dixit non debere satisdari nisi prius constaret actionem competere. – Causidicus Ecclesiae legaliter ostendit post narrationem et responsionem statim debere fieri satisdationes. –Ad haec adversariorum causidicus petiit edi actionem".

Frente a este pedido, el causídico de la catedral se ingenia para presentar tres acciones –posesorias y petitorias– que competerían a la iglesia:

> "Ecclesiae causidicus de rebus invasis proposuit tres actiones, scilicet in rem condictionem ex lege, et interdictum unde vi (undem *ed.*); de aliis vero rebus iniuste ab eis possessis proposuit actionem in personam et in rem et hypotecaria".

Que en el Apenino abruzo hubiese en 1108 un conocimiento tal del proceso romano podría sorprender, si no fuese singular de todos modos encontrar la más antigua cita en juicio del Digesto entre las montañas de Siena, en el famoso plácito de Marturi de 1076. Por lo demás, las acciones aparecen enumeradas confusamente, sin un orden lógico evidente, incluso si la *condictio ex lege* invocada en primer lugar bien podría referirse a la omnipresente *Si quis in tantam*, que se coordinaría bien con el interdicto *unde vi* invocado contextualmente. Para ambos procedimientos se presupone un expolio violento de bienes inmuebles, que en este caso se habría producido en ocasión de las primeras apariciones de los normandos en el litoral abruzo. Un siglo más tarde, Roffredo habría referido el uso de los abogados de unir las dos acciones en los actos de reivindicación de la posesión de bienes y derechos señoriales.[39]

Aquello que importa subrayar es que bien las acciones petitorias, bien aquellas posesorias, confieren un derecho a actuar que depende sólo de la posición subjetiva de las partes, y no del *munimen* de carácter público que defiende sus usufructos. Los procedimientos posesorios que se readmitían con los interdictos romanos en particular respondían bastante bien a las exigencias de aquellas iglesias que entendían poder recuperar los bienes usurpados por laicos poderosos, como es el caso de las bandas de nobles normandos que se habían apoderado de bienes de las iglesias en Abruzzo, o de los fieles de los Canossa que en Marturi habían ocupado las tierras del monasterio y dado lugar al celebre plácito.[40]

7. Regresemos a Roma y dejemos pasar los años hasta 1140, que es todavía una fecha bastante precoz para la penetración de la cultura jurídica en la práctica. Los monjes de Grottaferrata accionan contra un Tolomeo[41], quien continúa detentando posesiones del monasterio situadas en Lariano pese a que hubiera terminado el período de tiempo por el cual las había arrendado en locación. La posición de Tolomeo es descripta como violenta, por consentir el ejercicio del interdicto *unde vi*, y la cuestión es planteada como una perturbación de la posesión, que los monjes –romanamente– pretenden no haber perdido nunca.

También éste es un documento conocido:[42] en él impresiona la exaltación de las acciones romanas, introducidas además por voluntad de Dios y sostenidas por el papa Inocencio II.[43] En efecto, como afirma Fried, el pontificado de Inocencio II habría signado un verdadero y propio giro en la renovación del procedimiento pontificio, a la cual la *actio* confiere el carácter posesorio o petitorio, como ya está subrayado en el documento de 1125. El ambiente romano se desarrolla por tanto hacia un proceso refinado, en el que el juego de la acción y de la excepción manifiestan los derechos de las partes y, naturalmente, la competencia técnica de los abogados es determinante para consentir la dialéctica procesal correcta. Es natural, entonces, que en Roma se eleve el nivel de preparación de los juristas y que esta preparación se base en un conocimiento analítico de los textos del Corpus Iuris. Ello no deriva, como pretendían las viejas teorías continuistas de Fitting, de la supervivencia ininterrumpida de la cultura jurídica en Roma, ni de un fantomático magisterio de Irnerio, sino de una elección de la Curia que encontraba los fermentos de autonomía de algunos sectores ciudadanos y preparaba sin saberlo la breve y controvertida temporada de la Comuna romana.[44] Los recursos al derecho romano fueron por tanto diversos de aquellos contemporáneos de Bolonia, donde estaba naciendo una nueva metodología escolástica basada en una edición estabilizada y completa de los *Libri legales*:[45] aquellos romanos proseguían la tradición de la cultura gregoriana, hecha de florilegios y de conmixtiones entre culturas diversas, abrevan en el *corpus iuris* con libertad e integran las citas romanísticas con las canonísticas, como quería la tradición de la *utraque lex*.[46]

Fue, con todo, una cultura respetable la que floreció en Roma primero en la Curia reformada, luego en torno del Senado renovado en 1143 y de los entusiasmos por la romanidad que aparecen a mitad de siglo. Aquí los reclamos por la posesión devienen aún más explícitos y precisos: sigamos aquellos propuestos por un abogado que comparece en diversas ocasiones en torno a 1150, y que demuestran una cultura jurídica fuera de lo común.

Encontramos a Benedetto Leoni[47] el 29 de mayo de 1148 como abogado de la abadesa del monasterio de Santa Maria in via Lata,[48] que acciona contra Grisotto de Ingizello, "ut decederet de naturali detentione seu tenimento terrarum positarum extra portam Portuensi". Sagacísimo en el uso de las expresiones técnicas, Benedetto Leoni evita servirse del término "possessio", que habría ofrecido alguna ventaja al demandado. Y en efecto el curioso evento que había dado origen a la cuestión justifica el rechazo a considerar posesor a Grisotto. Su abogado, de hecho, objeta que la detentación está calificada sin más por un contrato de locación, y presenta la relativa escritura otorgada por el escribano Oddone, que concede en locación las tierras disputadas por la duración de la vida de Grisotto y de su hijo.[49]

Pero Benedetto Leoni rebate que el negocio de locación había sido ficticio, y que las partes habían acordado que no valiese. Estipulando el contrato con Grisotto, de hecho, la abadesa había querido defender las tierras del monasterio de la rapacidad del papa Inocencio II, que les había puesto los ojos encima para dárselas a sus sobrinos. Grisotto había aceptado la ficción, porque la sustracción de las tierras al monasterio habría puesto en peligro también la propia posición de cultivador libre obligado a la entrega de una cuota de los frutos cada año.[50]

Lo que nos interesa, en la intrincada cuestión, es que Benedetto Leoni rehusó adaptar el instituto romano de la posesión a la situación de disfrute natural que está constituida sobre la base de una relación de tipo señorial como aquella en la cual se hallaba Grisotto antes de la estipulación del contrato ficticio; él excluye igualmente, como enseña el más elemental derecho romano, que el arrendatario pueda considerarse en posesión de la cosa locada.

Si bien ambas situaciones podían conferir un *vestimentum* que hacer valer ante tribunales tradicionales, no pueden configurar una posesión romana, ya que falta aquel *animus possidendi*, que era la novedad más evidente de la posesión justinianea respecto de la costumbre medieval de la *vestitura*. Grisotto, que sin embargo podía exhibir un acto formalmente válido que le atribuía un disfrute de la cosa, no podía poseer de buena fe, ya que había sido probada con testimonios la existencia del pacto accesorio que excluía la validez del contrato:[51] la carta que el demandado había presentado en el juicio no podía por tanto constituir un título de posesión, ni mucho menos probar la buena fe. Dando razón al monasterio, de hecho, la sentencia impone a Grisotto desistir de la *possessio corporalis*, que era de hecho la única que podía atribuírsele.

Es en estos años o poco más tarde cuando los glosadores de Bolonia distinguen entre *possessio civilis* y *possessio naturalis*,[52] identificando la segunda con la misma detentación corporal privada de tutela posesoria que ya era posible ver utilizada en los documentos de la práctica romana.

Si seguimos la actividad de Benedetto Leoni durante algunos años todavía, lo encontramos en 1151 como patrocinante ante el papa Eugenio III y a un colegio juzgante ilustre, que comprende además a aquel *magister* Aldricus citadísimo por los glosadores pero huidizo en su espesor histórico,[53] que se encontraba todavía en la Curia pontificia.

La causa es considerada explícitamente un juicio posesorio por el Senado Romano que, investido de la misma cuestión en 1160, rehúsa juzgar en posesorio porque considera definitiva la sentencia de 1151, mientras consiente un juicio petitorio.[54]

En el juicio de 1151, la posesión de tierras era disputada entre el propietario (el monasterio de Santa Prassede, defendido por Benedetto Leoni) y un arrendatario, la iglesia de Santa Croce, que había interrumpido por tres años la entrega de las 6 liras pavianas de canon, ya que se consideraba titular de un derecho de propiedad sobre aquellas mismas tierras que había arrendado en locación desde hacía largo tiempo. La decisión de intentar un juicio posesorio dirigido a la recuperación de la cosa, más que intentar una acción contractual por el pago del canon, revela por una parte la experiencia de Benedetto Leoni, y por otra la importancia instrumental de la nueva posesión romana en la dialéctica procesal del período.

Las discusiones entre las partes son largas, y no se puede referirlas todas. Es significativa, sin embargo, la madurez de la argumentación decisiva de Benedetto: el pago del canon, probado por los recibos conservados por ambas partes durante cincuenta años, atesta que, incluso si mucho antes Santa Croce hubiese sido titular de las tierras, ciertamente había después empezado a poseerlas "alieno nomine", como enseña el Digesto (D. 41.2.18, Celso). Y por ello la interrupción del pago del canon podía bien interpretarse como inversión de la posesión de *alieno nomine* a *proprio nomine*; y precisamente por esto era esencial obtener una sentencia favorable sobre la cuestión posesoria para hacer valer después, en sede petitoria, la posesión ininterrumpida por treinta años como título de adquisición de la propiedad.

Cosa que el diabólico Benedetto Leoni obtiene.

8. Se ve bien, por tanto, que la nueva posesión que se discutía en los tribunales romanos no tenía nada que ver con la vieja vestidura: es una figura refinada, sensible a las disposiciones psicológicas e independiente también de las caracterizaciones vulgares de la Antigüedad tardía, cuando el elemento esencial había sido la violencia, y las consideraciones del *animus* habían pasado a un segundo plano hasta hacer desaparecer casi totalmente la sutil cuestión de las características de una posesión legítima. Ahora, en cambio, se califica de violencia incluso una simple omisión de pago, hace su aparición la *possessio pro alio*, se valora la buena fe y la validez de un título.

Todo esto no sucedía sólo en Roma.

Sucedía, sobre todo, en Pisa, que estaba ligada a la curia romana por relaciones muy estrechas, que devinieron intensas en tiempos de Aimerico, cuando la ciudad hospedó durante un largo tiempo al papa Inocencio II y fue sede de un concilio en 1139.[55] Y cuando la elección gibelina volvió menos estrechas las relaciones con el Papa, la ligazón prosiguió con el Senado romano, también gibelino, que en 1151 concluye un pacto con el pueblo pisano.[56] Pisa, que se considera una nueva Roma, procede en aquellos años a su célebre codificación, la redacción de los *constituta usus et legis*,[57] que introducen además una cierta rigidez en el procedimiento, que obliga el actor a expresar el *nomen actionis* durante la *litis contestatio*.[58] Se consolida así en el procedimiento citadino aquella aspiración que habíamos visto manifestada explícitamente en Roma: la acción es instrumento de justicia, porque presenta en juicio los derechos de los privados. La posesión, que habíamos visto en Roma hacerse cargo de calificaciones jurídicas, es el instituto que dondequiera ofrece tutela procesal a un hecho que se desarrolla totalmente en la esfera privada, y por una cierta parte en la esfera psicológica donde actúa la buena fe. El juez acuerda la tutela cuando las pruebas aducidas son suficientes para configurar aquel hecho previsto por el ordenamiento, y alguna vez se sirve de las escrituras de investidura, que sin embargo no son en absoluto suficientes para probar una posesión verdadera y propia.

Todavía en 1155, en Pisa el recurso al derecho romano se hace al estilo gregoriano, con largas citas literales más que con los parcos reenvíos del estilo boloñés; pero la de los causídicos pisanos es una cultura de todo respeto, que maneja las categorías de la posesión con pericia. El *consilium* por la posesión de la selva de Tombolo, extraordinario por extensión y articulación, es el testimonio más evidente de ello.[59]

La promulgación de la legislación ciudadana y la determinación del procedimiento signan en Pisa el ascenso de la comuna titular de una jurisdicción en competencia con la señorial. En muchos otros documentos sucesivos esta competencia se manifiesta con evidencia: la jurisdicción ciudadana sustrae cuotas de poder a los poderosos del campo, imponiéndoles juicios que no valoran los lazos feudales y las concesiones de tierras y de servicios, pero juzgan sobre los títulos de posesión y de propiedad, y sobre las relaciones obligatorias establecidas por contrato. La adopción del procedimiento justinianeo, con la obligación de declarar el *nomen actionis*, es instrumento de este nuevo equilibrio de poderes: configura un "civil hegemónico" que se precisa un poco antes del "penal" del siglo XIII descripto por Mario Sbriccoli, pero expresa las mismas dinámicas jurídico-políticas.

9. A las mismas dinámicas responde la gran cultura jurídica boloñesa que se filtra en la práctica de la región padana, ahora bastante conocida, sobre todo gracias a los estudios de Antonio Padoa Schioppa.[60] Aquí las citas siguen el estilo boloñés, se remontan más o menos a los años cuarenta del siglo XI, algunos años después en la zona romano-toscana, y se difunden rápida y ampliamente.

Entre los muchos casos procesales señalados por Padoa Schioppa a la atención de la historiografía, aquel del castillo de Cerea, cerca de Verona, ha sido retomado recientemente por Susan Reynolds[61] y por Massimo Vallerani,[62] quienes han subrayado diversos aspectos.

Aquí basta recordar que incluso en aquel caso la disputa es en torno de la posesión de la fortaleza, que era disputada por el obispo de Verona, por los canónigos de su capítulo episcopal y por los condes de Cerea.[63]

Diversos documentos de la serie atestan que el choque entre los canónigos y los condes de Cerea se basa, precisamente, en el conflicto de jurisdicciones, y que a diversas jurisdicciones corresponderían diversas soluciones posesorias: los condes saben que el propio control sobre la fortaleza podría ser reconocido por una corte feudal compuesta de pares, mientras bastante más difícil sería obtener una tutela posesoria "secundum legem". *Lex* (o *ratio*) y *usus* son contrapuestos en modo más neto de cuanto sucede en los mismos años o poco más tarde en Pisa, donde las normas consuetudinarias y las romanas están mezcladas en dos *constituta*. En Verona, en cambio, los condes de Cerea estiman ventajoso el procedimiento consuetudinario y desventajoso "ratione et legibus".

¿Cómo sostienen los canónigos sus pretensiones de ser juzgados según el derecho romano? Afirmando que donde no existen relaciones vasalláticas que ligan a las partes, el juicio se desarrolla "como entre personas extrañas", y que en tal caso deben aplicarse la *ratio* y la *lex*:[64]

> "Item quod comites dicunt hanc litem et hanc controversiam debere finiri et examinari secundum usum feudi; dicit ecclesia non esse verum: non sunt vassalli huius ecclesie nec dicunt se habere hoc castrum pro feudo ab hac ecclesia; immo dicit ecclesia hoc placitum debet finiri secundum rationem et secundum leges sicut inter extraneas personas".[65]

La posesión, entendida como situación de hecho calificada por elementos objetivos y subjetivos, está por tanto enteramente radicada en el sujeto que la usufructúa. No deriva su juridicidad de la concesión de otro: es un hecho jurídico que se defiende en un juicio presidido por una autoridad privada de lazos personales con las partes. Una autoridad soberana que juzga sobre la base de la *ratio* y de las leyes y es expresión de un poder soberano de matriz romana: el poder del papa gregoriano o el de la comuna medieval titular de jurisdicción, ambos expresión de potestad pública.

Es ésta la premisa procesal y política del descubrimiento de la posesión.

NOTAS

* Traducción de Alejandro Morin.

1. G. Chiovenda, *Romanesimo e germanesimo nel processo civile* (prelusión leída en la Universidad de Parma el 5 de diciembre de 1901, ed. en *Rivista italiana per le scienze giuridiche*, 1902), ahora en *id.*, *Saggi di diritto processuale civile*, Bolonia, 1904, págs. 131-188, pág. 132.

2. Cf., por ejemplo, R. Sacco, R. Caterina, *Il possesso*, Milán, 2000, 2ª ed. (*Trattato di diritto civile e commerciale Cicu Messineo*, vol. 7), pág. 61: "La coabitazione di modelli romani e germanistici nell'Europa del diritto comune ha prodotto situazioni normative cui l'analisi giuridica ha dedicato concettualizzazioni e apprezzamenti votati all'inutilità perché tentano di cogliere il razionale là dove c'è soltanto la storia con i suoi capricci".

3. F. C. von Savigny, *Das Recht des Besitzes. Eine civilistrische Abhandlung*, Gießen, 1803. Una orientación en la inmensa literatura sobre Savigny ofrece ahora D. Nörr, "*Savigny*", en *Neue deutsche Biographie*, vol. 22, Berlín, Duncker und Humbolt, 2005, págs. 470-473.

4. W. Albrecht, *Die Gewere als Grundlage des älteren deutschen Sachenrechts*, Königsberg, 1828 (reprod. Aalen 1967).

5. Una lectura de algunas obras de civilistas medievales en el reciente aporte de R. Volante, "Fatto normativo e interpretatio iuris. La definizione del possesso nel diritto comune", en *Ordo iuris. Storia e forme dell'esperienza giuridica*, Milán, 2003, págs. 1-39. Singular la decisión de no tomar en consideración alguna los muchísimos aportes histórico-jurídicos que se han acumulado sobre el tema desde hace más de dos siglos.

6. Sobre la teoría de los factores históricos, véase E. Conte, "Droit Médiéval. Un débat historiographique italien", en *Annales HSS*, 57, 2002, págs. 1.593-1.613; trad. italiana con modificaciones en "Storicità del diritto. Nuovo e vecchio nella storiografia giuridica attuale", en *Storica* 22, 2002, págs. 135-162.

7. Una síntesis rapidísima de esta interpretación en P. Grossi, "Proprietà e contratto", en M. Fioravanti (dir.) *Lo Stato moderno in Europa. Istituzioni e diritto*, Roma-Bari, Laterza, 2002, págs. 128-138, con bibliografía en pág. 233.

8. Se sabe que uno de los mejores resúmenes de las discusiones alemanas sobre la posesión es aquel compuesto por R. von Jhering en su *Ueber den Grund des Besitzschutzes. Eine Revision der Lehre vom Besitz*, 2ª ed., Jena, 1869. Sobre el libro de

Savigny cf. ahora K. Moriya, *Savigny Gedanke im Recht des Besitzes*, Frankfurt del Meno, 2003 (Studien zur eurp. Rechtsgeschichte, 164=Savignyana, 6).

9. En este sentido ya A. Biscardi, "Studi sulla legislazione del basso Impero. III. La nuova proprietà", en *Studi senesi*, 56, 1942, pág. 275 y sigs., que reconoce en el legislador tardoimperial una tendencia "a fissare una nuova nozione di signoria sulla cosa, abbastanza ampia da comprendere tutti i rapporti economicamente analoghi alla proprietà in senso classico [...] Difatti, quando la proprietà venga concepita come un diritto di possedere la cosa in nome prorpio, senza che altri possa disturbarne il godimento, è manifesto che non vi ha più difficoltà alcuna per applicare il medesimo linguaggio al *ius perpetuum*, al *ius emphyteuticarium*, alla superficie e così via. L'equiparazione di tutte codeste figure determina anzi la formazione del nuovo concetto di [...] *firma* o *inconcussa possessio*...".

10. Cf. para todos C. A. Cannata, *"Possessio", "possessor", "possidere" nelle fonti giuridiche del basso Impero romano. Contributo allo studio del sistema dei rapporti reali nell'età postclassica*, Milán, 1962, págs. 9-28.

11. Para todos, G. Diurni, *Le situazioni possessorie nel Medioevo. Età longobardo-franca*, Milán, 1988 (Quaderni di Studi Senesi, 64), pág. 18 y nota 26. El *incipit* justinianeo (C. 8.4.7) es fruto de una recomposición de la redacción, por lo demás bastante profunda, y no se encuentra en la redacción recogida por el Teodosiano (CTh. 4.22.3 = Brev. Alaric. 4.20.3).

12. E. Levy, *West Roman Vulgar Law. The Law of Property*, Filadelfia, 1951, pág. 227.

13. Por ejemplo en las difundidísimas *Etimologiae* de Isidoro de Sevilla, 5.25.33, cuya definición del *interdictum* pasa luego a otros diccionarios medievales, como el *Vocabulista* de Papias: cf. G. Diurni, *Le situazioni possessorie*, *op.cit.*, pág. 36 y nota 82.

14. Al derecho vulgar lo liga explícitamente E. Levy, *West Roman*, *op. cit.*, págs. 67-68: "What the sources present us, however, is only the raw material. They fail to show any indication that the coexistence of several *dominia* was grasped and elaborated. It was to take many hundreds of years before learned jurists came to tackle the theoretical problem by keeping apart a *dominium directum* (*eminens*) and a *dominium utile*. This doctrine has frequently been traced to Germanic point of view and contrasted with Roman concepts. But the approach of the vulgar law opens up an entirely new vista. In any event, so far as tangible evidence goes, it was the legislation of the fourth and fifth centuries and passages of Digest rather than Germanic sources which served the Glossators and Bartolus as the point of departure".

15. E. Conte, "*Vetustas*. Prescrizione acquisitiva e possesso dei diritti nel Medioevo", en E. Conte, V. Mannino, P. M. Vecchi, *Uso, tempo, possesso dei diritti. Una ricerca storica e di diritto positivo*, Turín, Giappichelli, 1999, págs. 49-128, págs. 69-85; *Id.* "Gewere, vestitura, spolium: un'ipotesi di interpretazione", en prensa en los Estudios por Anne Lefèbvre-Teillard.

16. Fuentes y literatura sobre la *actio spolii* y obervaciones sobre la dupla *spoliare-vestire* en E. Conte, "*Vetustas*..", *op. cit.*, págs. 75-83. Los referentes principales son de todos modos dos estudios excelentes, ambos del siglo XIX: G. Bruns, *Das Recht des Besitzes im Mittelalter und in der Gegenwart*, Tubinga, 1848, y F. Ruffini, *L'actio spolii*, Turín, 1899.

17. Más allá de todo, las mismas descripciones germanísticas subrayan que la raíz

gótica de la cual deriva la palabra *Gewere* tiene el significado de *garantizar* (actual *Gewahren*) más que y más claramente que el de *vestir*. En las lenguas romances y germánicas, por lo demás, el término ha dado vida a palabras como *garantizar*, *guarantee*, *guarentigie*. Si por lo tanto, como sugiere el no desmentido G. Köbler, "Die Herkunft der Gewere", en *TRG*, 43, 1975, págs. 195-211, *Gewere* traduce al alemán *vestitura*, entonces en la vestidura se recoge precisamente el significado de garantía más que el de posesión.

18. Como relevaba ya A. Biscardi, "Studi sulla legislazione...", *op. cit.*, pág. 275 y sigs.

19. Grim. 1 e 2, F. Bluhme (ed.), MGH *Leges* IV, Hannover, 1868, pág. 92; C. Azzara, S. Gasparri (eds.), *Le leggi dei Longobardi. Storia, memoria e diritto di un popolo germanico*, Milán, La Storia, 1992, pág. 122.

20. Cf. E. Conte, "*Vetustas*...", *op. cit.*, págs. 56-58; G. Diurni, *Le situazioni*, *op. cit.*, págs. 148-150.

21. G. Chiodi, "Roma e il diritto romano: consulenze di giudici e strategie di avvocati dal X al XII secolo", en *Roma fra Oriente e Occidente* (Settimane Spoleto 49), Spoleto, CISAM, 2002, págs. 1.141-1.245, pág. 1.162 y sigs. Análisis minucioso de plácitos de 998 y 1009. En ambos hay un recurso no técnico a la posesión. En el de 998, más bien el monasterio de Farfa demanda regularse según el derecho lombardo y la posesión es equiparada sin problemas con una detentación no calificada.

22. El ejemplo más significativo es el de Pisa, sobre el cual véase la bibliografía citada en E. Conte, "Archeologia giuridica medievale. Spolia monumentali e reperti istituzionali nel XII secolo", *Rechtsgeschichte*, 4, 2004, págs. 118-136, págs. 126-131. Cf. ahora también M. Ascheri, *Le città stato*, Bolonia, Il Mulino, 2006, págs. 23-29.

23. La concentración del poder jurisdiccional en la figura del pontífice repercute sobre el proceso canónico en cada nivel: en particular, la prohibición de acusación por parte del inferior en confrontación con el superior, establecido en las Decretales seudoisidorianas, cae frente al derecho generalizado de recurrir a la Santa Sede. Se afirma así un modelo nuevo y "público" de la justicia eclesiástica. Cf. P. Landau, "Die kirchliche Justizgewährung im Zeitalter der Reform in den Rechtssammlungen", en *La giustizia nell'alto medio evo (sec. IX-XI)*, págs. 427-450.

24. El documento es bien conocido, fue editado por J. von Pflugk-Harttung, *Acta pontificum Romanorum inedita*, II, Stuttgart 1884, págs. 252-255 nº 295 y por U. Pasqui, *Documenti per la storia della città di Arezzo nel Medio Evo*, I, Florencia, 1899 (Documenti di storia Italiana, 11), págs. 438-442, nº 322, y comentado ya por J. Merkel, autor de uno de los apéndices a F. von Savigny, *Geschichte des römischen Rechts im* Mittelalter, vol. 7, 1851, repr. an. Darmstadt 1956, págs. 66-69, después por E. Besta, "Il diritto romano nella contesa tra i vescovi di Siena e d'Arezzo", en *Archivio Storico Italiano*, V serie, 37, 1906, págs. 61-92. Para todos véase por último, G. Chiodi, *Roma*, *op.cit.*, págs. 1.217-1.222.

25. La de Aimerico es una personalidad clave para la historia de la Curia romana, y en particular de la justicia pontificia en el siglo XII. Según F.-J. Schmale, *Studien zum Schisma des Jahres 1130*, Colonia-Graz, Böhlau, 1961 (Forsch. zur Kirchlichen Rechtsgeschichte und zum Kirchenrecht, 3), págs. 91-191 (donde hay otras indicaciones bibliográficas), Aimerico habría sostenido con todos los medios las ideas de la Reforma: en particular habría buscado favorecer a los canónigos regulares y a los templarios con una serie de privilegios. W. Maleczek, "Das Kardinalskollegium unter

Innocenz II. und Anaklet II.", en *Archivum Historiae Pontificiae*, 19, 1981, págs. 27-78 (especialmente pág. 29, n. 4 y pág. 33 y sigs.), que prefiere explicar el rol que desarrolló en aquellos años con las características de su personalidad, insiste sobre la cultura jurídica de Aimerico y sobre los efectos que su paso por la cancillería tuvo en la administración de la justicia pontificia.

26. J. Fried, "Die römische Kurie und die Anfänge der Prozessliteratur", en *ZSS KA* 59, 1973, págs. 151-174.

27. Antes bien, si no fuese seguro que su autor es el principal de los discípulos de Irnerio, el principal maestro de *nostri doctores*, la corriente más integralmente boloñesa y civilística, se podría dudar de que la obra haya sido escrita en el ambiente de la *mater legum*. Privados de citaciones en el estilo boloñés y distantes del andamiento dialéctico típico de la literatura escolástica, los *excerpta legum* de Bulgaro se demoran en reevocar el sistema judiciario romano y la autoridad del magistrado, concentrándose sólo al final sobre los aspectos técnicos que son típicos del gusto boloñés. También la circulación atestada por los manuscritos es extraboloñesa: la obra se halla en un caso ligada a textos lombardísticos, en otro al *Epitome exactis regibus* y al libro de Tubingen; en un manuscrito Vaticano está en compañía de un falso epistolario entre Séneca y San Pablo y de un florilegio de los *Diálogos* de Gregorio Magno; en el manuscrito parisino (proveniente de la biblioteca de San Víctor) señalado por G. Teske, "Ein neuer Text des Bulgarus-Briefes an den römischen Kanzler Haimerich. Zugleich ein Beitrag zum Verhältnis von Saint-Victor in Paris zur Curie", en *Vinculum Societatis* (FS Joachim Wollasch), Sigmaringendorf, 1991, págs. 302-313, el tratado conserva por entero su forma original de epístola a Aimerico, y se halla junto a textos eclesiásticos de gusto francés. La obra de aquel que es considerado a menudo el principal maestro de una corriente intransigente y opuesta a la *aequitas canonica* defendida por Martino Gosia se encuentra entonces con comodidad en compañía de textos caros a la Iglesia y preocupados por trazar una ligazón entre la antigüedad romana y la doctrina eclesiástica. Para una orientación bibliográfica sobre el texto de Bulgaro, cf. L. Fowler, *Ordo iudiciorum vel ordo iudiciarius. Begriff und Literaturgattung*, Frankfurt del Meno, Klostermann,1984 (Ius commune SH 19), págs. 35-40; y *Ordines iudiciarii and libelli de ordine iudiciorum*, Turnhout, Brepols, 1994, págs. 24-28.

28. Fundamental el ya clásico estudio de K.W. Noerr, *Zur Stellung des Richters im gelehrten Prozeß der Frühzeit: Iudex secundum allegata non secundum conscientiam iudicat*, Munich, 1967 (Münchener Universitätsschriften, Reihe der Juristischen Fakultät, 2), en especial págs. 7-16; también *id.*, "Prozesszweck und Prozesstypus: der kirchliche Prozess des Mittelalters im Spannungsfeld zwischen objektiver Ordnung und subjektiven Interessen", en *ZSSt. KA*, 59, 1992, págs. 183-209, ahora en *Id.*, *Iudicium est actus trium personarum. Beiträge zur Geschichte des Zivilprozeßrecht in Europa*, Goldbach, Keip, 1993, pág. 87 y sigs.

29. Ya desde J. von Ficker, *Forschungen zur Reichs- und Rechtsgeschichte Italiens*, vol. III, Innsbruck, 1872, págs. 288-305, había puesto de relieve la tendencia italiana a confiar al juez el poder de pronunciar la sentencia. Los ambientes en los cuales este cambio de la posición del juez se cumple son a menudo los mismos en los que aparecen los signos de penetración de la cultura jurídica en la práctica: así, por ejemplo, el célebre plácito de Marturi: Cf. en part. pág. 294.

30. Una sugestiva reconstrucción de la historia de la fórmula ahora en L. Peppe, "Jedem das Seine, (uni)cuique suum, a ciascuno il suo", en L. Labruna, M. P. Baccari,

C. Cascione (eds.), *Tradizione romanistica e costituzione*, Nápoles, ESI, 2006, pág. 1.707 y sigs. Peppe descubre las más antiguas atestaciones de la versión eclesiástica de la fórmula, que sustituye el *cuique* ciceroniano con *unicuique*, precisamente en Gregorio VII.

31. Cit. *supra*, nota 24.

32. Documento cit.: "Cumque protraheretur inter vos per dies aliquot altercatio, et nos una cum fratribus nostris episcopis et cardinalibus ad pacem inter vos et concordiam componendam summopere studium preberemus, interveniente ipsius domni nostri obitu et me in curam et administrationem sedis apostolice, disponente divina gratia, evocato maiori ut in talibus fieri assolet, sollicitudine occupati, negotium hoc usque ad mediam quadragesimam subsequentem distulimus".

33. Documento cit.: "Termino itaque prestito, cum utraque pars, adductis ligisperitis et advocatis suis, ante nostram presentiam convenisset".

34. El documento dice: "Pretor ait: Exstat enim decretum divi marci in hec verba: optimum est, ut, si quas putas te habere petitiones, actionibus experiaris. Cum Martianus diceret: vim nullam feci, Cesar dixit: tu vim putas esse solum, si homines vulnerentur? Vis est et tunc, quotiens quis id, quod deberi sibi putat, non per iudices reposcit", que retoma sólo la parte final de D. 48.7.7. Observaciones sobre el texto también en E. Besta, *Il diritto romano*, *op. cit.*, págs. 71-76.

35. A menos que no se quiera considerar una forma de juicio posesorio la *investitura salva querela*, que fue considerada como tal por la historiografía. El discurso nos alejaría y es mejor reenviarlo a otra sede, limitándonos a observar que en el documento de 1125 la investidura efectuada en favor de una de las partes no impide a la otra la prosecución del procedimiento posesorio.

36. Así G. Chiodi, *op. cit.*, pág. 1.222.

37. Conocido por haber sido objeto de análisis por parte de A. Padoa Schioppa, "Le rôle du droit savant dans quelques actes judiciaires italiens des XIe et XIIe siècles", en *Confluence des droits savants et des pratiques juridiques,* Actes du colloque de Montpellier, 1977, Milán, Giuffrè, 1979, págs. 343-371 [traducción italiana "Il ruolo della cultura giuridica in alcuni atti giudiziari italiani dei secoli XI e XII", en *Nuova Riv. Storica*, 64, 1980, págs. 265-289], págs. 355-358, y después por G. Chiodi, *op.cit.*, pág. 1.208 y sigs., el documento es editado por J. von Ficker, *Forschungen zur Reichs- und Rechtsgeschichte Italiens*, I-IV, Innsbruck, 1868, 1869, 1872, 1874 (rist. an. Aalen, Scientia Verlag, 1961), IV, págs. 136-138, y después también por P. Fedele, "Carte del monastero dei SS. Cosma e Damiano", en *Archivio della Società Romana di Storia Patria,* 21, 1898, págs. 25-107.

38. El documento es édito en modo incorrecto por F. Ughelli, *Italia Sacra*, I, 354 (dice Patetta, pero no está: ver Savigny, I, 417, nota k). Otra edición, pero idéntica a Ughelli, en N. Palma, *Storia ecclesiastica e civile della regione più settentrionale del Regno di Napoli… oggi città di Teramo…*, I, Teramo, 1832, págs. 136-137. Palma no pudo confrontar la edición de Ughelli porque el códice del cartulario se hallaba perdido. Reencontrado en 1905 es publicado por F. Savini, *Il cartulario della chiesa teramana*, Roma, 1910, págs. 16-19, nº IX; algunas incongruencias de la edición Ughelli están sin embargo conservadas, y derivan por ello verosímilmente del ejemplar manuscrito. Recordado por G. Chiodi, *op. cit.*, págs. 1.150-1.151, con ulterior bibliografía.

39. Roffredo Beneventanus, *Libelli iuris civilis*, ed. Avignone 1500 = rist. anast. Turín, Bottega d'Erasmo, 1968, fol. 63*a* (El pasaje está tomado del *Speculum iudiciale*

di Guglielmo Durante, *pars.* IV *partic.* II *de restit. spoliatorum* § *Nunc* y transcrito por L. Caporossi Colognesi, "Appunti sulla 'quasi possessio iuris' nell'opera dei giuristi medievali", en *Bullettino dell'Istituto di diritto romano*, s. 3, 19, 1977, págs. 99-127, págs. 99-101): "Respondeo: advocati mei temporis et iudices ita servant hodie, ut proponant utilem interdicum unde vi, vel utilem actionem subrogata in locum ipsius interdicti, vel utilem constitutionem Si quis in tanta (C. 8.4.7)".

40. La mejor reseña de las cuestiones jurídicas ligadas al plácito en E. Cortese, *Il rinascimento giuridico medievale*, 2ª ed., Roma, Bulzoni, 1996, págs. 10-13.

41. Ed. en *Studi e documenti di storia e diritto*, 7 (1886), págs. 111-113. Comentada por Alibrandi, "Osservazioni giuridiche sopra un ricorso de' monaci di Grottaferrata al pontefice Innocenzo II", en *Studi e documenti di storia e diritto*, 8, 1887, págs. 201-212.

42. Por último, cf. G. Chiodi, *op. cit.*, pág. 1.223 y sigs.

43. "Quoniam vigor iudiciorum iurisque publici tutela ideo in medio est constituta ne quisquam sibi ipsi permittere valeat ultionem; et quoniam iura romana sanciunt ut si [*lacuna*] actionibus [...] experiamur. Actiones etenim sunt invente divino nutu, et quia Dei gratia iustitie culturem (sic) in omnibus mundo Deus revelavit honestum clementissimum nostrum papam Innocentium, cuius imperio perpetuo vi [...] abundet, pax tranquilla servetur, cui cuncta subiaceat, quem ipse Petrus voluit sibi habere vicarium, ideo sanctissime pater et universalis papa Innocenti, cum nobis litis iniusta oriatur malitia, nostras querimonias ad vos extorquemus et preces".

44. Cf. en general L. Moscati, *Alle origini del Comune Romano. Economia società istituzioni*, s.d./s.l., Roma, Carucci, 1980; más amplia la historiografía sobre la *renovatio* del Senado, que se ve reepilogada en M. Miglio, "Il senato in Roma medievale", en *Il senato nella storia*, II, *Il senato nel Medieovo e nella prima età moderna*, Roma, Istituto Poligraico e Zecca di Stato, 1997, págs. 117-172.

45. E. Conte, *L'istituzione del testo giuridico tra XII e XIII secolo*, en *Tavolarotonda 1. Conversazioni di storia delle istituzioni politiche e giuridiche dell'Europa mediterranea*, Milán, Giuffrè, 2004, págs. 51-88.

46. Sobre la *utraque lex* por último E. Cortese, *Il diritto nella storia medievale*, vol. I, Roma, Il Cigno, 1995, págs. 385-388.

47. Difícil hallar noticias sobre él: cf. sólo L. Moscati, *Alle origini del Comune Romano*, *op. cit.*, pág. 75.

48. L. M. Hartmann (ed.), *Ecclesiae S. Mariae in via lata tabularium*, (I-) III, Viena, 1913.

49. El período de locación excedente a la vida del conductor consentiría de configurar la relación como *locatio ad longum tempus*. Sobre el tema es ya clásico el estudio de P. Grossi, *Locatio ad longum tempus. Locazione e rapporti reali di godimento nella problematica del diritto commune*, Pompeya, Morano, 1963.

50. *Ibid.*: "Advocatus vero monasterii sic respondebat dicens Grisoctum nullam defensionem per illud instrumentum habere posse quominus de predicta detentione decedere contendit, quoniam fenticio modo tam abbatissa quam ipse Grisoctus speciali conventione, ne valeret illud, scribi fecerat, eo quod predictus domnus papa Innocentius pro nepotibus suis in predictas terras oculos ingecerat; nam conabatur de predictis terris dictis nepotibus suis abbatissa locationem facere; unde abbatissa ac timoris causa terra (*sic pro* territa ?), ne penitus monasterium sepedictis possessionibus spoliaretur, ne etiam ipse Grisoctus, qui et eas terras sub annuo redditu monasterii nomine laborabat, similiter deiceretur, mutuo consensu convenerunt ut tale instrumentum sub colore

locationis scribere (*melius* scriberent) ut, cum necesse esset, domno apostolico posset ostendi et sic domnus apostolicus a tali preposito (*melius* proposito) citius desisteret".

51. Los testimonios convocados por la abadesa del monasterio declaran "se conventioni interfuisse et communi voluntate tam abbatisse quam Grisocti sicuti superius dictum est finticio modo prefatum instrumentum scriptum fuisse".

52. La distinción de los glosadores es bien conocida. Cf. al menos P. Grossi, "Locatio...", *op. cit.*, pág. 83 y ss.; G. Diurni, "P*ossesso*" *(rid. Interm.)*, en *Enciclopedia del Diritto*, vol. 34, Milán, Giuffrè, 1985, págs. 467-490, en particular págs. 485-489. Para unas fuentes véase por último en R. Volante, "Fatto normativo e interpretatio iuris", *op. cit.*, págs. 8-13.

53. Noticias son recogidas por H. Lange, *Römisches Recht im Mittelalter*, vol. I, *Die Glossatoren*, Munich, Beck, 1997, págs. 202-204.

54. F. Bartoloni (ed.), *Codice diplomatico*, nº 16, págs. 23-25. El Senado había investido de la cuestión a un grupo de doctores: "Qui omnibus eorum rationibus, ut eorum sapientia titillabat, solerter perspectis, tale consilium nobis dederunt: 'In nomine Domini. Nos iudices Petrus primicerius, Robertus primus defensor, Gregorius dativus, Philippus sacellarius, Petrus de Rubeo dativus et Landulfus dativus tale consilium domnis senatoribus damus. Ut ecclesia sancte Crucis volens agere de possessione terrarum unde fuit actum in presentia pape Eugenii, ulterius non audiatur, quia obstat [r]ei exceptio rei iudicate. Si vero de proprietate agere voluerit, audiri tantum debet apud successorem eius qui de possessione congnovit'".

55. Cf. M. Ronzani, *"'La nuova Roma': Pisa, papato e Impero al tempo di S. Bernardo"*, en O. Banti, C. Violante (eds.), *Momenti di storia medievale pisana*, Pisa, Pacini, 1991, págs. 61-77.

56. F. Bartoloni, *Codice*, 11 doc. 11, 1151 marzo 12. Un segundo tratado fue concluido en 1154 (*Ibid.* pág. 52 y sigs.).

57. Ahora editados críticamente por P. Vignoli: *I costituti della legge e dell'uso di Pisa (sec. XII). Edizione integrale del testo tràdito dal "codice Yale" (ms. Beinecke Library 415)*, Roma, Istituto Storico Italiano per il Medio Evo, 2003 (Fonti per la Storia dell'Italia Medievale. Antiquitates 23); y cf. C. Storti Storchi, *Intorno ai Costituti pisani dela legge e dell'uso (secolo XII)*, Nápoles, Liguori, 1998 (Quaderni GISEM 11).

58. El célebre pasaje de la *Summa Quicumque vult* de Juan Basiano, en el cual atribuye a la "prudentissima pisana civitas" el mérito de haber establecido la obligación de "nomen actionis in libello exprimere", está probablemente referido a *Costitutum usus*, ed. Vignoli, ed. cit. pág. 164.

59. El documento es bastante amplio y articulado, y no hay espacio para examinarlo completamente. Cf. *Allegationes per i canonici del Duomo nella causa per il bosco di Tombolo*, en P. Classen (ed.), *Studium und Gesellschaft im MA*, Stuttgart, Hiersemann, 1983, pág. 103 y sigs.

60. Intervenciones importantes y conocidas en la historiografía jurídica y no jurídica: después "Le rôle du droit savant", *op. cit.*, A. Padoa Schioppa, "Aspetti della giustizia Milanese dal X al XII secolo", en *Atti dell'XI congresso internazionale di studi sull'alto medioevo*, Spoleto, CISAM, 1989, págs. 459-549; *id.*, "La gustizia Milanese nella prima età viscontea (1277-1300)", *Ius Mediolani. Studi di storia del diritto Milanese offerti dagli allievi a Giulio Vismara*, Milán, Giuffrè, 1996, págs. 1-46.

61. "The Emergence of Professional Law in the Long Twelfth Century", en *Law and History Rewiew*, 2003, 21.2, verano, págs. 347-366.

62. "Tra astrazione e rassi. Le forme del processo nelle città dell'Italia settentrionale del secolo XII", en F. J. Arlinghaus, I. Baumgärtner, V. Colli, S. Lepsius, T. Wetzstein (eds.), *Praxis der Gerichtsbarkeit in europäischen Städten des Spätmittelalters*, Fankfurt am Main, Klostermann, 2005 (Rechtspechung. Materialien und Studien. Veröff. Des MPI für europ. Rechtsgeschichte, 23), págs. 135-153.

63. La contienda es resumida más bien claramente por A. Castagnetti, "Il capitolo della cattedrale: note di storia politica e sociale", en E. Lanza (ed.), *Le carte del capitolo della cattedrale di Verona*, vol. I, págs. 1.101-1.151 (Fonti per la storia della terraferma veneta, 13), Roma, Viella,1998, V-LIX, XXXIII-XXXVIII.

64. Como subraya explícitamente M. Vallerani, *op. cit.*, pág. 141.

65. Ed. por E. Lanza, *op. cit.*, pág. 230 n. 121.

Prueba, verdad y sospecha en los fueros del reino de León (siglos XI-XII)

PAOLA ALEJANDRA MICELI
Universidad Nacional de General Sarmiento

Ya es un lugar común entre los historiadores abocados a los temas jurídicos señalar un cambio en las características distintivas del proceso altomedieval en el siglo XII como consecuencia de la recepción de *corpus* justiniano: el paso de un sistema acusatorio a otro inquisitivo, el reemplazo de las prácticas ordálicas y sacramentales por otro tipo de pruebas, las transformaciones que conciernen al espacio judicial en su conjunto encuentran explicación en el discurso doctrinal y normativo que elaboran los juristas medievales en su trabajo sobre los textos recuperados.

La radicalidad de este cambio llevó a algunos especialistas a hablar del paso de un sistema vindicatorio privado e irracional (basado en la venganza privada y en la remisión a la divinidad para resolver cuestiones judiciales) a otro asentado en un sistema de pruebas, por lo tanto público y racional (basado en los *ordines* romano-canónicos). Este esquema, muy discutido actualmente, tenía como telón de fondo la dicotomía entre un derecho germánico de raigambre popular y consuetudinario y un derecho romano-canónico ligado al surgimiento del Estado centralizado y de naturaleza docta. Esta confrontación entre Derecho germánico/popular/consuetudinario/privado y Derecho romano/estatal/docto/público habilitó la posibilidad de pensar, a partir de la matriz aportada por la antropología,[1] en términos de avance desde la irracionalidad del primer sistema, cuya expresión más patente eran los "juicios de Dios", a la racionalidad del segundo que buscaba a través de un nuevo sistema de pruebas la verdad del hecho. Esta oposición no hacía lugar para pensar sistemas de conformación mixta tan comunes en las prácticas y situaciones jurídicas específicas, como por ejemplo la presencia de elementos vindicatorios en la justicia monárquica o la continuidad del combate judicial en el interior del proceso inquisitivo.[2]

Las investigaciones llevadas adelante en estos últimos años no sólo permiten hablar de permanencias en el proceso romano-canónico de elementos de los sistemas precedentes, sino también de la existencia, en el período previo a la recepción, de nociones y prácticas que desde una mirada evolucionista serían calificadas de carácter supuestamente "más racional" (como la presencia de la prueba testimonial o documental).[3]

Nuestro trabajo se inserta en esta línea: se trata de realizar un análisis de las formas de prueba y los criterios de construcción de la verdad judicial en los fueros del reino de León entre los siglos XI-XII.[4] Material lacónico pero interesante en tanto permite acercarnos a las formas del proceso antes de la recepción romano-canónica en el mundo peninsular. Es muy frecuente que los historiadores del mundo hispánico consideren que los Fueros del Reino de León, si bien influenciados por la ley visigoda y por lo tanto por el derecho romano, poseen una fuerte impronta de un derecho popular consuetudinario asociado al derecho germánico. Las instituciones presentes en los fueros de León, que según esta interpretación serían marca de esta influencia germánica, son: el duelo judicial, la prenda extrajudicial, la venganza de sangre, el carácter colectivo de los tribunales, entre otras. La presencia en León de estos elementos asociados al derecho germánico se explicaría a partir de la tesis que sostiene que después de la invasión musulmana del siglo VIII, con la caída en desuso de la ley visigoda, resurgió un derecho germánico que ya se encontraba latente bajo el dominio de la *Lex Visigothorum* y que siempre se había resistido a ella (que según los germanistas se vislumbraba en la existencia de un doble ordenamiento, uno para la población goda y otro para la hispano-romana). En la *impasse* entre la ley visigoda y el derecho romano emergería la costumbre deudora de un derecho antiguo de raíz popular, el derecho germánico. No es éste el lugar para señalar todas las críticas que ha recibido y puede recibir este planteo; lo que sí nos interesa indicar es que a pesar de todas las objeciones que ha recogido esta tesis, la asociación entre derecho popular y derecho consuetudinario, por un lado, y derecho consuetudinario y derecho germánico, por otro, sigue en pie en muchos de los trabajos que se han preocupado por las formas de la prueba o el proceso judicial en los fueros. Esta correlación, que da como resultado una concepción naturalista y romántica del derecho germánico como derecho consuetudinario y popular, es la que habilita la posibilidad de pensar las prácticas presentes en los fueros de los siglos XI-XII como derecho consuetudinario y, por lo tanto, germánico.

La lógica del razonamiento operaría de la siguiente manera: si el conjunto de instituciones, como el duelo judicial, la prenda extrajudicial, etc., está presente en la legislación de los siglos XI y XII pero no aparece en los códigos visigodos es porque operaba en la práctica una práctica judicial que existía al margen de los textos legales visigodos. Esto implicaría la existencia de un doble registro legal en el Reino Visigodo: por un lado, el de las prácticas codificadas, profundamente influenciadas por la tradición romana, esto es, el conjunto de códigos que conocemos como la ley visigoda; por otro lado, el de la práctica extralegal (por llamarlo de alguna manera) no codificada, asociada por esta misma razón a un derecho consuetudinario concebido como popular que se encontraría latente bajo la codificación visigoda, y que encarnaría al verdadero derecho germánico. Operada esta clasificación no habría duda entonces de que el derecho presente en los fueros de estos siglos tendría una fuerte impronta del derecho consuetudinario y germánico.

Esta decisión tomada a priori de la investigación es el telón de fondo de muchos de los trabajos que han hecho referencia a las formas procesales forales: en unos, porque la preocupación central es dilucidar cuánto hay de derecho romano y cuánto de germano en esta documentación; en otros, porque consideran que en tanto nos enfrentamos a un derecho de matriz popular, las formas de la prueba están teñidas de formalismo, irracionalidad, etc. Nuestro trabajo tiene por objeto mostrar que en los fueros, en principio los de León, los criterios de verdad y las formas de la prueba no pueden reducirse a la busca de una verdad formal adquirida a través de los sentidos. Según veremos, nos enfrentamos a un sistema de pruebas más complejo en donde el criterio de verdad puesto a operar no es unívoco. Es en este sentido que nos ocuparemos de la relación que se traza en estos fueros entre las formas de la prueba y el acceso a la verdad: a modo de adelanto, diremos que se puede establecer en la documentación una relación entre pesquisa y verdad, por un lado, y entre ordalía y sospecha, por otro. Pero de esto nos ocuparemos más adelante.

FORMAS DE LA PRUEBA EN FUEROS DE LEÓN

Los fueros breves que vamos a analizar son bastante parcos a la hora de darnos elementos para hacer un análisis de las formas en las que se accede a la verdad judicial. Sin embargo, es posible, a partir de una lectura atenta y comparativa, delinear algunas de las maneras en que estos textos presentan el problema de la verdad y la sospecha en el proceso judicial.

Veamos para empezar cuáles son las formas de la prueba presentes en los fueros de León. Es importante aclarar, ante todo, que la palabra *prueba* no es utilizada en los documentos analizados ni cuando se hace referencia al juramento, ni a la ordalía, ni al testimonio. Se puede constatar lo mismo en los fueros de Castilla, pero con una diferencia notoria: en éstos a diferencia de los del reino de León, *prueva* sí se usa para los testimonios de quienes vieron y oyeron.[5] A diferencia del procedimiento romano-canónico en donde la noción misma de prueba está necesariamente ligada a la duda y a una concepción del hecho fundada en la imposibilidad de reconstruir judicialmente lo “real”,[6] en el *corpus* foral el hecho se percibe como recuperable y reconstruible, posibilitando el acceso a una verdad anclada en el afuera del proceso a la que se llega, como veremos, o por revelación o por indagación. Desde esta perspectiva, es muy significativo que el término *prueva* en los fueros castellanos se encuentre asociado al testimonio de los que vieron y oyeron: podríamos aventurar que se considera prueba la deposición de los testigos en tanto se accede a una verdad que no es manifestación o revelación, lo cual sí está presente en la ordalía o el juramento. En una verdad epifánica no hay lugar para la duda; pero sí lo hay en una verdad que intenta reconstruir el hecho a partir de un testimonio. Pero esto es sólo una apreciación sin demasiado fundamento; nuestra base documental son los fueros leoneses y lo que sabemos es que allí la idea de prueba es muy poco frecuente. La encontramos utilizada en dos o tres ocasiones en donde se trata de resolver una querella a través de una indagación. Volveremos sobre esta cuestión central más adelante; pero por ahora nos importa señalar que generalmente las palabras asociadas a las distintas formas de la prueba son verbos que indican acciones: "per tres bonos homines ex progenie inquietati, habitantes in ipsa mandatione *confirmet*";[7] "ille cui suspectum habuerit defendat se iuramento et aqua calida *defendat*",[8] "*faciat* iuramentum et aquam calidam per manum bonorum sacerdotum".[9] Según estos fragmentos extraídos de la documentación, el acusado debe confirmar su inocencia, defenderse si es inocente, hacer juramento para demostrar su inocencia, como si fuera posible recuperar una verdad de los hechos a través de los gestos realizados por el sujeto pero instituidos por el fuero. La verdad del hecho se confunde con la verdad del sujeto. Tal vez esta amalgama entre lógica del sujeto y lógica del hecho permitiría hablar de cierto formalismo, como lo han señalado ya algunos investigadores, en el proceso judicial foral: a cada delito le correspondería un gesto o un ritual preestablecido en el propio texto del fuero. Sin embargo, como veremos, ésta es sólo una de las formas de acceso a la verdad presente en la documentación analizada.

¿Cuáles son entonces las alternativas propuestas por el fuero para probar una demanda? En primer lugar, cumple un papel central como forma de prueba el juramento. Como es habitual, en el proceso medieval el juramento se fundamenta en la certeza de castigo al perjuro en el más allá que impide a los hombres jurar en falso. El que jura pone, de alguna manera, a Dios como testigo, de allí que el juramento tenga un valor de *sacramentum* para el mundo medieval.[10] En la documentación estudiada, en la mayoría de los casos, el que jura es el que debe demostrar un *status* cuestionado, una propiedad discutida o su inocencia. Puede hacerlo solo o puede requerírsele la participación de cojuradores, quienes deben confirmar la credibilidad del juramento de aquel al que patrocinan. Pero la presencia de cojuradores es muy infrecuente en los fueros de León: existe una sola mención ("per tres bonos homines ex progenie inquietati, habitantes in ipsa mandatione confirmet iureiurando eum..."),[11] aunque es problemática, ya que no hay acuerdo entre los investigadores acerca de si los hombres buenos que se mencionan serían cojuradores o testigos.[12] No se registra en esta colección documental juramento del acusador (juramento de manquadra), bastante común en los fueros castellanos del mismo período y en algunos fueros leoneses semiextensos, como el de Salamanca, Ledesma y Zamora.[13] En todos los casos es el acusado el que debe jurar para liberarse de la acusación. La figura del acusador está muy desdibujada en la documentación y en muy pocas oportunidades se hace referencia al querelloso, e incluso en los casos en los que se plantea que el inculpado debe defenderse por juramento y lid con armas está elidida la referencia al demandante.[14] El efecto de real que produce esta retórica que hace desaparecer a la parte acusadora es el de la existencia de una certeza yaciente que debe ser puesta en acto por el querellado. En definitiva, la verdad surge de la creencia en el juramento del acusado –en la medida en que a través de ese acto se involucra a Dios– y del grado de credibilidad que el querellado tenga dentro de la comunidad en la que habita.

Este juramento expurgatorio va acompañado en muchas de las leyes forales por otra manera de demostrar la inocencia o la culpabilidad: la ordalía del agua caldaria y la lid con armas.[15] El origen y la utilización de las ordalías como forma de prueba en la Península Ibérica durante la alta Edad Media fue tema de un debate casi inagotable durante la década de 1970. En el corazón mismo de la discusión se encontraba, otra vez, la conocida controversia acerca del origen germánico de los juicios de Dios. En la Península Ibérica la presencia de una única norma (y sólo en algunos manuscritos) que reglamentaba la ordalía en los códigos legales visigóticos aumentaba la polémica. Algunos autores plantearon que la ley del *Liber* que regulaba la prueba caldaria (LV 6,1,3 según la edición de Zeumer)[16] no fue una norma de época sino un añadido posterior. Se trataría de una "seudoley visigoda añadida a algunos manuscritos del *Liber* en años y ambientes medievales que conocían la ordalía al objeto de presentar como *lex gothica* una nueva realidad".[17] De esto se derivaba, entonces, que la ordalía no había existido como forma de prueba en la legislación visigoda. Otros autores consideraron ilógico que el añadido de esta norma surgiera *ex novo* y señalaron que era muy probable que la monarquía visigoda se hubiera limitado a reconocer oficialmente a través de dicho precepto lo que en definitiva era una práctica preexistente.[18] Esta formulación abría, así, la posibilidad de la existencia de pensamiento ordálico entre los visigodos "imbricado en la cultura popular".[19]

Pero este debate sobre el origen de las ordalías peninsulares aporta poco a nuestro problema. Sabemos a partir del artículo de Iglesia Ferreirós sobre el proceso del Conde Bera que, con certeza, existen en León a partir de mediados del siglo X testimonios del empleo de la ordalía del agua hirviente[20]. Para el siglo XI, y como demuestran los fueros que estamos estudiando, esta práctica probatoria era utilizada en la región, aunque muy escasamente. Por el contrario, la ordalía de la lid o duelo tiene en el mundo peninsular pocos antecedentes en la documentación previa al siglo XI. Según este mismo autor, la primera vez que se hace mención a este tipo de ordalía en Asturias y León es precisamente en uno de los documentos del *corpus* sobre el que estamos trabajando: Fuero de León (1017) cuando se prescribe que un hombre acusado de haber cometido hurto u homicidio a traición u otra perfidia y posteriormente descubierto debe defenderse "per iuramentum et litem cum armis". En las siguientes ocasiones en que, a lo largo de los siglos XI y XII, los Fueros del Reino de León recurren a la lid como forma de prueba nos enfrentamos generalmente a delitos ligados al ocultamiento: ya sea a homicidios o delitos cometidos en la oscuridad de la noche[21], o a un homicidio negado por el querellado.[22] La opacidad del hecho, ya sea producto de la oscuridad propia de la noche o de la negativa del acusado, habilita la necesidad de utilizar un recurso probatorio que muestre, que "haga ver" en el sentido más literal de la expresión, que ponga de manifiesto la culpabilidad o la inocencia del acusado frente a los demás miembros del grupo.

La ordalía del agua hirviente aparece en la documentación pero con una frecuencia mucho menor que el duelo. Un dato llamativo es que nunca se presenta sola como forma probatoria, siempre va acompañada por el juramento: se repite una y otra vez la fórmula *iuramentum et aquam calidam*. No hay ninguna precisión en estos fueros que nos permita concluir si el sacramento y la ordalía van asociados con carácter subsidiario, alternativo o confirmatorio. Si nos remitimos a la historiografía altomedieval peninsular, esta asociación entre juramento y ordalía puede ser pensada de diversas maneras. Por un lado, esta fórmula podría ser leída en los términos del debate acerca del carácter ordálico del *sacramentum*. Buena parte de la bibliografía especializada ha considerado el juramento como una variante de la ordalía: el carácter ordálico del juramento estaría dado porque se considera que el perjuro será castigado con desgracias y calamidades por la divinidad. Lévy, por ejemplo, sostiene que "el *sacramentum* era una prueba sobrenatural más, como la ordalía",[23] con la única diferencia de que en el primero la divinidad se hacía presente en un tiempo mucho más mediato. En esta línea el *et* de nuestra fórmula *iuramentum et aquam calidam* estaría equiparando el juramento a la ordalía; el *et* sería marca del carácter también ordálico del juramento. Discutiendo la perspectiva que considera al *iuramentum* un juicio de Dios, Dahn plantea que esta relación entre ordalía y *sacramentum* no debe ser pensada de esta manera ya que en la ordalía el acusado no es castigado, sino que es señalada su culpabilidad para ser sometido luego a la justicia humana. En el juramento, por el contrario operaría la creencia en una justicia divina.[24]

Por otro lado, y creemos que ésta puede ser una línea más fructífera que la anterior, la presencia del juramento acompañado de la ordalía podría pensarse como parte de un proceso que Iglesia Ferreirós llama de pérdida de valor del juramento:[25] la necesidad de combatir el perjurio exige que el juramento sea confirmado con un juicio de Dios. Es por esto "que los testimonios más antiguos del empleo de ordalía en la Península, muestran así el empleo de ésta para combatir el perjurio, al confirmar el juramento realizado por los testigos".[26] La pérdida de confianza en el juramento hace necesaria la revalidación con una ordalía que en los fueros que estamos estudiando es la del agua hirviente. A partir de esta interpretación, el *et* no coordinaría dos formas de prueba alternativas y semejantes, sino una forma de prueba y su confirmación. Esta hipótesis, además, puede habilitar una crítica a quienes consideran al juramento como ordalía: si se recurre a esta última para confirmar la veracidad de un juramento, entonces éste no sería considerado un "juicio de Dios".

Pero juramento y ordalía no son las únicas formas de prueba a las que se hace referencia en los Fueros del Reino de León. El testimonio, el documento y la indagación también se presentan como alternativas a la hora de probar la inocencia o la culpabilidad del acusado.

En el rastreo que hemos hecho en la documentación encontramos dos ocasiones claras en las que se hace referencia a testigos: en el precepto XX del Fuero de León se establece que, en caso de no llegar a una *uera inquisitio* (veremos en breve de qué se trata), las partes debían convocar a testigos que hubieran visto y oído; en el Fuero de Sahagún de 1085 se permite que un clérigo que recibió confesión de un moribundo sea testigo. Además de estas menciones explícitas, los fueros recurrentemente sancionan el falso testimonio, lo que demuestra que esa forma de prueba era frecuente.

Por otra parte, el escrito se presenta como recurso probatorio aunque en una sola oportunidad. El precepto número II del Fuero de León establece que la iglesia debe poseer firmemente lo que le ha sido otorgado y roborado a través de un *testamentum*. En caso de que alguien cuestionara alguna de las posesiones de la iglesia, ésta debería presentar el *testamentum* al *concilium* e iniciarse una indagación por medio de *veridicis hominibus*. Si se comprobaba, a través de la *inquisitio*, que el escrito era verdadero, no era necesario abrir juicio ya que la iglesia había demostrado que aquello que estaba escrito lo poseía con derecho. Pero en el caso de que no poseyera un *testamentum* debía afirmar su derecho a través del juramento de los administradores de la iglesia y a partir de ese momento podía poseerlo a perpetuidad. Además de la aparición de estos "hombres verídicos o veraces" en los que vamos a detenernos más adelante, este fragmento presenta un par de cuestiones interesantes para nuestro análisis. En primer lugar, si bien se considera al escrito como prueba, el documento muestra que no alcanza con su mera existencia como forma probatoria en caso de que se inicie una querella: debía ser presentado ante la asamblea (podría estar haciendo referencia al *concilium regis* o al tribunal de justicia) y sometido a indagación para comprobar el escrito. Lógica que no escapa al valor que el mundo medieval le otorgaba a la escritura. Como ya ha señalado Clanchy,[27] el escrito no tenía ningún valor por sí solo, la comprobación por el peso que tenían los testimonios orales era lo que lo hacía verdadero y no al revés. La forma de llevar adelante esa indagación no se prescribe, sólo se habla de unos *veridici homines* encargados de llevar adelante la tarea.

La segunda cuestión que se abre a partir de la lectura de este precepto es la de la *exquisitio* o *persquisitio* como forma de prueba. Se advierte que la norma establece que debe llevarse adelante una pesquisa para demostrar que el documento es verdadero, y en caso de quedar probada su veracidad no debe iniciarse juicio alguno. Como veremos a continuación, esta indagación que dirigen los *veridici homines* establece una particular relación con la verdad que no está presente en las otras formas de la prueba.

Persquirant eam ueridici homines...

Como ya han señalado los historiadores, el acceso a la verdad a través de la indagación parece no haber sido una característica exclusiva del sistema romano-canónico. Si bien sucintas respecto de los detalles del procedimiento, las referencias a la *inquisitio* también están presentes en la documentación estudiada: en el Fuero de León –como ya vimos– se inicia una investigación cuando hay que probar la autenticidad de un escrito, o cuando se trata de certificar el *status* de un poblador (siervo o libre);[28] en el de Castrocalbón se establece que frente a una querella presentada a los jueces el acusado debe defenderse "inquisitione bonorum hominum";[29] en Sahagún se prescribe que quien falsee una indagación no sea admitido nunca más para tal cometido y pague al abad por el engaño.[30] Allí mismo, pero una ley más abajo, se fija que en caso de muerte en sedición los parientes del allegado deben elegir "per rectam inquisitionem" uno entre los homicidas que lo golpearon.[31] Pero esta utilización de la *inquisitio* como forma de prueba no es una novedad del siglo XI, puesto que aparece registrada por los diplomas leoneses ya desde el siglo X (probablemente por influencia de la legislación visigoda en la que se establecía que en algunos casos criminales se podía usar como prueba excepcional).[32] Según el análisis realizado por Prieto Moreira de los diplomas entre los años 910 y 1017, existen referencias a unos *pervisores* o *exquisitores* que intervendrían en cuestiones de límites. El autor señala que frente a esta documentación se tiene la impresión de que el procedimiento inquisitivo tendría su origen en tales figuras, o, mejor dicho, que el procedimiento inquisitivo generalizado más tarde habría nacido en los pleitos de límites.[33] Sin embargo, éstas son sobre todo impresiones ya que, en primer lugar, no está claro si se trata de la misma función la de los *pervisores* y la de los *exquisitores*. En segundo lugar, hay muchas dudas acerca de cuál era la tarea de estos personajes, y en muchos casos no es fácil distinguirlos de los *iudices* en la diplomática leonesa.

Más allá de las dificultades para describir con absoluta certeza las funciones de estos *persquisitores* o *exquisitores* antes de fines del siglo XII y comienzos del XIII, momento en el que se consolida el sistema inquisitivo romano-canónico, lo cierto es que son nombrados para realizar la pesquisa. Asistimos entonces a la conversión de la *inquisitio* en un medio de prueba dentro del proceso ordinario.[34] Sin embargo, el proceso sigue basándose en el sistema acusatorio: los fueros siguen diciendo que "ni el merino ni el sayón persiga las heridas ni las contusiones de nadie si no le hubieran sido denunciadas", pero habilitan un lugar para llegar a la verdad a través de la indagación.

Es importante señalar a esta altura que esta pesquisa o *inquisitio* guarda notables diferencias con lo que va a ser la pesquisa del sistema romano-canónico: en primer lugar, como acabamos de indicar el proceso se inicia a partir de una acusación y la pesquisa es una de las formas probatorias pasibles de ser utilizadas. En segundo lugar, no se trata en ninguno de los casos hallados en León de un procedimiento iniciado de oficio por el juez. Es recién en un documento de 1173, pero conocido a través de una copia del siglo XIII (Fuero de San Miguel de Escalada según la pesquisa realizada por el obispo de San Isidoro, por orden del rey Fernando II), cuando encontramos la posibilidad de que un señor inicie una indagación aunque no haya habido denuncia: "Si quis vulnus fecerit aut percusserit, señor accipiat vocem quamvis ei non detur. Si contigerit in monte, exquirant in pastoribus; si in villa, in videntibus; si in nocte, det salvam".[35]

En los fueros breves de León los términos más habituales con los que se hace referencia a quienes llevarán adelante esta *inquisitio* son: *ueridici homines* (el más frecuente), *bonos homines* (aisladamente) y, conforme avanzamos en el siglo XII, *persquisitores*. El sintagma *veridici homines* no es una innovación leonesa: Bougard encuentra en la Galia merovingia del siglo VIII una referencia a unos *veraces homines* que llevarían adelante, según el autor, una forma rudimentaria de pesquisa utilizada en el tribunal real. Brunner señala que, en los dos casos en los que se hace referencia a estos personajes, en el 710 y el 749, su tarea es la de completar la administración de una prueba esencialmente obtenida por actos escritos.[36]

No hay precisiones acerca del origen de estos hombres que llevan adelante la investigación, pero, a partir de los pocos datos que podemos extraer de la documentación y comparando con otras regiones, podemos suponer, en primer lugar, que durante este período no se trataba de funcionarios estables sino que eran nombrados en cada ocasión para realizar una pesquisa en particular. En segundo lugar, lo más frecuente era que las partes involucradas acordaran llevar adelante la pesquisa[37] y que, muy probablemente, los *veridici homines* fueran elegidos por las partes o por la asamblea judicial. Evelyn Procter ha señalado que, generalmente, estos *exquisitores* eran designados de mutuo acuerdo.[38] En caso de que las partes no se pusieran de acuerdo, los inquisidores eran designados por el rey o por los que, teniendo permiso real para llevar adelante esta investigación, eran designados por el propietario cuando se trataba de incautación de bienes o usurpación de la propiedad.[39] La elección solía recaer en "bonos hombres et sabydores" los que "mayor verdat pueden fayllar" como señala el Fuero de Navarra (2, 5, 7). Hay una especial preocupación en los fueros de León por castigar la *falsam inquisitionem*, infracción que aparece sancionada en varias normas de distintos fueros.[40] Que los pesquisidores no fueran funcionarios estables y que fueran elegidos entre los habitantes del lugar por las partes podría pensarse como causa de este temor permanente. Por último, en la documentación estudiada los *veridici homines* tienen un lugar ambiguo en el proceso: en algunos casos parecen indagar acerca de la veracidad de las pruebas (como en el caso señalado más arriba sobre un *testamentum* perteneciente a la Iglesia: "testamentum in concilium adducatur, et a veridicis hominibus utrum uero sit exquiratur, et si uerum inventum fuerit testamentum nullum super eum agatur iudicium...");[41] en otros, da la sensación de que la indagación llevada a cabo tiene como objetivo obtener las pruebas para la resolución del conflicto ("Pro morte illius qui inseditione mortuus fuerit, proximiores parentes eligant pro homicidia unum illorum qui eum percusserunt per rectam inquisitionem...").[42] En ambos casos, a pesar de cierta diferencia, la *inquisitio* llevada adelante por estos personajes está estrechamente ligada a la verdad. No es casual que en las dos ocasiones en las que se usa el verbo *probar* en los fueros sea en casos en que se lleva adelante una indagación.[43] Esta ligazón se muestra de manera fehaciente en el precepto XX del Fuero de León, en donde se establece una correspondencia más que interesante entre indagación y verdad, por un lado, y ordalía y sospecha, por otro:

> Et si facta fuerit querela ante iudices de suspectione, ille cui suspectum habuerit defendat se iuramento et aqua calida, per manus bonorum hominum; Et si querimonia uera fuerit, et non per suspectionem, persquirant eam ueridici homines. Et si non poterit inueniri uera exquisitio, parentur testimonia, ex utraque parte talium hominum qui uiderunt et audierunt, et qui conuictus fuerit, soluat more terre illud unde querimonia facta fuerit.[44]

Como vemos, la norma distingue dos tipos de querella: *querela de suspectione*, *querela uera*. Es importante aquí detenernos un momento en una aclaración respecto de las formas en las que se ha entendido este fragmento, cuestión capital para nuestro razonamiento. Si confrontamos la edición del Fuero de León dirigida por Luis de Valdeavellano con la de Justiniano Rodríguez que venimos utilizando, nos encontramos con una diferencia en la traducción de este precepto: para este último *de suspectione* se refiere a la querella, es decir que se trata de una querella de sospecha –interpretación que como se verá adoptamos en nuestro trabajo–, mientras que para Valdeavellano "de sospecha" estaría en relación con *iudices*, dando como resultado la aparición de unos *iudices de suspectione* que, según se dice en el comentario de esta misma edición del documento, serían jueces que entendían en los casos en los que solo se sospechaba del acusado. Comparte la misma idea Sánchez Arcilla, quien considera una novedad la aparición en este decreto del Fuero de León de estos *iudices de suspectione*.[45] Alvarado Planas también ve en el fragmento analizado la presencia de jueces de sospecha, pero no considera que se trate de una novedad ya que los identifica con un tipo especial de *auditores* (*boni homines*) mencionados en el *Liber* (6, 1, 2 y 5) que auxilian al juez en la fase de tormento, ordalía y juramento: "no creo descabellado identificar los *boni homines* del *LI* 6,1,2 con los *iudices de suspectione* contemplados en el FL

20".[46] Este razonamiento, que identifica a la sospecha con una clase especial de jueces o auxiliares, lleva a estos investigadores a concluir que en León podrían haber existido dos tipos de *iudices* o incluso de tribunales: uno de sospecha y otro de verdad, cosa que además de un tanto descabellada no parece confirmarse a partir del estudio de otras fuentes como por ejemplo los diplomas. Es importante remarcar que el propio documento cuando hace referencia a una *querimonia uera* dice "y no por sospecha", expresión que reafirma que el calificativo de verdadera se refiere a la querella y no al tribunal.

El análisis de Justiniano Rodríguez, quien distingue en el fuero entre querella de sospecha y querella de verdad, nos parece más pertinente. En caso de tratarse de una demanda de mera sospecha, el acusado debía defenderse a través del juramento y de la ordalía del agua caliente por medio de hombres buenos; en el segundo caso, el de una querella verdadera, debía iniciarse una indagación por medio de hombres verídicos para llegar a una *uera inquisitio*. Se crea de esta manera un juego de correspondencias entre características de la demanda y forma probatoria: a la sospecha le corresponde la ordalía y/o el juramento; a la verdad o certeza, la indagación. La pregunta que surge inmediatamente es cuál es el procedimiento por el que se determina que una querella es de sospecha o es de verdad antes de aplicar los procedimientos judiciales necesarios. A simple vista, parecería que el hecho sobre el que versa el conflicto ha sido calificado a priori como verdadero o como de mera sospecha; sin embargo, si ponemos en relación este precepto del Fuero de León con el derecho visigodo, encontramos que existía en el *Liber* una diferencia entre denuncia acompañada de *probatio* (entendiéndose como tal el testimonio y el documento) y denuncia sin ella,[47] que podría ser el origen de la distinción presente en el fuero. En el primer caso, en la denuncia con *probatio*, el juez intentaba averiguar la verdad a partir de las pruebas presentadas. A falta de testigos y documentos "el juramento de la parte aparece como último instrumento de determinación de hechos que constituyen la base material del *iuditium*"[48] (si el acusado juraba, era absuelto y el acusador debía indemnizarlo; si se negaba a jurar, era condenado). En el caso de no haber *probatio*, si la demanda no versaba sobre un delito capital o de cuantía mayor de 300 sueldos (aumentada por Ervigio a 500), el acusado podía demostrar su inocencia mediante el juramento y se lo indemnizaba a posteriori. Pero si la demanda se refería a un delito capital (traición, adulterio u homicidio) o de mayor cuantía, el acusador podía exigir que el reo fuera sometido a tormento.[49] A pesar de que en el Fuero de León no aparecen estas especificaciones, podríamos sugerir que la distinción presente en la norma XX de éste entre querella de verdad y querella de sospecha se correspondería con la diferenciación entre demanda con pruebas y demanda sin ellas, respectivamente, que se verifica en el *Liber*.

No obstante, la relación trazada en el fuero entre sospecha y ordalía o juramento, por un lado, y verdad e indagación, por otro, no se deduce mecánicamente de la norma que acabamos de citar del *Liber*. Saltan a la vista algunas diferencias (señalaremos sólo las que importan para nuestra argumentación): en primer lugar, la ausencia en el *Liber* de la ordalía como forma probatoria en caso de una demanda sin pruebas, y la presencia para estos casos del tormento judicial, práctica no contemplada en los fueros; en segundo lugar, en la norma visigoda no aparece planteada la relación entre demanda con *probatio* e indagación, lazo muy presente en el fuero. Sin embargo, estas diferencias no invalidan de raíz la relación entre este precepto del fuero y la legislación visigoda. Alvarado Planas ha planteado que la desaparición de la tortura [como forma probatoria] en el Fuero de León provocó que la ordalía se convirtiera en prueba concluyente para demostrar la inocencia o culpabilidad del acusado.[50] De allí que una vez suprimida la tortura judicial como prueba, la *querela de suspectione*, es decir sin pruebas, implicara el sometimiento del acusado a la ordalía y al juramento. En efecto, Iglesia Ferreirós ha mostrado cómo en el mundo peninsular la utilización de la ordalía y del juramento estuvo generalmente atada a una querella en la que el acusado hubiera sido demandado por sospechas, es decir, sin pruebas, ya que si su delito se podía probar por otros medios no había lugar para tales recursos. Se recurría a Dios cuando faltaban otras formas de prueba o en caso de un crimen oculto en la "confianza de que Dios, que conoce todas las cosas ocultas, querrá revelar de forma patente la verdad de los hechos". Parece entonces que la relación entre sospecha y ordalía o juramento estaba arraigada en la tradición jurídica medieval. Permítaseme aquí un comentario que puede llevar a una digresión respecto del eje central de la ponencia. No toda la historiografía que ha tocado este tema ha postulado esta relación entre ordalía y sospecha. Recientemente el profesor J. Whitman ha publicado un trabajo sobre el origen de la fórmula "duda razonable" en la legislación contemporánea, en donde se remonta a la sociedad medieval en función de demostrar su hipótesis.[51] Más allá de su problema específico, que no tiene nada que ver con el nuestro, plantea en el apartado sobre la tradición teológica medieval en el que discurre sobre la ordalía, apoyándose en algunos de los trabajos que desde la antropología y la historia social reflexionaron acerca de las ordalías medievales, sobre todo el clásico artículo de Peter Brown y la conclusión escrita por Wendy Davies y Paul Fouracre al libro *The Settlement of Disputes in Early Medieval Europe*,[52] que éstas eran mayormente utilizadas cuando había poca incertidumbre sobre la culpabilidad o la inocencia del acusado (con tendencia a aplicarse en los casos en los que había una alta probabilidad de culpabilidad). Esta certeza a priori se explicaría por el marco social en el que estas prácticas se desarrollaban: pequeños pueblos que no llegarían a juntar más de unas docenas de personas en donde todos se conocían, todos sabían quién era poco confiable, quién era ladrón, quién dormía con quién, etc.; en definitiva, lo que Brown denominaba, recurriendo a una tipologización de la antropología, una sociedad "cara a cara", con grupos domésticos que intercambiaban entre sí solidaridades y venganzas y con una conciencia muy clara de los peligros que la lógica vindicatoria podía acarrear para la subsistencia de la comunidad.[53] A partir de esta argumentación Whitman traza una especial relación entre certeza y ordalía: esta última se aplicaba, dice, en las ocasiones en las que había certeza de culpabilidad o, en menor medida, de inocencia; pero lo fundamental es, como dice Whitman, que la idea de "poca incertidumbre" estaba ligada a la práctica de la ordalía. No es necesario nombrar algunos trabajos que podrían criticar esta interpretación, incluyendo el anteriormente citado de Iglesia Ferreirós, ni tampoco alertar acerca del romanticismo que subyace a esta idea, nos alcanza con confrontar el planteo de Whitman con el texto del Fuero de León: en el documento se prescribe la utilización del juramento y la ordalía en los casos de una *querela de suspectione* y de la indagación cuando se trata de una querella verdadera. Por lo que se ve en esta diferenciación, certeza y ordalía no componen el mismo par ya que la utilización de esta última se reglamenta para los casos en donde hay incertidumbre: a la verdad o certeza corresponde la indagación; a la incertidumbre, la ordalía.

Si como señalamos antes la relación trazada en el Fuero de León entre sospecha y ordalía o juramento estaba arraigada en la tradición medieval (esta afirmación se construye en oposición a lo sostenido por Whitman), podríamos decir por el contrario que el vínculo que se establece en el fuero entre verdad e indagación es nuevo. En el *Liber*, como vimos, en una demanda con *probatio* el juez intentaba averiguar la verdad a través de las pruebas presentadas; en el texto foral la querella de verdad da lugar al inicio de una pesquisa llevada adelante por hombres verídicos. Ahora bien, ¿en qué lugar está puesta la verdad sobre la que deben decir algo estos hombres? Como indicamos anteriormente, a la luz de la documentación –o mejor dicho de su oscuridad– estos personajes presentan un rol ambiguo en el proceso: en algunas situaciones su tarea implica averiguar, consultar con testigos, es decir, llevar adelante una indagación que tiene por objeto obtener las pruebas del caso; en otras, se encargan de verificar la autenticidad de un hecho o de un escrito. En la primera alternativa, no hay duda de que, como señalamos al inicio del trabajo, se trata de indagar acerca de la verdad de un hecho que se considera asible. Pero la verdad no parece situarse en el mismo plano, o por lo menos genera dudas, cuando la indagación tiene los matices señalados en la segunda opción, esto es, en caso de que los hombres verídicos deban verificar la verdad o la falsedad de un *testamentum*. ¿Qué es lo que le otorga en este último caso autenticidad a un documento, un hecho o un testimonio? B. Guenée y J. C. Schmidt, entre otros, han llamado la atención acerca del sentido de lo "auténtico" durante la Edad Media, significación radicalmente diferente a la nuestra: algo es auténtico no cuando es susceptible de verificación objetiva sino cuando ha sido autorizado por una institución digna de fe y garante de verdad.[54] La *Biblia*, la tradición, los Padres de la Iglesia pero también los hombres famosos o dignos de fe podían otorgar autenticidad a un hecho, testimonio, escrito, etc.[55] Al tomar este análisis podríamos plantear la posibilidad de que en los casos en los que se trata de verificar pruebas los *veridicis homines* serían quienes le otorgarían autenticidad al escrito o documento, como autoridad investida para hacerlo, en cuanto hombres buenos, dignos de fe y "sabydores de verdat". Este hecho nos mostraría una verdad ya no vinculada con la lógica del hecho por probar, sino con la lógica del sujeto que aprueba.

Recapitulemos para poder cerrar esta presentación. Juramento, testimonio, ordalía, escrito, pesquisa, he aquí el complejo entramado de formas de prueba que aparecen en los textos. Variados y heterogéneos son también los criterios de verdad que operan en relación con cada una de estas formas probatorias: verdad epifánica, verdad del sujeto, verdad anclada en la lógica del hecho. Ahora bien, esta clasificación no implica que a cada forma de prueba le corresponda un único criterio de verdad. Si hacemos dos columnas (de un lado las formas de prueba y del otro los criterios de verdad) e intentamos unir con flechas (al mejor estilo de las actividades de los clásicos manuales escolares), veremos que determinadas formas probatorias pueden implicar diversos modos de acceso a la verdad. La pesquisa tal como está planteada en estos documentos habilita la posibilidad de pensar una verdad que se ubicaría en una zona ambigua entre la idea de restitución (una verdad del hecho que se quiere obtener a través de la búsqueda de pruebas) y de *auctoritas* (una verdad basada en la autoridad del sujeto que acredita la autenticidad de las pruebas). Lejos estamos, parece, de la imagen de una verdad unívoca adjudicada a los textos forales de estos siglos.

NOTAS

1. Nos referimos aquí a la idea de "mentalidad primitiva" del antropólogo Lévy-Bruhl (*La mentalité primitive*, París, PUF, 1922), base de ciertos trabajos sobre las ordalías y las formas de la prueba antes de la recepción romano-canónica como el de R. C. Van Caenegem, "La preuve dans le droit du Moyen Age occidental", en *Recueils de la Societé Jean Bodin pour l'histoire comparative des institutions*, XVII, 2, *La Preuve, Moyen Age et Temps Modernes*, 1989, págs. 691-753, en donde la irracionalidad primitiva está asociada al derecho germánico.

2. M. Madero, *Las verdades de los hechos. Proceso, juez y testimonio en la Castilla del siglo XIII*, Salamanca, Universidad de Salamanca, 2004.

3. La conclusión de M. Madero, en el trabajo citado, cuya preocupación central es indagar las continuidades y rupturas del sistema de pruebas en los fueros castellanos y la obra jurídica de Alfonso X, es una clara síntesis de lo que señalamos: "El proceso romano-canónico no sustituye al de un mundo de pura trascendencia que busca la verdad por caminos que la razón no muestra. Reducidas a lo esencial, las prácticas de los fueros castellanos y aquellas que están en el programa del Rey Sabio no difieren profundamente. Si se tiene en cuenta lo que más se emplea (los testigos, los juramentos, los duelos), ¿por qué celebrar este supuesto pasaje a una racionalidad que no parece seriamente fundada en la razón de quienes lo celebran?", pág. 44. Hay continuidad, dice la autora, no sólo porque en los textos alfonsíes el juramento y el combate judicial

sigan siendo utilizados como medio de prueba, sino porque en los fueros la ordalía convive con otras formas de prueba supuestamente "más racionales", como los testigos.

4. Todos los fueros citados en este trabajo corresponden a la colección documental J. Rodríguez, *Los Fueros del Reino de León*, t. II, León, Ediciones Leonesas, 1981. A partir de ahora haremos referencia a dicho *corpus* con la sigla *FRL*.

5. M. Madero, *op. cit.*, n. 3, pág. 24.

6. *Ibid.*, pág. 47.

7. Precepto XIII del Fuero de León dado por Alfonso V en el año 1017, *FRL*, pág. 17.

8. Precepto XX del mismo fuero, *FRL*, pág. 19.

9. Precepto XLI del mismo fuero, *FRL*, pág. 23.

10. P. Prodi, *Il sacramento del potere*, Bolonia, 1992.

11. Precepto XII Fuero de León, *FRL*, pág. 17.

12. J. Alvarado Planas en *El problema del germanismo en el Derecho español. Siglos V-XI*, Madrid, Marcial Pons, 1976, plantea contra la opinión de E. Hinojosa ("El elemento germánico en el derecho español", *Obras*, II, Madrid, Ministerio de Justicia 1955, págs. 407-470, en pág. 401) que el artículo XII del Fuero de León no se referiría a cojuradores sino a testigos, dado que el precepto exigía que los hombres buenos fueran habitantes de la mandación y de conocido arraigo a fin de que pudieran confirmar si el morador era o no júnior, n. 27, pág. 219.

13. Véase A. Castro y F. de Onís (eds.), *Fueros Leoneses de Zamora, Salamanca, Ledesma y Alba de Tormes*, vol. 1, Madrid, Centro de Estudios Históricos, 1916.

14. Precepto XLI del Fuero de Leon, *FRL*, pág. 23.

15. Hacer una historia de las ordalías en los fueros peninsulares es realmente una tarea complicada, ya que existen fueros que las prohíben y otros que las regulan. En los fueros de León nos encontramos frente al mismo problema: fueros como el de Sahagún de 1085, en donde se establece el empleo de lid en caso de homicidio, y otros como el otorgado por Alfonso VII a los burgueses del mismo lugar en 1152, que establece que si alguien muere en un tumulto y no puede descubrirse al culpable por recta pesquisa el sospechoso se salve por juramento "*et ibi non sit torna*". Pero sería un error leer estos cambios en la regulación de la ordalía bajo la óptica de un esquema lineal que explicara este cambio, señalando el paso de un modelo de prueba irracional a otro centrado en pruebas más racionales, ya que existen fueros tempranos en donde la práctica ordálica se prohíbe (fuero de Miranda del Ebro de 1099) y fueros del siglo XIII en los que se regula. En torno de este problema véase A. Iglesia Ferreirós, "El proceso del Conde Bera" en *AHDE*, t. 51, 1981, págs. 1-222, especialmente págs. 121-146. En este trabajo nos centraremos en analizar las formas en que se presenta la ordalía en aquellos fueros que la regulan explícitamente.

16. Ley atribuida a Egica, Witiza, Recesvinto, Ervigio y Wamba en distintos manuscritos prescribía según A. Iglesia Ferreirós que "para resolver la situación determinada por la existencia de delito, cuya responsabilidad económica no superaba los 300 sueldos, por lo que su acusación no quedaba sometida a las prescripciones de *Liber* 6, 1,2, en su redacción recesvindiana, se determina que el acusado, por orden del juez, sea sometido a la prueba caldaria. Si de la misma se manifiesta la *facti temeritas*, el juez deberá someter al acusado a tormento", *ibid.*, págs. 90-91.

17. C. Petit, *Iustitia Gótica. Historia social y Teología del proceso en la* Lex Visigothorum, Huelva, Centro de Estudios Políticos y Constitucionales, 2001, pág. 313.

18. J. Alvarado Planas, *op. cit.*, n. 12, pág. 105.

19. *Id.*, págs. 105-106.

20. A. Iglesia Ferreirós, *op. cit.*, n. 15, pág. 120.

21. Norma 20 del fuero dado por Alfonso VI a los pobladores de la villa de Sahagún (1085): "Homicida cognitus dabit centum solidos et tertia pars sit condonata pro rege. Si negaverit, iuret quia non fecit, et ad torna litiget, et si ceciderit pectet centum solidos, et sexaginta solidos de campo, et quod alter expendit in armis et operariis, et expensas", *FRL*, pág. 39.

22. Norma 21 del mismo fuero: "Homicidium de nocte factum qui negaverit, si acusaus fuerit, litiget cum illo qui dixierit qui ego vidi...", *FRL*, pág. 19.

23. J. Ph. Lévy, "La preuve dans les droits savants au Mayen Age", en *Recueils de la Societé Jean Bodin…*, *op. cit.*, n. 1, págs. 137-167, págs. 19-20.

24. F. Dahn, *Studien zur Geschichte der germanischen Gottesurteile*, Munich, Habul.-Schr, 1857, pág. 241 y sigs., citado por J. Alvarado Planas, *op. cit.*, n. 12, pág. 158.

25. A. Iglesia Ferreirós, *op. cit.*, n. 15, pág. 209.

26. *Id.*, pág. 212.

27. M. T. Clanchy, *From Memory to Written Record, England 1066-1307*, Cambridge, Harvard University Press, 1979.

28. Precepto XXIII del Fuero de León, *FRL*, pág. 19.

29. Precepto III del Fuero de Castrocalbón otorgado por la condesa María en 1152, *FRL*, pág. 67.

30. Precepto XXVIII del Fuero dado a los burgueses de Sahagún por Alfonso VII en 1152, FRL, pág. 77.

31. *Ibid.*, pág. 77.

32. A. Prieto Moreira, "El proceso en el Reino de León a la luz de los Diplomas", en AA. VV., *El reino de León en la alta Edad Media*, t. II, León, Archivo Histórico Diocesano, 1992, para un análisis más específico sobre delitos que permitían la iniciación de una *inquisitio* y el carácter de esta práctica en el derecho visigodo, véase C. Petit, *op. cit.*, n. 16, págs. 194-198.

33. *Ibid.*, pág. 449.

34. Véase J. Cerdá Ruiz Funes, "En torno a la pesquisa y procedimiento inquisitivo en el Derecho Castellano-Leonés en la Edad Media", en *AHDE*, 32, 1962, págs. 483-517.

35. Precepto X del Fuero de San Miguel de Escalada de 1173, *FLR*, pág. 125.

36. F. Bougard, *La justice dans le Royaume d'Italie. De la fin du VIIIe siècle au début du XIe siècle*, Roma, 1995, pág. 196; H. Brunner, "Zeugen- und Inquisitionibeweis im deutschen Gerichtsverfahren karolingischer Zeit", en *Sitzungsberichte der philosophisch-historischen Classe der kaiserlichen Akademie der Wissenchaften*, 51, 1865, págs. 343-369, citado por F. Bougard, *La justice dans le Royaume d'Italie, op. cit.*, págs. 451-452.

37. *FRL*, pág. 23: "Homo habitas in Legione et infra terminos, pro ulla calumpnianon det fidiatorem nisi in V solidos monete urbis, et faciat iuramentum et aqua calidam per manum bonorum sacedotum, uel inquisiciones per ueridicos inquisidores, si ambabus placuerit partibus".

38. E. Procter, *El uso judicial de la pesquisa en León y Castilla (1157-1369)*, Granada, Universidad de Granada, 1968.

39. E. Procter sostiene, también, que a partir del último cuarto del siglo XII había en León "pesquisidores" permanentes designados o bien por el rey o bien por el "*dominus terrae*" que tenían funciones judiciales. Para la investigadora, los *exquisitores* se vuelven a partir de fines del siglo XII funcionarios de supervisión de la administración de justicia. En caso de que los magistrados no obraran conforme a justicia, el demandante podía plantear el caso ante el "pesquisidor" y el juez en cuestión podía verse obligado a pagar una multa, *op. cit.*, pág. 40.

40. Por ejemplo en la norma 28 del Fuero de Sahagún: "Per falsam inquisitionem quam aliquis fecerit vel dixerit...vicinum suum aliquid perdere fecit, det ei quod pro eo perdidit", *FRL*, pág. 39; también en el fuero dado a los burgueses de Sahagún en 1152: "Quifalsam perquisitionem dixit, amplius non sit legalis, et pectet Abatí sexaginta solidos, et dominus vocis tornet sed ad suma vocem", *FRL*, pág. 77.

41. Fuero de León, *FRL*, pág. 19.

42. Fuero dado a los burgueses de Sahagún por Alfonso VII (1152), *FRL*, pág. 77.

43. En los dos casos se trata de la misma norma en la que se establece cómo probar el estatus servil de un hombre: "seruis uero qui per ueridicos homines probatus fuerit" (Fuero de León, *FRL*, pág. 19); "Seruus uero qui per ueridicos homines seruus probatus fuerit" (Fuero de Castrocalbón, *FRL*, pág. 67). Como se ve, el Fuero de Castrocalbón sigue al pie de la letra la norma del Fuero de León.

44. Fuero de León, pág. 19.

45. J. Sánchez Arcilla, "El Derecho especial de los Fueros Leoneses", *El reino de León en la alta Edad Media. II. Ordenamiento jurídico del reino* (1992), págs. 189-380.

46. J. Alvarado Planas, *op. cit.*, n. 70, pág. 233.

47. J. Alvarado Planas, *op. cit.*, pág. 233.

48. C. Petit, *op. cit.*, n. 16, pág. 296.

49. J. Alvarado Planas, *op. cit.*, n. 12, pág. 233.

50. *Ibid.*, pág. 233.

51. J. Q. Whitman, "The Origins of 'Reasonable Doubt'" (1° de marzo, 2005), *Yale Law School. Yale Law School Faculty Scholarship Series.* Paper 1. http://lsr.nellco.org/yale/fss/papers/1.

52. W. Davies y Paul Fouracre (eds.), *The Settlement of Disputes in Early Medieval Europe*, Cambridge, Cambridge University Press, 1986.

53. P. Brown, "Society and the Supernatural. A medieval change", en *Daedalus*, 1975, reimp. en Id., *Society and the Holy in Late Antiquity*, Londres, Faber, 1982.

54. J. C. Schmitt, *La conversion d'Hermann le juif. Autobiographie, histoire, fiction*, París, Seuil, 2003, pág. 50.

55. *Histoire et Culture historique dans l'Occident medieval*, París, Aubier, 1980, pág. 134.

De la *unitas carnis* a la *commixtio seminum* y la dificultad de la prueba de la *impotentia coeundi*

Marta Madero*
Universidad Nacional de General Sarmiento

El canon 1.081, inciso 2 del Código de Derecho Canónico de 1917 afirma que el objeto del consentimiento matrimonial es sólo uno: la entrega del *ius in corpus*, perpetuo y exclusivo, que los cónyuges dan y reciben, con el fin de realizar los actos por sí mismo aptos para engendramiento de la prole. Esta norma, que hace de la impotencia un impedimento de derecho natural, tiene una larga historia que arranca en parte de la patrística,[1] pero sobre todo del siglo XII. Es entonces que el debate entre consensualismo, según el cual el matrimonio se forma por el solo intercambio de consentimientos –ligado a la figura de Pedro Lombardo– y la teoría coital, que hace de la *copula carnalis* una exigencia esencial –mencionada por Graciano en el *Decretum*– adquiere un lugar central en las discusiones sobre el sacramento matrimonial.[2] La interrogación básica que se plantea es entonces cómo definir el matrimonio. ¿A partir del consenso entre los esposos? O bien, ¿a partir del acto sexual? Y si se privilegia la segunda opción, ¿qué tipo de relación sexual establece la validez del matrimonio?: ¿la unión de los fluidos seminales o el coito que supone la penetración de la mujer por el hombre? Si bien a partir de Alejandro III triunfa la teoría consensual,[3] se trata no obstante de un triunfo dudoso, en la medida en que siempre es posible pedir, en el foro contencioso, la declaración de nulidad por causa de impotencia precedente y perpetua de uno de los cónyuges.[4] Mi intención es mostrar, en primer lugar, que la definición de la cópula suficiente y la definición de la impotencia sexual se construyen, en la canonística del período clásico, como si no estuviesen ligadas una a la otra. En segundo lugar, intento poner de manifiesto que las lógicas probatorias que movilizan una y otra definición refuerzan, en el interior de cada categoría, la aporía inicial de una cópula cuya definición no se refleja en lo que impediría realizarla.

FUNDAMENTOS TEXTUALES: EL *DECRETUM* DE GRACIANO

Un adagio recurrente en el *Digesto* afirma: "El consenso hace las nupcias, no la unión carnal"[5] y la patrística, aun cuando implícitamente tenga en cuenta la realidad de la unión corporal, se hará eco del principio afirmado ya por el derecho romano. Pero es bien sabido que el *Decretum* de Graciano, luego de enunciar la teoría consensualista, recoge tres textos en los que funda, por el contrario, la necesidad de la cópula.

Uno de ellos guarda estrecha relación con un *responsum* de León I (440-461) dirigido a Rusticus de Narbona. Rusticus preguntaba si la hija de un clérigo que debía casarse con un hombre que había vivido con una concubina de estatuto servil, podía hacerlo. El Papa considera que puede casarse con él porque toda mujer unida a un hombre no es su *uxor.* La dignidad del sacramento-misterio del matrimonio exige la libertad de los cónyuges que es condición de la voluntad plena, por oposición a la unión de los sexos, que no la reclama. El texto refleja la concepción romana del matrimonio y es por lo tanto atento a la condición social e indiferente a la cópula. Pero tal y como se presenta en el *Decretum*, el texto interpola un "*non*" y hace, al contrario, de la cópula, la condición de realización del *legitimum coniugium*. Gérard Fransen ha afirmado recientemente, que esta interpolación que se creía obra de Hincmar de Reims, no habría tenido lugar antes del siglo XII y su autor sería un Magíster A., que identifica con Elmer de Canterbury.[6] En el mismo texto –se trata de la carta dirigida a los arzobispos de Bordeaux y Bourges en 860, una larga consultación canónica a propósito del matrimonio entre Etienne, hijo de un conde, y la hija del conde de Toulouse–, el obispo de Reims afirmará, a la vez, el impedimento de afinidad *ex copula illicita* y la necesidad de la cópula (*commixtio sexuum)* para la plena realización del matrimonio, sometido sólo entonces a la regla de la indisolubilidad, y atribuiría falsamente a san Agustín la siguiente afirmación: "mulierem non pertinere ad matrimonium, cum qua docetur non fuisse commixtio sexus".[7] Así, los cánones 16 y 17 de la C.27, q.2[8], un apócrifo y un texto manipulado, darán al requisito de la cópula para la perfección del sentido del sacramento matrimonial una visibilidad y un futuro inmenso, ligado a un estatuto –hasta hoy ineludible– que exige el cumplimiento del derecho natural y excluye a los impotentes del matrimonio.

El tercer texto que fundamenta la necesidad de la cópula carnal es una *palea* (C.27, q.2, c.18) –falsamente atribuida a Benedicto I–, que aparece en una veintena de manuscritos del *Decretum* y en el *Appendix Concilii Lateranensis* –texto de origen inglés cuya primera recensión sería de 1184-1185–,[9] y será retomada en la *Compilatio prima* pero no reaparece en las *Decretales* de Gregorio IX.

El texto reporta el pedido de un hombre que pregunta si su hija supérstite podía casarse con el hombre que había estado desposado con su hermana muerta "simplicibus verbis". La respuesta recurre al *Génesis* 2.24 "Propter hoc dimittit homo patrem et matrem, et adhaerebit uxori suae, et erunt duo in carne una", interpretando la *unitas carnis* como el resultado de la cópula pero dando además un criterio de cópula específico, que ya no remite a una vaga *unitas carnis*. Las palabras no realizan la *propinquitas sanguinis,* pero tampoco un beso la produce, porque con éste "nullam facit sanguinis commixtionem". La hija supérstite es libre, por lo tanto, de unirse al antiguo prometido de su hermana. La falsa decretal que constituye el c.18 de la C.27, q.2 plantea una definición específica de cópula suficiente que se expresa en la "commixtio sanguinis" y afecta a la categoría de impotencia.

Así, dos textos, uno apócrifo y otro inicialmente malinterpretado –atribuidos respectivamente a Benedicto I y a san Agustín– y una manipulación textual, que le hace decir a León I lo contrario de lo que decía, subyacen a una de las exigencias más férreas de la definición del matrimonio canónico: la potencia sexual. Pero además, ambos textos afirman lo que era rechazado por el derecho romano y por la patrística: es decir, criterios corporales estrictos para la creación del lazo matrimonial y de la afinidad.

Existe un segundo texto en el *Decretum* en donde se define la forma específica de una relación sexual. El *dictum post* c.10 y el c.11 de la C.35, q.2 y 3, *Extraordinaria pollutio.* Mientras, el c.10 plantea que una mujer que se haya casado con un consanguíneo o que haya sido manchada en relación incestuosa ("alicua illicita pollutione") no podrá nunca casarse con un pariente de este hombre –a lo que Graciano agrega: "Naturae videlicet ordine; si vero extraordinarie, non sic"–. El c.11 es una decretal de Urbano II –que no pertenece a la primera recensión del *Decretum*–[10] que afirma que la "extraordinaria pollutio" no impide el matrimonio. Es decir, que una relación del orden de la "extraordinaria pollutio" con una mujer no impide a un hombre casarse con una consanguínea de ella.

En ambos casos, la definición de la relación obedece al problema de la *affinitas*: la relación sexual suficiente se define en función de los criterios que establecen el ámbito de las relaciones incestuosas. Y en este caso, el vocabulario de la *unitas carnis*, que designaba en el *Evangelio según san Mateo* y en la *Epístola a los Efesios* sobre todo la indisolubilidad matrimonial y que a partir de Basilio de Cesarea y san Agustín rigen, en razón de la identidad de los cónyuges, ciertas prohibiciones matrimoniales, el vocabulario de la *commixtio genitalium, corporum, sexuum, carnis, maris et feminae* se desplaza hacia el de la *commixtio sanguinis*, luego *seminum.* La canonística adopta así una definición de *affinitas* que crea una casuística que conduce a una suerte de paroxismo de la lógica seminal.

La historia de los conceptos de afinidad, cambiantes, es de una extraordinaria complejidad, entre otras razones porque nada permite suponer que toda prohibición de matrimonio entre afines responda a criterios inherentes al contacto de fluidos corporales (semen, sangre, leche) –hago referencia aquí al incesto de segundo tipo propuesto por Françoise Héritier[11] y recientemente criticado por Maurice Godelier–.[12] Dado el estado actual de mi investigación no podría afirmar con certeza en qué momento es adoptado por la canonística el discurso explícito del contacto de fluidos como definición estricta de la afinidad que plantea además, en el foro contencioso, la casi imposibilidad de la prueba. Tomaré como punto de partida provisorio –por revisar ulteriormente– la afirmación de Adhémar Esmein[13] que considera que la introducción de la *affinitas ex copula illicita* –que implica un criterio en el que no cabe duda de que es el contacto corporal lo que define la afinidad, fuera de todo lazo legal– corresponde a una decretal seudoisidoriana atribuida a Gregorio I.[14] En todo caso, la *affinitas ex copula illicita* se afirma en el año 860, en el Concilio de Touzy, donde se discute la causa matrimonial de Etienne y la hija del conde de Toulouse a propósito de la cual interviene Hincmar de Reims. Sin embargo, si la *affinitas ex copula illicita* se impone ya en época carolingia, esto no se apoya de modo inmediato en una explícita referencia a la mezcla de sangres o semen.[15] Pero sí estará claramente expresada en el *Decretum* de Graciano.

LOS DECRETISTAS EN TORNO A LA *COPULA* Y LA AFINIDAD

Paucapalea no comenta los cánones 16 a 18 de la C.27, q.2 ni los 10 y 11 de la C.35, q.2 y 3. La *summa* de Rolandus retoma los términos de Graciano.[16] La *summa* de Rufino de 1164,[17] según Rudolph Weigand el más decidido representante de la teoría copulativa,[18] da por el contrario una larga explicación al canon 11 de la C.35, q.2 y 3, que ofrece importantes precisiones sobre la forma de la relación sexual que perfecciona el sacramento matrimonial. La expresión *extraordinaria pollutio* puede entenderse de tres maneras: "contra ordinem iuris, contra ordinem nature, praeter ordinem nature". La primera refiere a la relación que tiene lugar fuera del matrimonio, la segunda cuando un hombre se une a otro, o a un animal, o a una mujer, pero "in membrum non concessum a natura", finalmente, "praeter ordinem nature" es cuando "tantum circa naturalia mulierem polluit", y es ésta la situación a la que el canon remite: un hombre "circa naturalia polluerat" una joven, "nunquam autem genitalium claustra irruperat"; después de lo cual el hermano de este hombre desea tomar a la joven por esposa. Podrá hacerlo a condición de que "illa extraordinaria pollutio non sit admissa in naturalibus", si "nec maritali affectu eam polluerit nec sepius illa pollutio iterata fuit". En la lectura de Rufino habría entonces dos casos en los cuales no se admitiría el matrimonio subsecuente con el hermano: la emisión seminal en torno a los "claustra pudoris" reiterada, o la que se hace "maritali affectu". Pero indica asimismo que otros consideran que debe leerse de otro modo: es decir, incluso si el intento de cópula que conduce a la *extraordinaria pollutio* se reitera, no impide el matrimonio con el hermano siempre y cuando esta reiteración no vaya acompañada de "maritalem affectum".[19] Huguccio, que tomará, tanto en cuanto al rol de la unión carnal como del pecado inherente a la cópula marital, posiciones opuestas a las de Rufino, retoma no obstante en torno a la *extraordinaria pollutio* lo dicho por él.[20]

Las distinciones de Rufino aparecen asimismo en la glosa ordinaria[21] a los cánones 10 y 11 de la C.35, q.2 y 3. La primera, a propósito del *dictum* de Graciano que interpreta *extraordinarie* como cerca o en torno a los *naturalia* sin lograr atravesar las "claustra pudoris: sed in circuitu palpitabat".[22] La segunda es a propósito de *Sepius* que indica que la reiteración de la *extraordinaria pollutio* en las condiciones previamente indicadas no modifica el efecto, pero sí se realiza en el "non naturali membro", entonces impide el matrimonio subsecuente,[23] pero en razón de la enormidad del crimen.[24] La tercera glosa retoma el vocabulario de la C.27, q.2, c.18 y explica que la polución extraordinaria no impide el matrimonio con la consanguínea de aquella con quien ha tenido este tipo de contacto físico porque "nec fecit sanguinis commixtionem nec carnis unitatem"; y plantea una pregunta ulterior: "sed quid si aliquis reseraret illas seras et non processit ad consumationem operis: numquid talis commixtio carnis impedit matrimonium cum consanguinea illius: dic quod non: quia nec est ibi sanguinis commixtio nec carnis unitas supra c. nullum".[25] Lo que implicaría que incluso en el caso de que exista penetración, si no existe emisión seminal, no existe impedimento subsecuente porque esta "commixtio carnis" no ha dado lugar a la "commixtio sanguinis" ni a la "carnis unitas" para la que, siguiendo esta afirmación, la penetración sin emisión seminal resulta indiferente.[26] No obstante, si cualquiera de estos gestos tiene lugar unido al "maritalem affectum", es decir, al consenso, entonces cualquiera de ellos pasa a impedir un matrimonio subsecuente pero "non propter factum, sed propter consensum".[27] A propósito de *extraordinaria pollutio*, Guido de Baisio, en una obra terminada en el año 1300, recoge la clasificación de Rufino e insiste en la posibilidad dada a un hombre de desflorar a una mujer sin tener efusión seminal, lo que, "si de facto constare posset", no realiza afinidad ni contrae matrimonio, como mucho, y a condición de que el intento haya sido hecho con afecto marital, puede producirse el impedimento de publica honestidad. La posibilidad de que la mujer no tenga emisión seminal es contemplada incluso como algo frecuente, y en particular en un primer contacto carnal, pero Guido prefiere, a pesar de haber recogido las opiniones de Inocencio, considerar que "cum dubium sit, semper praesumetur, quod sint facta una caro".[28]

Es en torno a los cánones 10 y 11 de la C.35, q.2 y 3 donde se definen los contornos específicos de la cópula, puesto que en la C.33, donde se tratará el tema de la impotencia, no habrá ninguna definición. Se presentarán, por el contrario, una serie de criterios de prueba exigidos en caso de declaración de impotencia de uno o ambos cónyuges. La glosa rechaza las formas ordálicas y considera que la expresión "uerum iudicium" remite a los "legítimos testigos" que serán en verdad las "obstetrices" o "matronas" que determinarán, sobre todo, la virginidad de la esposa. A propósito de la inspección corporal del hombre, la glosa expresa serias dudas "quia vix aliquis invenitur impotens ad coeundum",[29] razón por la cual se afirma la necesidad de creer en el juramento del esposo.[30] La prueba de la virginidad de la esposa "per aspectum corporis" debe ser preferida a la declaración del esposo, afirma la glosa alegando la decretal *Proposuisti*, aun cuando recuerde las incertidumbres de esta forma de prueba "tamen nisi mulieres essent peritissime potius essent credendum viri sacramento: quia res illa oculta est et non pervia visui: et oculus plerumque fallitur: ut .xxvij.q.i.nec aliqua",[31] cuya validez había ya defendido en la glosa a *Nec aliqua.*[32]

Existe, por lo tanto, una argumentación a propósito de la forma de la unión corporal que se desarrolla en torno a la problemática de la afinidad en donde ya está claramente definida la centralidad de la lógica sangre-semen como exigencia autónoma de la penetración, que aparece superflua. El consenso no transfigura la naturaleza de los contactos corporales, que permanecen en el orden del *factum*.

Pero el tratamiento de la impotencia parece indiferente a la lógica seminal. En efecto, a propósito de C.32, q.7, c.25, la glosa ordinaria a *Execti*, luego de recordar las diferencias entre *castratus* y *spado* según una distinción del *Digesto*[33] a la que los glosadores atribuyen inventivas etimologías[34] –que por otra parte invierten el sentido original que el *Digesto* daba a las palabras–, afirma que es apto para el matrimonio el hombre que tenga "virgam erectam sive resolvat sperma sive non" puesto que "satisfacit mulieri: sicut mulier satisfacit viro sive resolvat sive non. nec requiritur quod semper in matrimonio sit filiorum procreatio: quia sufficit quod non evitent prolem". Por otra parte, la mejor prueba de la impotencia del marido es la virginidad de la esposa, lo que necesariamente remite a la penetración. Existe por lo tanto un desfasaje entre una afinidad claramente definida en función del contacto de los fluidos corporales, pero que no va acompañada, por el momento, de una lógica probatoria, y una impotencia mecánica que, salvo raras excepciones, es sólo indirectamente probable en la virginidad de la esposa. La cuestión de la *arctatio*, la impotencia femenina, que el *Decretum* no trata, es mencionada en la glosa a C.32, q.7, c.18.

LA *UNA CARO* COMO FICCIÓN JURÍDICA

Pero si la "commixtio sanguinis" realiza la afinidad, la idea de que los esposos devienen *una caro* debe entenderse –dice la glosa a propósito de la imposibilidad de uno de los cónyuges de tomar las órdenes sin el consentimiento del otro– como resultado de una *fictio iuris*.[35]

"*Una.* fictione iuris vir et uxor una caro fiunt: vel erunt duo in carne una.i.in uno carnali opere: vel i.ad unam carnem.i.ad unam prolem procreandam. Sic et fornicarii dicuntur una caro.infra.xxxij.q.iiij. in eo."[36]

Afirmación que retoma lo dicho por Huguccio:

"*Erunt duo*, id est convenient et coniugentur. *In una carne*, id est uno carnali opera. Vel: *in una carne*, id est ad unam carnem, id est procreandam. Vel *duo*, rei veritate. *Erunt,* id est dicentur et fingentur, fictione et interpretatione iuris esse. *In una carne,* id est in unione carnis, id est, esse una caro et unum corpus. Nam quia neuter habet potestatem sui corporis, sed alter in corpore alterius et e contrario, ideo verius fictione iuris dicuntur esse una caro et unum corpus ut xxxii, q. iv *In eo.* Imo etiam uxor quando dicitur esse membrum, quando pars corporis vir".[37]

La *una caro* tiene, por lo tanto, esencialmente efectos jurídicos sobre la *potestas corporis* en cuanto al débito conyugal; es una ficción jurídica que, diluyendo la existencia autónoma de dos cuerpos separados, hace indisponible el propio cuerpo en cuanto a la cópula carnal.[38] Podríamos entonces decir que si la *una caro* se entiende como una ficción jurídica con efectos inhibitorios sobre la propia disponibilidad corporal, la *commixtio sanguinis* al contrario supone un contacto real con efectos reales, aun cuando su naturaleza tenga como consecuencia que, como veremos, sólo la presunción jurídica pueda considerarse como prueba.[39]

LAS DECRETALES Y LOS DECRETALISTAS EN TORNO A LA *COPULA* Y LA AFINIDAD

Fraternitatis (X 4.13.7), una decretal de Inocencio III del año 1203 es, en el marco del *Liber Extra*, la sede de reflexión sobre la forma de contraer afinidad. El texto de Inocencio III es susceptible de dos interpretaciones, como se expresa en el título. En la primera versión, la que describe el texto mismo, un hombre contrae esponsales con una niña que aún no había completado sus siete años, intenta con ella una relación sexual ("extraordinaria libidine noscitur polluisse"), luego de lo cual contrae matrimonio con una consanguínea de ella. El título ofrece una versión diferente. En ella, los esponsales previos a la cópula han desaparecido, pero la cópula no parece supuesta ("Copula carnalis, habita cum puella septem annorum, dirimit matrimonium postea contractum cum consanguinea").

Inocencio IV afirmará en su *Apparatus*[40] la necesidad de la *commixtio seminis* en su forma más extrema. Si no hay emisión de ambos cónyuges, independientemente de que haya habido penetración, independientemente también de que uno de los dos haya tenido emisión seminal, no hay matrimonio ni afinidad. Refiere la opinión según la cual, cuando la relación imperfecta desde el punto de vista material está precedida de los esponsales, y conlleva la afección marital, se ratifican los esponsales "etiam neutro emittente, tamen sponsalia primo facta ratificari credere propter consensum matrimonialem, qui ibi est, vel praesumitur", posibilidad que en realidad había sido anulada por Gregorio IX en la decretal *Adolescens* (X.4.1.32). Inocencio parece tener una postura radical en cuanto a la creación de afinidad, puesto que ésta sólo responde a una definición material de encuentro de fluidos. Por lo tanto, sólo si hay una perfecta *commixtio seminum* es posible hablar de afinidad.

Hostiensis recoge la opinión de Inocencio IV, aunque hará críticas a la dificultad de probar la *commixtio seminum* que considerará probada en caso de embarazo –lo que querría decir que para Inocencio el embarazo no constituiría una forma de prueba (¿?)–. Agrega además una nueva variante de la inspección corporal. Si la niña es menor de siete años, está viva y se determina en una inspección corporal que es virgen, ni siquiera surge el impedimento de pública honestidad; si por el contrario, viva o muerta, fuese hallada corrupta, entonces el hombre está impedido de conservar los segundos esponsales en razón de la pública honestidad. A partir de los siete años (pero siempre antes de la edad núbil), el intento imperfecto con afecto marital da lugar a la pública honestidad; sin afecto marital, no. Pero llama también la atención la posibilidad de una inspección corporal *post-mortem* de una niña para determinar la existencia del impedimento de pública honestidad, lo que sería, en principio, una contradicción en términos con la naturaleza primera del impedimento. Así, antes de los siete años, aun habiendo existido una relación sexual –comprobable en la no virginidad de la niña– se produce el impedimento de pública honestidad, no hay afinidad porque no es posible pensar que la niña haya tenido emisión seminal a esa edad.[41]

Pero una vez alcanzada la edad núbil, la emisión femenina, que los canonistas darán finalmente por presupuesta, no requiere por lo pronto conciencia. Hostiensis cuenta el caso "satis extraneum" que había resuelto por un tal "Ia", archidiácono de Laón.[42] Los hijos de un burgués de Lieja peregrinaban con unas beguinas y, habiéndose alojado un día en un lugar donde vendían un vino excelente, de resultas de lo cual todos se habían acostado ebrios, uno de ellos entró durante la noche al lecho de una de las beguinas y estando ella dormida e inconsciente, "sicut per eundem Archid. compertum fuit", "cognovit et impregnavit", lo que no debe sorprendernos, recuerda el Hostiensis, dado que lo mismo había sucedido a Lot con sus hijas. Los padres de la beguina, tratando de ocultar su vergüenza, la desposaron con el hermano de quien la había embarazado, no siendo conscientes de que el pícaro y el esposo eran hermanos, pero el primero confesó y fue necesario romper los esponsales –a pesar de que la beguina negaba el hecho–, "tamen praemissa diligente inquisitione, inventum est per circunstancias, quod sic erat". La pobre beguina tampoco podía, por otra parte, retornar al abusador nocturno porque, dice el Hostiensis, se lo impedía el criterio de pública honestidad, debido a que había sido desposada a su hermano.

Hostiensis reflexiona sobre el papel de la madre y el padre en el engendramiento a propósito del principio según el cual el nacimiento sigue el estatus del vientre. Por qué razón, se preguntará a propósito de *De natis ex libero ventre*, siendo el padre libre y la madre esclava, el hijo sigue al vientre. Por una parte, según la naturaleza, el *agens* debe dominar al *subiectum*, porque la mujer está sometida al hombre y, por lo tanto, es la condición del padre la que debería dominar; por otra, porque como dicen los *physicos*, el semen del hombre es más digno y actúa más en la generación que el semen de la mujer. Si esto es así, el principio según el cual el nacido sigue el estatus del vientre es contra natura y contra *ius* como le objetó –dice Hostiensis– su maestro, Raymundus Physicus. La respuesta será no obstante, que si bien el hombre "ponat semen pro maiori parte, vel magis operetur", la madre nutre y en el vientre se vivifica el "partus", "unde fructus sequitur terram", y el Hostiensis alega las *Institutas* y el *Digesto* que confieren la propiedad del árbol al propietario del fundo en donde éste haya echado raíces y de donde por lo tanto saca el alimento.[43] La emisión de la madre no parece indispensable en este relato; su rol podría ser el de la nutrición del feto y esta lógica que rige el destino de los árboles alimentados por un suelo que pertenece a alguien a quien por lo tanto pertenecen coincide en cierto modo con la lógica aristotélica que hace de la sangre de la madre la única materia que constituye al feto, en la medida en que el esperma no es más que el principio activo, el soporte de una forma. Pero Hostiensis afirma también, en otro pasaje, que el embarazo es la prueba de la doble emisión seminal porque es la condición de la concepción,[44] y siguiendo este razonamiento, la beguina habría tenido una emisión seminal, aun dormida e inconsciente.

Con Johannes Andrea[45] (1270 *ca.*-1348) vemos afirmarse la presunción de la emisión seminal en el caso de una relación sexual constatada entre un menor y un mayor, pero esta presunción admite la prueba contraria hecha con el juramento de ambos,[46] y en líneas generales en razón de la enorme dificultad de la prueba,[47] aun cuando éste siga considerando indispensable la doble emisión para la afinidad verdadera. Retomando la afirmación de Inocencio sobre la invalidez del acto que implique penetración sin emisión seminal, Johannes Andrea la rechaza, así como la afirmación de Vicente Hispano según la cual "si quis seminet in vas mulieris, et non intret, consumatur matrimonium", "quia carnis commixtio intervenit", porque, afirma, la Iglesia, "quae non iudicat de occultis"[48] debe considerarla virgen si así lo indicase el peritaje, a condición de que no esté preñada, porque éste sería el único modo de probar la unión seminal en contra del resultado de la inspección corporal.[49] La Iglesia debe, por lo tanto, tratar la emisión seminal en términos de estricta presunción.

Con Antonio de Budrio[50] (*ca.* 1338-1408) vemos expresarse la clara negación a que el derecho se haga cargo de probar la emisión seminal femenina.

En cuanto a la necesidad de la emisión seminal de ambos cónyuges, Antonio da Budrio se niega a repetir lo que había sido afirmado por Inocencio y retomado por el Hostiensis entre otros "quia turpe est loqui, sufficit per alios scriptum esse". Y esto será coincidente en cierto modo con su final indiferencia frente a la imposibilidad del derecho de probar la emisión femenina.

> "plura possunt concurrere impedimenta ex parte mulieris, et non invenio ex parte sua, nisi duo. Impedimentum arctationis, et impedimentum maleficij. Posset etiam in ea esse impedimentum frigiditatis, sed de eo non faciunt mentionem iura: quia quasi impossibile est probare, ut puto. Nam dato quod mulier non resolvat, si habet apta membra ut recipiat copulam, difficile erit onnere (¿), quod non resolvat: unde de isto impedimento non invenio quod jura faciant mentionem."[51]

Francesco Zabarella (1360-1417) y luego Niccolò Tedeschi (o Tudeschis, 1386-1445), conocido como Abbas siculus o Panormitanus,[52] negarán ya de manera tajante la necesidad de la emisión seminal femenina para la concepción y la afinidad. El Panormitano, apoyándose en la "communis opinio medicorum" –que difiere de la que "quidam medici tenuerunt", según la cual sólo con la emisión seminal de ambos podía tener lugar el engendramiento–, considera que el semen femenino no participa de la generación, alcanza, por el contrario, que el semen del hombre "sit commistum naturae uxoris". Si así no fuese, se seguiría un absurdo que defiende según él el Hostiensis, "nam pone, quod per annum mulier non emiserit, tamen concepit ex semine viri et peperit. Absurdum esset dicere secundum Hostiensis quod matrimonium non sit consummatum, vel affinitas sit contracta".[53] Esto hará también que sea necesario leer en otra clave la expresión "extraordinaria pollutio" –lo que los canonistas ya hacían–, pues si la *commixtio seminis* deja de ser necesaria para la creación de afinidad y ante cualquier muchacha que aparezca "cognita" se presume que era apta, entonces la expresión "extraordinaria" debe ser entendida como que era impúber.

El Panormitano no cita solamente la común opinión de los médicos, sino un *consilium* de Federico Petruccio de Siena, alumno de Johannes Andrea y muerto probablemente como él durante la gran peste de 1348. Federico de Siena se pregunta cuándo, a partir de la cópula, se contrae afinidad. Según Inocencio y Lorenzo Hispano –recuerda–, incluso si había penetración y emisión seminal femenina, si el hombre no emitía, no se contraía afinidad, y daban el ejemplo del frígido que podía inducir la emisión seminal femenina "agitando et palpitando". De esto último nadie duda, según Federico de Siena;,pero si el hombre no emite, no hay "seminis vel sanguinis commixtio". Pero el caso dudoso es según él aquel en el cual el hombre emite y no la mujer, incluso cuando Inocencio y Lorenzo afirmaban que no había allí afinidad en cuanto no había "seminis commixtio". En contra de esta opinión, Johannes Teutonicus afirmaba: "quod si emittit semen in agrum mulieris quod dicatur ibi commixtio sanguinis", cuando en realidad, el argumento de Johannes Teutonicus era otro: para él, la emisión seminal era en verdad indiferente y lo que contaba era la posibilidad de la penetración. Hostiensis recordaba por su parte que la prueba de la doble emisión seminal era una exigencia peligrosa para la Iglesia, aun cuando para él sólo bajo esta condición se producía afinidad. Pero Federico va a considerar lisa y llanamente que la opinión de Inocencio y Lorenzo es "omnino falsa si vera est sententia medicorum qui habent quod ex solo semine hominis sine semine mulieris mulier concipiat", y "truffa esset dicere quod si mulier concepit ex viro et peperit quod non dicatur cognita, posito quod non seminaverit". Se debe huir de estas opiniones que inducen dificultades "et que sunt contra omnem significationem vocabuli et omnem modum loquendi". Por lo tanto, afirma, se debe responder al canon *Lex diuinae,* C.27, q.2, c.18 –la falsa decretal de Benedicto I– "quod solo viro seminante dicatur sanguinis commixtio fieri quod valde facile debet esse vobis". Pero esto plantea un nuevo problema: ¿se puede decir que se ha contraído afinidad si no bien el hombre ha emitido "in claustro mulieris" ella, temiendo quedar embarazada o por alguna otra razón expulsa inmediatamente el semen, haciendo así que éste no se mezcle con su materia "intra claustrum"? La respuesta podrá ser la siguiente: si la emisión seminal se realizó "solum in orificio membri mulieris" e inmediatamente fue expulsado, entonces no habrá afinidad, pero si es "receptum", entonces se optará por considerar que en este coito hay "sanguinis commixtionem" porque es difícil que en todo o en parte no haya entrado en contacto con alguna materia de la mujer, "sive sit mestruosa sive sanguinea".[54]

En el *Rosarium* de Guido de Baisio, la lógica de la *commixtio seminum* estará incluso en el centro de la definición de virginidad. A propósito de C.32, q.5, c.2 que afirma "Revera non potest caro ante corrumpi, nisi mens fuerit ante corrupta", y que concierne la exigencia de virginidad para la entrada en religión de las mujeres, Guido plantea una casuística que concierne no sólo a los criterios de integridad corporal sino también a la emisión seminal. ¿Qué define la pérdida de la virginidad? En su forma más extrema, la corrupción adviene incluso si la mente ha permanecido incorrupta, incluso si se trata de una impúber, que no puede "sentire pruritum, nec semen emitere", no se la considera virgen. Pero otros afirman que la mujer no se debe considerar "corrupta nec desinit esse virgo nisi fiat seminum commistio". En esta perspectiva, la relación que rompe la virginidad será la misma que cree afinidad, y que realice el matrimonio: todo reside en la improbable *commixtio seminum.*[55]

EL INTENTO DE CÓPULA

La definición de la cópula suficiente será planteada también en la decretal *Adolescens* (X 4.1.32) de Gregorio IX, que es una de las sedes de la reflexión sobre el matrimonio presunto. El título reza: "Nisus ad copulam non facit sponsalia de futuro transire in matrimonium". Un adolescente que ha contraído *sponsalia per verba de futuro*, y que ha intentado repetidas veces conocer carnalmente a su *sponsa* sin lograrlo, si luego contrae con otra "per verba de praesenti", no debe permanecer con la primera con la que no hubo verdadero matrimonio "ex forma contractus", ni matrimonio presunto "quum conatos non habuisset effectum".

El matrimonio presunto[56] en su forma más usual, es decir en la que el consentimiento de futuro seguido de unión sexual hace que se presuma el consentimiento de presente y por lo tanto se considere plenamente realizada la unión, tiene dos interpretaciones diferentes en cuanto a la naturaleza de la presunción. En la formulación de Huguccio, quien no confiere a la *desponsatio de futuro* más que el valor de una promesa de matrimonio sin valor contractual,[57] la unión sexual –y la *subarratio*– hace presumir que los cónyuges han intercambiado el consentimiento de presente y es éste consentimiento el que realiza el matrimonio, es decir, la cópula, el signo del consentimiento de presente.[58] En la formulación dada por Alejandro III, en el consentimiento de futuro están ya la sustancia (consentimiento) y la forma (las palabras), que son actualizadas, transformadas por la relación sexual.[59] Que la presunción sea de existencia del consentimiento de futuro o de transformación del consentimiento de futuro en consentimiento de presente no es una diferencia menor.

Pero si algunos autores consideraban que el intento de cópula realizado con "animo uxorio" era suficiente para el matrimonio presunto, a partir de Gregorio IX (1227-1239) se le negará al intento de cópula –sin otra explicación en cuanto a en qué consiste el intento– su capacidad de transformar las *sponsalia de futuro* en matrimonio en la medida en que "nec fuit verum matrimonium ex forma contractus, nec praesumptum, quum conatus non habuisset effectum". Ahora bien, si la cópula no es más que el signo del consentimiento de presente, ¿por qué debe ser perfecta, por qué los intentos hechos "maritali affectu" no alcanzan como signo del consentimiento de presente? Las respuestas irán en el sentido de la definición de *factum* y de la imposibilidad de la superposición de ficciones.

Es a propósito de esta decretal que Johannes Andrea afirmará que, si bien el matrimonio se consuma "per seminis effusionem", la dificultad de la prueba y el principio según el cual "ecclesia… non iudicat de occultis" harán que sea suficiente constatar que la esposa no es virgen. El argumento y las alegaciones que dará para justificar que el intento no basta son los mismos que aparecen en el Hostiensis, en particular la referencia al D.47.2.52.19, que afirma que en el *furtum* la voluntad sola no produce efectos sin el hecho, pero alcanza sin embargo a crear la pública honestidad.[60]

Antonio de Budrio agrega un segundo argumento –"ubi ad perfectionem contractus lex exigit certum factum, non sufficit nisus ad factum, maxime quando actus et contractus ex facto exorbitans est, et fictus: quia fictio non extenditur"–[61] que será desarrollado por el Panormitano: la presunción no puede apoyarse sino en un hecho perfecto; la presunción o la ficción no deben extenderse a las causas no expresadas; no puede haber una acumulación de ficciones, la primera que haría que la "copula transfunderet sponsalia in matrimonium", la segunda en la que "nixus ad copulam haberetur pro actu consummato".[62]

LA PRUEBA DE LA IMPOTENCIA

Si hasta ahora hemos visto el modo en que se construye la concepción de la cópula suficiente y sus relaciones con la afinidad, es necesario ahora retornar a la casuística de la impotencia. Las etapas de la prueba de la impotencia deben ser brevemente recordadas. El *Poenitentiale* atribuido a Teodoro de Canterbury, muerto en 690, contiene la siguiente regla, que será adoptada por la iglesia carolingia: "Si vir et mulier conjunxerint se in matrimonio et postea dixerit mulier de viro non posse nubere cum ea, si quis poterit probare quod verum sit, accipiat alium".[63] Hincmar de Reims afirma que habría sido incorporada en el Concilio de Leptine en 743, aunque en realidad se trataría del Concilio de Compiègne de 757, donde la impotencia del marido debía ser probada por la declaración del marido mismo: "in veritate viri consistat, quia caput est mulieris".[64] Mientras que en el Concilio de Verberie que habría tenido lugar en 758 o 768, se remplaza la afirmación del marido por la ordalía de la cruz, que sería luego prohibida en el Capitular de 818-819 de forma general.

El primero que habría intentado conciliar la impotencia con la indisolubilidad del matrimonio es Hincmar de Reims. En la carta de Rabano Mauro a Heribaldo atribuida al Papa Gregorio se afirma que "Si potest probare per iustum iudicium quod verum sit, accipiat alium" (C.33, q.1, c.1). Graciano entiende el *iustum iudicium* en términos de la ordalía del hierro o del agua hirviendo (*Dictum post* C.2, q.5, c.20), lo que probablemente era su sentido original, pero la glosa al *Decretum* rechaza esta interpretación en favor de la declaración de testigos, mientras que la glosa ordinaria a las *Decretales* interpreta la expresión "verum iudicium" como juramento con cojuradores ("iuret cum septima manu propinquorum")[65] y una glosa a una decretal de Celestino III interpreta el "iustum iudicium" como "Id est per testes vel aspectum corporis".[66] En cuanto a la visita corporal de la esposa, que demuestra en principio con su virginidad la impotencia del esposo, aparece en una decretal de Gregorio VIII (1187) (X.2.19.4). La visita corporal del hombre como posibilidad explícita se introduce sólo a posteriori. Huguccio afirmaba incluso que "vir talem probationem facere non potest", razón por la cual sólo incumbe a la mujer el "verum iudicium", es decir "per veram probationem scilicet per aspectum corporis, scilicet, quia virgo est, vel quia arcta est".[67] Es difícil saber si la glosa ordinaria al *Decretum* la supone, cuando afirma que la capacidad de erección sin emisión seminal es suficiente.

Ahora bien, la necesidad de probar la impotencia será ampliamente desarrollada en el libro 4.15 de las *Decretales,* y la semiótica corporal que permite establecerla se hará explícita con lujo de detalles en el *Apparatus* de Inocencio IV, escrito entre 1246 y 1253, probablemente en torno a 1251, y en la obra del Hostiensis, la *Summa,* que en su segunda versión, definitiva, es posterior a 1250 y anterior en todo caso a 1253, mientras que su *Lectura*, iniciada durante su enseñanza en París, aparecerá en su versión final poco antes de su muerte en 1271.

En Inocencio IV hay inspección corporal de ambos cónyuges. Por una parte, explícitamente, es impotente quien carece de ambos testículos.[68] Por otra, son síntomas de *frigiditas* el tener un miembro "aridum", "parvum", "siccum",[69] en grados variables. Pero si a pesar de ser "parvum et aridum", "tamen semen potest emitere, sicut et urinam emittit, et propter hoc dubium, non sufficit probatio aspectos corporis vel concessio, nisi adsint iuramenta propinquorum".[70] En el caso de la mujer se ha de constatar la *arctatio*, equivalente a la *frigiditas* del hombre como patología, o los signos de virginidad que se ofrecen como prueba de la impotencia del hombre. Pero además, a propósito de la "desponsatio impuberum", se ofrecen signos en los que se cruzan la aptitud del cuerpo, pues no es púber quien "lanuginem in femore non producit", mientras se busca determinar la apertura de las "claustra pudoris" que muestra o hace presumir la relación sexual.[71] Así, la *frigiditas* y la *arctatio*, se prueban según tres criterios que el juez podrá elegir y combinar: "aspectus corporis", "iuramenta septimae manus propinquorum" y "trienium", es decir, la cohabitación trienal que los canonistas habían tomado de una *novella* de Justiniano y que se imponía a los esposos que no presentasen signos absolutos de incapacidad corporal.

Cuando se ocupa de la impotencia, Hostiensis no recupera el vocabulario de la *commixtio seminum* sino el de la imposibilidad de transformarse en *una caro*. A propósito del problema de la terminología (*eunuco, spado, castratus*) y de la ley D.23.3.39.1, entiende *spado* por mutilado por la espada y afirma que "spadonum multa sunt genera" (alega D.50.16.128), y que quien posea un testículo es apto para el matrimonio ("secus, si saltem vnum testiculum quis haberet, quia talis contrahere posset").[72] Ofrece una enumeración de anomalías que declara haber visto o de las que ha oído en confesión: la primera categoría es la del "quasi naturaliter frigidus" que –dice–, "movetur et erigitur, sed nullatenus perficit" y que las mujeres de provincia vulgarmente llaman "debarvatum"; sigue quien "habet duas virgas, una impedit reliquam, vel quam cito apponit virgam, semen spargit: vel bene immittit, sed non perficit: multa talia, et consimilia de facto habui coram me: tam in iudiciis quam confessionibus.quotidie potest experiri".[73] Y declara también "expertus sum in duabus casibus de facto" en los que hizo realizar inspección corporal no sólo por laicos sino también por clérigos y se encontró con que en un caso "vir habebat membrum ad modum verrucae, et ita parvum, quod vix poterat mingere et testes erant ad modum cicerum, ita quod vix diligenter palpando poterant reperiri". En el segundo caso, el hombre tenía los testículos "super virgam, et ipsam virgam adeo inepta, quod videbat monstruo, et insuper omnino inberbis erat", por lo cual advierte que puede tratarse de un hermafrodita, lo que se puede determinar a "quaedam signa secreta, quae audivit ab aliquibus quae scribere erubesco". A pesar de este último gesto de pudor, "cum hic non litigetur de lana, sed de anima" recomienda al juez que no repare en inspecciones corporales o lo que sea necesario para probar la verdad.[74] El tema del hermafrodita será retomado por Hostiensis en la *Lectura*, donde cuenta que habiendo ya terminado su *Summa* "pro certo audivi" que estos "consueverunt membrum retrahere, et longissimum emitere ad modum animalis".[75]

Con Antonio de Budrio vemos una sistematización de las categorías de prueba. La "certa probatio", la primera categoría de certeza, corresponde a quienes tienen "incisa virilia, vel est castratus utroque testiculo, quia haec est appertissima probatio".[76] En este caso ninguna otra forma de prueba es exigida. Luego aparecen los "euidentia signa", o "verisimilis et evidens", cuando el hombre tiene el "membrum [...] aridum et parvum", "vel ad modum verrucae". Advierte contra quienes retraen el miembro al interior del cuerpo y "longum emittere ad modum animalis" pero desaparece aquí la mención que relaciona esto con el hermafrodita. Si los signos son "verisimilis et evidens", se requiere además el "iuramentum propinquorum", en ciertos casos según el criterio de que "possibile est quod potest emitiere semen, sicut emittit urinam". La siguiente categoría es aquella en que la impotencia "apparet per signa dubia, quae praesumptive concludunt, et sunt plura" (haciendo referencia al Hostiensis) y luego "si nulla apparent signa, vel levia frigiditatis, exigitur probatio trienii, ut hic, et ultra hoc iuramenta propinquorum".

LA IMPOTENCIA FEMENINA

Fraternitatis (X 4.15.6) es una respuesta dada por Inocencio III al obispo de Auxerre en junio de 1206. Plantea el caso de una mujer O. que "matrimonialiter nupsit" con un hombre que, tras muchos años de cohabitación, no había podido conocerla carnalmente. El obispo había ordenado una inspección corporal realizada por matronas de su parroquia, "providas et honestas" que habían afirmado que "in fide sua" nunca podría ser madre o cónyuge porque era como si careciese del instrumento natural. El obispo había por lo tanto inducido a la mujer a entrar en religión y observar perpetua continencia, y al hombre le había dado la autorización de casarse puesto que deseaba ser padre. Pero pasado un tiempo la mujer había encontrado "qui seras huiusmodi reseravit", y abandonando la continencia se había casado con el segundo hombre, G. Inocencio III reclama al obispo no haberle explicado cabalmente el caso, dado que éste no le ha informado si la continencia prometida había sido objeto de un voto simple o solemne, si había o no entrado en religión, si contra su promesa había permanecido en su casa y de que modo "seras illas fecerit reserari", si a través de un artificio médico, si gracias a la unión sexual o de algún otro modo. No obstante, dirá el Papa, lo cierto es que el impedimento no era perpetuo en la medida en que "praeter divinum miraculum per opus humanum absque corporali periculo potuit removeri" y, por lo tanto, se debe considerar que entre esa mujer y su primer marido el matrimonio había subsistido. Decide así que O. debe ser separada de G. y que entre ellos no hay matrimonio. En cuanto al primer marido, si O. había entrado en religión, podía conservar su matrimonio con su segunda esposa, de lo contrario, debía abandonarla y volver con O.

De allí se sigue, afirmará Inocencio, que si una mujer es *arcta* pero gracias a que se le realiza una incisión "aut alio sibi modo violentia inferatur", aun siendo este gesto no sólo leve sino grave, salvo si se teme que le inflija la muerte, debe ser considerada apta para el matrimonio. En cuanto a aquella que es *arcta* de forma tal que su primer marido sea totalmente incapaz de desflorarla, si por el frecuente uso del segundo marido se hace apta para el primero, no es fácil decidir si debe volver al primero.

La decretal va a plantear cuestiones en torno al tipo de voto que impide el retorno al primer esposo, pero sobre todo va a ser la sede del problema de la *arctatio* femenina y de la necesidad de la mujer de volver al primer esposo cuando ha podido ser conocida carnalmente por un segundo hombre luego de ser declarada impotente. En la glosa ordinaria, vemos ya aparecer la siguiente alternativa: la mujer podía ir entre el primer esposo y el segundo *ad infinitum* hasta que el primero fuese capaz de conocerla carnalmente, o bien se debía intentar tres veces, más allá de lo cual debía permanecer con el segundo esposo.

En el Hostiensis la enumeración de anomalías incluye la "arctatio" extrema que casi impide que orine, la ausencia de reglas, la multiplicación de las reglas, pero también el caso de quien es tan "lata" que tampoco puede ser conocida carnalmente, "vt de facto fuit apud Crassam"; quien en razón de defectos de la vulva produce abortos, quien es naturalmente estéril, o tiene un defecto en la vejiga que le impide la retención de orina, u orina en el lecho cuando debe realizar el débito conyugal. "Non turberis", advierte, pues cosas semejantes y aún peores se escuchan y son conocidas por los médicos. Pero el cardenal afirmará que sólo quien padezca un defecto que la haga "impotens... ad carnale debitum reddendum" está impedida para el matrimonio, no quien no pueda procrear, como las que abortan naturalmente u orinan en el lecho.[77]

La *arctatio* femenina puede también resultar de un accidente, y Hostiensis cuenta en su *Lectura* el caso de una bellísima mujer de la diócesis de Torino llamada Caracosa, quien "intendens placere viro, ita medicusavit instrumentum suum, quod nec vir, nec alius homo ipsam postea potuit congnoscere".[78] El peligro de la pareja que se une aun cuando uno o ambos son impotentes con el fin de "suam luxuriam palliare"[79] aparece ya en el Hostiensis, antes de dotarse, con ese texto central para la historia de la impotencia que es el breve de Sixto V de 1587, que habla de los medios legales para la disolución forzosa de tales lazos, susceptibles de denuncia pública.

En cuanto al desarrollo de la inspección corporal, Hostiensis prestará particular atención a la elección de las matronas, que deben ser las más expertas –en las ciudades en general lo son más que en los *castra*–, no deben ser ni demasiado jóvenes en razón de su posible falta de experiencia, ni demasiado viejas en razón de la disminución de la vista, deben ser honestas para no dejarse corromper, y aconseja no confiar en las beguinas. Plantea el tema del juramento *de credulitate*[80] y la necesidad de que la declaración de las matronas sea enunciada de forma terminante. Recuerda también que es necesario someter a la mujer a baños previos a la inspección corporal para evitar la utilización de medicamentos.[81]

Pero la *arctatio* femenina resulta a veces, más que un defecto absoluto, un defecto realtivo, y Hostiensis recuerda que, sin llegar a las patologías de impotencia masculina clásica, algunos hombres son no obstante incapaces –teniendo un miembro pequeño y débil– de conocer una mujer virgen. En este caso, si el segundo esposo la hace, gracias al uso, apta para unirse con su primer marido, debe volver a él por tres razones: "quia sine divino miraculo porta aperta est per opus humanum", porque se presume que el impedimento era temporal, y porque se hace evidente que el testimonio de las matronas había sido falso.[82] Esta era también la opinión de Inocencio IV. Pero la posición de Inocencio es aún más radical que la del Hostiensis, pues este último contempla la posibilidad de una excepción: cuando la inspección corporal del hombre a fin de establecer la comparación del tamaño de los órganos del primer y del segundo esposo, mostraba que el primero padecía una verdadera malformación "si haberet nimis carnosum membrum, ita quod alia membra excederet.puta: quia patitur ibi elephantiam, vel nimis grossam et longam lanceam", entonces –lo afirmaban ya Vicente y Goffredo–, no se la debía restituir al primer esposo. Pero ante la menor duda era indispensable consultar al Papa.[83] Salvo, por lo tanto, casos de malformación manifiesta, la mujer que había logrado ser conocida carnalmente por el segundo esposo debía volver al primero. Los canonistas se mantienen constantes en esto.

Ahora bien, en la problemática de la *arctatio* no se trata nunca de *commixtio seminum*. La potencia femenina –aun cuando se exija, como lo hace Inocencio IV, la doble emisión seminal– es estrictamente una cuestión de penetración. Sin embargo, Vicente Hispano había mencionado la posibilidad de que el semen del hombre fuese atraído por la vagina aun sin penetración. El caso había tenido lugar en Francia y era el de una joven que tenía la vagina tan estrecha que un niño de nueve años no habría podido desflorarla y que sin embargo habría quedado encinta de una emisión de su marido sin haber sido penetrada, luego de lo cual las parteras la habrían desflorado manualmente para facilitar el parto.[84]

Existen dos formas de impregnación sin penetración. La impregnación a través de las aguas del baño es de origen culto y proviene de textos judíos y árabes de los que se hará eco el tratado antijudaico de Pedro el Venerable en 1144 –aun para rechazarlo como fábula–, y reaparecerá en Occidente a fines del siglo XIII a través del *Colliget* de Averroes (traducido en 1285), que la evoca para corroborar la afirmación aristotélica según la cual el placer y el semen femenino no son necesarios para la concepción. Averroes encontrará una confirmación teórica del testimonio de una vecina suya digna de fe que había quedado encinta luego de bañarse en el agua donde "hombres malvados habían eyaculado" en el tratado de un tal Avemcladis que afirma que la vulva posee un poder autónomo de atraer el esperma.[85] Pero en el caso relatado por Vicente Hispano se trata de una impregnación "seca", es decir, sin el vector del agua, en la que la sola atracción de la matriz haría que la emisión seminal del hombre sea absorbida por la vagina. La afirmación del poder de atracción de la vagina aparecerá más tarde en el tratado embriológico de Gilles de Roma.[86] Pero mientras Gilles de Roma intentaba con esto demostrar la ausencia de verdadero esperma en la mujer, en el texto de Vicente y en las referencias –menores– que los decretalistas hacen al caso, se trata de afirmar que el embarazo permitiría al contrario presumir la existencia de la doble emisión seminal aunque la inspección del cuerpo de la esposa probase que era virgen. Hasta Tomás Sánchez,[87] sin embargo, el poder de atracción de la vagina –ayudado incluso por artes mágicas, dirá el jesuita– no tendrá más que un lugar marginal en la reflexión de los canonistas.

La lógica probatoria de la impotencia –que en la mitad del siglo XIII los canonistas describen con detalle– se centra en la inspección corporal, tanto femenina como masculina, y responde a una mecánica que privilegia la capacidad de realizar y soportar la penetración. Si bien se declaran a favor de la doble emisión seminal como condición del coito suficiente para realizar la afinidad y el matrimonio, la prueba de la impotencia sigue pasando por la aptitud a la penetración que permitirá en última instancia la presunción de la emisión. Más aún, la sola declaración de la no virginidad de la esposa es prueba suficiente de la potencia del esposo. La única exigencia que conserva la esperanza de la emisión, independientemente de la penetración esta vez, es la de estimar potente a quien tenga un testículo.

LA VIRTUALIDAD DE LA POTENCIA

La potencia es, debe ser, por definición, virtual. En C.27, q.1, c.41 *Et in quibusdam*, a propósito de la posibilidad para el "senex", quien "jam assurgere non potet", pero también para el "spado" y el "frigidus" de contraer matrimonio, la glosa cita primero los argumentos por la afirmativa, entre los que está la posibilidad dada por el *Digesto* al *spado* de instituir un póstumo, para interrogarse luego sobre la validez de un matrimonio en el que no existan los "tria bona", "vel re vel spe". Esperanza que se supondrá existente en el "senex" en la medida en que "nemo est adeo senex" que no pueda eventualmente exitarse "natura vel artificio", lo que no sucede con el frígido, el niño o el *spado*.

Con Antonio de Budrio se expresa de forma más clara lo que determina la virtualidad de la impotencia: a propósito de X.4.15.2 afirma: "impotens ad finem actus, vel aliquid de eius fine, impotens censetur ad actum". Eso hace que la "impotentia coeundi ex animo, ut in furioso" no necesariamente sería una impotencia para el acto en sí, sino para realizar el acto según sus fines. El caso del *senex* sería en cierto modo inverso, en la medida en que lo que hace válida la unión es la virtualidad de la capacidad al acto según sus fines, pero también en este caso es indiferente al acto mismo. El *senex* puede contraer porque "quaedam est impotentia naturae et haec impedit matrimonium, quaedam est impotentia accidenter, et illa non impedit, quia habitus omnino non est extinctus, nam senex aliquando movetur". En cuanto a los que carecen de ambos testículos, Antonio de Budrio recuerda la opinión de Johannes Teutonicus a favor de quienes son aptos para el acto aunque no emitan esperma, pero concluye recordando también la "communis opinio" que considera que éstos no pueden contraer.

La potencia por lo tanto es *spes* y la impotencia plantea una cuestión aporética: la negación de existencia de una virtualidad. Lo que en cierto modo transmitían el *Decreto,* la glosa y la *Summa* de Huguccio cuando afirmaban que un hombre casi nunca podía hacer la prueba de su propia impotencia. Pero la virtualidad en la lógica de los canonistas invertía la virtualidad propuesta por la glosa al *Digesto* que recogía un fragmento de Ulpiano:

> *Digesto* 23.3.39.1: "Si la mujer se hubiese casado con un *spado*, opino que se ha de distinguir, si hubiese sido, o no, castrado, de suerte que respecto del castrado digas que no hay dote, y respecto del que no está castrado, que hay dote, y acción de dote, porque hay matrimonio".

Ulpiano distingue aquí, en una toma de posición personal sobre un tema discutido, los *castrati* de todo otro tipo de impotencia, que se designa con la palabra *spado.*[88] No es, sin embargo, la opinión general. En el *Digesto* 1.7.2.2, Gaius (siglo II) no parece hacer distinción y se preserva la indiferencia romana frente a la relación sexual y a la paternidad biológica. Pero las *Institutae* (1.11.9) de Justiniano coinciden con el texto de Ulpiano. El *spado* puede casarse, adoptar, instituir un póstumo; el *castratus,* no. La distinción refiere en el ámbito bizantino a la impotencia o la mutilación parcial por oposición a la castración absoluta.

La glosa medieval invertirá el sentido de las palabras, pero conservará la afirmación. La *Summa Justiniani est in hoc opere* (primera mitad del siglo XII) y numerosas glosas preacursianas inventarán en efecto a la palabra *cas-*

trati, una etimología que justifica su paradójica interpretación: éstos son *caste nati*, nacidos castos, naturalmente castos no se trata por lo tanto de una mutilación del cuerpo de alguien "naturalmente" apto para el engendramiento, sino de quien aun dotado de todos sus órganos nació de naturaleza fría, por naturaleza sin concupiscencia. A su vez, el *spado* será quien, habiendo nacido naturalmente apto, había sufrido una mutilación violenta. *Spado* viene de *spada*, la espada que había cortado una aptitud natural. La glosa a los textos romanos realiza, por lo tanto, dos operaciones; invierte el sentido estricto de las palabras, haciendo del castrado un impotente, y del impotente un castrado, pero conserva la norma, dando de la "naturaleza" una interpretación ontológica: ésta es un estado ofrecido en el nacimiento que no obedece a la sola presencia de los órganos, sino al calor que hace a los hombres aptos para el deseo y la producción seminal. Para los glosadores y comentaristas del derecho romano, que observan textos en los cuales el acto sexual efectivo está supuesto, pero jamás exigido, lo que cuenta son los efectos de la condición natural frente a la adopción y a la dote. Por lo tanto, y considerando que la virtualidad absoluta de la potencia se impone, se ha de considerar apto a quien en verdad carece, en ese momento, totalmente de órganos sexuales.

Pero los canonistas necesitan *copula carnalis* y harán, en consecuencia, una interpretación diferente. Si conservan la lectura de los civilistas, dirán como Huguccio que ni el *castratus* ni el *spado* pueden contraer matrimonio, en cuanto castración y frigidez natural arrojan un mismo resultado. Si por el contrario consideran que el *spado* es quien tiene al menos un testículo, aceptarán que él sí será apto para la perfección del sacramento matrimonial, puesto que es capaz de producción seminal.

La existencia de la potencia –por definición irreductible al acto mismo– deberá, no obstante, ser constatada. Pues en verdad, aun desde la perspectiva de un "triunfo" de la teoría consensualista, la unión corporal tendrá un rol central: la "capacidad", la potencia, sí es indispensable para el matrimonio, es decir, sí es indispensable que la *spes* exista porque sólo se puede prometer lo que es posible. La plenitud del matrimonio de la virgen se justifica por otra parte haciendo de la sola potencia la esencia y la condición del lazo matrimonial.

INCONSISTENCIA ENTRE DEFINICIÓN DE LA CÓPULA Y PRUEBA DE LA IMPOTENCIA

La definición de la cópula suficiente, aquella capaz de perfeccionar el sentido del sacramento matrimonial que simboliza, con la unión corporal de los esposos, la unión de Cristo con la Iglesia –según la lectura de *Génesis* 2.24 "et erunt duo in carne una" que proponen los pasajes paulinos que abren la exégesis al simbolismo, en particular *Efesios* 5.32 "Sacramentum hoc magnum est ego autem dico in Christo et in ecclesia"– se orienta, en la canonística clásica, hacia una lógica seminal que pone en segundo plano la penetración. Pero esta definición no se corresponde con la que establece la existencia de lo que impediría su efectiva realización, en la medida en que lo que se requiere es la existencia de una virtualidad, la "spes rei", y que, llegado el momento de la prueba, ésta reposa más bien en la aptitud a la penetración que en la unión de fluidos, dado que la mejor prueba indirecta –es decir, fuera de las mutilaciones o deformaciones evidentemente invalidantes– es la pérdida de virginidad de la esposa. Esto constituye una primera dificultad.

Pero además, en el interior mismo de las definiciones del coito que crea afinidad y de la impotencia se plantea una doble tensión. Por una parte, la lógica probatoria de la afinidad, pensada en términos estrictamente corporales a partir de la aceptación de la *affinitas ex copula illicita*, sólo puede asentarse en un sistema de presunciones. Mientras la afinidad resulte de la *commixtio sanguinis* entendida como *commixtio seminum* –es decir, exigiendo una doble emisión seminal–, la prueba sólo puede resultar de la presunción o la ficción. Cuando los canonistas retomen, durante el siglo XIV, la "communis opinio medicorum" como la no necesidad de la emisión seminal femenina, entonces considerarán que la prueba se ha simplificado por el solo hecho de que lo único exigido es la emisión seminal masculina dentro de la vagina, aun cuando en verdad tampoco ésta sea susceptible de prueba. Pero en ambos casos la afinidad depende de una lógica de fluidos que requieren algunos criterios corporales visibles y constatables –en particular la *communis opinio* de la necesidad de al menos un testículo–, pero sobre todo reposa en la ficción y la presunción.

Paralelamente, la impotencia, que es en verdad sólo la ausencia de la "spes rei", conduce a la inspección corporal de los esposos en búsqueda de una semiología gradualmente probatoria que es la de la mutilación de los órganos del hombre, o bien la constatación de la sequedad, tamaño ínfimo, debilidad de aquellos, eventualmente malformaciones más radicales aún, que, con excepción de la doble ausencia testicular, tienden a problematizar esencialmente la aptitud para la penetración, mientras que en el caso de la mujer, la *arctatio* va a dar lugar a una creciente casuística que tendrá que ver con la concepción según la cual, si es apta para uno es apta para todos y que no alude a la *commixtio seminum*.

Así, al hacer de la *commixtio seminum* la condición de la creación de afinidad y del verdadero coito, al hacer a su vez de la potencia la condición del lazo matrimonial, la Iglesia plantea una doble aporía en el foro contencioso: aquello que reposa en una estricta lógica de la materia (sangre, semen) –la afinidad– conduce a una desmaterialización de la prueba, mientras que aquello que en principio sólo debería constatar la existencia de una virtualidad, conduce a una lógica probatoria despiadadamente corporal.

NOTAS

* Agradezco a Emanuele Conte y a Antonia Fiori por su preciosa ayuda, lo que, desde luego, de ningún modo los hace responsables de los errores que pueda haber cometido. Agradezco a Laurent Mayali, una lectura que ha inducido cambios importantes en la primera versión.

1. La *communis opinion* sobre la postura de la patrística es que no requirere cópula; esta postura ha sido criticada recientemente por Ph. L. Reynolds, *Marriage in the Western Church. The Christianization of Marriage during the Patristic and Early Merdieval Periods,* Leiden, 1994, en particular págs. 328-361.

2. La bibliografía sobre el tema es inmensa. Algunos textos esenciales son Adhémar Esmein, *Le mariage en droit canonique,* t. I, París, 1891; la síntesis de Jean Gaudemet, *Le mariage en Occident,* París, Cerf, 1987; la de James Brundage, *Law, Sex and Christian Society in Medieval Europe,* Chicago University Press, 1987, y los trabajos de Rudolph Weigand, *Die bedingte Eheschliessung im kanonischen Recht,* Parte I, *Die Entwicklung der bedingten Eheschliessung im kanonischen Recht. Ein Beitrag zur Kanonistik von Gratian bis Gregor IX,* Munich, 1963, Parte II, *Zur weiteren Geschichte der bedingten Eheschliessung, Rechtstheorie, Rechtsdogmatik, Rechtsvergleich,* Munich, 1980 y *Liebe und Ehe im Mittelalter*, Goldbach, Bibliotheca Eruditorum, 7, 1993. El debate entre teoría consensual y teoría coital debe ponerse en relación con el debate esencial de la teología del siglo XIII en torno al modo de eficacia sacramental que opone la teoría de la causalidad física a la teoría de la causalidad pacto; sobre esto véase Irène Rosier-Catach, *La parole efficace. Signe, ritual, sacré,* París, 2004.

3. Véase la célebre decretal destinada al arzobispo de Palermo, X 4.4.3 *Licet praeter.*

4. Sobre el impedimento de impotencia, la bibliografía también es considerable; entre los más destacables, Pietro Agostino d'Avack, *Cause di nullità e di divorzio nel diritto matrimoniale canonico*, tomo I, Florencia, 1952; Aidan McGrath, *A controversy concerning male impotence,* Roma, Editrice Pontificia Università Gregoriana, 1988; Edoardo Dieni, *Tradizione "juscorporalista" e codificazione del matrimonio canonico*, Milán, 1999; James Brundage, "Marriage and Sexuality in the Decretals of Pope Alexander III", en *Sex, Law and Marriage in the Middle Ages*, Variorum, 1993, e "Impotence, frigidity and marital nullity in the decretists and the early decretalists", *ibid.*

5. Sobre el matrimonio romano y el principio consensual, véase Edoardo Volterra, *La conception du mariage d'après les juristes romains,* Padua, 1940.

6. G. Fransen, "La lettre de Hincmar de Reims au sujet du mariage d'Étienne. Une relecture", en *Pascua Mediaevalia. Studies voor Prof. Dr. J. M. De Smet (Mediaevalia Lovainiensia Studia X),* Leuven, 1983, págs. 133-146. Véase la posición tradicional en Jean Gaudemet, "Indissolubilité et consommation du mariage. L'apport de Hincmar de Reims", en *Revue de Droit Canonique*, 30, 1980, págs. 28-40.

7. G. Fransen, *op. cit.*, sostiene que Hincmar tampoco sería responsable de la cita apócrifa de san Agustín que va en el mismo sentido que la carta manipulada del papa León; se trataría en verdad de una mala interpretación de la frase de Hincmar y del referente de "ut beatus Agustinus dicit", págs. 140-141.

8. Se cita siguiendo la práctica habitual para la segunda parte del *Decretum*: C=*Causa*, q=*quaestio,* c=*canon.*

9. El primero que la cita como *palea* es Huguccio. Honorius la cita varias veces, pero como *Extravagante* del *Appendix*; véase Rudolf Wiegand, "Fälshung als Paleae

im Dekret Gratians", en *Fälschungen im Mittelalter,* Parte II, Monumenta Germaniae Historica, Schriften, 33, 1988, págs. 301-318. Sobre el *Appendix*, véase Charles Duggan, "English canonists and the *Appendix concilii lateranensis*", en *Traditio*, 18, 1962, págs. 459-468; Peter Landau, "Die Entstehung der systematischen Dekretalensammlungen und die europäische Kanonistik des 12. Jahrhunderts", en *ZRG Kan. Abt.*, 66, 1979, págs. 120-148.

10. Sobre la primera, más breve, recensión del *Decretum*, véase Anders Winroth, *The Making of Gratian's* Decretum, Cambridge University Press, 2000.

11. *Les deux soeurs et leurs mère. Anthropologie de l'inceste*, París, Odile Jacob, 1994.

12. *Metamorphoses de la parenté*, París, Fayard, 2004, pág. 355 y sigs. Sobre los límites de aplicación de las prohibiciones por afinidad, véase Anita Guerreau-Jalabert, "Prohibitions canoniques et stratégies matrimoniales dans l'aristocratie médiévale de la France du Nord", en *Épouser au plus proche. Inceste, prohibitions et stratégies matrimoniales autour de la Méditerranée*, París, 1994.

13. A. Esmein, *op. cit.*, pág. 374 y sigs. Lamentablemente, no he podido conseguir el libro de Walter von Hörmann, *Quasiaffinität. Rechtshistorische Untersuchungen uber Affinitäts-Wirkungen des Verlöbnisses nach weltlichem und kirchlichem Rechte*, tomo II, Innsbruck, 1906.

14. Esmein remite a la edición de Paul Hinschius, *Decretales pseudos-isidorianae,* Leipzig, 1863, pág. 751: "Nec aliquam quam quis ex propria consanguinitate conjugem habuit vel aliqua inlicita pollutione maculavit in coniiugium ducere ulli profecto christianorum licet vel licebit".

15. No se trata de afirmar que la expresión fuese nueva dado que aparece en el discurso médico y san Agustín por ejemplo, la emplea, sino más bien de ver en qué momento se afirma dentro del vocabulario del derecho canónico.

16. Friedrich thaner (ed.), *Die Summa Magistri Rolandi*, Innsbruck, 1874, págs. 129-130, pero, como ha sido señalado por Rudolph Weigand, la edición no toma en cuenta una serie de manuscritos que interesan precisamente a las causas matrimoniales.

17. La fecha de la redacción ha sido corregida recientemente por André Gouron, "Sur les sources civilistes et la datation des Sommes de Rufin et d'Étienne de Tournai", en *Bulletin of Medieval Canon Law*, 16, 1986, págs. 55-70.

18. Rudolph Weigand, "Die Durchsetzung des Konsensprinzips im kirchlichen Eherecht", en *Libe und Ehe im Mittelalter,* Goldbach, 1993, pág. 145; Rufino forja incluso una decretal que atribuye a "Alexander papa et martyr" que le permite afirmar: "Nisi ergo per maris et femine legitimam coniunctionem duo una caro efficiantur, certum est quod nullum inter eos coniugii erit sacramentum: ubi ergo defuerit sacramentum, quomodo ibi esse poterit virtus sacramenti? [...] Ut igitur sane mentis intellectu nostra procedat assertio, in sponsalibus initiator et in cohabitatione iam factum est, sed nequaquam sexuum commixtione perfectum", Rufinus von Bologna, *Summa Decretorum*, Heinrich Singer (ed.), Paderborn, 1902, reedición Aalen, 1963, pág. 449.

19. *Ibid.*, págs. 518-519. Ésta será la opinión de Simon de Bisignano, edición electrónica de Pier Virginio Aimone-Braida, Friburgo, 2003: http://www.unifr.ch/cdc/summa_simonis_de.php, pág. 449. La *Summa "Eleganitus in iure divino" seu Coloniensis*, de la escuela franco-renana, se limita a afirmar: "Nec enim affinitas nascitur nisi genitale secretum per commixtionem sexuum aperiatur", Gerard Fransen y Stephan

Kuttner (eds.), Monumenta Iuris Canonici, Series A: Corpus Glossatorum, vol. 1, t. IIII, Ciudad del Vaticano, 1990, pág. 118.

20. Ms. Admont, Stiftsbibl. 7.

21. La glosa ordinaria es obra de Johannes Zemeca, llamado Teutonicus, escrita entre 1215 y 1217, que adquirirá su forma definitiva con Bartolomeo de Brescia en torno a 1245 –en todo caso entre 1240 y 1246.

22. C.35, q.2 et 3 *dictum post* c.10 *Extraordinarie*. i. citra uel circa naturalia et non intra quod non attingit claustra pudoris: sed in circuito palpitabat.

23. Lo que también afirma Rufino, *op. cit.*, pág. 519.

24. C.35, q.2 et 3, c.11, *Sepius*. quia qua ratione non impedit prima eadem nec secunda nec aliqua secus autem esset forte si in non naturali membro: tunc impediret propter enormitatem criminis. xxxii.q.vii.adulterii et xxxiii.q.ii.#.hoc autem.

25. C.35, q.2 et 3, c.11 *Impedire*.

26. Lo mismo afirma la *Glosa Palatina* –compilada casi con seguridad por Laurentius Hispanus entre 1210 y 1218– a propósito de C.35, q. 2 et 3, c.11 v. *impedire*, Trinity O.10.2, fol.81vb "Talis enim pollutio que fit extra vulvam non facit sanguinis commixtionem nec carnis unitatem; sed quid si quis frangit claustrum pudoris, sed non spermatizat ibi vel si spermatizat, non cum ipsa? Dico cum h. per talem coitum unitatem carnis non fieri nec sanguinis commixtionem, nec impediri ob hoc consanguineorum ab eius copula si constare possit. Jo. et R. legant hanc causam sub alio sensu, quia talis pollutio non impedit nisi sit in tanta vel nisi fiat maritalis affectio, sed hoc superfluit una negatio", citado por J. A. Brundage, *Law, Sex..., op. cit.*, n. 156, pág. 356.

27. C.35, q. 2 et 3, c.11 *Maritalem*. Sobre *maritalis affectus* véase John T. Noonan Jr., "Marital affection in the canonists", en *Studia gratiana* XII, *Collectanea Stephan Kuttner*, 1967, págs. 481-509. El autor señala el error de lectura de la edición Friedberg, que remplaza *affectum* por *effectum*, pero la glosa lee *affectum*.

28. Guido de Baisio, *Archidiac. Super Decreto. Clarissimi sacrorum canonum interpretis Guidonis de Baiisio archidiaconi Bononiensi. Enarrationes super Decreto, autor ipse Rosarium appellari,* Venetiis: apud Iuntas, 1601, C.35, q.2 et 3 c.11.

29. C.33, q.1, c.3 *Si quis*.

30. "hanc credo esse causa causam quare uiro creditur in hoc casu", *ibid.*

31. *Ibid.*

32. C.27, q.1, c.4 "*Nec aliqua* [...] si enim due uel tres nobiles probe mulieres dicerent uirginem non esse cognitam a uiro: harum testimonio staretur". Al lo que se agrega la glosa siguiente *Fallatur*. ar.contra testimonium uisus sepius tamen non fallitur: et ideo admittitur testimonium de uisu: nam iura adaptantur.

33. Los juristas medievales no parecen tomar en cuenta el sentido de *castratus* como resultado de un castigo corporal.

34. "de istis castratis quidam sunt castrati quidam caste nati.i.frigidi: et non possunt contrahere. infra.prox.q.i.si uero.alij castrati scilicet spadones bene possunt.arg.xxvij. q.i.nuptiarum.infra.proxima q.v.quod deo.ff.de iure do.si serua # si spadoni.alij dicunt melius: quod nec isti possunt contrahere cum non cognoscere uxorem non possunt", pero se inclinará finalemente por la solución de la erección como criterio suficiente. Sobre las etimologías de *castratus* y *spado*, véase el punto 7.

35. Sobre el "Duo erunt un carne una" como ficción jurídica que pone al derecho en el corazón de la obra divina, agradezco a Laurent Mayali haberme permitido consultar su texto entonces inédito, "'Duo erunt in carne una' and the medieval canonists", V.

Colli, E. Conte (eds.), *Iuris Historiae: Liber Amicorum Gero Dolezalek,* Berkeley, The Robbins Collection, 2008. El autor señala que la expresión aparece en una glosa de autor anónimo (*c.* 1180) a la C.30, q.4, c.5 incluida en el *Apparatus Ordinaturus magister*, véase R. Weigand, *Die Glossen zum Dekret Gratians. Studien zu den frühen Glossen und Glossenkompositionen*, *Studia Gratiana*, 25, Roma, 1996, n. 1379, pág. 277.

36. C.27, q.2, c.19 *Una.*

37. C.27, q.2, c.19. Edición de J. Roman, "*Summa* d'Huguccio sur le Décret de Gratien, d'après le Manuscrit 3891 de la Bibliothèque Nationale. *Causa XXVII, Quaestio II.* (Théories sur la formation du mariage)", en *Nouvelle Revue Historique de Droit Français et Étranger*, 27, 1903, pág. 767.

38. *Summa* de Huguccio, "*Potestatemque corporis* quantum ad debitum reddendum alii, vel denegandum ei exigente loco et tempore congruo; id est, non habet potestatem transferendi corpus suum ad alium vel subtraendi ipsum viro; imo tenetur ei exigente loco et tempore congruo, exibere copiam suo corporis ad rem uxoriam. Similiter vir tenetur facere; et hoc est illud, propter quod vir et uxor finguntur a iure esse una caro, et est argumentum quod ad essentiam matrimonii exigatur consensus in carnalem copulam", *ibid.*, pág. 768.

39. Cabe señalar que la definición de la *una caro* como *fictio iuris* no se encuentra, en lo que he podido consultar, en las *Decretales* ni en las glosas y comentarios a éstas.

40. *Apparatus Inocentii,* Venetiis, Johannes de Landoia Alemanus, 1491, X.4.13.7.

41. Henrici de Segusio Cardinalis Hostiensis, *In Quartum Decretalium librum commentaria*, Venetiis, apud Iuntas, 1581, fol. 26v, X.4.13.7.

42. Henrici de Segusio Cardinalis Hostiensis, *Summa aurea*, Venetiis: apud Jacobum Vitalem, 1574, X.4, *De sponsalibus et matrimoniis,* n. 10 *Et qualiter dissoluantur.*

43. Las alegaciones son a I.2.1.31 y 32, y a D.41.1, *Summa* IV, *De natis ex libero ventre, Cuius conditionem.*

44. Hostiensis, *In Quartum*, X.4.13.7.

45. *In quartum decretalium librum commentaria (quae novellas appellavit)*, Venetiis: apud Franciscum Franciscium, 1581.

46. Johannes Andrea, X.4.13.7.

47. *Ibid.*, X4.1.32 *Adolescens.*

48. Sobre este adagio, forjado por Johannes Teutonicus en su glosa al *Decretum*, véase el artículo reciente de Jacques Chiffoleau, "'*Ecclesia de occultis non iudicat'?* L'Église, le secret, l'occulte du XIIe au XVe siècle", *Micrologus,* t. XIV, *Il segreto*, Florencia, Sismel, 2006, págs. 359-481.

49. Johannes Andrea, X.4.1.32.

50. Antonio da Budrio, *In Librum Quartum Decretalium Commentarij*, Venetiis: apud Iuntas, 1578.

51. *Ibid.*, X.4.15.7.

52. Niccolo Tedeschi, *Opera omnia quae extant commentaria. Tomus septimus, Abbatis Panormitani Commentaria in quartum, & in quintum librum*, Venetiis: apud Iuntas, 1588.

53. *Ibid.*, X.4.13.7. Esto parece en verdad una forma de ridiculizar el pensamiento del Hostiensis si se tiene en cuenta que cuando hay concepción, él supone la doble emisión seminal, aun cuando afirmase que sólo había afinidad con la *commixtio seminum.*

54. Federico Petrucci, *Consilia et quaestiones Frederici de Senis*, Venetiis: per Pagninum de Paganinis, 1508, fol. 108.

55. Guido se pregunta también qué sucede con aquella que "ex furore libidinis provocauit in se seminis effusionem, vel digito vel alio modo contra naturam rumpens sigillum virginitatis suae vel etiam supponendo se pecori". Algunos defenderán que "nisi per membrum naturalem ad hoc deputatum fiat corruptio carnis", y por lo tanto también quien ha sido corrupta "ferro, vel palo" puede ser consagrada. Esta afirmación respondería a un razonamiento casi estrictamente etimológico –"potest dici virgo.i.virum agens.i.repellens.ex quo non est corrupta a viro"– que a muchos –entre los que se cuenta– parece absurdo porque "pari ratione masculi et feminae sodomitae possent virgines iudicari". La mayor parte opinará no obstante que aquellas que quebraron en sí el "sigillum virginitatis, aut procuraverunt in se seminis emissionem" no podrán ser consagradas pues si, como afirma Agustín, la virginidad es "in carne corruptibili perpetuae incorruptionis meditatio", la pierden quienes –hombres o mujeres– conscientemente procuren una emisión seminal. Guido de Baisio, C.32, q.5, c.2.

56. Sigo en esto el libro de Joannes Mullenders, *Le mariage presumé,* Università Gregoriana, Roma, 1971.

57. "Si vero desponsatio de futuro interveniat inter aliquos non hoc est inter eos coniugium et etsi proprie dicuntur sponsi i.e. promissi et hoc proprie dicitur desponsatio sive sponsalia, quae sunt mentio et repromissio futurarum nuptiarum.", ed. J. Roman, pág. 746.

58. "Sed nonne saepe consensus maritales in ipsa commixtione intervenit inter aliquos, qui primo non consenserant in coniugium? Utique, in usu coitu maritali affectu possunt consentire. Sed nec tunc matrimonium facit coitus sed consensus interveniens", ed. J. Roman, pág. 755.

59. Glosa ordinaria X.4.1.30: "Consensus et forma sunt hic licet per verba de futuro, quae per carnalem copulam subsequentem fiunt de praesenti praesumptive. Sed per carnales copulam subsequentem, praesumitur consensus, per verba praecedentia designatur forma, liceo illa ab initio fuerint de futuro".

60. Johannes Andrea, X.4.1.32 n 7.

61. Antonio de Budrio, X.4.1.32 n 2.

62. Niccolò Tedeschi, X.4.1.32 n 3.

63. La C.33, q.1, c.1 parecería indicar que existe un texto anterior al *Poenitentiale Theodori* que sería una carta del papa Gregorio I, pero se trata en realidad de un pasaje de una carta de Rabano Mauro a Heribaldo del año 853; véase la edición de E. Friedberg, pág. 1149.

64. Citado por A. Esmein, pág. 235.

65. X.4.15.1 *Iudicium.*

66. X.4.15.5 *Iustum iudicium.*

67. Ed. de J. Roman, pág. 783.

68. *Apparatus,* X.4.15.3 n. 4 y 7.

69. *Ibid.*, X.4.15.1.

70. *Ibid.*

71. La apertura de las "claustra pudoris", en menores de once años, no es causa suficiente de presunción si no va acompañada de otros indicios tales como la "magnitudo personae, vel alia quae mulieres melius norunt", *ibid.*, X.4.2.6.

72. *Summa*, 4.15, *Quae impotentia.*

73. *Summa*, 4.15, *Qualiter et quando.*

74. *Ibid.*

75. *In Quartum*, 15.1 n 3.

76. Antonio de Budrio, 4.15.5, f.39ª.

77. *Summa* 4.15, *Quae impotentia.*

78. *In Quartum*, 15.4.

79. *Ibid.*

80. El juramento de las parteras es el ejemplo típico de juramento *de credulitate* en razón de la naturaleza incierta del peritaje. Sobre este tema me permito remitir a Marta Madero, *Las verdades de los hechos. Juez, proceso y tetimonios en la Castilla del siglo XIII,* Salamanca, 2004, págs. 90-91.

81. *In Quartum*, 15,6.

82. *Ibid.*

83. *Ibid.*

84. El episodio es relatado por Bernardo de Monmirat (Abbas Antiquus), quien en su comentario a las *Decretales* (1259-1266) refiere lo dicho por su maestro, Vicente Hispano (+1248). Abbas Antiquus, en *Perilustrium doctorum tam veteres quam recentiorum in Liber Decretalium aurei commentarii*, Tomus Primus, Venetiis, apud Iuntas, 1588, X.4.1.30. El tema es tratado por Maaike van der Lugt, *Le ver, le demon et la Vierge. Les théories médiévales de la géneration extraordinaire*, París, 2004, pág. 105.

85. *Ibid.*, págs. 100-101.

86. *Ibid.*, pág. 104.

87. La primera edición del monumental *De Sancto Matrimonio* del jesuita Tomás Sánchez, que consagra el paroxismo de la lógica seminal, es de 1602.

88. Según Danilo Dalla, el *spado* no está impedido para el matrimonio, porque lo que cuenta no es la posibilidad efectiva de engendramiento, sino la diferencia de los sexos como condición de las nupcias según el derecho; Danilo Dalla, Milán, 1978, pág. 268. Cabe agregar lo señalado en la nota 32 sobre el *castratus* como quien ha sido objeto de mutilación punitiva.

Un uso jurídico de la categoría de *hecho*: las especificaciones de la posesión en el derecho común medieval (siglos XII-XIV)*

PIERRE THÉVENIN
École des Hautes Études en Sciences Sociales
Università di Roma Tre

Tanto por su objeto como por la naturaleza de las fuentes en las que se apoya, el análisis que sigue corre el riesgo de marcar una cierta desviación con respecto al tema exacto de este encuentro. En efecto, propongo considerar un aspecto preciso de la doctrina de la posesión en el derecho civil medieval con el objeto de analizar uno de los roles de la noción, al mismo tiempo tan central y tan vacua, de *hecho* en la historia del pensamiento jurídico. Me ocuparé en este artículo de reconstituir el segundo plano y de llevar a cabo el análisis de un motivo que aparece en la doctrina de los glosadores, antes de ser retomado por los comentadores, y que consiste en distinguir diversas especies de la posesión, según éstas posean "más o menos" de *hecho* o "más o menos" de *derecho*. Recorriendo los caminos a través de los cuales los juristas medievales han sido llevados al establecimiento de una especificación tan inquietante –en la medida que ésta parece admitir que una institución pueda ser "más o menos" jurídica–, intento poner en evidencia uno de los significados de la categoría de *hecho* en el derecho.

Tal como espero sugerirlo y tal vez demostrarlo, esta especie de desvío por el derecho civil no deja de mantener una relación importante, aunque oblicua, con la larga historia del derecho penal. Debería incluso poder ayudar a indicar la manera en que esta historia está atravesada desde dentro por ciertas aporías filosóficas cuya formulación no incumbe tanto al plano de la doctrina propiamente dicha –ya sea que se trate de la misma doctrina procesal o de la filosofía y la teología medieval– cuanto a los vínculos bastante más discretos entre las prácticas judiciales positivas y el tipo de saber que su puesta en funcionamiento convoca y suscita a la vez. Estas aporías conciernen esencialmente a la posibilidad misma de una designación jurídica de los "hechos". Por el momento daré la siguiente formulación: ¿cómo el derecho puede designar un hecho sin por ello revestirlo de un significado jurídico, dado que así lo exige el concepto mismo de hecho?

En muchos aspectos, el estudio del surgimiento del proceso inquisitorio a partir del siglo XII y la progresiva sustitución del modelo acusatorio representaron ya un primer paso hacia la indicación de las manifestaciones *in situ* de esta aporía. Una gran cantidad de trabajos recientes han mostrado, en efecto, cómo esta transformación histórica ha llevado a ubicar la noción de *hecho* en el centro mismo del pensamiento procesal y a conferirle una importancia totalmente nueva.[1] No sólo el proceso inquisitorio no apunta más que a "determinar la verdad de los hechos" allí donde el antiguo arbitraje se contentaba con evaluar los derechos respectivos de las partes, sino que en un sentido más fuerte y tal vez más sorprendente, es la verdad misma de los hechos lo que aparece de aquí en más en el punto de origen del proceso, reemplazando los "hechos" en cierta manera espontáneamente a la iniciativa de la parte acusadora para invocar a la autoridad inquisitorial y ordenar la administración de la justicia. Tal figura jurídica de la noción de hecho porta en sí la marca del proceso a través del cual la autoridad judicial no tiene más necesidad para ejercerse que prestarle voz al silencio de los hechos. Así, en el derecho procesal medieval el *factum* aparece primero bajo la forma de un silencio elevado a la capacidad de reivindicarse. Que tal entidad sea ontológicamente desconcertante no es lo esencial: ésta forma antes que nada el contrapeso teórico del despliegue de la investigación de oficio.

Sin embargo, al dedicarle demasiado exclusivamente atención a este suceso procesal de la noción de hecho, se corre el riesgo de descuidar una dimensión tal vez incluso más esencial aún del razonamiento jurídico, y por ello mismo tal vez también más delicada de desprender. Para formular la aporía que nos ocupa bajo su forma más adecuada, o para asir plenamente las manifestaciones de su pertinencia histórica, conviene igualmente tener en consideración este uso de la noción de hecho que consiste en aplicarla no a un suceso del cual el proceso debería determinar la verdad (una cuestión de hecho, una *quaestio facti*), sino a una institución o a un derecho en cuanto tal. Esta aplicación, que concierne a la pura técnica jurídica, define la división misma que el derecho traza entre los vínculos de las personas entre ellas o de las personas con las cosas que se elevan a la validez jurídica, y aquellos que por el contrario son mantenidos en el rango de simples vínculos de hecho, excluidos por ende de la esfera de los derechos positivos, como cuando se menciona un matrimonio "de hecho" o una residencia "de hecho". Aquí, como veremos, la noción de hecho no interviene en el modo en que el derecho construye la imagen de los sucesos que a la vez preceden y justifican su ejercicio, sino por el contrario en la operación a través de la cual éste descalifica una pretensión o una situación de manera de desactivar la validez y negarle toda pertenencia jurídica. Es solamente partiendo del examen de las formas y del sentido concreto de esta división entre aquello que califica como hecho y aquello que no lo hace, división implícita y subyacente a todo discurso jurídico, que se podrá llevar adelante un análisis consecuente de la noción de hecho en el derecho.

Este artículo se propone, pues, contribuir a ese análisis a partir de una circunstancia precisa de esta delimitación y de su discusión en el marco de la doctrina de la posesión de los glosadores medievales.

El terreno de la posesión no es aquí sorprendente. Se presenta de una manera bastante natural como una de las principales *sedes materiae* donde puede descifrarse el uso técnico de la noción de hecho. La cultura jurídica más elemental alcanza para asociarla con la noción de la posesión, como es principalmente tratada por el derecho civil romano –dejaré aquí de lado el derecho canónico y los derechos consuetudinarios–[2] en los títulos 41, 2 del *Digesto* y 7, 32 del *Código* de las compilaciones justinianeas.

Es habitual afirmar de la posesión que ésta se sitúa en el límite del vínculo jurídico y el vínculo de hecho. Savigny, retomado acerca de esto por los manuales contemporáneos de derecho de bienes, escribía así: "es evidente que la posesión, tomada en sí misma, es de acuerdo con su idea primitiva, un simple hecho: igualmente no es menos verdadero que ciertas consecuencias de derecho vienen a incorporarse. Así pues, es al mismo tiempo hecho y derecho".[3] Y en efecto, en tanto que ésta se distingue de la propiedad, la posesión parece bastante débil jurídicamente y parece depender de una simple detentación de hecho; pero ella no deja de aparecer al mismo tiempo como un auténtico vínculo jurídico, en la medida en que está protegido, al menos en el derecho romano, por una cierta cantidad de interdictos (*unde vi, de vi armata,* etc...), es decir, protecciones judiciales que ofrecen garantías al posesor que ha sido molestado en el usufructo de un bien, independientemente del examen de la titularidad de la propiedad de este bien. Este carácter *limítrofe* de la posesión tiene que ver en gran medida sin duda con la explicación de la fascinación que esta institución ha ejercido durante mucho tiempo sobre la dogmática jurídica y la amplitud considerable de la literatura que ésta le ha consagrado. Sabemos particularmente con qué profusión la reflexión de los pandectistas del siglo XIX, en especial en Alemania, se ha ocupado de la cuestión de su *status* jurídico. Podríamos llegar a hablar de una verdadera predilección teórica, si se piensa no sólo en el hecho de que ésta constituye el punto de apoyo preciso del gran debate que ha enfrentado a Jhering[4] y Savigny, sino incluso en todos los análisis históricos que éste ha suscitado más o menos directamente, en particular acerca del campo del derecho común medieval, tanto canónico como civil.[5]

¿Qué decir, entonces, de novedoso sobre esta cuestión si ésta ya ha sido tan debatida? Creo que precisamente la atención al uso específico y técnico del concepto de hecho ofrece la posibilidad de reabrir el *dossier*, al menos en parte, desde un nuevo punto de vista y tal vez más pertinente para nosotros. El punto común de la tradición de la historia del derecho que se ha apropiado de esta cuestión consiste en efecto en negar la extensión extraordinariamente abigarrada de la casuística medieval, tal como ésta surge de la trama literaria de la glosa del *Corpus iuris civilis*, reduciéndola a una serie de simples casos particulares a partir de los cuales se debería extraer por medio de la interpretación un concepto unívoco de la posesión, capaz de ser circunscrito en una definición. Escribir la historia del pensamiento jurídico a partir del análisis exclusivo de tales definiciones es ignorar la inmensa labor casuística que a lo largo del trabajo de los glosadores ha precedido a estas formulaciones y constituye su misma cantidad de armónicos. Se privilegia entonces el resultado memorizable de este esfuerzo por sobre su contenido y sus instancias efectivas, de modo que se proyecta el pensamiento jurídico medieval sobre un plano homogéneo al de la dogmática contemporánea y se lo puede discutir *sub specie aeternitatis*. Es así como C. G. Bruns ha leído y criticado las definiciones medievales de la posesión, a la luz de la tesis savignana del papel determinante de la voluntad en la adquisición y la detentación. Ahora bien, concentrando así la "esencia" del pensamiento medieval en estas pocas fórmulas, se ignora que constituyen, desde un simple punto de vista filológico, un aspecto relativamente secundario, y se deja de lado la inmensa obra de la glosa misma, es decir, la interpretación y el manejo de la casuística justinianea, y se le da artificialmente cabida a la reconstrucción de la dogmática por sobre el examen de la pragmática. Sin embargo, contra esta manera de leer, se podrían recordar las palabras de Wittgenstein, quien dice que una filosofía que se mantiene en una cáscara de nuez (*Nutshell*) corre el gran riesgo de reducirse a ésta. Pues, al hacer depender la "doctrina medieval de la posesión" de un puñado de definiciones de Azon, de Jacques de Revigny y de Bartolo, ¿no se corre el riesgo de amputar todo el entramado que le otorga su sentido? El punto de vista técnico implica por el contrario dudar de la existencia misma, en derecho y sobre todo en derecho medieval, de conceptos unívocos. Conduce incluso a poner en duda el fundamento mismo de la voluntad de buscarlos. Pues, al fin y al cabo ¿qué se encuentra en principio al abrir el *corpus iuris*? ¿Una exposición ordenada de conceptos o bien un inmenso conjunto de operaciones heteróclitas? Más que desear desprender una concepción unívoca y unitaria de lo que sería un "hecho" en el derecho, se puede optar por analizar los diversos modos en que esta noción ha desempeñado un papel preciso en este nivel de razonamiento jurídico que precede a las definiciones y las sobrepasa en invención, nivel en el cual el *doctor legis* se esfuerza por relacionar la multiplicidad de los casos prácticos unos con otros. El riesgo, por cierto, es el de perderse en el estallido de los casos. Sin embargo, creo también que es más importante y más exacto sacar a la luz este estallido y este riesgo mismo que intentar reabsorberlo o atenuarlo a través de una decisión historiográfica a priori. Entremos, pues, en las consideraciones de detalle y veamos de dónde proviene este motivo de los glosadores que consiste en hacer variar la cantidad de hecho que encierra la posesión.

1. FIGURAS TÉCNICAS DEL DERECHO ROMANO: SONAMBULISMO Y MUERTE IDA-VUELTA

Una primera observación elemental se desprende de la lectura de los textos de derecho justinianeo que tratan la adquisición y la posesión. Uno de los únicos sitios del *Corpus iuris* donde ésta se afirma explícitamente como un vínculo de hecho y al cual, por esta razón, la glosa le dedicará la mayor parte de sus intentos de definición, es el relato de una opinión de Nera el Joven y de Ofilio que justifica la adquisición de la posesión por parte del pupilo aunque éste no esté respaldado por la autorización de su tutor (1. *possesio appellata,* D. 41, 2, 1, 3).[6]

En un primer momento, la ley romana recuerda el principio general según el cual los pupilos y los locos (*furiosi*) no son susceptibles de adquirir una posesión, en la medida en que ellos están desprovistos de *affectus*, es decir, son incapaces de desear poseer cualquier cosa. El caso, hasta aquí, equivale al de una persona que duerme, en cuyas manos se colocaría un objeto y que se apropiaría de éste físicamente sin saber que lo hace. Siendo el *affectus* una condición de la adquisición, se le negará el reconocimiento de la titularidad de tal posesión. Los pupilos y los locos son pues, en esta lógica, jurídicamente similares a los sonámbulos y no son susceptibles de adquirir nada, sea lo que fuera. Ahora bien, en un segundo momento, la ley relata que los juristas Nera el Joven y Ofilio le reconocen aquí al pupilo la capacidad de adquirir, en contra de este primer principio general. El argumento que invocan con este fin consiste entonces precisamente en plantear que en el caso del pupilo –pero no en el de un furioso– la adquisición de una posesión es de hecho y no de derecho: "eam enim rem facti non iuris esse". Dicho de otra manera, si bien la ley romana plantea que aquí la posesión se debe al *hecho*, no es en virtud de una definición sustancial de esta institución, sino con el objeto de tornar lícita una adquisición cuya validez el derecho general de las personas no podría más que rechazar. Más que admitir una excepción a la capacidad del pupilo, que permanece jurídicamente como un "sonámbulo", se considera la adquisición de la posesión como un hecho, el cual basta para desprenderla de las reglas de funcionamiento normal del derecho. La simple consideración del *locus* casuístico preciso de la asociación de la posesión a un hecho alcanza ya a demostrar la relación estrecha que liga la invocación jurídica del hecho con el principio mismo de la excepción.

La misma conclusión se impone a la lectura de la ley que se encuentra inmediatamente alegada por la *glossa ordinaria* en "eam rem enim facti est". Se trata de la ley *denique* (D. 4, 6, 9), que excluye la posesión del conjunto de derechos en los que la institución del *postliminium* prevé reintegrar al prisionero de guerra que, habiendo cruzado el *limen*, retorna a Roma. El *postliminium* actúa mediante una anulación ficticia y retrospectiva de otra ficción, aquella fijada por la ley Cornelia, que prevé que el prisionero será considerado "como si estuviera muerto en tanto que ciudadano romano". Es esta muerte fingida la que el *postliminium* viene a borrar en caso de retorno, no solamente devolviéndole la vida al ciudadano considerado muerto, sino fingiendo que nunca se lo ha considerado como tal, y reintegrándole así los derechos de los que gozaba en el momento de su captura, como si no hubieran sido jamás suspendidos. Es pues de este mecanismo complejo que la ley *denique* intenta sustraer a la posesión. Prácticamente se puede pensar que allí se trata en particular de proteger al posesor que ha tomado posesión del bien abandonado por un prisionero contra las pretensiones de éste de reclamar el *ius possessionis*, en el caso de que retornando tratara de hacer valer el *ius postiliminii*; o incluso de impedir que, retornando, el prisionero pretendiera adquirir por *usucapio* la propiedad de las cosas cuya posesión había sido de hecho interrumpida.[7] Como quiera que sea, el argumento postulado por el jurisconsulto romano a favor de esta decisión consiste nuevamente en la calificación de la posesión en términos de simple *hecho*: "Placet interruptam possessionem postliminio non restitui [...] Possessio autem plurimum facti habet".

2. CONSTRUCCIÓN DE LA ESCALA ESCOLÁSTICA DE LOS TIPOS DE LA POSESIÓN: LA GRAN GLOSA O GLOSA ORDINARIA

Es precisamente esta fórmula, "plurimum facti", la que va a proporcionarles a los glosadores la clave de la clasificación escolástica de las especies de la posesión. También la encontramos expresamente en la glosa a la *lex appellata,* transportada textualmente del caso de la discusión del *postliminium* a aquel de la posesión por el pupilo. Tomemos la glosa de Accursio a esta misma ley:

> "¿Pero entonces, en qué sentido la posesión es aquí un hecho y no un derecho? Respondo que lo es sólo una vez que ha sido adquirida de hecho que la posesión es reivindicada, según el derecho o contra éste. Tú dices que es fundado que el furioso no pueda adquirir una posesión. Pero el pupilo puede, así como se dice, sin el auxilio de su tutor: porque este acto (*ea res*) no es de derecho, es decir, que no requiere de una ficción de derecho que fingiría que el hecho de otro sea el hecho del pupilo. La cosa que se reivindica para otro, en efecto, implica más derecho, pero aquella que se reivindica para sí, más hecho".[8]

A la dicotomía binaria y franca por medio de la cual los juristas romanos articulan los planos del derecho y del hecho y que les permitía obtener en la tipología el efecto de una excepción sin tener que decretarla, Accursio superpone aquí una polaridad más compleja, que se establece por grados. Esta suerte de escala parece implicar que la validez jurídica es susceptible de variaciones graduales, apareciendo el derecho con más presencia en algunas de sus disposiciones más que en otras. Trasladando a su comentario la fórmula "plurimum facti", por medio de esta suerte de "recortar y pegar" tan característico de las lecturas medievales, Accursio la completa oponiendo un tipo de posesión, más bien fáctica, a otro tipo, más bien jurídico. Pero haciendo esto, va claramente más allá de la letra de los textos romanos. Empujado por el juego de alegaciones e interpretaciones a completar la "escala" que la fórmula de la ley *denique* parecía sugerir, introduce en el comentario una referencia totalmente ausente del texto romano: la posesión "más bien jurídica" que es aquella que adquirimos por medio de otro, es decir a través de un procurador, un tutor o un curador. A la posesión *per se* del pupilo mismo, más bien factual, se opone así la posesión que el pupilo adquiere *per alium,* es decir aquí mediante su tutor (cuando éste adquiere por ejemplo *suo nomine*). Es esta segunda forma de posesión que es "más bien jurídica" la que es invocada para completar la escala.[9] Esta suerte de posesión *per alium* se basa según los glosadores en una ficción del derecho que postula que el tutor toma posesión de una cosa "como si" el pupilo mismo lo hubiera hecho. Se ve cómo la parte de derecho contenida en una institución parece entonces coincidir exactamente con la parte de ficción que ella encierra. Cuanto más ficticia es una posesión, más jurídica. Inversamente, cuanto más "natural", para anticipar un tema que no aparece todavía, pero cuyo léxico está en realidad ya presente, más fáctica. El argumento de Accursio implica entonces que la posesión que el pupilo adquiere mediante sí mismo no pasa a través de los desvíos ficticios de la abstracción propia de las instituciones jurídicas.

Pero en realidad, si se está atento a las consecuencias de esta argumentación, se ve que ella no deja de presentar una cierta paradoja: ésta implica que es precisamente porque ella es más bien fáctica y porque no procede demasiado de una ficción que la posesión de un pupilo debe ser válida y reconocida jurídicamente. En esto va contra la decisión de la *lex denique*, que afirmaba el carácter de hecho de la decisión nada más que para excluirla de la esfera de los derechos recuperables a través del *ius postiliminii.* Pero ¿cómo es que la técnica jurídica llega a admitir la existencia de un derecho invocando el hecho de que éste no es demasiado jurídico? Es verdad que una razón técnica muy clara impide que se pueda reconocer plenamente *de derecho* la posesión del pupilo, puesto que entonces se debería admitir necesariamente que el pupilo pueda también estipular.[10] La gradación propuesta por Accursio parece entonces intentar salvar esta dificultad al igual que lo hacía por su cuenta el argumento de los juristas romanos al que ésta da cuerpo discretamente. Pero para hacerlo, Accursio no duda en valerse de un rodeo sorprendente, consistente en hacer residir la validez de un derecho sobre el hecho de que no se trata del todo de un derecho, ni del todo de un hecho, pero, sin embargo, más de un hecho que de un derecho. Extraigamos algunas consecuencias de esta paradoja, que indica seguramente un problema.

3. LA POSESIÓN Y SU DOBLE: UN DEBATE ENTRE BASIANO Y AZON

Esto nos arroja directamente en el centro de un debate muy rico que ha dividido a los glosadores y a los juristas medievales al menos hasta Bartolo, y cuyas grandes líneas son relativamente bien conocidas. Accursio se apoya en efecto aquí sobre la división de los tipos de posesión que su maestro Azon había establecido en su comentario al título *De adquirenda possessione* del *Código* (C. 7, 32), y que será retomada luego por la mayoría de los *doctores legis*, de Alberico de Rosciate a Bartolo.[11] Esta división tenía una finalidad muy clara: constituía la *solutio* de una cuestión escolástica en la que aparecía como *contra* la opinión de otros maestros boloñeses que Azon intentaba refutar. Para comprender la especificación propuesta por Azon, se debe pues comprender primero la doctrina contra la cual se dirige, y que la precede históricamente, puesto que ésta se retrotrae por lo menos, según el testimonio de Odofredo, a Basiano († 1190 *ca.*).

Lo que está en juego es saber si se deben admitir dos posesiones o una sola: según los términos de Odofredo: "possessio utrum sit una in sui substantia an due sint substantiae". Basiano sostenía en efecto por su parte la existencia de dos *sustancias* distintas de la posesión: la posesión civil, que procede de una ficción del derecho, y la posesión natural, que equivale a la pura detentación física, posesión de puro hecho. Expone claramente este dualismo en una distinción que lleva el *incipit:* "Possessio alia est naturales tamen, alia civiles".[12] Esta doctrina era todavía más precisa, como lo testimonia este pasaje donde Odofredo relata la opinión de Basiano:

> "La posesión que procede del *animus* es llamada civil, puesto que consideradas las cosas según la verdad, no poseemos sino por una ficción del derecho. Es por ficción que somos considerados posesores, mientras que la posesión que procede del *corpus* es llamada natural, puesto que la reivindicamos y la consideramos en el curso natural de las cosas, ocupándola y tocándola".[13]

No solamente Basiano considera entonces como específicamente distintas la posesión natural y la civil, siguiendo al derecho romano mismo, sino que también hace corresponder a estos dos tipos la que se adquiere *corporaliter* (físicamente) y la que se adquiere *animo* (intencionalmente). Esta distinción retoma lo que será el punto de apoyo constante de la idea medieval de posesión natural: la etimología romana de Labeo que hace derivar '*possessio*' de '*sedes*' y '*positio*'.[14] La regularidad misma de esta referencia testimonia esta voluntad tan propiamente medieval de remitir un hecho puramente pre-jurídico a una detentación natural que precedería toda calificación, todo saber, toda ficción y toda interpretación discursiva. Se puede desde ya decir que toda la dificultad va a consistir entonces en que esta referencia sea efectivamente asumida por el discurso jurídico. Es solamente a la luz de este verdadero combate por hacerse cargo del "hecho" que se puede comprender el origen del cariz paradójico de las gradaciones de Accursio.

Según el punto de vista de Basiano, se debe pues admitir la pura concomitancia natural de un hecho y de un derecho que las ficciones jurídicas deshacen enseguida, sustituyendo el elemento fáctico inicial por uno ficticio e interpretado. Pero para comprender bien esta opinión, se la debe poner en relación con los casos de los cuales ha sido extraída. Éstos conciernen principalmente a la adquisición y la detentación de la posesión. Planteando que la posesión natural es aquella que se "retiene" mediante el cuerpo, Basiano marca lo que la distingue de la civil, que reposa en la ficción de que uno continúa poseyendo la tierra de la cual estuvo ausente o, según un ejemplo de Placentino, el anillo que uno ha dejado en un cofre.[15] En la distinción mencionada Basiano es claro sobre este punto: es en primer lugar el modo de detentación que conforma el criterio de la distinción sustancial de las dos posesiones:

> "La posesión puramente civil es aquella que alguien retiene mediante la sola voluntad. La posesión puramente natural es aquella que alguien retiene mediante su cuerpo, pero de modo que implica el efecto posesorio".[16]

Otros casos permiten pensar esta misma diferencia, pero al nivel de la adquisición. Si bien éstos no entran directamente dentro de los textos de Basiano que he podido consultar,[17] el tenor del comentario que de ellos dará Alberico de Rosciate justifica que se los cuente entre los elementos casuísticos que recubren su doctrina de la adquisición. Seguiré aquí simplemente dos casos precisos del *Digesto*. Es sabido que el principio de la adquisición de un bien que ha sido objeto de *traditio* implica los dos elementos de la posesión: se debe tener la voluntad de adquirir (*animo*) y adquirir físicamente, mediante el cuerpo (*corpore*) Pero ¿qué sucede por ejemplo cuando uno adquiere un campo? ¿A qué se puede asemejar entonces la detención natural de un campo?

> "Alcanza con entrar en cualquier parte de este campo, fingiendo mediante el espíritu y el pensamiento que se hace deseando poseer su totalidad hasta los límites".[18]

El hecho corporal se prolonga por extensión jurídica (civil) de una parte del campo al todo, del mismo modo, dirá Alberico de Rosciate, que según santo Tomás la eficacia del sacramento del bautismo, cuando sólo la cabeza es rociada de agua, se prolonga espiritualmente a la totalidad del cuerpo.[19] El derecho permite aquí obtener un "hecho corporal y natural" que sea ficticio, pero eficaz jurídicamente como elemento de hecho.

Un segundo caso que verifica y esclarece los beneficios de esta falsificación civil y ficticia del elemento de hecho de la posesión es el de la entrega a través de las llaves:

"La entrega de las llaves es considerada de tal modo que sea entregada con ella la posesión de las mercaderías alimenticias que han sido dejadas para acomodar en el granero que éstas abren: mediante este hecho, el adquirente recibe tanto la propiedad como la posesión de estos bienes, aunque no haya abierto la puerta".[20]

Allí, nuevamente, el elemento corporal necesario para la entrega es fingido, aunque aparezca siempre como un "hecho" más que como "derecho". Se considera que la adquisición *corpore* de la llave equivale a la adquisición *corpore* de las mercancías contenidas en el granero cuya puerta ésta abre. La glosa dice en efecto aquí: "ibi factum intervenit, quod pro apprensione habemus".[21] No es entonces que no haya ningún "hecho", sin el que ni siquiera se daría lugar a hablar de posesión (puesto que ésta implica siempre jurídicamente un hecho), sino que el derecho interpreta *civiliter* el hecho al que se refiere. Es por eso que, a la objeción escolástica que se opone a esta ley, diciendo que no habiendo ni siquiera visto las mercaderías, el adquiriente no ha podido haber tenido ninguna aprensión corporal de éstas, Alberico de Rosciate puede a su vez oponer:

"Pero tú puedes responder que en este caso un acto corporal interviene verdaderamente, a saber la entrega de las llaves y de los instrumentos, a través de la cual las cosas que son subyacentes a las llaves y a los instrumentos son tenidas por entregadas".[22]

Se ve entonces bastante bien de dónde proviene y sobre todo lo que permite clarificar la división dualista de la posesión propuesta por Basiano. Resta ahora explicar por qué se pasa de esta división a esta extraña especificación cuantitativa propuesta por Azon y después retomada por Accursio, Alberico y Bartolo. Precisamente, parece imponerse en Azon como el medio de refutar la concepción casuística y bastante artificial propia de Basiano. Esto es muy claro en el comentario de Odofredo al *Código*. A la pregunta, "possessio utrum sit una in sui substantia an due sint substantiae possessionis", Odofredo expone en efecto la doctrina de Basiano antes de refutarla apoyándose en la doctrina de Azon:

"El maestro Azon es de la opinión contraria, pues dice que la posesión es una en su sustancia, y no dos en su sustancia. Pero la posesión que es una en su sustancia es binómica, poseyendo dos nombres, en tanto que ella posee dos cualidades, a veces es llamada civil, cuando ella es retenida por el cuerpo solo, a veces natural y civil, cuando nosotros poseemos mediante el alma y el cuerpo, con el sostén del derecho".[23]

La interpretación de Azon busca así unificar el concepto de posesión, de manera que la diferencia entre *naturaliter* y *civiliter* devenga una diferencia de grado, y no ya de naturaleza. Parece en efecto que Azon es el primero en formular el principio de la gradación identificada en Accursio, y de la que hemos visto lo que le debía al acercamiento por alegación entre la glosa de diversas leyes del *corpus*. Lo hace en el curso de la demostración que opone a aquellos que, junto con Basiano, postulan dos posesiones distintas una de otra, como surge de la lectura de su *Summa* al *Código*.[24] ¿Se debe ver allí un cambio en la concepción del "hecho" –y en consecuencia del vínculo del derecho al mundo que éste cualifica–? Aun si Azon mantiene como todos los medievales la referencia jurídica a una posesión natural, rechaza la idea de que una mera coincidencia inicial del hecho y del derecho sea ulteriormente rota por las elaboraciones jurídicas doctas tales como el usufructo, el comodato o la procuración. Este rechazo permitiría en todo caso explicar la razón de la adopción, y luego de la propagación, de la extraña descripción de las mezclas cuantitativas de derecho y de hecho que los juristas otorgarán a la posesión. Parece así posible postular la hipótesis de un importante desplazamiento en el pensamiento del derecho. Si los juristas como Basiano piensan en primer término el poder del pensamiento jurídico como una ruptura con el orden de los hechos de naturaleza y tienden a asimilar por lo tanto el derecho mismo a la *fictio iuris*, esta imagen sería rechazada a comienzos del siglo XIII en beneficio de otra, más atenta a la continuidad entre hechos y derecho, como surge notablemente a partir de la definición de la posesión que propone Azon: "La detentación de una cosa corporal, por medio del cuerpo y del alma y con el apoyo del derecho".[25]

El derecho cesaría entonces de ser concebido como una interpretación necesariamente ficticia y deformante del mundo social, que refiere a unos "hechos" que él mismo decide considerar como tales, para devenir un *sostén*, una *ayuda* que fija las reglas mediante las cuales el espíritu penetra la materia corporal para "darle auxilio". En definitiva, las gradaciones de la posesión, "más o menos" jurídica según los casos, no harían más que dar testimonio de esta voluntad de hipostasiar una continuidad, en el plano formal, entre la naturaleza misma y el mundo del derecho, es decir, el mundo político y social.

4. ¿DE UNA IMAGEN A OTRA DEL DERECHO?

Esto es al menos lo que parece confirmar un examen más extenso del contexto y de las ramificaciones de esta discusión en los glosadores. Aunque Basiano, excepto en una referencia a su maestro,[26] no menciona a ningún otro doctor en su defensa de la posesión natural como una *sustancia* de posesión independiente, una glosa a la ley *nemo* (C. 7, 32, 10) indica que su opinión era compartida por Hugolinus y Aldricus, lo que debería bastar para abstenernos de la tentación de vincular esta afirmación a la persona y al *genio original* del doctor boloñés. Por otro lado, más allá de la simple confrontación entre Azon y Basiano puesta en escena por la prosa escolástica de Odofredo, la lectura de

Placentino permite identificar claramente en éste uno de los adversarios (directos o indirectos) contra los cuales se dirigía la doctrina misma de Basiano. Querría dar algunos primeros elementos de clarificación sobre este punto, que sólo podrán completar investigaciones filológicas más avanzadas y más finas.

Placentino aparece aquí de una manera muy interesante, ya que niega simplemente que una cosa como la *possessio naturalis* exista sui géneris. Parece acercarse a Basiano en su insistencia en la división entre naturaleza y ficción, y su asimilación del derecho civil a esta última:

> "Así, en un sentido propio y verdadero, sólo la posesión natural es llamada posesión, según el término de nuestro lenguaje: en verdad, por el artificio y la ficción contraria a la causa de la naturaleza y a la verdad misma de la cosa, se dice que posee quien no posee, y la posesión existe bajo dos modos. Sea, unos campos situados lejos de todos el invierno y el verano [que] igualmente en nombre de otro alguien posee. Así el colono posee civilmente, es decir, por un artificio de la ley".[27]

Pero el *valor* que les asigna a los dos polos de esta distinción se encuentra en oposición al que tiende a reconocerles Basiano:

> "Esta posesión artificial o ficticia, que se dice civil, es más elegante y más eminente que la detentación natural del colono. En efecto, la posesión ficticia es fructuosa y fecunda, y ella engendra una hija, es decir la *usucapio*: pero es claro que la posesión del colono es natural, y es de una naturaleza estéril, puesto que ella da a luz una descendencia infructuosa".[28]

Esta bella imagen biologizante, en la que las instituciones son juzgadas por su fecundidad, marca en filigrana el rechazo de Placentino a reconocerle a la *possessio naturalis* el estatuto de una verdadera institución jurídica. El comentario que sigue lo muestra a las claras:

> "La posesión en efecto contiene según nuestro derecho más de hecho, porque ella tiene su origen en un hecho, es decir en el hecho de la aprehensión. Y sin embargo, ella es de derecho [...]. Es posible en efecto poseer naturalmente y civilmente a la vez, o bien sólo civilmente. Pero que se pueda poseer sólo naturalmente, un examen más sutil de las leyes, consideradas hasta su corazón viviente (como en el caso del ladrón), muestra que esto no se puede".[29]

Es precisamente este rechazo a admitir la fuerza legal independiente de la posesión natural lo que Basiano intenta desestimar, admitiendo la posesión natural no como el "punto de partida" de la posesión, sino como la posesión toda.[30]

Tener en cuenta esta divergencia entre las posiciones de Placentino y Basiano ayuda a precisar la interpretación histórica de la "escala" propuesta por Azon. Se ve que, cuando retoma la fórmula de la ley *denique*, "plurimum facti", Placentino no la completa mediante su recíproca: no sentía la necesidad puesto que excluía que la posesión pudiera valer siendo "solamente natural". Al contrario, Azon, de acuerdo en esto con Basiano, aceptará esta posibilidad, pero para contenerla enseguida en una gradación general de las especies de la posesión, que tiende finalmente a codificar los usos de la ficción, y a instalarlos en una suerte de continuidad *vis à vis* de los hechos. Allí donde Basiano y Placentino se oponían todavía acerca del asunto de saber en qué lugar se encontraría la "verdadera" posesión, la escala de Azon permitía de un cierto modo superar esta cuestión, gracias a la flexibilidad de una gradación dogmática.

Volviendo ahora a la paradoja que existía para justificar jurídicamente la posesión de un pupilo mediante su asimilación a un hecho, se observa de qué modo la doctrina de la especificidad de la posesión propuesta por Azon contribuye a atenuarla. La glosa de Accursio le agregará así esta idea de la diferencia *per se / per alium* a la ley romana, que de ningún modo la mencionaba, pero que se contentaba con decidir en la especie y en los fines particulares que la posesión constituía un *factum*. El sentido de esta interpretación medieval es desde entonces bastante claro: en el fondo se propone desactivar encuadrándolo dogmáticamente el poder que tiene el derecho de considerar una institución a través de un hecho, y su capacidad pragmática de desvincular el derecho del mundo al que éste desea pensar que adhiere.

NOTAS

* Traducción de Sebastián Provvidente. El autor recibe el apoyo de la Unión Europea dentro del marco del "Programa doctoral europeo Marie Curie para la historia, la antropología y la filosofía de las culturas jurídicas europeas".

1. Cf. especialmente E. Dezza, *Accusa e inquisizione dal diritto comune ai codici moderni. I. "Accusatio" e "inquisitio" nell'età del diritto comune*, Milán, 1989; M. Vallerani, *La giustizia pubblica medievale*, Bolonia, 2005; A. Wiffels, "La procédure romano-canonique: un algorithme médiéval?", en "*In principio erat Verbum". Mélanges offerts en hommage à Paul Tombeur par des anciens étudiants à l'occasion de son éméritat*, Turnhout, 2005; J. Théry, "*Fama*: l'opinion publique comme preuve judiciaire. Aperçu sur la révolution médiévale de l'inquisitoire (XIIè-XIVè s.)", en B. Lemesle (dir.), *La Preuve en justice de l'Antiquité à nos jours*, Rennes, 2003, págs. 119-148.

2. Aunque no haya en esta delimitación ninguna razón de fondo.

3. "So ist es klar, dass der Besitz an sich, seinem ursprünglichen Begriffe nach, ein bloses Factum ist: eben so gewiss ist es, dass die Gesetze rechtliche Folgen damit verbunden haben. Demnach ist er Factum und Recht zugleich", F. K. von Savigny, *Das Recht des Besitzes*, Berlin, 1803. Acerca de la interpretación de la posesión en Savigny nos podemos referir a K. Moriya, *Savigny Gedanke im Recht des Besitzes*, Frankfurt am Main, 2003 (Studien zur erup. Rechtgeschichte, 164=Savignana, 6).

4. F. K. Von Savigny, *op. cit.*; R. von Jhering, *Über den Grund des Besitzschutzes. Eine Revision der Lehre vom Besitz*, 2 ed., Jena, 1869.

5. La monografía más desarrollada que la escuela histórica alemana le ha consagrado a la doctrina de la posesión en la Edad Media es: C. G. Bruns, *Das Recht des Besitzes im Mittelalter und in der Gegenwart,* Tubinga, 1848. Ésta presenta un elenco de fuentes y una manera de interrogarlas de las que los historiadores del derecho contemporáneos son todavía en gran medida tributarios. Así, es significativo que el artículo de Raffaele Volante, que constituye una de las más recientes exposiciones de la doctrina medieval de la posesión, presente a grandes rasgos el mismo tipo de discusión analítica de las definiciones generales de la posesión que los juristas medievales habían propuesto. Aunque partiendo de hipótesis ciertamente diferentes de aquellas que animaban la lectura de Bruns y hallando su marco de referencia en los trabajos de Paolo Grossi más bien que en los de Savigny, la forma de la exégesis y el aislamiento de los textos sobre los cuales se ejerce se mantienen perfectamente idénticos. Véase R. Volante, "Fatto normativo e interpretatio iuris. La definizione del possesso nel diritto comune", en M. Sbriccoli (dir.), *Ordo iuris. Storia e forme dell'esperienza giuridica,* Milán, 2003, págs. 3-45.

6. "Adipiscimur autem possessionem per nosmetipsos. Furiosus et pupillus sine tutoris auctoritate non potest incipere possidere, quia affectionem tenendi non habent, licet maxime rem suo corpore constingant sicuti si quis dormienti aliquid in manu ponat: sed pupillus tutore auctore incipiet possidere. Offilius quidem et Nerva filius etiam sine tutoris auctoritate possidere incipere posse pupillum aiunt: eam rem enim facti non iuris esse. Quae sententia recipi potest: si cuis etatis sint ut intellectum capiant."

7. Sobre este punto de derecho romano, véase E. Albertario, "Postliminio e possesso", en *Studia et documenta historiae et iuris (Pontificum Institutum Utriusque Iuris),* 6, 1940, págs. 384-387.

8. "Sed secundum hoc quomodo est factum, non ius? Respon. quia ea adquisita de facto, quaeritur, de iure vel non iure sit quaesita: ut infra.l.iii. § ex contrario. Tu dic quod est ratio quare furiosus non possit adquirere possessionem. Sed pupillus sic sine tutore: quia ea res non est iuris, id est, in ea non desideratur fictio iuris, quae factum alterius fingat pupilli: quia ipsemet quaerit. Ea autem quae per alium quaeritur, habet plurimum iuris: sed ea quae per se, plurimum facti." (Glossa *eam rem,* ad D. 41, 2, 1, 3.)

9. La alegación es sobre todo acerca de este punto D. 41, 2, 18, 1: "‹is› possidet, cuius nomine possidetur" y a D. 41, 2, 9: "Fuit actus corporis alieni qui nomine meo possidere voluit, unde perinde est ac si esset actus corporeus".

10. "Nam et si iuris, esset idem: ut ecce potest stipulari sine tutoris auctoritate" (*Ibid.*).

11. Para un empleo notable de esta gradación en Bartolo, véase en especial, Ad l. si is qui pro emptore (D. 41, 3, 15), *In Primam Digesti Novi Partem.* Reencontramos aquí la l.*denique*, es decir del *postliminium*.

12. Ms. Chigiano E VII, 218, fº 105 ra/rb. Véase la nota de E. Seckel, "Distinctiones glossatorum", en *Festschrift d. Berliner jurist. Fakultät für F. von Martitz*, Berlín, 1911, pág. 346 y sigs.

13. "Ea que consistit in animo dicitur civilis, quia veritate inspecta non possidemus, sed fictione iuris. Fingimur possidere, sed ea que consistit in corpore dicitur naturalis, quia naturalibus intervenientibus sedendo et palpando quaeritur et retinetur". (Odofredus, Ad l. licet possessio [C. 7, 32, 4], *Lectura super codicem*, n. 12, "posses-

sio utrum sit una in sui substantia an due sint substantiae", fº 105.) Ciertamente valdría la pena ocuparse con más atención de cuánto la introducción de esta distinción de la idea de *sustancia* le debe a la influencia de la Facultad de Artes y al desarrollo de la metafísica escolástica.

14. Esta etimología se da al comienzo de la ley que abre el título del *Digesto* consagrado a la adquisición y a la pérdida de la posesión. (D. 41, 2, 1.)

15. *Código* 7, 32, 4; *Placentinus in librum septimum codicis*. Tit. De adquirenda et retinenda possessione (C. 7, 35), Lyon, 1536.

16. "Civilis tamen est ista quam aliquis retinet solo animo. Naturalis tamen est quam aliquis tenet corpore suo cum effectu possidendi tamen" (Ms. Chigiano E VII, 218, fº105 rb).

17. Se deberían, precisamente, completar las fuentes aquí utilizadas con la lectura del Ms. Cambridge, Trinity College B.I. 29, fº 212 r, que presenta otra distinción de Basiano relativa a la posesión, según G. Dolezalek, *Verzeichnis der Handschriften zum römischen Recht bis 1600*, I-IV, Frankfurt, 1972.

18. Sufficit quamlibet partem eius fundi introire, dum mente et cogitatione, ac sit uti totum fundum usque ad terminum velit possidere (D. 41, 2, 3).

19. Albericus, ad l. possideri, § apiscimur (D. 41, 2, 3, 1), *In primam Partem Digesti novi,* Venecia, 1585. La glosa ordinaria retendrá la sugerencia de esta analogía: "pro parte baptizatus, pro toto habeatur" (Gl. *Quamlibet, ad D. 41, 2, 3,1*).

20. "Clauibus traditio ita mercium in horreis conditarum possessio tradita videtur, si claves apud horrea traditae sint: quo facto confestim emptor dominium et possessionem adipiscitur, etsi non aperuit horrea" (D. 18, 1, 74.)

21. Gl. *Motus sit*, ad D. 41, 2, 3, 3.

22. "Sed respondere potes quod in illis est vere actus corporeus.s. traditio clauium et instrumentorum per quam traditionem res quae sunt sub clauibus et instrumentis tradi uidentur" (*op. cit.*).

23. "Domino Azo visum est contrarium, quia dixit Azo, quod unica est possessio in sui substantia: et non due in sui substantia. Sed possessio que unica est in suis substantia est binomina: duo habens nomina: duas habens qualitates aliquando appellatur civilis: cum solo animo retinetur, aliquando naturalis, cum solo corpore retinetur, aliquando naturalis et civilis, cum animo et corpore possidemus insistendo iuri" (*op. cit.*).

24. Azon, *Summa super codicem,* ad C. 7, 32. En este texto se encuentra lo que constituye, en mi conocimiento, las primeras formulaciones de la "escala" que será retomada por Accursio, y después por los comentadores: "possessio quandoque habet plurimum iuris"; "est alia possessio quae habet multum iuris in acquirendo, et parum iuris in retinendo". Basiano por su parte, no emplea jamás en este sentido la fórmula "plurimum facti", y significativamente no usa su opuesto, "plurimum iuris".

25. "Corporalis rei detentio, corporis et animi item iuris adminiculo concurrente", Azon, *op. cit.*

26. En el manuscrito vaticano citado, fº 105 ra. Sin embargo, esta referencia no permite deducir que Bulgaro ya haya sostenido la posición defendida por su discípulo.

27. "Ergo proprie et vere, et secundum idioma sermonis duntaxat naturalis possessio apellatur possessio: verum iuris artificio et figmento contra naturalem causam reique veritatem meram, is dicitur possidere qui non possidet, hocque sit duobus modis. Ecce fundos procul positos a nemine bernos, aestivosque. Item et alieno nomine alius possidet. Ergo colonus possidet civiliter, id est, per legum artificium", *op. cit.*

28. "Estque haec possessio artificialis vel ficticia, quae vocatur civilis formosior et praestantior, quam coloni naturalis detentio. Namque possessio ficticia possessio fructuosa est et foecunda, et parit filiam, id est, usucapionem: sed coloni possessio videlicet naturalis est, et natura sterilis est, et infructuosam germinat prolem." (*Ibid.*)

29. "Possessio enim in iure nostro licet plurimum facti habeat, quia a facto incipit, id est, ab apprehensione: tamen iuris est [...] Fieri enim potest, ut quis possideat et civiliter et naturaliter, et civiliter solummodo. Ut autem quis possideat tantum naturaliter, legibus subtiliter inspectis, et ad vivum consideratis (ut reor) esse non potest". (*Ibid.*)

30. "Aliis dicunt nullam esse naturalem possessionem per se hoc sempre esse admistam civili adquiritur retinetur et ammititur. Sed istis sic obicitur sempre naturalis adqueritur cum civilis et sempre amititur cum civilis. Ergo nunquam est sine civili quod aperte falsum est", *ms. cit.*

Crímenes y procesos políticos en las comunas italianas*

GIULIANO MILANI
Universitá di Roma "La Sapienza"

1. INTRODUCCIÓN

El subtítulo que Mario Sbriccoli diera a su libro sobre *Crimen Lesae maiestatis* reza: "El problema del crimen político en los umbrales de la ciencia penalística moderna".[1] En 1974, el crimen político era una elección temática que aparecía particularmente aislada en el panorama historiográfico italiano y así permanecería por mucho tiempo. Hasta hace pocos años, en efecto, ningún estudioso había investigado este tema en el contexto en el que habían vivido y trabajado los juristas sobre los que se centraba la reflexión de Sbriccoli, esto es, la ciudad comunal.[2]

Obviamente, esta selección no era debida a la ignorancia. Todos sabían bien que en el curso de los siglos XIII y XIV, los regímenes comunales habían excluido de la ciudad y de la ciudadanía a amplios grupos de personas, a los que declararon enemigos políticos. Pero no se interpretaban esas exclusiones como momentos de definición de un crimen político. Se limitaban, más bien, a registrar estos acontecimientos como prácticas extrajurídicas, acciones de guerra interna carentes de significado para la historia del derecho.[3]

Detrás de esta elección existían razones profundas, relacionadas con la situación especial que connotaba la época comunal en la historiografía italiana.[4] En el siglo XIX, sobre todo gracias a la obra de Sismondi,[5] las comunas habían constituido el terreno de elección de la identidad nacional italiana. Las razones de tal elección habían sido diversas. La cultura urbana que había dado origen a Dante y al Renacimiento era identificada como un período en el cual inspirarse para la nación que estaba por renacer. Las ciudades comunales habían luchado contra los emperadores alemanes, como los patriotas de Lombardía y el Véneto lo habían hecho durante el *Risorgimento*. Pero sobre todo, las comunas eran tantas y tan diversas como los estados que era preciso unificar. Podían, por consiguiente, asumir el papel de pequeñas patrias que tuvieron para los italianos de varias regiones, diversas y en competencia.[6] En este clima, la exclusión política que habían practicado constituyó de pronto un gran obstáculo que debía removerse. Muchos historiadores, como Cesare Balbo, hicieron de la exclusión la cara oscura de la época de Dante, el pecado original que podía explicar el pasaje de un época tan feliz a los tristes momentos de la ocupación extranjera que habían tenido lugar al inicio de la Edad Moderna.[7]

En el siglo XX, cuando comenzaron a manifestarse grandes problemas de organización, la visión de las comunas cambió radicalmente y el tiempo de la esperanza fue seguido por el del desencanto. No es casual que las revisiones más significativas de la lectura fuerte y positiva de la época comunal se produjeran justamente en momentos en que se manifestaban las grandes contradicciones de las instituciones políticas: las primeras décadas del siglo XX, con el fin de la época liberal, y en la década de 1970 cuando en la sociedad italiana se inició una vasta reflexión crítica sobre el retraso del Estado y la responsabilidad de la clase dirigente.[8] Fue en estas ocasiones cuando, con tonos no muy diferentes, las exclusiones políticas fueron identificadas como la prueba de que las comunas habían sido instituciones inmaduras, incompletas, la marca del interés privado que, más allá de las afirmaciones altisonantes, había siempre gobernado la política.

A pesar de las profundas diferencias, estas aproximaciones conllevaban la voluntad de considerar las exclusiones como medidas puramente políticas, actos de fuerza completamente separados de una legitimación jurídica que, por el contrario, las exclusiones habían requerido. De esa manera, los historiadores consideraban a los bandos de güelfos y gibelinos como un acontecimiento extraordinario, la excepción en un sistema político al que se atribuía un funcionamiento "ordinario", sea que este funcionamiento fuera percibido positivamente, como en la obra de Sismondi, o que fuera leído como una mera fachada detrás de la cual actuaban las élites como en la larga lista de sus críticos.

En los últimos años, este cuadro cambió profundamente. Hoy es posible leer la exclusión política y la reflexión que generó como un fenómeno estrechamente relacionado con la historia de la justicia y del derecho, y como tal, dotado de una especificidad y de una evolución particular. Esto ha sucedido por tres causas, por lo menos. En primer lugar, gracias a Sbriccoli, la historia del derecho ha sido separada del plano dogmático de los ordenamientos inmutables e incluida en el contexto de la historia política e institucional.[9] En segundo lugar, en la historia política e institucional se ha comenzado a dar importancia a nuevos objetos como los reagrupamientos informales, primero, las propias facciones,[10] y a los sistemas de definición del poder.[11] Finalmente han aparecido nuevas investigaciones eruditas.

Sólo desde hace poco tiempo disponemos, por ejemplo, de ediciones modernas y confiables de los materiales que confluyen en uno de los más importantes documentos relativos a la exclusión de los enemigos políticos italianos:

el así llamado "Libro del Chiodo" de Florencia, un volumen misceláneo en el que los jefes de los güelfos florentinos hicieron copiar, desde mediados del siglo XVI, varios textos relativos a la lucha contra los gibelinos escritos en los anteriores noventa años. Precisamente este registro puede constituir un óptimo punto de partida. Gran parte del volumen está constituido por dos textos, las listas de los bandidos y confinados de los años 1268-1269, y la lista de las condenas de 1302,[12] que se diferencian por, al menos, cuatro aspectos: la forma documental, la autoridad que las promueve, la legitimación jurídica y, finalmente, el número de condenados.

Las listas de los años 1268-1269 constituyen elencos de ciudadanos identificados como miembros de una *pars*, condenados *ipso facto* a las penas del *bando* (destierro) y al *confino* (confinamiento) por una magistratura eminentemente política (los doce, una magistratura de gobierno extraordinaria, más los capitanes de parte). En éstas (como, por otro lado, en las otras listas coexistentes y asimilables, como el *Liber* boloñés de 1277) no hay ninguna huella de los procesos, y comprenden miles de nombres. Aquellas de 1302, en cambio, no son elencos de proscripciones, sino extractos de un libro de sentencias, conclusiones de procedimientos judiciales perfectamente regulares, en el curso de los cuales se demostró que algunas personas habían realizado actos que, en el contexto de la normativa vigente, eran considerados transgresiones particularmente graves, plausibles por lo tanto de una punición ejemplar, el *bando*, a menudo con amenazas de pena capital, emitida por el máximo magistrado citadino, el *podestà* (alcalde). En este caso, las personas involucradas son menos: en el orden de un centenar de ellas.

Estos dos textos, las listas de 1268-1269 y las sentencias de 1302, que han sido definidas por su estudioso más reciente y editor como "dos estilos de representación del enemigo",[13] son también, y sobre todo, el espejo más evidente de dos fases de evolución de la retorsión política en la época comunal.

La primera de estas fases se abre con la llegada a Italia de Carlos I de Anjou, y su conquista del reino de Sicilia. La sujeción al nuevo soberano de parte de numerosas ciudades comunales provocó la improvisada adopción de un sistema de exclusión mucho más amplio que el precedente y que por primera vez golpeaba, además de a los opositores, también a sus favorecedores o a aquellos que no los denunciaban. La segunda fase, un cuarto de siglo después, se debe al desarrollo de las instituciones populares y fue catalizada por la acción de Bonifacio VIII sobre los equilibrios internos de los gobiernos citadinos. Ésta llevó a la constitución de tribunales especializados en la represión que, a diferencia del período anterior, actuaban golpeando a los enemigos internos sobre la base de nuevos casos criminales: estafa, rebelión, traición.[14] Comprender el valor fundante de estas dos fases y verificar el modo en que a continuación de éstas los juristas y los jueces comunales trataron el problema del delito político es el objetivo de este ensayo. Para hacerlo es necesario, sin embargo, retroceder algunos pasos.

2. CRÍMENES Y BANDOS POLÍTICOS HACIA MEDIADOS DEL SIGLO XIII

Las huellas más antiguas de exclusión de ciudadanos por crímenes que hoy tendemos a definir como políticos se remonta a los decenios del enfrentamiento entre las comunas y Federico I Barbarroja, hacia mediados del siglo XII. En estos años sabemos que, por ejemplo en Piacenza, los cónsules, las máximas autoridades de la comuna, un colectivo compuesto por un número variable de ciudadanos, en general miembros de la milicia ciudadana que presidía los tribunales civiles y penales declaran desterradas a algunas personas que se habían alejado de la ciudad para seguir al emperador contra el que luchaba la ciudad y por esto secuestraron sus bienes.[15] El *bando* era una forma tradicional de reacción frente a la desobediencia ya desde los orígenes de las nacientes instituciones comunales. Cuando surgieron, los tribunales comunales, dado que estaban presididos por personas que habían participado o continuaban participando de los tribunales en lo criminal del conde o del obispo, no constituían instituciones plenamente consolidadas, sino instituciones que los antropólogos definirían como latentes, es decir, amenazadas por la continua posibilidad de defección de alguno de sus miembros.[16] El mayor peligro que corrían era no ser reconocidas por todas las personas que residían en la ciudad. Para remediar esto los cónsules utilizaron la única arma que tenían, la facultad de privar a aquellos que no los reconocían de la posibilidad de consultar al tribunal que presidían. El desterrado de hecho estaba en primer lugar privado de la posibilidad de presentar una acusación en juicio.

Esta estrategia se desenvolvía frente a aquellos que cometían crímenes que comprometían las numerosas esferas sobre las que la comuna trataba de afirmar el monopolio: la de la justicia (y entonces era desterrado aquel que no se presentaba ante el tribunal), la de la moneda o de la certificación (y así, por lo tanto, venía desterrado aquel que falsificaba un documento o monedas).[17] Fue por lo tanto obvio, y diría natural, que la estrategia del *bando* se utilizase contra aquellos que se alejaban de la ciudad porque estaban en desacuerdo con las alianzas decretadas por los mismos cónsules que, además de presidir el tribunal, tomaban las decisiones relativas a la paz o la guerra.

En este tipo de procesos, que de hecho se celebraban sólo en contumacia, la prueba para atribuir a los acusados la culpa de ser autores de crímenes políticos coincidía de hecho con el crimen mismo y se constituía en uno u otro caso, en ausencia del juicio. Se trataba de un procedimiento que buena parte del derecho romano consideraba ilegítimo. El contraste entre el dictado de la ley justinianea (pero no del derecho canónico) y la importancia de la práctica del *bando* en la política comunal creaba por tanto un problema a los juristas del siglo XII. Sin embargo, no era un problema imposible de resolver. El autor del *Libellus de preparatoriis litis et eorum preambulis* sugiere que en este aspecto se podría derogar del derecho romano.[18] En poco tiempo más,

Basiano, Azon y luego Accursio, forzando un poco las analogías de todas formas no desprovistas de fundamento, equiparan el *bando* a las penas de la *deportatio* y de la *relegatio* previstas por el derecho clásico. El *bando* de los rebeldes, de los enemigos de la comuna, de los adversarios políticos era demasiado importante como para que los intelectuales que presidían el vocabulario de la *Lex* pudiesen ignorarlo. No sólo. Esos mismos intelectuales en sus *quaestiones* y en sus opiniones sostuvieron su plena legitimidad.[19]

3. LA PRIMERA FASE: LAS GRANDES EXCLUSIONES DEL SIGLO XIII

Sobre esta base interviene la primera de las cesuras a las que se hizo referencia, la de la edad angevina. Con la llegada de Carlos de Anjou, llamado por el papado, y con la conquista del reino de Sicilia, se encuentran huellas de un nuevo procedimiento en el tratamiento de los enemigos políticos. Además de los propios y verdaderos rebeldes citados y que no se habían presentado, comenzaron a golpearse a sus numerosos aliados potenciales que, aun estando todavía en la ciudad, eran considerados sospechosos en cuanto posibles favorecedores o eventuales ocultadores. Éstos fueron penalizados con el confinamiento, mediante la obligación de residir fuera de la ciudad, en localidades preestablecidas, más o menos distantes del centro urbano de acuerdo con la gravedad de su culpa, o, en los casos más leves, en la ciudad, pero con la obligación de alejarse en los momentos de tensión, una vez que se hubiese impartido la orden del *podestà*.[20] Entre los documentos que nos permiten comprender mejor esta nueva lógica hay un pasaje del proemio al gran registro de desterrados y confinados escrito en Bolonia en 1277, tres años después de la exclusión de la parte de los *lambertazzi*, la facción local gibelina. En éste se lee, entre otras cosas, que

> "el pueblo ha decidido preparar una compilación de tres libros, de los cuales uno debe ser público, el otro debe permanecer en el archivo, y el tercero en poder del mismo *capitano del popolo*. En el primero se escribirán los nombres de todos aquellos que, a causa de sus excesos mayores, están condenados a la pena del exilio perpetuo, en el segundo, los nombres de los que se dicen vulgarmente confinados, condenados a causa del contagio de la enfermedad de los primeros, en el tercero finalmente, los nombres de aquellos que parecen haber permitido la acción errónea y nefanda. Con todos estos, se ha de conservar siempre este orden de división".[21]

Verificando esta distinción a la luz de la lista que llega a nosotros, estas palabras parecen confirmarse. La lista prevé el *bando* para los autores de la rebelión, el confinamiento (de tres tipos diversos: fuera de los alrededores de la ciudad, fuera del distrito, fuera de la ciudad) para sus secuaces, y finalmente aquello que las listas definen como confinamiento "de garnata", es decir en la ciudad, para aquellos que simplemente han dado su consentimiento, quizá denunciando a los enemigos.[22] Es evidente la semejanza de estas distinciones con aquellas decretadas en los mismos decenios en el ámbito de la persecución de la herejía. Alain Boureau ha señalado recientemente que un texto de 1242 distinguía siete clases de poblaciones relacionadas en forma más o menos directa con las creencias heréticas, conectándolo con la renovada necesidad de buscar a los herejes en el contexto de poblaciones en gran parte cómplices.[23] Es muy probable que en el momento en que se organizó la búsqueda de los cómplices, de los favorecedores de la parte que había sostenido la "diabólica tiranía" del suabo y sus descendientes, contra los que la Iglesia primero y luego el angevino habían organizado una verdadera cruzada, se considerase obvio recurrir a categorías de la lucha antiherética. Pero respecto a la búsqueda de quienes profesaban una religiosidad heterodoxa existían también profundas diferencias, al menos desde el punto de vista de la Iglesia. El conflicto que enfrentaba a gibelinos y güelfos,[24] a diferencia del que dividía a ortodoxos y herejes, era esencialmente un enfrentamiento entre laicos en relación con la adhesión a dos sistemas de alianzas. Respecto a esta situación, el papado, una vez finalizada la necesidad de la cruzada, trató de priorizar soluciones de compromiso, pacificaciones, acuerdos. De aquí que surja un conflicto entre el papado y la corona angevina (con intenciones de reprimir más que de pacificar) en relación con el tratamiento reservado a los enemigos. Esta divergencia dejó huellas, por ejemplo, en una carta de Clemente IV a Carlos I de Anjou en la que el papa pedía al soberano no promover *inquisiciones*.[25] A juzgar por los testimonios que tenemos sobre las exclusiones en estos decenios, aquellos de los que habla el papa no son verdaderos y propios procesos inquisitorios, sino pesquisas llevadas a cabo por fuera de los tribunales ordinarios, en el contexto de comisiones especiales abiertas en general a una amplia participación con la finalidad de averiguar la fama relativa a la obediencia política de algunas personas y a su comportamiento durante los enfrentamientos civiles. En las pesquisas llevadas a cabo por estas comisiones especiales encuentran origen las listas de enemigos desterrados y confinados que han llegado hasta nosotros.

En Florencia, las listas fueron elaboradas por un comité formado por tres hombres por cada una de las partes de la ciudad: uno extraído de doce buenos hombres (una magistratura de gobierno extraordinaria), uno de seis capitanes de la parte güelfa, y uno de seis capitanes de la sociedad de los confinados (todos aquellos que habían sufrido el *bando* y el confinamiento en el anterior régimen gibelino).[26] En Prato, con el mismo objetivo, fueron creados los ocho capitanes de la guerra que, por lo que parece, proveyeron allí, junto a otros, consejos ciudadanos.[27] En Bolonia finalmente, para censar al grupo que entraría en las listas de desterrados y confinados se formó una comisión de dos sabios por cada una de las sociedades corporativas y territoriales ciudadanas más los ancianos y los cónsules, es decir la máxima magistratura del "pueblo" (*populus*). Una vez analizados los nombres de los ciudadanos en esta comisión, se procedía a una votación para anular los nombres de algunos y eliminarlos del grupo de sospechosos.[28]

El encargo de administrar cantidades similares de condenados no estuvo dirigido a estas comisiones especiales ni a los tribunales especializados, sino a las curias ya presentes en la ciudad, presididas por magistrados extranjeros destinados a cambiar periódicamente. En Prato, al menos desde 1267, ejerció este oficio un juez del *podestà*. En Bolonia desde 1275, un juez del *capitano del popolo*. El tribunal, por lo tanto, no fue utilizado para introducir a los enemigos en la situación penal del *bando* y confinamiento –para esta operación se utilizaron, como se ha visto, las comisiones especiales que escribieron las listas– sino para mantenerlos. Los procesos fueron conducidos para golpear a los que se habían alejado de los lugares de residencia obligados o a aquellos que, aun estando desterrados, habían sido vistos en la ciudad, o bien a quien había sido acusado de ser un simpatizante de la parte excluida aunque no tuviese ninguna restricción. Pero incluso en este último caso, como muestran los registros judiciales boloñeses, el juez extranjero que juzgaba culpables a los acusados no se ocupaba de sancionarlos con el *bando* o con el confinamiento, dejando este trabajo a las comisiones especiales compuestas por ciudadanos boloñeses, sino de hacerles pagar la multa prevista por los estatutos.[29] En el contexto de la represión de los enemigos políticos, la justicia verdadera y propia cumple por lo tanto una función accesoria.

La extensión de la represión política a los favorecedores y la concentración de las actividades censales en comisiones especiales que otorgaban un rol accesorio al rito judicial verdadero y propio fueron las principales novedades de las exclusiones de la segunda mitad del siglo XIII. Con respecto a lo practicado precedentemente representaron un verdadero corte, percibido como tal por los ciudadanos. Algunos testimonios procesales muestran con claridad cómo el intento del nuevo régimen de afirmar la distinción güelfos/gibelinos como única y exclusiva encontró resistencias en las poblaciones. En Prato, en 1270 un tal Rodolfo y sus familiares debieron defenderse de la acusación de gibelinismo promovida por Ugolino Bisdomini. Los acusados trataron de probar mediante testimonio "que ellos no eran expresamente gibelinos y que no estaban expresamente por ningún bando".[30] En Bolonia, donde el censo comenzó en 1274, los testimonios muestran, en el caso de los acusados, una conciencia aún mayor por sustraerse de la nueva lógica de exclusión. En 1275, cuando Guido de Iacopo de Fabbro presentó una acusación de gibelinismo contra Antonio Angelelli, quiso sostener que éste había participado en los enfrentamientos del año precedente del lado de los *lambertazzi*. Un testimonio de la defensa, interrogado a este propósito, afirmó que Antonio y su padre "eran hombres que no tenían la intención de ayudar a una de las partes, sino de defender la *comune* de Bolonia".[31] A la simple negación de la pertenencia facciosa, visible en Prato, se añade aquí la reivindicación de una fidelidad política superior, aquella en relación con la comuna.

4. LOS JURISTAS DE FRENTE A LAS EXCLUSIONES DEL SIGLO XIII

Aquellos que sobre todo manifestaron su perplejidad fueron los juristas. La actitud de los *sapientes* cambió netamente en esta fase. Esto se deduce claramente de las *solutiones* dadas a *quaestiones* similares en diversos momentos. Un problema que ya desde el siglo XII había atraído la atención de los expertos en derecho era el siguiente: un ciudadano había sido desterrado, y sus bienes secuestrados por la comuna. Como consecuencia del secuestro, la comuna incautaba también los créditos del desterrado. Una vez que el desterrado se hubiese reincorporado, ¿podía exigir sus créditos?[32] Azon, así como su maestro Basiano, a finales del siglo XII, sostenía que el *bandito* reincorporado no podía llamar a juicio a los deudores que tenía en el período en el que había estado desterrado, pagadas sus propias deudas a la comuna. Su derecho, sostenía, era inferior al del secuestro llevado adelante por la comuna. Sesenta años después, Guido de Suzzara (muerto en 1292 y cuya actividad se despliega en los treinta años precedentes), tratando explícitamente el caso de un desterrado político que escapó de la ciudad con su parte, sostiene que éste, una vez que entrase nuevamente tenía el derecho de convocar a sus deudores para exigir los créditos que le habían sido descontados por la comuna, entendiendo por lo tanto que en este caso el derecho de la comuna era tan inferior respecto del suyo como para no chocar con el principio según el cual una obligación no podía ser satisfecha dos veces.[33]

No siempre en sus obras Guido expresó esta postura tan firmemente contraria a la capacidad de la comuna de actuar una retorsión contra sus propios enemigos internos. Quizá él tuvo posiciones más abiertas con respecto a las novedades de su época, pero conservó siempre una notable esquivez a justificarlas plenamente. En 1268, habiendo solicitado la comuna de Perugia un *consilium* suyo sobre la pena por aplicar contra algunos peruginos rebeldes, acusados de haber hecho escapar a seis caballeros del ejército de Conradino de Suabia tomados prisioneros, precisó que contra aquéllos no se podía recurrir a los testigos judiciales propuestos por la comuna solicitante, y por consiguiente a las leyes que disciplinaban en los estatutos ciudadanos los crímenes *contra libertatem Ecclesiae*, y la *Lex iulia maiestatis*, la ley imperial que disciplinaba los crímenes contra el pueblo romano y su seguridad, sino sólo a la *Lex iulia de vi publica*. Si se siguen los análisis elaborados por Ugo Nicolini y más recientemente por Sara Menzinger,[34] Guido cumplimentó una precisa elección interpretativa del crimen cometido por los peruginos. Rechazando las soluciones que, tal como le habían sido referidas, habían sido propuestas por el *podestà* de la comuna, Guido no vio la liberación de los filoimperiales como un acto contrario a la Iglesia (que en la época de las cruzadas antiimperiales definía a los enemigos como atentadores de la propria *libertas*), y por lo tanto no justificó el recurso a las penas estatutarias. Y no quiso siquiera definirla como acción contra el gobierno, que habría implicado una equiparación incierta entre la *maiestas* del pueblo romano y la de la comuna de Perugia. Él proveyó una interpretación del acto como un genérico crimen de violencia en tanto y en cuanto la liberación de los prisioneros se había llevado a cabo por *vim armatam.*[35] Al definir el bando de los cuatro peruginos como un *bando pro maleficio*, Guido lo liberó de las connotaciones políticas que la comuna hubiese querido atribuirle. En un momento de pasaje en el que era necesario encontrar una justificación para los nuevos desterrados políticos, Guido manifestó una posición de compromiso jugando con la ambigüedad intrínseca que éstos presentaban y los hizo aparecer como desterrados criminales, más tradicionales y aceptables.

Una solución tan comprometida no podía perdurar con el progreso y la difusión de los *bandi* políticos por parte de gobiernos comunales siempre más fuertes y conscientes. En la generación sucesiva las posiciones de los expertos del derecho se diferenciaron de una manera más neta. Iacopo de Arena, profesor, quizá víctima él mismo del *bando*, le quita la ambigüedad a la definición de los desterrados (criminales y políticos) dada por Guido de Suzzara en dirección a una tutela firme de sus derechos. Alberto Gandino, juez forastero en los tribunales de gobiernos que desterraban, procedió en el sentido contrario y privilegió los intereses de la comuna sobre la base de una concesión de la "*res publica civitatis* en cuanto sujeto portador de intereses que pueden ser vulnerados penalmente".[36]

En lo que concierne al primero es suficiente observar un fragmento del comentario de Iacopo al Digesto, retomado sucesivamente por el *Commentarium de Statutis* de Alberico de Rosciate, en el que se afirmaba que las partes expulsadas de la propia ciudad tenían el derecho a compilar estatutos y a elegir un *podestà*.[37] Es interesante el hecho de que este derecho fuese sufragado por una equiparación de las *partes* incluso a la plebe romana, que, llevando adelante la secesión de la ciudad y del senado había promulgado los *plebiscita*. En rigor, el dato no autoriza a concluir que, en la mente de Iacopo, los expulsados no fuesen susceptibles de ser perseguidos por la ciudad que los había desterrado, pero es cierto que estamos bastante lejos de una concesión tendiente a justificar su represión.

Pero no así en Alberto Gandino. En este sentido es reveladora la XXV de las *Quaestiones statutorum*. La sustancia del caso es la misma que en otras cuestiones vistas hasta ahora: algunos *milites* de Parma, en el curso de una guerra con otra ciudad, salen de la ciudad y se unen al ejército enemigo. El *podestà* ha cobrado las cuentas por ellos adeudadas. Una vez acordada la paz, ¿éstos tienen derecho a reclamar los réditos cobrados por la comuna?[38] Después de haberse despachado rápidamente de las *allegationes*, para lo cual reenviaba a cuestiones precedentes, resueltas según la opinión de Odofredo, Alberto Papiense y Guido de Suzzara en favor de los *banditi* que regresaron, Alberto ofrece una solución que presentaba una mayor originalidad, especificando que era necesario distinguir dos posibilidades. El *podestà* podía haber sonsacado los arriendos *per violentiam*, en tal caso los acreedores tenían todo el derecho de no pagar dos veces y además de intentar causa por *iniuriam* al *podestà*. Pero si el *podestà* lo había hecho *iure magistratus* y, por lo tanto, especificaba Alberto, con la autoridad de una norma estatutaria que lo había investido del poder de secuestrar o bien porque los *milites* habían sido citados y no habían respondido a la citación, entonces los acreedores serían liberados del débito y los *milites* que habían regresado no podrían desquitarse con ellos.[39] Así se legitimó el derecho de la comuna a secuestrar los bienes de los desterrados políticos en virtud no sólo de la rebeldía, que hacía referencia a una costumbre antigua y consolidada, sino también de una deliberación, aunque dotada del valor de un estatuto. Se trata, por cuanto sé, de la primera defensa abierta de los intereses de la comuna contra los desterrados políticos. Esta misma tensión que emerge fácilmente de la confrontación entre las posiciones de Iacopo Dell'Arena y de Alberto Gandino se reflejaba en las aulas de los tribunales. Tenemos la fortuna de poder seguir un proceso que preside en 1294 el mismo Alberto Gandino, juez del *capitaneus populi* de Bolonia, que tenía competencia sobre los crímenes políticos. Un confinado y su hijo habían presentado una petición al capitán del pueblo en la que afirmaban no tener que pagar la *securitas*, es decir la tasa impuesta a los confinados, porque habían jurado fidelidad al partido dominante. El capitán pide el consejo de cinco sabios para formular la sentencia. Los sabios aceptaron el pedido. Un mes después, por razones que ignoramos, un ciudadano de nombre Zanotto trató de invalidar esta sentencia presentando otra petición en la que sostenía que aquella había sido emanada sobre la base de alegaciones falsas,[40] pero su pedido no tuvo lugar por el vencimiento del mandato del capitán.

Gandino, que se incorporó al cargo en este momento, trató por todos los medios posibles de hacer triunfar los argumentos de Zanotto rechazando los argumentos de los presos, de sus abogados y –cosa extraordinaria para un juez extranjero– de los *sapientes* que los habían sostenido. Él llegó a rechazar cinco *consilia* favorables a los presos y utilizó, en contraste con la tendencia general de la justicia en crímenes políticos ejercitada en Bolonia, argumentos como el hecho de que los presos no podían ser absueltos porque habían golpeado a la comuna, a su jurisdicción, a sus jueces.[41] Pero sus esfuerzos no tuvieron éxito. Seis meses después la petición de los presos fue regularmente aceptada. En ese momento, a juzgar por el resto de los procesos, ninguno habría dudado sobre quién podía vencer entre las afirmaciones vertidas por la acusación y por Gandino, basadas en el hecho de que los imputados en un tiempo lejano habían cumplido efectivamente actos contra la comuna y aquellas aparentemente formales, basadas en elementos que nos parecen superficiales, sostenidas por la defensa y por los otros juristas. Las segundas parecen más normales, más razonables, y además son compartidas.

5. LOS COMIENZOS DEL SIGLO XIV: LA SEGUNDA FASE Y LOS JURISTAS

A comienzos del siglo XIV, y llegamos así a la segunda fase testimoniada por el Libro del Chiodo, los argumentos de Alberto Gandino, que sólo seis años atrás en Bolonia habían sido considerados insólitos y perdedores, comenzaron a ser tomados en cuenta seriamente. Esto sucede por la acción conjunta de dos procesos conectados entre sí: por un lado, el reforzamiento de las características más autoritarias de los gobiernos ciudadanos debido a la acción del "pueblo" y/o de las partes que habían tomado el poder; por otro, la intensificación de las guerras entre ciudades y su inserción en redes de alianzas más estables que antes, articuladas en torno de la coordinación güelfo-gibelina.[42]

He sostenido en otra parte la idea según la cual en esta fase los varios grupos institucionalizados que precedentemente habían luchado entre sí (partes, pueblo, clientelas nobiliarias) se disponen según un nuevo orden, diferente de acuerdo con las ciudades, a causa de la diversidad de los éxitos de aquel conflicto, pero en todos lados connotado por una nueva jerarquía que veía instituciones superpuestas a otras, grupos superpuestos a otros grupos. El mismo camino a la jerarquización se dio también en las redes de alianzas interurbanas que se simplificaron, y dejaron emerger puntos de referencia políticos menos numerosos y más fuertes. De este modo, con mayor frecuencia que antes, para un ciudadano sostener una u otra de las formaciones que se disputaban el poder significó elegir una red de alianzas prefijada, una línea política, y, cada vez más, una ideología.

Las exclusiones de los primeros años del siglo XIV reflejan este clima de cambio. Respecto de aquellas de los treinta años precedentes aparecen justificadas sobre la base de actos como la rebelión, el ataque a la comuna, el fraude (es decir la corrupción) explícitamente previstos por los ordenamientos, o bien definidos como necesarios para una represión extraordinaria mediante decretos adecuados. Así sucede en Bolonia en el año 1300, cuando algunos ciudadanos condenados a prisión por ser *lambertazzi*, es decir gibelinos, no presentaron las garantías pecuniarias. El juez del capitán del pueblo, una vez asegurada la infracción, abrió los procesos, al término de los cuales pidió a la más influyente de entre las magistraturas de gobierno, los ancianos del pueblo, emanar una deliberación especial. Sobre la base de esta deliberación promulgó un *bando* particularmente grave justificado mediante la necesidad de dar el ejemplo a los otros desobedientes.[43] La misma citación de crímenes específicos definidos como gravísimos, la misma presencia de verdaderos procesos, así como la misma mención de una función ejemplar se relevan del texto de las condenas de 1302 que se transcribe en el Libro del Chiodo.[44]

El cambio de paradigma expresado por estos textos, así como por otros en el mismo período, tiene importantes consecuencias sobre la persecución de los enemigos internos. No sólo porque en las nuevas condenas se recurre con mucha más frecuencia que antes a la pena capital, sino también porque conminados por parte de tribunales legítimos y no por comisiones extraordinarias fueron mucho más difíciles de anular. En otras palabras, frente a condenas expresas por tribunales ordinarios por crímenes previstos por el derecho vigente, a los juristas y a los *sapientes* se les redujo notablemente la posibilidad de oponer las argumentaciones basadas en defectos de legitimidad y de forma con las que contaban en los treinta años anteriores.

A causa de la escasa posibilidad de ser transmitida que tiene la justicia contra los enemigos políticos, no contamos con muchos testimonios al respecto. Como señala una constitución imperial, sin embargo, esta transformación de la justicia contra los enemigos políticos se generalizó en el primer decenio del siglo XIV. En 1311, Enrique VII decide pacificar las facciones que combatían en cada centro urbano de Italia. Para lograr este objetivo emanó una disposición general: la *lex de cassatione bannorum*. En ésta se afirmaba que en Italia había encontrado la mala costumbre de desterrar a los enemigos acusándolos falsamente de graves crímenes, y que por esta razón muchos inocentes habían sido condenados. Por esto –proseguía– había dado la orden de distinguir las condenas legítimas de las ilegítimas, pero esta tarea se había revelado imposible de llevar a cabo no sólo por la gran cantidad de material para analizar, sino también por la imposibilidad de distinguir las sentencias verdaderas de aquellas instrumentales. Se había visto por lo tanto obligado a declarar nulas todas las condenas, no sólo "occasione rebellionis vel guerre", sino también por incendio, homicidio, heridas, robo y otras causas.[45]

El agravamiento del clima conflictivo al que se asiste con el transcurrir del siglo ha sido notado con frecuencia. En cambio, el papel que tuvieron los juristas en este proceso no aparece tan valorizado. En relación con el crimen político, las nuevas formas asumidas por la justicia fueron también y sobre todo el resultado de la dialéctica entre juristas y gobiernos que había caracterizado los treinta años anteriores. Transformar aquella que había sido una retorsión extraordinaria en una nueva y estable función del poder, definir a los enemigos no ya como enemigos de la parte hegemónica, sino más en general como enemigos de la ciudad fue, es verdad, el fruto de la adquisición de un lenguaje explícitamente militar debido a la difusión de la guerra que modificó toda la estructura comunal en esta fase;[46] fue resultado de la misma duración de las exclusiones que había hecho ya familiar la presencia de ciudadanos dotados de un estatus jurídico inferior a causa de sus opiniones políticas (o bien, de aquellas de sus jefes),[47] pero sobre todo es necesario tener en cuenta la voluntad de las franjas más extremistas y punitivas de las facciones vencedoras para evitar que los juristas mediante su acción pudiesen deconstruir la retorsión contra los enemigos como había sucedido precedentemente, jugando con la distinción entre desterrados políticos y desterrados criminales y reservando a los primeros un tratamiento mejor que a los segundos. En este sentido, el nuevo equilibrio en el tratamiento de los enemigos internos se configura como uno de los frutos de la lucha entre juristas y gobiernos que la edad angevina había inaugurado. Y también aquí puede verse un paralelismo con la historia de la persecución antiherética que precisamente en los mismos decenios en los que las comunas comenzaban a acusar a sus enemigos no ya de ser simples gibelinos, sino de ser autores de hechos subversivos como la corrupción, la rebelión, la deserción, resultaba cada vez más una comprobación de acciones que de opiniones.[48]

5. CONCLUSIONES

Aquella que adviene en el siglo XIV no fue una transformación definitiva. Los equilibrios cambiaron nuevamente y por algunas fases se regresó a estrategias similares a las del siglo XIII que otorgaban un mayor margen a los juristas. Pero en el mundo comunal italiano se había afirmado no obstante un importante precedente que les quitaba a los juristas parte de su poder.

En general, es posible afirmar que el crecimiento de la presencia del proceso en la lucha política estuvo acompañado de una atenuación del papel de los juristas. Creo que ya desde el principio de esta transformación, desde la segunda mitad del XIII, muchos juristas sabían de esta posible amenaza y habían intentado anularla; lo lograron durante un tiempo, haciendo caer provisoriamente este nuevo mecanismo que minaba en parte su poder.

Cuando, mediante la definición de nuevos crímenes (primero la pertenencia a una facción vencida, luego los nuevos crímenes como el fraude que golpea a Dante), las facciones o los gobiernos comenzaron a presentarse como la *res publica* herida por los opositores, como parte herida, privaron a los juristas de aquella función de mediación entre las partes que los había caracterizado en el curso de la fase precedente, un papel fundado en la capacidad de elaborar hechos condivisibles, y dejaron a los expertos del derecho un papel notablemente más reducido en el campo del crimen político.

Una vez más un texto manifiesta bien el nuevo clima. En su *Commentarium de statutis*, Alberico de Rosciate inserta una *quaestio* en la que se afrontaba –según parece, por primera vez– el problema central de la exclusión política.[49] Cuando una parte salía de la ciudad, ¿el *podestà* tenía el derecho de desterrarla por rebeldía?[50] Los argumentos en *pro* y en *contra* habían sido desplegados de manera tradicional. La solución era pilatesca: en el caso en que la parte había sido expulsada por propia culpa, el *podestà* tenía el derecho de desterrarla; si, en cambio, la culpa había sido de la comuna, el *podestà* no tenía ese derecho.[51] A través de la formal conservación de un lenguaje jurídico se expresaba así la renuncia de los *sapientes* a intervenir en el mérito de la exclusión.

La experiencia de la exclusión política comunal se explica, por lo tanto, sólo a la luz de la compleja relación entre juristas y poder que, de manera pionera, Mario Sbriccoli había comenzado a estudiar tantos años atrás, sorprendiendo y escandalizando a la historiografía jurídica italiana. El descubrimiento de esta relación y la decisión de definirla como objeto de estudio es, para mí, su herencia más importante. A condición, no obstante, de no utilizar su convicción sobre la plena pertenencia de los juristas a la política para inferir una (no demasiado) embarazosa revelación de la debilidad humana de los intérpretes de las leyes, sino fundamentalmente para considerar a los expertos del derecho a la par de otros intelectuales, como hombres partícipes y al mismo tiempo artífices de los conflictos producidos en el tiempo en que vivían.

NOTAS

* Traducción de Eleonora Cavazzini. Una versión ampliada de esta contribución se encuentra en "Giuristi, giudici e fuoriusciti nelle città italiane del Duecento: note sul reato politico comunale", en J. Chiffoleau, C. Gauvard y A. Zorzi (eds.), *Pratiques sociales et politiques judiciaires dans les villes de l'Occident à la fin du Moyen Âge*, Roma, École Française de Rome, 2007, págs. 595-642.

1. M. Sbriccoli, *Crimen Lesae Maiestatis. Il problema del reato politico alle soglie della scienza penalistica moderna*, Milán, 1974.

2. Entre las escasas excepciones a esta tendencia, además del propio Sbriccoli, podemos señalar la sistemática *Storia del diritto italiano dalla caduta dell'impero romano alla codificazione*, vols. I-VIII, Padua, 1898 de A. Pertile quien, reconstruyendo el derecho de una manera temática, trataba el tema del crimen político en la época comunal en la parte de su obra relativa al derecho público.

3. He intentado reflexionar sobre las aproximaciones historiográficas a estos hechos en la introducción a G. Milani, *L'esclusione dal comune. Conflitti e bandi politici a Bolonia e in altre città italiane tra XII e XIV secolo*, Roma, 2003.

4. Sobre este tema véase también la reflexión de M. Ascheri, "Città-stato. Una specificità, un problema culturale", en *Le carte e la storia*, 12, 2006, págs. 7-23 y más ampliamente, del mismo autor, *La città-stato*, Bolonia, 2006.

5. J. Ch. L. Simonde de Sismondi, *Storie delle repubbliche italiane*, Turín, 1996 (ed. or. París, 1832).

6. Sobre la visión de las comunas en el siglo XIX, véase C. Sorba, "Il mito dei comuni e le patrie cittadine", en M. Ridolfi (dir.), *Almanacco della Repubblica. Storia d'Italia attraverso le tradizioni, le istituzioni e le simbologie repubblicane*, Milán, 2003, págs. 119-130 y la bibliografía citada.

7. C. Balbo, *Sommario della storia d'Italia*, Milán, 1933 (ed. or. 1846), pág. 183.

8. M. Vallerani, "La città e le sue istituzioni. Ceti dirigente, oligarchia e politica

nella medievistica italiana del Novecento", en *Annali dell'Istituto storico italo-germanico in Trento*, 20, 1994, págs. 165-230.

9. Véase el punto de esta evolución que encuentra su momento de inicio en M. Sbriccoli, *L'interpretazione dello statuto. Contributo allo studio della funzione dei giuristi nell'età comunale*, Milán 1969, y S. Menzinger, en la introducción de su *Giuristi e politica nei comuni di popolo. Siena, Perugia e Bolonia, tre governi a confronto*, Roma, 2006, págs. 5-13.

10. Los frutos de un importante trabajo colectivo sobre el rol de las facciones en la Italia bajomedieval y de la primera Edad Moderna fueron recogidos en M. Gentile (dir.), *Guelfi e Ghibellini nell'Italia del Rinascimento*, Roma, 2005, en el que hay que señalar la importante introducción del director.

11. G. Milani, *L'esclusione dal comune*, *op. cit.*, n. 3, págs. 18-19 con la bibliografía citada.

12. Lo sucedido editorialmente con el "libro del Chiodo" en los últimos años resulta particularmente complejo y por momentos tormentoso. Para estos dos textos, disponemos hoy de tres ediciones que salieron a la luz en los últimos ocho años: F. Ricciardelli (ed.), *Il libro del Chiodo*, Roma, 1998; F. Klein (ed.), *Il libro del Chiodo. Riproduzione in fac-simile e edizione critica*, en colaboración con S. Sartini, Florencia, 2004. Sobre ambas ediciones han expresado reservas M. Campanelli y M. A. Pincelli, en una serie de artículos: M. Campanelli, "Quel che la filologia può dire alla storia: vicende di manoscritti e testi antighibellini nella Firenze del Trecento", en *Bullettino dell'Istituto storico Italiano per il Medio Evo*, 105, 2003, págs. 87-247. M. A. Pincelli, "Le liste dei ghibellini banditi e confinati da Firenze nel 1268-69 Premessa all'edizione critica", en *Bullettino dell'Istituto storico Italiano per il Medio Evo*, 107, 2005, págs. 283-483, y M. Campanelli, "Le sentenze contro i Bianchi fiorentini del 1302. Edizione critica", en *Bullettino dell'Istituto storico italiano per il Medio Evo*, 108, 2006, págs. 187-377. Las dos últimas contribuciones contienen nuevas ediciones de los textos que tratan.

13. M. Campanelli, "Quel che la filologia", *op. cit.*, n. 11, págs. 107-11. El estudioso, aún observando que "l'interesse del Libro del chiodo, ovvero del suo antigrafo, sta anche in questa giustapposizione di due opposti ed esemplari stili corrispondenti a due diverse stagioni politiche", le hace perder valor al enfrentamiento cuando afirma que "la degradazione dell'avversario politico a criminale comune, malfattore quasi sadicamente armato contro una civiltà pacifica ed operosa è un luogo comune della lotta per il potere in tutti i tempi e a tutte le latitudini". En las listas de 1268-1269 los adversarios políticos no se equiparan de hecho a los criminales comunes.

14. He tratado de describir este desarrollo en G. Milani, *L'esclusione dal comune*, *op. cit.*, n. 3.

15. A. Solmi, "Le leggi più antiche del comune di Piacenza", en *Archivio Storico Italiano*, 72, 1916, pág. 63: "Et omnes fructus redditusque possessionum illorum qui Placentiam exierunt et ex parte imperatoris sunt colligere faciam et in commune mittam, vel eas guastas manere faciam, salvo eo quod pro isto sacramento non cogam alicui domino vel creditori eorum contra rationem facere". Nótese la referencia a la protección de los derechos de los acreedores de los *banditi*.

16. La definición de institución latente ha sido tomada de M. Douglas, *Come pensano le istituzioni*, Bolonia, 1990, y la he aplicado a la comuna en sus orígenes en G. Milani, *I comuni italiani*, Roma-Bari, 2005.

17. Ejemplos de penas con *bando* para los falsificadores se encuentran en los estatutos genoveses, entre los más antiguos textos normativos comunales, C. Imperiale di Sant'Angelo (ed.), *Codice diplomatico della repubblica di Genova dal DCCCCLVIII al MCLXIII*, vol. I, Roma, 1936 (*Fonti per la storia d'Italia*, 77), págs. 115-116.

18. "Sed quid si ille contumax, etiam multa indicta, non veniat nec in ea prestanda pareat? Respondeo quod ponat eum in banno sue civitatis secundum loci consuetudine que pro lege habetur", citado por C. Ghisalberti, "La condanna al bando nel diritto comune", en *Archivio giuridico*, 1960, pág. 15.

19. Véase nota 35.

20. G. Milani, *L'esclusione dal comune*, *op. cit.*, n. 3, págs. 169-203.

21. Archivo de Estado de Bolonia (de ahora en más ASBo), *Archivio Lambertini*, b. 1: "Ergo edictum a popullo ut trina deberet fieri compilacio libri, quorum unus in publico, alter in sacrario et tertius aput eiusdem populi capitaneum consistetur. In quorum quolibet primo illorum nomina scribentur qui propter maiores excessus perpetui pena dampnantur exillii; secundário, autem, aliorum qui vulgo confinati dicuntur, qui predictorum morbi contagione dampnatorum infecti ; eorum visi sunt erroneis et nefandis actibus consensisse in tertio. In hiis omnibus continue distinctionis ordo servetur".

22. ASBo, *Comune*, *Capitano del popolo*, *Giudice ai beni dei banditi e ribelli*, *Elenchi di banditi e confinati*, vol. III.

23. A. Boureau, *Satana eretico. Nascita della demonologia nell'Occidente medievale*, Milán, 2006 (ed. or., París, 2004), p. 47. El texto citado es un mandamiento del arzobispo de Tarragona, editado en *Sancti Raymundi de Penyafort opera omnia*, t. III, *Diplomatario*, Barcelona, 1954, págs. 74-82. La clasificación será retomada un decenio después por Alejandro IV y luego por Bonifacio VIII, que la insertará en el *Liber sextus*.

24. Uso estos términos porque son simples, sabiendo que su difusión era limitada aún en los años sesenta del siglo XIII y que se difundirán en un período posterior, como puede verse en M. R. Dessì, "I nomi dei guelfi e dei ghibellini", en *Guelfi e Ghibellini nell'Italia del Rinascimento*, *op. cit.*, n. 10, págs. 3-78.

25. La carta de 1267 está citada en E. Cortese, *Il diritto nella storia medievale, II. Il Basso Medio Evo*, Roma, 1998, n. 40, pág. 277.

26. M. Campanelli, "Quel che la filologia", *op. cit.*, n. 11, págs. 129-130; M. A. Pincelli, "Le liste dei ghibellini banditi e confinati da Firenze", *op. cit.*, n. 12, págs. 297-298.

27. R. Piattoli, "I Ghibellini del comune di Prato dalla battaglia di Benevento alla pace del cardinal Latino", en *Archivio Storico Italiano*, VII, 13, 1929, págs. 195-240, págs. 202-203; pero también las precisiones de S. Raveggi, "Protagonisti e antagonisti nel libero comune", en *Protagonisti e antagonisti nel libero comune*, en F. Braudel (dir.), *Prato. Storia di una*, I, Florencia, 1991, págs. 613-736, pág. 717, n. 267.

28. G. Milani, *L'esclusione dal comune*, *op. cit.*, n. 3, págs. 258 y sigs.

29. Como ejemplo, la única condena reportada en el más antiguo registro judicial que contiene procesos a los *lambertazzi*, conservada como nota marginal dice: "Condempnatus in .X. libris pro lambertacio": ASBo, *Comune*, *Capitano del popolo*, *Esecutore e Conservatore di Giustizia*, *Giudici del capitano del popolo* (de ahora en más ASBo, *Giudici*), reg. 1, c. 20r. Véase G. Milani, *L'esclusione dal comune*, *op. cit.*, n. 3, pág. 298, n. 18.

30. R. Piattoli, "I ghibellini del comune di Prato", *op. cit.*, n. 27, pág. 231: "Quod ipsi vel aliquis eorum non sunt expresse ghibellini nec expresse tenent aliquam partem".

31. ASBo, *Giudici*, reg. 1, c. 12r: "Dominus Saxolinus [...] dicit quod tempore rumorum predictus Antonius veniebat cum ipso teste et filiis suis ad plateam comunis ad defendendum bonum statum comunis Bononie. Interrogatus si vidit eum trahere ad aliquam partem dixit quod ipse nec pater suus sunt homines qui habuerint intentionem suam ad dandum favorem alicui partium nisi ad defendendum comune Bononie".

32. La *quaestio*, que A. Belloni, *Le questioni civilistiche del secolo XII*, define en la página 90, dice: "Titius commisit delictum, propter quod deportatus est a potestate huius civitatis uel relegatus, qui multos habebat debitores. Debitores eius exacti sunt actione sue ciuitatis. Tandem Titius iste a nouo imperatore restitutus est. Interim uult conuenire debitores suos, licet iam exactos actione ciuitatis. Et intendit contra eos actionem, dicens eos non esse liberatos. Queritur an possit". Fue publicada integralmente, según la versión azoniana que la contiene, en E. Landsberg, *Die Quaestiones des Azo*, Friedburg, 1888, págs. 65-69. El mismo Landsberg (pág. 17) demuestra la atribución a Basiano que Belloni no retoma.

33. V. Caprioli, "La miscellanea romana dell'archivio di stato" (Ms. 1004), en D'Amelio, Campitelli, Caprioli, Martino, *Studi sulle "quaestiones" civilistiche disputate nelle università medievali*, Catania, 1980, pág. 139: "Quaestio talis est. In civitate Pistorii sunt partes, secundum quod sunt quasi in omnibus civitatibus Tuscie. Contingit quod una pars aliam expulit de civitate et illi qui recesserunt de civitate multos habebant debitores qui in civitate remanserunt. Modo isti debitores per iussum magistratus soluerunt pecuniam quam dare tenebantur illis qui recesserunt. Processu temporis facta est pax; et sic reversi sunt in ciuit(atem) et restituti sunt ad iura sua. Modo ipsi uolunt conuenire illos suos debitores qui iussu magistratus soluerunt; ipsi autem debitores dicunt se liberatos esse. Queritur an possint". "Solutio. Dico quod isti debitores non sunt liberati set bene possunt conveniri, non obstante illa solut(ione). Et hoc per l... et C. de solut(ionibus). L.inuito cum suis similibus. Guido de Suz(aria)".

34. U. Nicolini, "Un consilium inedito di Guido da Suzzara e la lotta politica a Perugia al tempo di Corradino", en *Annali di Storia del Diritto. Rassegna internazionale*, VIII, 1964, págs. 349-355; S. Menzinger di Preussenthal, *La pena del bando tra la fine del secolo XII e l'inizio del XIV*, Tesi di laurea, Università di Roma "La Sapienza", 1995-1996, págs. 115-137.

35. *Ibid.*, págs. 131-133.

36. M. Sbriccoli, "'Vidi communiter observari'. L'emersione d'un ordine penale pubblico nelle città italiane del secolo XIII", *Quaderni fiorentini per la storia del pensiero giuridico moderno*, 27, 1998, págs. 231-268, especialmente pág. 267.

37. "Alberici a Rosate iurisconsulti clarissimi 'Commentariorum de statutis libri quatuor'", en *Tractatus universi iuris*, II, Venecia, 1584, f.2v: "An pars expulsa de civitate, sicut saepe fit in Italia possit facere statuta et eligere sibi rectorem. Ia(copus) de Are(na) tenet quod sic. Nam plebs in civitate romana recessit a patribus et fecit plebiscita. Iust. De iure, nam § plebiscitum, et hoc tenet ipse Iac(opus) de orig. Iur. L. 2. § deinde cum esset in civitate [...]. Véase el *notabile* al título Digesto I.2.2.6, en Iacobus de Averna, *Commentarii in universum ius civile*, Bolonia, 1971 (ed. 1541), f. 63v, col B: "Nota argumentum pro secedentibus pro partibus ut non perdant legitimam potestatem quam habebant ante quod secederent: et ideo sibi potestatem possunt eligere et statuta facere ut infra co 'hiisdem versi' (D 1.2.2.20)".

38. A. da Gandino, *Quaestiones statutorum*, *op. cit.*, pág. 167: "Sed quid de questione que fuit Parme de facto? Quidam milites erant in civitate illa, qui habebant fictuales, qui tenebantur dare illis militibus certos redditus: postea civitas illa habuit guerram cum alia civitate; milites isti iverunt ad civitatem inimicorum et sic contra suam civitatem: isti fictuales solverunt potestati, iussu ipsius potestatis; et violenter, facta pace, reversi sunt et petunt fictum a dictis fictualibus preteritum, scilicet pro tempore quo fuerunt in guerram, non obstante quod potestas exegit ab eis. Modo queritur quid iuris?".

39. *Ibid.*, pág. 167: "Solutio: distingue, utrum per violentiam potestas extorserit redditus ab eis, aut iure magistratus. Si per violentiam extorsit, tunc dicitur facere iniuriam et non sunt liberati rustici: habebunt tamen actionem iniuriarum contra potestatem, argumento ff. de iniuriis, l. nec magistratibus (D. 47.10.32). Sin autem iure magistratus, puta quia tale statutum erat in civitate et tunc potuit iure extorquere ab eis ratione statuti, vel forte quia milites fuerunt vocati et noluerunt venire, et tunc sunt liberati. Bene dixi quod illud potuit facere ratione statuti, quia quelibet civitas potest ius statuere, ut ff. de iustitia et iure, l. omnes populi (D. 1.1.9); et ad idem facit ff. communi dividundo, l. si is cum quo (D. 10.3.20), et similiter possit solvere superiorem questionem".

40. ASBo, *Giudici*, reg. 236, c. 29r: "Coram vobis domino Galvano de Bonaiuntas capitaneo populi Bononie dicit et proponit Zanochus quondam domini Iacobi de Artinisiis quod per vos dominum capitaneum pronuntiatum est de consilio sapientum [...] ipsam pronuntiationem et sententiam nullam esset et fuisset, si qua est vel fuit, dicit [...] eam revocandam et retractandam esse et annullandam ope restitutionis cum lata fuerunt per errorem et per falsas probationes et falsas allegationes et pro prevaricationem obmisis bonis probationibus et falsis et malitiosis productis, et per vos pronuntiari debet securitates ab eis datas vel eorum nomine valere et tenere, et ipsos debere stare ad confina ordinananda vel ordinata secundum formam statutorum ordinamentorum, reformationum comunis et populi Bononie [...]".

41. Este uso se ve en algunas argumentaciones de la acusación, si no sugeridas por el mismo Gandino, extraordinariamente en consonancia con su ideología. Véase por ejemplo ASBo, *Giudici*, reg. 259, c. 6r: "Dicit Trizolus et excipiendo proponit contra defensiones propositas per Dumelde Raymundini defensorem Ricardini de Ponticlo, Ricardinum de Ponticlo fuisse et stetisse in civitate Faventie cum inimicis et rebellibus comunis Bononie de parte lambertaciorum post secundam expulsionem partis lambertaciorum civitatis Bononie; et etiam, post iuramentum quod dicitur prestatus per ipsum Ricardinum, prelliasse una cum aliis hominibus de parte lambertaciorum civitatis Bononie contra homines partis Ecclesie et ieremensium civitatis Bononie, in platea et super platea comunis Bononie, tempore dicte secunde expulsionis. [...] *Et predicta dicit volens defendere ius comunis et iurisditionem et officium iudicis*" (el destacado me pertenece).

42. G. Milani, *I comuni italiani*, *op. cit.*, n. 16, págs. 144-145.

43. Éste es el encabezamiento de los desterrados boloñeses de 1300: "In nomine Domini nostri Yhesu Christi amen. Hec sunt quedam banna data per nobilem et potentem virum dominum Fulcerium de Calbulo laudabilem capitaneum civitatis et populi Bononie de conscilio consilio suorum iudicum secundum formam provvisionis de hoc loquentis de quibusdam actis seu processibus ventilatis coram ipso et sua curia. Sub examine sapientis et discreti viri domini Nicholai de Roçanis de Parma, iudicis dicti

domini capitanei ad bona bannitorum pro parte lambertatiorum deputati, et scripta per me Benvenutum domini Ferulfi et nunc ofitialem et scribam dicti domini capitanei, curentibus annis domini millesimo trecentesimo, inditione tertiadecima.

Nos Fulcerius de Calbulo capitaneus antedictus, cum innicium cuiuscumque peccati dicatur superbia secundum quod sapiens attestatur et reperitur in iure descriptum, quod parum prodesset humilitas humilibus si contumacia contumacibus non obesset et isti qui infra sunt scripti suadente humani generis inimico ac etiam iniquitatis et superbie spiritum assumentes videantur adversus obedientiam errigere cornu suum. Ideo eos et quemlibet eorum bannimus et in banno ponimus in hac forma", en ASBo, *Ufficio ai beni dei banditi e confinati*, *Elenchi di banditi e confinati*, vol. III, reg.1, c. 60v.

44. M. Campanelli, "Le sentenze contro i Bianchi fiorentini del 1302", *op. cit.*, n. 11, pág. 219: "Hee sunt condempnationes sive condempnationum sententie facte, late et promulgate per nobilem et potentem militem dominum Cantem de Gabriellibus de Eugubio, honorabilem potestatem civitatis Florentie super infrascriptis excessibus et delictis commissis et perpetratis per infrascriptos homines et personas, sub examine sapientis et discreti viri domini Pauli de Eugubio, iudicis prefati domini potestatis ad offitium super barattariis, iniquis extorsionibus et lucris illicitis deputati, et de consensu et voluntate aliorum iudicum ipsius domini potestatis et scripte per me Bonoram de Pregio, notarium et offitialem eiusdem domini potestatis ad idem offitium deputatum, currentibus annis Domini a Nativitate millesimo CCCo II, indizione XVa, tempore sanctissimi patris domini Bonifacii pape octavi.

Nos Cante, potestas predictus, infrascriptas condempnationum sententias damus et proferimus in hunc modum.

Cum iniqua pastoris rapacitas circa gregem disperdendum convertitur, non est ibi lupina maior offensio nullaque pestis efficatior ad nocendum. Sic evenit itaque cum illi, quos populus honorare voluerit, sui eisdem commictens custodiam ut ipsi tamquam pastores solliciti et custodes castissimi curent populum in ordine salutifero regere, rectos sensus ad indirecta et iniusta pervevertunt, ipsorum facie, tecta caligine, non verentes nec considerantes quod populus ipsos sublimat offitio quo iustitiam dilligentes illustrent eumdem et unicuique tribuant quod est iustum. Quod si secus rem gesserint, iniquis extorsionibus aures adhibentes et manus lucris illicitis contra honestatis debitum porrigentes, tunc populus ipse discors efficitur et discors factus a sua unitate dissolvitur et dissolutus confusionem denique devenit in immensam. Est igitur inferenda pena punitionis commictentibus talia, ut per illam commissam culpam visibiliter recognoscant et aliis omnibus quorum insonuerit auribus, prodeat in exemplum".

45. *Henrici VII Constitutiones*, en I. Schwalm (ed.), *Monumenta Germaniae Historica, Constitutiones et Acta publica imperatorum et regum*, IV/2, Hannover-Leipzig, 1906, págs. 522-523: "Ex predictis itaque orrendis nostre mansuetudinis visceribus pietate profusis, quibus iuris et iusticie studium divinitus est commissum, tale primo remedium quesivimus adhibere, ut videlicet omnes iustas condempnationes et banna adque processus ceteros ab iniustis et inconvenientibus secerni facere curaremus ut que rite acta fuissent intacta manerent, que vero propter hodia vel guerras iniuste contra insontes fuere prolata, cassationis et annullationis remedio tollerentur. Set dum predictorum discretio quereretur, que iusta ab iniustis secerneret, tum ex operis multitudine, tum etiam ex processuum ineptitudinc tanta intricatio et confusio supervenit, quod hanc via, tamquam inexpedibilem relinquentes pro huius rei cita et libera expeditione magisque munifica ex nostre clementie fonte rivos uberiores profudimus, quorum aque

salubres omnem delictorum preteritorum maculam universaliter a quibuscumque nostre obedientibus maiestati abluerent et delerent ut sic a preteritis expiati erroribus comuni provisione se renovatos sentiant in quiete, hicque annus sit eis posteritatique eorum iubileus et iocundus et ab hoc incipiat eorum comunis et pacificus status Dei suffragio perpetuo duraturus. Quapropter hanc editalem legem in eternum valituram statuimus ex nostre plenitudine potestatis per quam irritamus adque cassamus et cassa et irrita esse decernimus per universas civitates castra et loca Lombardie ac Tuscie, que ad nostra mandata venerint vel venerunt et per nostram ordinationem pacem fecerunt vel facient inter suos intrinsecos et extrinsecos parciales omnia banna, condempnationes et relegationes et processus adque sententias lata, facta, data seu promulgata de aliquo vel aliquibus seu contra vel in aliquem vel aliquos de extrinsecis seu intrinsecis ipsarum civitatum terrarum vel locorum usque in presentem diem per dominos, potestates seu rectores vel quoscunque officiales dictorum locorum et civitatum adque terrarum, occasione rebellionis vel guerre vel robarie vel incendii seu homicidii vel vulnerum seu furti vel cuiuslibet occasione alterius excessus, criminis, delicti, offense se ommissi, que quomodocunque vel quandocunque, vel ubicunque vel in quemcunque dicerentur fuisse commissa vel ordinata".

46. Para las consecuencias de este desarrollo de una historia de la fiscalidad, véase M. Ginatempo, *Prima del debito. Finanziamento della spesa pubblica e gestione del deficit nelle grandi città toscane (1200-1350 ca.)*, Florencia, 2000, págs. 42-49.

47. G. Milani, *L'esclusione dal comune*, *op. cit.*, n. 3, págs. 201-202.

48. A. Boureau, *Satana Eretico*, *op. cit.*, n. 23, pág. 42 y sigs.

49. Sobre Alberico de Rosciate, véase, por lo menos, L. Prodoscimi, "Alberico da Rosciate", en *Dizionario Biografico degli Italiani*, I, Roma, 1960, pág. 656.

50. "Alberici a Rosate iurisconsulti clarissimi, 'Commentariorum de statutis'", *op. cit.*, n. 37, f. 81v: "In Italia sepe occurrit quaestio talis. Una pars expulit aliam de civitate, pars intrinseca eligit potestatem in civitate. Iste potestas vult procedere contra expulsos et ex contumacia bannire. Queritur an possit?".

51. "Alberici a Rosate iurisconsulti clarissimi, 'Commentariorum de statutis'", *op. cit.*, n. 37, f. 81v: "Solvendo distinguit aut pars expulsa fuit expulsa suo dolo vel culpa, aut dolo vel culpa intrinsecorum. Primo casu, si civitati sint contumaces, potestas procedere possit contra eos secundum formam iuris vel statutorum et consuetudinum civitatis [...]. Secundo casu, quando dolo vel culpa partis intrinsece sunt expulsi, tunc potestas non possit contra eos secundum formam statutorum procedere mulctando vel banniendo, vel alio modo. Imo si expulsi sederentur per intrinsecos praescriptione vel alio modo, restituentur, cum iusto metu absint, ut prolatum est supra".

La penalización de la *sola cogitatio* en el derecho del bajo medioevo a partir de un comentario de Jacobo Butrigario

ALEJANDRO MORIN
Universidad de Buenos Aires
Universidad Nacional de Córdoba

La apropiación medieval de la normativa en torno del crimen de lesa majestad del derecho romano (en función de ley *Quisquis*, C. 9.8.5) trajo aparejada la implementación de una transmisión generacional de penas en contextos ligados a la traición o la herejía. Esta instrumentación de castigos hereditarios no se produjo sin generar contradicciones con el cúmulo de textos clásicos y bíblicos que, al contrario, sustentaban el principio de personalidad de la pena. Estas contradicciones se relevan en determinadas marcas textuales como, por ejemplo, las vacilaciones en torno de una transmisión de la pena con diferenciación o no entre hijos nacidos *ante* o *post comissum delictum*. En el derecho bajomedieval se puede detectar en este contexto una serie de mecanismos puestos a operar para salvar la contradicción entre unos principios cuya vigencia se reafirma y una letra legal que instrumenta normativas contrarias a ellos.

Una de las justificaciones más extendidas para la implementación de castigos hereditarios es la que podríamos llamar tesis imitativa. Esta posición, mantenida entre otros por Alberico de Rosciate y Bartolomé de Saliceto, se funda en la idea de la imitación de los padres criminales por parte de los hijos, razón por la cual no ha de diferenciarse entre hijos ya nacidos y por nacer, pues de todos es de temer que sigan los pasos paternos.[1] Esta tesis se asienta en el texto mismo de la ley *Quisquis* por cuanto ésta se refiere al temor de que los hijos imiten el ejemplo del crimen paterno.[2] El criterio operante aquí es, entonces, el de la peligrosidad de los hijos de los traidores, de los cuales el derecho presume que repetirán el delito paterno, apoyándose en (o dando pie a) afirmaciones de carácter general como las de Guillermo Durante, quien postula el principio "filius non praesumitur quod sit dissimilis a patre"[3] o las de la glosa ordinaria a la ley *Quisquis* cuando afirma que "saepe solet similis filius esse patri".[4]

En el ámbito del derecho canónico, también se da el recurso frecuente a la tesis de la imitación, como es el caso del desarrollo de Graciano en torno de la cuestión. Así, por ejemplo, en D. 56 se establece que los hijos de los presbíteros quedan excluidos de los oficios sólo si son "paternae incontinentiae imitatores", pues en caso contrario tienen abierta toda la carrera hasta, incluso, la posibilidad de ser sumos pontífices. La tesis de la imitación será recalcada por la mayoría de los decretistas respecto de las generalidades de esta *distinctio*[5] y también respecto de su C. 10 ("Vitia parentum etiam ad posteros transferuntur"), cuya lectura en clave imitativa no ensaya Graciano y cuyo texto se adecua tanto menos a una interpretación de este tipo. Otra aplicación de la tesis de la imitación se puede hallar en un pasaje del *Decretum* más central respecto del tema en cuestión, C. 1, q. 4, donde abundan referencias a ejemplos bíblicos de niños castigados por los pecados paternos.

En este sentido, Graciano se muestra tributario de un trabajo de reflexión exegética (con raíces en la Escuela de Laón) que buscaba eliminar los problemas derivados de la existencia de pasajes bíblicos, como el de *Éxodo* 20:5, en los que Dios afirma castigar en los hijos los pecados del padre hasta la tercera y cuarta generación. A este respecto, y conviviendo con interpretaciones alegóricas que conciben estos conflictivos pasajes en términos de una interpretación psicogenética del pecado, una de las tesis más sostenidas es la que afirma el carácter real de la transmisión suponiendo precisamente una imitación por parte de los descendientes. Los diferentes autores plantean entonces un límite de cuatro generaciones suponiendo que representa el plazo biológico para haber presenciado el pecado del ancestro a imitar.[6]

Otra postura explicativa de la transmisión hereditaria de la pena es la que podríamos calificar como de intimidación preventiva. En efecto, para algunos textos, la transmisibilidad de la pena no dice nada acerca de los comportamientos de los hijos o la naturaleza de la relación padres/hijos sino que se asienta sobre la idea de extirpar el mal a partir del efecto que produce en los eventuales criminales el temor por el destino de sus hijos. Las referencias de juristas y teólogos a esta tesis preventiva descansan a menudo sobre una remisión a D. 4.2.8.3 (donde se recuerda que en virtud del afecto los padres temen más lo que ocurra con sus hijos que con su persona: "pro affectu parentes magis in liberis terreantur")[7] o bien a *Éxodo* 20:5,[8] como expresión de una *ratio* que halla en el castigo hereditario un mecanismo para desalentar el pecado y el crimen.

Al igual que la tesis imitativa, la postura centrada en la intimidación preventiva también recorre los tratamientos canónicos de la cuestión de marras, por ejemplo en los debates en torno de la decretal *Vergentis* entre quienes buscan morigerar la normativa papal (Tancredo) y quienes refuerzan la identificación entre herejía y crimen de lesa majestad (como Juan el Teutónico, Vicente Hispano, Bernardo de Parma y Placentino), aduciendo argumentos como la imitación o la intimidación.[9]

Una variante de la tesis preventiva es la hipótesis de un castigo sin culpa pero con causa. Es la que ofrecen desde el registro teológico los escritos de

Abelardo (*Ethica,* PL CLXXVIII, 654, en relación con el problema de los nacimientos defectuosos) y que plasma en una *regula iuris* del *Liber Sextus* de Bonifacio VIII (regla 23) que postula que "nadie ha de ser castigado sin culpa a menos que haya una causa de fondo".[10] Dino de Mugello especifica la *causa* en clave de *publica utilitas*,[11] mientras que Alberico de Rosciate incorpora también una referencia al castigo sin culpa pero con causa entre sus argumentos para explicar la transmisión generacional de penas dispuesta en la ley *Quisquis*.[12]

Otra hipótesis, particularmente significativa, radica en un criterio de indistinción personal para la imputación de la pena por el cual se postula la transmisión de delitos a los hijos por nacer, en función de una indistinción de sus personas con la del padre criminal. Este criterio "personaliter divisus" de imputación de la pena desarrollado en el *Decretum* de Graciano (C. 1, q. 4, c. 8) implica la elaboración de una noción de sujeto de la culpa fuertemente impregnada de valencias corporales, comprensible sólo en el marco de la frecuente incapacidad del derecho medieval para asimilar las nociones romanas de persona conformadas por fuera de los sujetos dotados de alma y cuerpo. La misma lógica, determinada por la diferencia de antropología imperante, es la que estaría operando en la progresiva biologización de la transmisión generacional de penas en clave hematológica, sobre la idea de una portación de sangre infecta.

El fundamento para el empleo de una retórica de la sangre en el tratamiento de los castigos hereditarios lo puso al parecer Dino de Mugello, en su glosa a la citada *regula iuris* 23 del *Liber Sextus* al referirse en términos de "genere improbato" al caso del "filio damnati crimine lese maiestatis" y el "filio heretici". Esta referencia a un linaje condenado es retomada por otros autores, como Cino de Pistoia o Alberico de Rosciate, pero la expresión ya ha tomado entonces su valencia hematológica, en plena justificación de la transmisión de penas. Esta postulación de la sangre emponzoñada será empleada en la discusión de los múltiples problemas que plantea la institución de castigos hereditarios, tales como la aplicación en los padres de penas por delitos de hijos, la eventual diferencia para la imputación de la pena entre hijos nacidos antes o después de cometido el crimen o el alcance de la transmisión en el caso de los hijos ilegítimos.

Éstos son algunos de los diversos caminos ensayados por los juristas medievales para explicar, fundamentar o limitar el alcance de los castigos hereditarios por lesa majestad (divina o humana), a los que podríamos agregar el desarrollo teológico en función del hijo como *res parentis*, indistinción entre padres e hijos en función de ser los segundos una suerte de posesión de los primeros, que recuerda muy vagamente a la concepción de persona del derecho romano en tanto unidades patrimoniales (*S.Th* 1-2, q. 87, a. 8 / 2-2, q. 108, a. 4).

Ahora bien, en este panorama hallamos un tipo de explicación diferente, la que se releva en el comentario a la ley *Quisquis* de Jacobo Butrigario (maestro de Bartolo de Sassoferrato en Bolonia y muerto en 1348), que resulta peculiar por el cruce que efectúa entre la cuestión del castigo hereditario y la que corresponde a los desarrollos en torno de la *sola cogitatio* en el mundo jurídico bajomedieval.[13]

LA REFLEXIÓN EN TORNO DE LA *COGITATIO*

El comentario de Jacobo Butrigario a C. 9.8.5 se centra primero en quienes concretamente cometen el crimen de lesa majestad ("de eo qui principaliter delinquit") para luego pasar a analizar la situación de los hijos alcanzados por la dureza de la ley romana que los castiga "in bonis" tras hacerlo con sus padres "corporaliter et in bonis".[14]

El encuadramiento de la normativa referida a los hijos de condenados por crimen de lesa majestad está signado desde el inicio por su carácter excepcional. Se viola en esta implementación de castigos sobre los hijos (que busca estén perpetuamente en tal indigencia que en la muerte vean su dicha y un suplicio en la vida según el texto de la ley *Quisquis*: "ut his perpetua egestate sordentibus sit et mors solacio et vita supplicio") la regla general que dispone que nadie será penado por el delito de otro, principio que los glosadores ven operar en distintos pasajes del derecho justinianeo, como el texto de Calistrato inscripto en D. 48.19.26 o la ley de C. 4.13; asimismo, Ulpiano en D. 50.2.2.7 y Papiniano en D. 23.2.34.3.[15]

Jacobo Butrigario recuerda en su comentario que la regla por la cual nadie es castigado por la falta de otro no se aplica en este crimen: "Regula est quod ex altero non puniuntur fallit in hoc crimine". Pero éste no sería el único principio quebrantado aquí. Los hijos del condenado por lesa majestad son castigados "sine aliqua cogitatione" lo que contradice el principio, avanzado por Ulpiano en D. 48.19.18 y repetido *ad infinitum* por los comentadores medievales, que establece que nadie sufre pena por su pensamiento ("Cogitationis poenam nemo patitur"). El planteo de la contradicción en Jacobo Butrigario es directo: si aquel que pensó y no procedió al acto no ha de recibir pena, ¿en virtud de qué es castigado quien ni siquiera ha pensado en cometer la falta? ("quia ille qui cogitauit quod non processit ad actum nunquid illo casu punitur. ergo multo magis qui non cogitauit debet nullo casu puniri").

El precepto de D. 48.19.18 es retomado en el *Decretum* de Graciano en *De poenitentia*, dist. I, c. 14 como "Cogitationis penam nemo patiatur" y la glosa aclara "patiatur ab homine".[16] En efecto, en el registro canónico y en el marco de un tratado sobre la penitencia, la aclaración de la impunibilidad del mero pensamiento debe dar cuenta de la categoría de *peccatum cordis*, central en las racionalizaciones exegéticas y teológicas del desarrollo psicogenético del pecado.[17] "Patiatur ab homine: sed a domino bene", dice la glosa en tanto desde el mismo relato evangélico se postula la posibilidad de una falta cometida sólo con el pensamiento, como en la referencia al adulterio mental que expresan *Mateo* 5:28 o *Éxodo* 20:17. Estos pecados mentales son competencia de la divinidad, que puede escrutar los corazones, y si en ellos se otorga consenso a la *cogitatio* –continúa la glosa–, se comete pecado mortal ("cogitationem enim si ad consensum peruenit mortalem et puniendam esse omnino fatendum est") e interviene la muerte ("si enim in corde consentit libidini mors interuenit") y es por ello que se remite allí a la imagen de los tres muertos ("sicut tribus"). Es decir, los tres muertos resucitados por Cristo en el Evangelio, la hija de Jairo, el principal de la sinagoga, el hijo de la viuda de Naín y Lázaro, siendo la primera asociada generalmente con el *peccatum in corde* o *in cogitatione*, o, más raramente, con el pecado cometido *in occulto*.[18]

Es por este trasfondo de teología moral que nuestro comentario de Jacobo Butrigario se ve llevado, al hacer referencia vía D. 48.19.18 a la impunibilidad de quien simplemente pensó sin proceder al acto,[19] a aclarar que "de iure diuino" se toma en cuenta la perseverancia o no en el pensamiento malo ("distinguitur an perseuerauerit in cogitatione vel non"). Es precisamente en torno de este paso al acto que se dibuja en principio la frontera entre los fueros judicial y penitencial, tal como vemos en Graciano cuando señala que "el pensamiento no merece pena según la ley civil cuando ha sido mantenido en sus límites".[20] Este mantenerse del pensamiento en sus límites permite, por otra parte, el cruce con otro principio legal romano que recorre los comentarios ligados a la cuestión de la *cogitatio*, a saber, aquel que establece que no se castiga la intención si no se sigue el efecto: "Non punitur affectus nisi sequatur effectus".

La comparación entre fueros queda entonces habilitada por el diferenciado tratamiento de la punibilidad de la *cogitatio*.[21] De esta manera, por ejemplo, Dino de Mugello encuentra una proporción inversa que se resume en la ecuación "ea quae facilius ligant facilius dissoluunt": mientras que en el registro penitencial el simple pensamiento liga al pecador pero la contrición del corazón permite la *venia peccati*, en el ámbito civil el pensamiento sin acto no recibe castigo, pero como contrapartida, el arrepentimiento no excusa en principio la pena.[22] Bartolo de Sassoferrato, por su parte, encuentra un peso diferente de la *cogitatio* en la caracterización de las penas espirituales y las temporales por cuanto "en las penas espirituales es examinado más el ánimo y el pensamiento que el efecto".[23] Filippo Franchi, por último, identifica al pensamiento persistente con una *cogitatio deliberata*, punible en el fuero penitencial y no en el judicial, mientras que el simple pensamiento sin persistencia no es juzgado "nec a deo nec ab homine" y ello en función de un dato antropológico: "quia primi motus non sunt in potestate nostra".[24]

Esta referencia a los primeros movimientos en la naturaleza humana tras la Caída que no están bajo nuestra potestad, aspecto tan problemático para la teología moral,[25] el jurista medieval la ve operar en distintos comentarios a la ley romana como en la glosa ordinaria a C. 1.3.5 (*Si quis non dicam rapere*).[26] Esta última norma pertenece a un conjunto de referencias justinianeas que movilizan la reflexión en torno de la *cogitatio* por cuanto declaran la decisión de perseguir la *voluntas sceleris* independientemente de la consumación del crimen. En la ley *Quisquis* es manifiesta la voluntad de penar la simple maquinación del crimen de lesa majestad,[27] complementada con lo normado en C. 9.8.6 que establece que el reo es condenado desde que concibió la intención del crimen.[28] De esta manera, se da vía libre a la nulidad de toda donación realizada por quien planea un crimen de lesa majestad, es decir, el mecanismo por el cual se buscaría evadir la confiscación de bienes contemplada en la ley como castigo.

En todo caso, la no consumación de un delito resulta un terreno apropiado para el desarrollo discursivo en torno de la punibilidad de la *cogitatio*. Leemos en Baldo de Ubaldis que el ser del delito radica en su consumación ("Esse delicti stat in consummatione delicti") aunque si se trata de un crimen atroz, es suficiente la simple tentativa ("acquirit consummationem per ipsam attentationem", *ad* C. 9.2.5). En el caso de la lesa majestad, el texto mismo de la *Lex Julia* identifica a efectos del castigo tentativa y consumación. Así lo recuerda, por ejemplo, Juan de Andrea en sus *Quaestiones Mercuriales* cuando señala que "atentar allí es un delito que el derecho castiga expresamente. En cuanto interviene, pues, la tentativa, es un delito perfecto que la ley castigaba".[29] Otras referencias en las que aparecen reflexiones relativas a la *attemptatio* son, entre otras, las que se derivan de C. 9.16.7 (*Is qui cum telo*) de la *Lex Cornelia de Sicariis*,[30] la penalización en D. 47.11.1 de los *sollicitatores* de mujeres casadas incluso si no alcanzan su cometido ("et si effectu sceleris potiri non possunt")[31] así como también la decretal *Pro humani redemptione* (*Liber Sextus* 5.4.1) que introduce la cuestión del asesinato y el homicidio por encargo pero especificando que la pena ha de imponerse "quanquam mors ex hoc forsitan non sequatur" ("aunque la muerte quizá no se siguiera de esto").

Sin embargo, cuando se rastrean los comentarios que reciben estos pasajes, se percibe un claro esfuerzo por marcar que en última instancia no se trata de penar una "sola cogitatio", aun si tales comentarios pueden iniciarse con aseveraciones en sentido contrario, como en la glosa ordinaria a C. 9.8.5: "nota cogitatum puniri".[32] El trabajo de exégesis, sin dejar de señalar que se trata de casos especiales,[33] enfatizará el paso *ad actum* (*verbi* o *facti*) tratando de identificar el momento en que se franquea la puerta de la interioridad mental.

En el caso de la ley *Quisquis*, la preocupación por señalar que el simple pensamiento sigue siendo impunible y que lo que se castiga es una acción exterior se ve claramente en comentarios como el de Cino de Pistoia:

> Nota que se castiga la intención aunque no se siga el efecto [...] A esta ley se opone en aquello que dice que se castiga la intención sin efecto porque la ley dice que por el pensamiento nadie sufre pena, de acuerdo con D. 48.19.18. La solución: la intención deliberada que no llega al acto no se castiga como ahí pero sí cuando procede al acto.[34]

Juan de Torquemada, en su comentario a esta norma en su versión gracianea de C. 6, q. 1, remite a Huguccio respecto de castigar un acto exterior y no un pensamiento que se haya mantenido en sus límites,[35] y a Accursio respecto de identificar ese acto exterior con el juramento de conspiración.[36] La glosa ordinaria, en cambio, remite a Irnerio para esta solución.[37]

Así como el *sacramentum* configura el acto exterior que salvaría el principio de impunibilidad de la *cogitatio* respecto de C. 9.8.5, el *mandatum* lo es respecto de la decretal *Pro humani redemptione*. La glosa lo define claramente: "Si encargó, entonces no se contuvo en sus límites y por lo tanto no sorprende si es castigado".[38] En su comentario a esta decretal, Hostiensis es más ambiguo, pues plantea la distinción en función del paso al acto ("en contra D. 48.19.18 y *De poenit*. dist. 1, c. 14. La solución. Aquello se entiende cuando el pensamiento se mantuvo en sus límites y no procedió al acto; esto al contrario se entiende cuando procedió al acto y no se mantuvo por sí mismo como para no ser consumado aquello que mal había deliberado").[39] Pero resalta finalmente la excepcionalidad del caso identificando en plan represivo el delito imperfecto con la *cogitatio*: "nam in hoc casu puniendus est cogitans, ac si fecisset" ("pues en este caso el que piensa ha de ser castigado como si hubiese actuado"). Estos términos se repiten en la glosa de Jean Le Moine. Juan de Andrea será más enfático respecto de la identificación entre el *mandatum* y el delito consumado: "hoc ipsum mandare est delictum consumatum", opinión que siguen también Domingo de San Gimignano y Filippo Franchi, y que el mismo Juan de Andrea expone con más despliegue en sus *Quaestiones Mercuriales* pero salvando la impunibilidad de la *cogitatio* más allá de la identificación entre mandato y delito consumado que establece esta decretal. En efecto, si la voluntad de encargar un homicidio no se exterioriza en un *actum verbi* (el mandato propiamente dicho), no se trata de un delito consumado. Dice el texto: "en efecto este mismo encargar es el mismo delito perfecto que esta misma constitución castiga *ipso iure* con ciertas penas. Si por lo tanto pensó encargar y llamó al mandatario pero no encargó no es un delito perfecto".[40]

La citada cláusula de la decretal *Pro humani redemptione* que pena la tentativa de asesinato da pie precisamente en los comentarios a un catálogo de casos especiales en los que la no consumación del crimen no excusa de la pena temporal y donde se castiga la "conscientia criminis". Lo vemos en la glosa de Hostiensis, cuyos términos siguen también Juan de Andrea, Domingo de San Gimignano y Jean Le Moine:

> Si en verdad hubiera podido consumar pero no quiso porque se arrepintió, regularmente debe ser perdonado [...] Dije regularmente porque en unos casos no es útil la penitencia sino que se castiga la conciencia del crimen. Primero en el hereje [...] Segundo, en el crimen de lesa majestad [...] Tercero en los que se matan por conciencia del crimen [...] Cuarto en el que extrae un fugitivo de la iglesia [...] Quinto en este caso como aquí y es un caso nuevo. En estos casos no se excusa alguien de

la pena temporal por mucho que haga penitencia; tiene lugar sin embargo la penitencia espiritual y la reconciliación divina por mucho que delinca.[41]

Se trata de un listado un tanto problemático por cuanto reúne elementos a nuestro parecer heterogéneos. Por un lado, incluye tres crímenes cuya penalización sería excepcional respecto del principio "non punitur affectus nisi sequatur effectus": la lesa majestad y el asesinato de los que venimos hablando[42] y la violación de asilo eclesiástico de acuerdo con C. 1.12.6, cuya glosa ordinaria se encarga de despejar las dudas que genera su mención de una *nuda cogitatio*.[43] El catálogo contempla también a la herejía, crimen de lesa majestad divina, cuya inclusión en el conjunto de delitos imperfectos penados como consumados resulta más difícil de aprehender. Volveremos más adelante sobre este punto. Finalmente, el comentario menciona el caso del suicidio de acusados de D. 48.21 y esta remisión tampoco es muy clara por cuanto el suicidio de *mala conscientia* de que trata la ley romana se halla en otro plano que la *conscientia criminis* a la que parecen aludir las distintas glosas de *Pro humani redemptione*.

Sabemos que en la normativa romana, el fisco se abstiene de intervenir en todos los casos en que un suicidio no se haya producido por la mala conciencia de un crimen, pues de ser así se procede a la confiscación y la invalidación de los testamentos. En C. 9.50 se fija el destino de los bienes del suicida: son confiscados si se mata por temor de la pena pero no si lo hace por dolor del cuerpo, hartazgo de la vida, locura o cualquier otra causa, en cuyo caso, los bienes pasan a los herederos, exista o no testamento.[44] En el título correspondiente del *Digesto* se explicita claramente, al igual que en el *Codex*, que los acusados suicidas no tienen heredero si el suicidio se comete por temor de la pena[45] y el jurista (Marciano) agrega allí una justificación significativa: ha de considerarse que el suicidio representa una confesión del crimen.[46] Se piensa el suicidio de un acusado como expresión de una *mala conscientia* y por lo tanto se lo asimila con una confesión.[47] Pero esta *mala conscientia* no resulta identificable con la maquinación de un crimen que ha de castigarse *ac si fecisset*.

En todo caso, vemos que los comentadores exploran en el cúmulo de normas justinianeas que aluden a la voluntad criminal distintos ángulos de modo de confirmar la persecución de ciertos crímenes en grado de tentativa y a la vez salvar el principio de impunibilidad de la *cogitatio*.

JACOBO BUTRIGARIO Y LA PRESUNCIÓN DE DELIBERACIÓN

Por su parte, el análisis de Jacobo Butrigario sigue en general las líneas de reflexión jurídica que venimos viendo y ello se aprecia en su despliegue de distinciones respecto de quienes "principaliter" cometen crimen de lesa majestad.

Jacobo Butrigario presenta un arco de posibilidades con bifurcaciones con el que describe las posibilidades de combinación entre deliberación, consumación y castigo. Parte de un grado cero: existe una *cogitatio* pero sin concreción en acto y por lo tanto, como dijimos, no hay castigo, salvando el principio de D. 48.19.18. Luego supone la presencia de un acto, el cual puede ser de hecho o verbal. Este último no recibiría pena siempre que no implique consumación, como sería en el caso de la injuria.[48] Si el acto de hecho fue consumado, estaríamos en principio ante el grado máximo y la imposición de la pena queda por fuera de toda discusión, aunque otros autores incorporan aquí una variante más: la de la consumación de un delito mayor que el involucrado en el *animus* o *cogitatio* inicial.[49] Jacobo Butrigario se centra más bien en la otra posibilidad, la de una *cogitatio* que se concreta en actos de hecho pero que no llega a la consumación del crimen. Hace operar allí una serie de distinciones internas entre las que se cuentan la dirección principal del delito, la opción entre una acusación civil y una criminal, la doble causa de la no consumación, porque el delincuente no quiso o porque no pudo, y en esta última alternativa, si lo fue por un impedimento de derecho o de hecho (en cuyo caso plantea la posibilidad de un castigo extraordinario o la de un castigo como de delito consumado).[50] Finalmente, incluye también la posibilidad de una consumación sin *cogitatio* previa, en la que se distingue si fue por culpa (y en tal caso se administra el castigo de acuerdo con la distinción entre culpa lata, leve y levísima) o por caso (y en este punto se ha de ver si la culpa es superior al caso y hay castigo o viceversa).[51]

Este tipo de secuencia de distinciones se puede hallar en otros comentarios del conjunto de pasajes justinianeos ya nombrado que da pie a reflexiones en torno de la *cogitatio*, como por ejemplo en la glosa ordinaria a C. 1.3.5. Podemos marcar dos diferencias. En primer lugar, otros textos (como la glosa recién mentada, el comentario de Bartolo a D. 48.8.14 o los de Jean Le Moine y Filippo Franchi a la decretal *Pro humani redemptione*) incluyen la división entre crímenes *atrociora* y *non atrociora* que el comentario de Jacobo Butrigario no parece hacer operar.[52] En segundo lugar, el comentario de Jacobo Butrigario combina en distintas dosis *cogitatio* y consumación del crimen pero también arrepentimiento, planteando la posibilidad de la impunibilidad en caso de arrepentimiento previo a la consumación del delito.[53]

Ahora bien, lo visto hasta ahora concierne a quienes efectivamente cometen o planean cometer crimen de lesa majestad. Sin embargo, el planteo es distinto respecto de los hijos del condenado de lesa majestad.

En efecto, Jacobo Butrigario, tras plantear la contradicción antes señalada entre prescripción de castigo y ausencia de pensamiento (incluso en comparación con un padre que efectivamente hubiese deliberado y que se exime de penas por no proceder al acto, “pater etiam si cogitauit et non processit ad actum excusatur”), propone una solución que nos parece significativa.

Ella consiste en postular que la ley presume que los hijos han deliberado y de esta manera la ley castiga en ellos un delito propio:

Y por esto di que es posible considerar un único delito y una causa remota: y éste es el delito del padre: y por aquél no son demandados los hijos. Del mismo modo es posible considerar otro delito como causa próxima. Y éste es el delito de los mismos hijos tomado en sentido propio y la ley presume que ellos han pensado.[54]

Este mecanismo permite al mismo tiempo justificar la imposición de la pena y desarmar la idea de un castigo sin voluntad criminal previa: "unde non est verum quod puniatur sine cogitatione" ("de donde no es verdad que sea castigado sin deliberación"). Por otro lado, la distinción entre causa remota y causa próxima habilita una combinación entre una etiología con base en la imitación y una fundamentación de la pena con base en la presunción: "ut ex causa remota mentiantur et sic ex suo presumpto puniuntur velut ex causa proxima" ("que imitan por una causa remota y así son castigados por el suyo presunto como por causa próxima").[55]

El hijo del condenado por lesa majestad queda así definido como quien "non vere sed iuris praesumptione delinquit" y esta postura Jacobo Butrigario la cimienta sobre el texto mismo de la ley *Quisquis* ("et hoc probat tex.") a partir de la diferencia de tratamiento entre hijos e hijas del reo de lesa majestad que revela al fin de cuentas un castigo por audacia presunta: "Pues las hijas son castigadas menos que los varones porque se presume que serán menos atrevidas que los varones: por lo tanto, los varones son más castigados porque se presumen más audaces y de esta manera son castigados a partir de la audacia presunta".[56]

Es de destacar esta identificación que hace Jacobo Butrigario entre la *cogitatio* y el delito propio y no ajeno, planteo que remarca Bartolomé de Saliceto en su comentario a la ley *Quisquis*. Del hijo del reo, que allí es caracterizado como "haeres eiusdem proditionis", se postula una presunción de traición ("de simili proditione contra eum est praesumptio") y en ese contexto Bartolomé de Saliceto remite al análisis de Jacobo Butrigario cuando afirma que "se puede decir según Jacobo Butrigario que aquí se castiga no respecto de un delito ajeno sino uno propio en ellos presumido".[57]

Dado que para Jacobo Butrigario en los hijos la *cogitatio* constituye *per se* el delito propio a castigar, no se ejercita allí el juego de distinciones cuyo despliegue antes ensayamos. Esta idea de una *cogitatio presumpta* libraría al jurista de la búsqueda del momento en que se franquea el espacio interior de la deliberación y, de esta manera, se despeja la posibilidad de penalizar el mero pensamiento.

Pensar la *cogitatio* en el registro de la presunción genera a nuestro entender un doble efecto. Por un lado, elimina de plano el problema de la prueba respecto del carácter inaccesible de la interioridad. Como se preguntaría Juan de Torquemada, ¿"cómo la *sola cogitatio* o voluntad es castigada puesto que sólo Dios la juzga"?[58] Para el juez humano, a quien no cabe escrutar los corazones como a Dios, son obvios los beneficios de plantear en términos de presunción legal la deliberación de los hijos del reo de lesa majestad.

Al mismo tiempo, este giro de la presunción de deliberación conforma un mecanismo que reafirma la idea de una *cogitatio* punible. Con ello queremos decir que una elaboración doctrinal diseñada para atender al específico problema de la transmisión generacional de penas (tema en sí de preocupación para los juristas) puede coadyuvar a la tendencia registrable en tiempos bajomedievales hacia la criminalización de la *cogitatio*. Tendencia que es paralela al proceso de criminalización y visibilización de lo oculto que distintos autores relevan para la misma época.[59] Está claro que lo interior y lo oculto no son conjuntos que se intersectan necesariamente. Sin embargo, se pueden rastrear movimientos homologables en el marco del progresivo cariz represivo que va tomando la justicia en la baja Edad Media para el cual la jurisprudencia en torno del crimen de lesa majestad conforma un *locus* estratégico, como lo demostrara en su momento M. Sbriccoli con su descripción del proceso de expansión en alcances y contenidos del crimen de lesa majestad entre la baja Edad Media y la primera Modernidad.[60]

El escenario clave en este proceso está dado sin dudas por el crimen de herejía. Es quizá el momento de retomar un punto que antes sólo mencionamos. Dijimos que Hostiensis apuntaba a la herejía en un listado de crímenes especiales en los cuales se castigaba la *conscientia criminis* más allá de la consumación del delito. Esta inclusión nos resulta problemática ante todo por las características mismas del crimen en cuestión. Como lo expresa la glosa ordinaria a *De poenit.*, dist. 1, c. 14 (la versión gracianea del principio "Cogitationis poenam nemo patitur"), hay casos especiales donde se pena la voluntad ("Sunt etiam casus speciales ubi voluntas punitur) y por la sola voluntad se cae en herejía ("nam sola voluntate incidit quis in heresim").

Desde esta perspectiva resulta muy difícil pensar una no consumación en la hipótesis de la comisión de este crimen. Es por ello que Juan de Andrea en las *Quaestiones Mercuriales* compara herejía y crimen de lesa majestad respecto de este punto recordando que en la primera se comete el delito en cuanto se piensa y se cree, mientras que para el segundo se requiere la tentativa.[61] La herejía, "cette exception absolue" como la denomina J. Chiffoleau, representa sin dudarlo la vía rápida para la criminalización de la *sola cogitatio*.[62] Así en el siglo XV Filippo Franchi señalará que la *cogitatio* no se pena en el fuero judicial aunque esto no se aplica en el crimen de herejía "ubi sola mentis deliberatio sufficit ad consumationem delicti" ("donde la sola deliberación de la mente basta para la consumación del delito") y en virtud de ello el inquisidor puede castigar al "hereje mental" aunque careciese de otros signos si contara con su confesión.[63]

En este último ejemplo, elocuentemente gráfico del grado de criminalización de la *sola cogitatio*, aún subsiste el problema de la prueba para una interioridad que permanece en última instancia inescrutable. En este sentido, el giro que ingenia Jacobo Butrigario con su presunción de pensamiento para el caso de los hijos de condenados por lesa majestad resulta una hábil forma de evadir la cuestión de la prueba en la definición de un delito que se dirime en la maquinación. Así, mientras se diseña un mecanismo para dar cuenta de la problemática transmisión generacional de penas, se puede habilitar al mismo tiempo una fórmula que suma en la tendencia a la punibilidad del mero pensamiento.

En síntesis, a fin de calibrar las reales dimensiones del artificio de Jacobo Butrigario, éste ha de ser pensado como engranaje en la maquinaria jurídica que sostiene la fascinación por lo oculto que destila el sistema judicial de tiempos bajomedievales.

NOTAS

1. Cf. Jacques de Révigny, *ad* C. 9.8.4: "Theologi disputabunt vobis iuste debeat imputari. ar. ad hoc. supra de here. et manich. l. manicheos *videtur quod filiis nascituris debeat nocere. sed si fuissent aliqui ante nati non noceret eis* [todas las itálicas en el latín me pertenecen]. ut supra de lib. et eorum liberis. l. ij. et hoc concedebat quidam theologus. *posset tamen dici contra per l. istam. et est notabile. quod in filiis metiuntur praue consuetudines patris*", en *Lectura super Codice*, París, 1519 (edición de *Opera juridica rariora*, Bolonia, 1967). También véase el comentario de Alberico de Rosciate a la ley *Quisquis*: "*item queritur, sed nunquid haec lex locum habeat in filiis ante delictum natis, videtur quod sic: quia haec lex indistincte loquitur*. In contrarium facit infra de quaestionibus l. diuo. et ff. de sena. l. emancipatus, et hoc tenet Petr. pro quo facit supra de lib. et eorum liberis, l. 2. Ego autem puto contra, *propter rationem huius l. quia praesumuntur imitatores patris*", en *Commentarii in secundam codicis partem*, Venecia, 1585, *ad* C. 9.8.5.

2. "paterno enim deberent perire supplicio, in quibus paterni, hoc est hereditarii, criminis exempla metuentur". Las citas del *Codex* corresponden a la edición del *Corpus Iuris Civilis*, P. Krueger (ed.), Berlín, 1906, y las del *Digesto* a la de T. Mommsen (ed.), Berlín, 1905.

3. Citado por C. Ghisalberti, "Sulla teoria dei delitti di lesa maestà nel diritto comune", en *Archivio Giuridico*, 149, 1955, pág. 172.

4. Cf. también Odofredo de Bolonia: "quia paternum vicium sequitur filios. iuxta id sepe solet similis filius esse patri", en comentario a C. 9.8.5, *In Secundam Codicis partem praelectiones*, F. et C. Marchant, Lyon, 1549.

5. Como la *Summa Paucapaleae*, la *Summa Parisiensis* o Esteban de Tournai en sus respectivos comentarios a D. 56.

6. Cf. respecto de Esteban de Tournai: "Visitare, i.e. punire, dicitur deus peccata patrum usque in tertiam et quartam generationem, scil. in eis *qui sunt imitatores paterni delicti. Sed hoc dicit, quia solent patres nonnunquam videre etiam quartam generationem filiorum*" (en el comentario a C. I, q. 4, *dictum post* c. 9, Johann Friedrich von Schulte (Ed.), *Die Summa über das Decretum Gratiani*, Darmstadt, 1965). También Juan de Torquemada: "Sed cur dicitur visi[ta]re in tertiam et quartam generationem. Respondetur quia *communiter et frequenter parentes vident filios in tertiam et quartam*

generationem. et fili ex conuictu imitantur parentum vitam quos si imitantur in mala vita suis proprijis culpis puniuntur. Sed dicuntur peccata patrum quia in filios per imitationem descenderunt" (en el comentario al mismo pasaje de *In Gratiani Decretorum commentarii*, Venecia, 1578).

7. Cita, por ejemplo, este texto de Paulo el tratado sobre la lesa majestad de Hieronymus Gigas: "praeterea poena ista quae imponitur filiis propter delictum patris statuta est, a lege in duriorem patrum vindictam ac poenam: pater enim terretur magis propter filii poenam per tex. in l. isti quidem, in fin. ff. q. met. causa et § *final*", *Tractatus de crimine laesae maiestatis*, Venecia, 1557, lib. 3, q. 1. En el derecho canónico este tipo de explicación lo registramos, entre otros, en la glosa ordinaria a la extravagante *Dierum* (*Extravagantes, De poenis,* tít. XII): "Potes igitur meo iudicio probabilius respondere, quod hoc contingit non ut principaliter puniatur filius propter crimen patris, cum sit innocens: *sed cum pater terreatur ob affectum paternum in poena filii magis quam in sua, vel quam ipse filius*. ff. quod met. cau. l. isti. quidem ad plus puniendum patrem nedum in seipso, sed et in filio, in certis criminibus sic statuitur: licet occasionaliter filiis puniatur, *ut et pater arceatur a talibus criminibus committendis*, cogitans de poena nedum sibi, sed et suis filiis infligenda" (Sumptibus Petri Landry, Lyon, 1606). También cf. el comentario de Hostiensis a X, 5, 7: "et est ratio quia forte pater magis verebitur exheredationem filii quam propriam", citando también el texto del *Digesto* en *Summa Hostiensis super titulis decretalium conpilata*, Thomas de Blavis, Venecia, 1490.

8. "Visito autem, ut non puniantur in anima, licet aliquando puniantur in corpore propter peccata patrum. Fit enim aliquando occulto, sed iusto Dei iudicio, ut infans a demonio arripiatur vel aliquod aliud malum patiatur non pro peccato suo, sed pro peccato patris, *ut mens patris dura, que suppliciis propriis emolliri non poterat, saltem suppliciis filii resipiscat*", Clm 147730 (fol. 152), citado en A. Landgraf, *Dogmengeschichte der Frühscholastik*, Regensburg, 1955, pág. 168.

9. Cf. la glosa de Hostiensis a X 5.7. Cf. asimismo V. Piergiovanni, *La punibilita degli innocenti nel diritto canonico dell'eta classica*, Milán, 1971, pág. 91; K. Pennington, "'*Pro peccatis patrum puniri*': a moral and legal problem of the Inquisition", en *Church History*, 47, 1978, págs. 141-142; y P. Clarke, "Peter the Chanter, Innocent III and theological views on collective guilt and punishment", en *Journal of Ecclesiastical History*, 52, 2001.

10. "Sine culpa, nisi subsit causa, non est aliquis puniendus". Las citas del *Corpus Iuris Canonici* corresponden a la edición de Richter y Friedberg, Graz, 1958.

11. *Tractatus Dyni super regulis juris*, París, 1498, *ad. reg.* 23.

12. "nota quod hic speciale quod pena egrediatur delictum, et quod filius puniatur sine culpa: sed dic quod subest causa", en *Commentarii in secundam codicis partem*, *op. cit.*, *ad* C. 9.8.5.

13. Sobre la cuestión de la *sola cogitatio* entre los glosadores, cf. H. Glöckner, *Cogitationis poenam nemo patitur (D. 18.19.19), Zu den Anfängen einer Versuchslehre in der Jurisprudenz der Glossatoren*, Frankfurt del Meno 1989.

14. Las citas corresponden a *Lectura super codice*, en *Opera juridica rariora*, Bolonia, 1973.

15. D. 48.19.26: "Crimen vel poena paterna nullam maculam filio infligere potest: namque unusquisque ex suo admisso sorti subicitur nec alieni criminis successor constituitur, idque divi fratres hierapolitanis rescripserunt". C. 4.13: "Ne filius pro patre vel

pater pro filio emancipato vel libertus pro patrono conveniatur". D. 50.2.2.7: "Nullum patris delictum innocenti filio poenae est: ideoque nec ordine decurionum aut ceteris honoribus propter eiusmodi causam prohibetur". D. 23.2.34.3: "nam quaesita dignitas liberis propter crimen patris auferenda non est".

16. Juan el Teutónico y Bartolomé de Brescia, *Glossa in Decretum Gratiani*, *Preclarum opus decreti*, per Bernardinum de Tridino, Venecia, 1487.

17. Cf. entre otros autores S. Vecchio, "Peccatum cordis", *Micrologus*, 11, 2003, y P. von Moos, "*Occulta cordis*. Contrôle de soi et confession au Moyen Age", *Médiévales*, 29, 1995 y 30, 1996. Cf. también M. Roberti, "'Delictum' e 'peccatum' nelle fonti romane e cristiane: contributo allo studio dell'influenza del cristianesimo sul diritto romano", en *Studi di storia e diritto in onore di Carlo Calisse*, 1, Milán, 1940, págs. 168 y 176.

18. El episodio de la hija de Jairo se registra en *Marcos* 5:21-43; *Lucas* 8:40-56 y *Mateo* 9:18-26. El correspondiente al hijo de la viuda de Naín, en *Lucas* 7:11-17. El de Lázaro, finalmente, en *Juan* 11. Respecto de las interpretaciones que han recibido estos tres muertos en la exégesis bíblica medieval, cf. A. Morin, "*Tanquam tres mortes*: muertos resucitados y pecados perdonados en la exégesis latina medieval", en *Florentia Iliberritana*, 13, 2002. El segundo resucitado, cuyo cadáver franquea las puertas de la ciudad, representa en la exégesis bien el *peccatum in opere* o *in locutione* (también *in publico*), suerte de ambivalencia que recrea las distinciones que veremos más adelante entre paso *ad actum facti* y *ad actum verbi*.

19. "quis simpliciter cogitat et non procedit ad actum et tunc de iure nullam penam patitur ut l. cogitationis. ff. de penis" (D. 48.19.18).

20. *De poenitentia*, dist. I, c. 20: "Cogitatio non meretur penam lege ciuili, cum suis terminis contenta est".

21. Cf. el análisis de J. Chiffoleau, "'*Ecclesia de occultis non iudicat*'? L'Eglise, le secret, l'occulte du XIIe au XVe siècle", en *Micrologus*, 14, 2006, págs. 395-398, sobre la intención delictiva en el marco de la diferencia de fueros y la vigencia del principio canónico acerca de que la Iglesia no juzga sobre los asuntos ocultos.

22. "Constat autem quod iure diuino facilius quis ligatur quia ex sola mentis cogitatione si modo fuerit huius propositi q. actione data id quod cogitauit commissurus sit ut ff. de ver. sig. l. fugitiuus et ideo per contrariam animi penitentiam et cordis contritionem consequitur remissionem peccati et pene pro peccato imponende. Iure autem ciuili per solam animi cogitationem ad actum non procedentem penam non meretur ut dicta l. fugitiuus et de penis l. cogitationis. et ideo sola cordis contritione veniam non consequitur", en su glosa a *regula iuris* 5 del *Liber Sextus*.

23. *ad* D. 48.8.14: "Non obstat glossa l. si quis ignorans supra loc. quia illud intelligo esse verum in poena excommunicationis, seu in quauis alia poena, scilicet, spirituali, *ubi animus, et cogitatio magis inspicitur: sed in poena temporali euentus inspicitur*", *In Secundam Digesti Novi Partem*, apud Iuntas, Venecia, 1570.

24. "aliquando quis tamen cogitat: sed non venit ad factum: et si non persistit in cogitatione non punitur: nec a deo nec ab homine: quia primi motus non sunt in potestate nostra ut de pe. di. i. cogitationis: sed si persistit in tali cogitatione: et sic est deliberata: et punitur in foro penitentiali: non autem in iudiciali regulariter secundum glo. in d. c. cogitationis", en comentario a la decretal *Pro humani redemptione* del *Liber Sextus*, *Lectura super sexto libro decretalium*, Bernardinum Benalium, Venecia, 1499.

25. Cf. por ejemplo R. Couture, *L'imputabilité morale des premiers mouvements de sensualité de Saint Thomas aux Salmanticenses*, Roma, 1962.

26. "aut quis cogitauit tamen delinquere et ad actum non processit: et tunc non punitur: ita loquitur ff. de pe. l. cogitationis. *nam primi motus non sunt in potestate nostra*". Las citas de la glosa corresponden a *Codex Justiniani principis codex*, in officinis Jacobi Mareschal et Joannis Moelim, Lyon, 1528. Cf. también Angelus de Ubaldis ("*Nos Carolus*"): "Cogitatio enim sola non punitur ab homine *cum primi motus in potestate nostra non sunt*. ff. de penis l. cogitationis", *Consilia domini Angeli de Perusio*, per Joannem Vercellensem, Venecia, 1487.

27. "eadem enim severitate voluntatem sceleris qua effectum puniri iura voluerunt".

28. "nam ex quo sceleratissimum quis consilium cepit, exinde quodammodo sua mente punitus est".

29. "attemptare ibi est delictum quod expresse ius punit. cum igitur interuenit attemptatio est perfectum delictum quod lex puniebat", *ad reg. iuris* 49 del *Liber Sextus*, en *Quaestiones mercuriales super regulis juris*, Bernardinum stagnin de Tridino de Monteferrato, Venecia, 1489. Cf. también el comentario de Baldo a C. 9.8.5: "Conspirans contra Principem, vel eos qui sunt ad latus Principis, incidit in crimen laesae maiestatis, *sola ordinatione et tractatu: licet non sequatur euentus*", *In vij. viij. ix. x. et xj. Codicis libros Commentaria*, Lyon, 1585.

30. Cf. la glosa de Bartolo a C. 9.16.7: "qui ad actum occidendi pervenerit, licet non occiderit, poena l. Cor. de sica. punitur, ac si occiderit". Cf. también el texto citado de Ángelo Ubaldi: "si cogitatio cedis est deducta in actum proximum [...] aut peruenit ad actum remotum [...] ibi non minus eum qui occidendi hominis causa cum telo fuerit quam eum qui occiderit perueniat".

31. Esta norma romana es retomada por Graciano como *De poenit.* dist. I, c. 15. Cf. asimismo el comentario de Bartolo a D. 47.11.1 y su empleo de la diferencia entre un *actum facti* y un *actum verbi*.

32. Cf. también glosa ordinaria a C. 1.3.5 ("nota puniri delictum licet non sequatur effectus").

33. Cf. el comentario a C. 9.8.5 de Odofredo de Bolonia.

34. "nota, quod punitur affectus, licet non sequatur effectus [...] Ad legem istam opponitur in eo, quod dicit puniri affectum sine effectu: quia lex dicit, quod cogitationis poenam nemo patitur, ut ff de poenis, l. cogitationis. Solut. *affectio cogitata, quae non prosilit in actum, non punitur, ut ibi sed quando procedit ad actum, sic*", en *In Codicem et aliquot titulos Pandectorum Tomi, id est Digesti veteris, doctissima Commentaria*, Impensis Sigismundus Feyerabendt, Frankfurt del Meno, 1578.

35. "respondetur iuxta Hu. quid quid dicat Arch. quodquod hic dicitur *intelligitur de illa cogitatione et voluntate, quae non stetit in suis finibus, sed processit ad actum exteriorem, licet non sit consecuta effectum*".

36. "Idem dicit accur. scilicet quod non fuit sola cogitatio, sed ad actum deuenit. scilicet, *ad actum sacramenti, puta dandum vel recipiendum*".

37. "So. *secundum Y.* hic ad actum deuenit, scilicet ad sacramentum dandum vel recipiendum." Cf. el comentario de Azon a la ley *Quisquis*: "Sacramento dando vel accipiendo. et ita processit quodammodo ad actum secus si non processisset aliquo modo: ut ff. de poenis l. cogitationis. idem est ff. de extraordi. cri. l. j. s. de episcopis. si quis non dicam. si rector prouinciae. quaedam crimina non sunt ita enormia. licet

enim peruenatur ad actum, si non perfecit non punitur: ut ff. ad leg. Corn. de fal. qui falsa.", *Ad singulas leges XII Librorum Codicis Iustinianei*, apud Sebastian Niuellium sub Ciconiis, via Jacobea, París, 1577.

38. "Si mandauit, ergo cogitatio non stetit in suis finibus et ideo non est mirum si punitur", Juan de Andrea, *Glossa in Liber Sextus Decretalium*, Lyon, Sumptibus Petri Landry, 1606.

39. "contra ff. de poenis cogitationis. de poenit. distin. i. cogitationis. Solutio. Illud intelligitur quando cogitatio stetit in finibus suis, nec processit ad actum, hoc autem intelligitur quando processit ad actum, nec per ipsum stetit quominus perficeretur id, quod praue cogitauerat", *In primum-sextum decretalium librum commentaria*, apud Ivntas, Venecia, 1581.

40. "ipsum enim mandare est ipsum delictum perfectum quod ipsa constitutio punit ipso iure certis penis. si *ergo cogitauit mandare et uocauit mandatarium sed non mandauit non est perfectum delictum*".

41. "si vero perficere potuisset, sed noluit: quia poenituit: parcendum est ei regulariter [...] Regulariter ideo dixi *quia in casibus non prodest poenitentia, sed punitur criminis conscientia.* Primo in haeretico. supra de haereticis. ad abolendam et ca. excommunicamus. § credentes. Secundo in crimine laese maiestatis. C. ad legem Iul. maie. quisquis. Tertio in conscientie sibi mortem. ff. de rebus eorum qui mor. sibi consci. l. 3. j. respon. j. ver. non enim facti sceleritatem etc. Quarto in fugientem de ecclesia extrahente. C. de his qui ad eccl. confu. l. fi. Quinto in hoc casu ut hic, et est casus nouus. In his casibus non excusatur quis a poena temporali quantumcunque poeniteat, est tamen locus poenitentiae spirituali et reconciliationi diuinae quantumcunque delinquat", *In primum-sextum decretalium librum commentaria, op. cit.*

42. Cf. el comentario de Angelo de Gambilionibus: "licet hodie de generali consuetudine mundi non puniatur affectus, nisi sequatur effectus in delictis: fallit in assassino qui punitur capitaliter, licet non consummauerit delictum", *De maleficiis*, Dionysius Harsaeus, Lyon, 1550. Respecto del mandato sin consumación se pregunta "an mandans ex mandato teneatur". En principio apela a la diferencia entre delito atroz (con castigo extraordinario) y leve (sin castigo), pero finalmente remite a la letra de *Pro humani redemptione*: "ista conclusio legistarum est de directo contra text. in c. pro humani extra de homi. lib vj. ibi, vel etiam mandauerit, quanquam mors forsitan non sequatur. vbi Papa vult quod in assassinamento: et sic in grauiori et atroci delicto mandans puniatur illa poena ordinaria: licet delictum non sit postea secutum, sicut ea poena punitur quando delictum non sit postea secutum post mandatum".

43. "Contra ff. de penis. cogitationis. So. hoc priuilegio ecclesie vel ad terrorem dictum est. Vel dic aut pro et et nuda cogitatione et tractatu. *Vel distingue. quia aut est cogitatio adeo nuda ut non transierit in aliquod conamen: et tunc non punitur ut ibi. Aut transiuit in conamen: licet non venerit ad effectum: et tunc in grauioribus punitur* [...] maxime quia in maleficiis voluntas cum aliquo actu spectatur non exitus. ut ff. ad l. corne. de sica. l. diuus adrianus. Et sic lego aut pro et: ut dixi modo. In minoribus autem oportet sequiri effectum".

44. Asimismo, el suicidio por temor de la sentencia (*ob metum criminis*) es equiparado en cuanto a sus efectos al hecho de estar bajo acusación de *perduellio*, pues ambas situaciones inhiben la facultad de legar. C. 9.6.4 complementa la norma en tanto asegura la validez de los testamentos de los reos muertos antes de la sentencia a menos que se tratase de muerte voluntaria. C. 6.22.2 garantiza la validez de los testamentos con la

misma condición de que el suicidio no se produzca por temor de la pena. Cf. asimismo D. 28.3.6.7 respecto del valor del testamento del deportado suicida y D. 29.5.1.23 donde se regula la apertura de testamentos de quienes se matan por dolor, etc.

45. Otro asunto que norma el *Digesto* (D. 3.2.11.3, Ulpiano) es la prohibición de duelo por aquellos que se matan por la conciencia de un delito cometido.

46. "sed conscientiae metum in reo *velut confesso teneri* placuit. ergo aut postulati esse debent aut in scelere deprehensi, ut, si se interfecerint, bona eorum confiscentur".

47. Cf. Y. Thomas, "*Confessus pro judicato*. L'aveu civil et l'aveu pénal à Rome", en AA.VV. *L'aveu. Antiquité et Moyen Age*, Roma, 1986, pág. 111 y sigs. Cf. también A. Van Hooff, *From autothanasia to suicide. Self-killing in Classical Antiquity*, Londres, 1990, pág. 169 y sigs.; y Y. Grisé, *Le suicide dans la Rome antique*, París, 1982, pág. 269. Se regula también en D. 48.21 una discriminación de delitos que habilitan la pena de confiscación: un hurto de exigua cantidad, por ejemplo, eximiría de aplicar la pena. Por otro lado, la misma norma y D. 49.14.45.2 (Paulo) estipulan la necesidad de probar que el suicidio se origina en la *mala conscientia*, pues de lo contrario debería presumirse que las razones son las que eximen de la pena. Cf. Azon en su comentario a C. 9.50.1: "Quid si dubitetur fecerit hoc innocens, vel nocens? videtur quod debeat probari innocentia ut s. qui testa. fac. possunt. l. ij. sed contra est: imo praesumitur innocens, nisi probetur in contrarium: quia qui dolum allegat, probare debet. et intellige l. illam, quia hoc ipso probatur innocentia, quod non probatur contra". Cf. P. Veyne, "Suicide, fisc, esclavage, capital et droit romain", en *Latomus*, 40, 1981, págs. 230-231.

48. "aliquando cogitauit quia processit ad actum verbi: aut ad actum facti et non consummauit. Primo casu non tenetur ut l. si quis uxori, § neque verbo. ff. de fur. nisi delictum consumatur ut in iniuria: ut l. si quis annunciatio. de iniur. et l. j. infra de famo. libe.".

49. Cf. la glosa de Bartolo a D. 48. 8.14, retomada luego por el comentario de Filippo Franchi a la decretal *Pro humani redemptione*.

50. "Secundo casu quando ad actum processit non tamen consummauit: et tunc aut queris de puniendo delicto ad quod principaliter non tendebatur et dico quod puniatur: ut ff. de effrac. per totum. et l. si quis ex domo: et l. verum de fur. Aut quero de puniendo delicto ad quod principaliter tendebat non tamen consummauit: et tunc aut vis ciuiliter agere et non potes: quia nullum interesse potes pretendere: ut l. vulgare. § qui furtum. ff. de fur. aut criminaliter / et tunc aut non consummauit: quia noluit ut presumitur: ut l. qui fal. ff. ad l. cor. de fal. et infra ea. l. § fi. aut non consummauit quia non potuit: et tunc aut non potuit impeditus propter impedimentum iuris aut non potuit: quia impeditus propter impedimentum facti si non potuit propter impedimentum iuris non punitur ut l. ij. si. re. vel ac. mor. fu. et l. inter omnes. § fi. de furt. aut propter impedimentum facti: et tunc est una opi. quod puniatur de delicto consummato ut l. is qui cum telo infra de sica. alias est quod puniatur extraordinarie et hec hic? videtur verior: ut l. j. in fi. ff. de extraor. co. sed ubi delictum est regulariter consummatum regulariter punitur nec habet locum penitentia: ut l. qui ea mente. ff. de fur. fallit in aut. nouo iure. supra de pena iu."

51. "Sed aliquando quis non cogitauit consummauit tamen delictum: tunc aut casu et tunc distingue: aut culpa precessit casum et punitur alias non: ut l. qui te ff. si cer. pe. et l. si vehenda. ad l. rodi. de iac. si autem non delinquit actu sed culpa: tunc distingue culpam latam leuem et leuissimam nam puniri debet / sed plus ex lata culpa quam

leui: et plus ex leui quam ex leuissima: ut l. lege ff. ad l. cornel. de fal. et l. si quis fumo § quod dicitur ff. ad legem aquili."

52. Cf. por ejemplo la glosa ordinaria a C. 1.3.5: "et secundum hoc est contra ff. de penis l. cogitationis. et ff. ad l. cor. de fal. l. qui falsam. Ad quorum contrariorum solutionem sic distingue. aut quis cogitauit tamen delinquere et ad actum non processit: et tunc non punitur: ita loquitur ff. de pe. l. cogitationis. nam primi motus non sunt in potestate nostra: aut ad actum processit: et tunc aut perduxit ad effectum et indubitanter punitur: siue utatur siue non. ut ff. quod quisque iur. l. iij in princ. aut non perduxit et tunc aut quia noluit. et hoc casu ei parcitur. et sic loquitur ff. ad l. cor. de fal. l. qui falsam et ff. ad turpil. quaesitum. aut quia non potuit: et *tunc aut erant atrociora: et hoc casu punitur ac si ad effectum perduxisset.* ut hic. et infra si quacunque pre. po. l. j. in prin. et ff. de extraor. cri. l. j. *aut non erant atrociora: et hoc casu non punitur*".

53. "Collige ergo quod aliquis cogitauit malum et non tenetur ad aliquem actum et non punitur ut d. l. cogitationes. aut peruenit ad actum / et tunc aut delictum est consummatum et penitere non potest [...] aut non est consummatum: tunc aut eum penituit et non est consummatum et non punitur ut hac l. in fi. aut non penitet et punitur ut de delicto consummato". Cf. también C. Ghisalberti, *op. cit.*, págs. 152-153.

54. "Et ideo dic quod est considerare unum delictum et causam remotam: et hoc est delictum patris: nec per illud conueniuntur filii. Item est considerare aliud delictum ut causa proxima. Et hoc est delictum ipsorum filiorum proprie sumptum et lex presumit eos cogitasse".

55. La referencia a una presunción de imitación es frecuente (no así de una presunción de deliberación). Vemos un ejemplo en Alberico de Rosciate en un comentario donde parece matizar esta presunción de imitación: "Filii cur puniantur ob delictum paternum? [...] Et licet puniantur filii ex delicto parentum temporaliter: non tamen ipsi peccauerunt, sed ideo puniuntur, quia praesumuntur imitatores uitiorum parentum, ut d. l. quisquis C. ad l. Iul. maiest. et extra de fi. presbyt. per totum. talis tamen suspicio non faciet eos indignos, quia de malo patre nascitur bonus filius, et econtra", *In 1 statutorum quaestione* 151, nu.14, en AA.VV. *Tractatus de Statutis diversorum autorum*, Impensa Iohannis Iacobus Porsij, Frankfurt am Main, 1608.

56. "nam filie minus puniuntur quam masculi: quia presumuntur minus ausuras etiam quam masculi: ergo masculi plus puniuntur / quia presumuntur magis audaces et sic ex audacia praesumpta puniuntur".

57. "potest dici secundum Iaco. But. quod hic non de alieno delicto, sed proprio in eis praesumpto punitur", *In vii, viii et ix Codicis Libros*, sub insigne Aquilae renouantis, Venecia, 1574. Sobre el carácter propio o ajeno del delito a castigar en los hijos, cf. también el comentario de Baldo a C. 9.8.5: "Praeterea istud quod huic aufertur, videtur auferri delicto alterius. non delicto ipsius, ergo non applicatur fisco: ut supra de fideicom. l. eam quam. *Contrarium tenet Cyn. quia dicit quod imo aufertur delicto proprie sumpto, quia praesumitur hoc crimen continuari de patre in filium*: ut § filii vero".

58. "quomodo sola cogitatio siue voluntas punitur cum illam solus deus iudicet", *ad* C. 6, q. 1. Vemos aquí una sinonimia entre *sola cogitatio* y *voluntas*. Otros autores intentarán superar la polémica en torno de la punibilidad de la *cogitatio* en el crimen de lesa majestad a través de una distinción entre ambos conceptos. Cf. al respecto C. Ghisalberti, *op. cit.*, pág. 151.

59. Cf. J. Chiffoleau, "Dire l'indicible. Remarques sur la categorie du *nefandum* du XIIe au XVe siècle", en *Annales E.S.C.* (1990); P. Prodi, *Una storia della giustizia. Dal*

pluralismo dei fori al moderno dualismo tra coscienza e diritto, Bolonia, 2000, pág. 92; y J. Chiffoleau (2006), *op. cit.*

60. Cf. M. Sbriccoli, *Crimen laesae maiestatis. Il problema del reato politico alle soglie della scienza penalistica moderna*, Milán, 1974; así como también C. Ghisalberti, *op. cit.*, págs. 118-135; y G. Alessi, *Prova legale e pena. La crisi del sistema tra evo medio e moderno*, Nápoles, 1979, pág. 25 y sigs.

61. "Ad iura vero contraria que pro delicto non perfecto etiam penam ipso iure instigunt sicut infamie et his similes de quibus comuniter dicunt do. quod loquuntur *in atrocissimis ut in heresi et in crimine lese maiestatis respondetur aliter heresis contrahitur et perficitur hoc ipso quod quis cogitat et credit errorem* de hereti. ad abolendam. et c. excomunicamus j. et ij. *Crimen vero lese maiestatis contrahitur ex attemptatione*", *ad reg. iuris* 49 del *Liber Sextus*.

62. Cf. J. Chiffoleau (2006), *op. cit.*, pág. 397.

63. "unde inquisitor puniet *mentalem hereticum*: licet ab extra alia signa non appareant si per eius confessionem de hoc constaret", en el comentario ya citado a *Pro humani redemptione*. Cf. también Prodi, *op. cit.*, págs. 92-97; así como H. A. Kelly, "Inquisitorial due process and the status of secret crimes", en Stanley Chodorow (ed.), *Proceedings of the Eighth International Congress of Medieval Canon Law*, UCSD, 1988, Ciudad del Vaticano, 1992, pág. 414.

La visita pastoral: un laboratorio de la normatividad administrativa*

Paolo Napoli
École des Hautes Études en Sciences Sociales

En la vasta historiografía sobre las vicisitudes religiosas, políticas e institucionales que han caracterizado la época del Concilio de Trento, el tema de las visitas pastorales ha alcanzado una visibilidad particular. Desde fines de los años sesenta del siglo pasado, los historiadores han comenzado a valorar una fuente que se ha revelado cada vez más valiosa para adquirir conocimientos sobre variados sectores de la vida religiosa y social de la comunidad estudiada. Si los estudios sobre esta institución en el Medioevo son menos abundantes,[1] la numerosa documentación para los siglos XV a XVIII ha estimulado la curiosidad de los especialistas, que no sólo están dedicados a minuciosas investigaciones sobre el campo, siguiendo la figura de tal o cual obispo, sino que también han comenzado a organizar el material de las visitas, haciendo de éstas una fuente privilegiada para la historia de la devoción religiosa, aunque también para la historia institucional y social de la Europa moderna.

Sin embargo, no debe olvidarse que la visita pastoral no es la única forma de visita realizada por una autoridad sobre una determinada parte de la jurisdicción eclesiástica. Junto a ésta, o mejor dicho como su variante ejemplar, figura la visita apostólica, una inspección extraordinaria que el Papa encargaba a uno o más visitadores apostólicos con el objetivo de verificar la disciplina y el buen manejo de una diócesis, de iglesias, monasterios, hospitales, etc.[2] Un caso especial y particularmente significativo de visita apostólica se producía en la diócesis de Roma. Conducida por el Papa mismo en calidad de *domnus apostolicus* o, más frecuentemente, por prelados delegados, la visita apostólica romana adquirió una creciente importancia en la etapa post-tridentina al punto que, en 1592, Clemente VIII instituyó una congregación especial, la Sagrada Congregación de la Visita Apostólica, a la que le fue confiada la organización regular y extraordinaria de las visitas del obispo de Roma a las parroquias de su sede.[3]

Una tipología posterior es la visita "económica", aquella práctica de control que permitía al Estado pontificio verificar la buena administración financiera de la comunidad en las diferentes provincias. Anterior a la institución de la Congregación del buen gobierno, que también surge en 1592, este género de visita se transformó en un instrumento importante en las manos de la congregación, que nombraba entonces a los visitadores; cuando no era el prefecto mismo, es decir su propio jefe, quien la cumplía en persona. El repertorio de De Vecchis recuerda las tres formas en las cuales los visitadores podían ser enviados a inspeccionar la comunidad: por decisión de la Congregación del buen gobierno en virtud de su facultad ordinaria, por oráculo pontificio siempre por obra de la Congregación y de su prefecto y, por último, por breve pontificio, esto es, por directa voluntad del Papa que atribuía poderes muy amplios al visitador, como en el caso de la ya recordada visita apostólica.[4]

Para concluir la tipología de la institución en el ámbito eclesiástico, ameritan recordarse las visitas *ad limina*, esto es, las visitas a los lugares santos del sepulcro de San Pedro y San Pablo en Roma. En ocasión de tales visitas que se llevaban a cabo una vez al año y, luego de Sixto V, con periodicidad trienal de acuerdo con el origen geográfico, los obispos informaban sobre el estado de los territorios superpuestos a su jurisdicción. Las relaciones ofrecían por lo tanto elementos instructivos sobre la vida religiosa y social de las diócesis.[5]

Que la visita sea un instrumento de control aplicable a cualquier contexto jurisdiccional y administrativo ha sido probado por el uso sistemático que de ella hacían también las instituciones seculares. Basta pensar, a título de ejemplo, el importante papel desempeñado por los visitadores generales en la organización de la monarquía española. En el plano normativo, los orígenes de la institución sobresalen en la *Ley de las siete partidas* de Alfonso el Sabio (1265), y también se encuentran en las disposiciones más importantes sobre la materia en la recopilación de Felipe II (1569). Se inspira en el control de las malversaciones de los administradores provinciales previsto en el derecho justineaneo (*Novella* VIII, cap. 9), por el cual todo funcionario al fin de su mandato tenía la obligación de rendir cuenta de lo actuado por él. En el contexto del Imperio español, la visita fue primeramente el instrumento para controlar los abusos del virrey y los gobernadores en las posesiones extranjeras, mientras que, a partir del siglo XVII, su objetivo fue esencialmente fiscal y administrativo. Identificada la irregularidad en el ejercicio de los cargos judiciales y en aquellos pecuniarios, el deber del visitador consistía en formular la acusación contra los funcionarios incompetentes que a su vez presentaban memorias en su defensa. Toda la documentación era luego enviada a España al órgano competente para la decisión que, en el caso de los reinos de Nápoles y Sicilia por citar los más estudiados en los siglos XVI y XVII, era el Consejo Supremo de Italia.[6] También en la burocracia laica, por consiguiente, el visitador es un agente reformador que evalúa un sector de la administración estatal para corregirla de sus disfunciones y hacerle seguir sus deberes de modo regular y eficaz. La visita, de hecho, "organiza y sanciona las relaciones sociales, negocia e impone reglas, identifica y aprueba, o desaprueba, los comportamientos [...] rediseña los límites y funciones".[7] Esto vale tanto para el contexto eclesiástico como para el laico, porque el objetivo crucial de la institución es preparar un procedimiento que permita a una administración reflexionar sobre sí misma, sancionar los abusos de sus organismos y mejorar los servicios. En definitiva la visita es una prerrogativa de todos los poderes territoriales y es la ocasión para imponer aquello que en alemán se define como "Hoheitsrechte", los derechos de la autoridad gobernante. De hecho, para retomar la feliz fórmula de un experto contemporáneo en la materia, "Quien visita, gobierna".[8]

LA VISITA PASTORAL: ESTUDIOS Y CUESTIONES ABIERTAS

Como se señaló al comienzo, en los últimos años la visita pastoral se ha convertido en una auténtica pasión para los historiadores de la reforma tridentina. El despertar de este interés por la institución se ha manifestado por primera vez en Francia cuando, a fines de los años sesenta, Gabriel Le Bras, Dominique Julia y Marc Venard realizaron una compilación de un repertorio de las visitas pastorales dividida en dos series, el Antiguo Régimen y la Edad Moderna.[9] En Alemania se está realizando todavía un índice de las visitas pastorales realizadas en los siglos XVI y XVII,[10] mientras que en Italia es destacable el *Thesaurus ecclesiarum Italiae* que publica los *libri visitationum* y los procesos verbales de las visitas en dos series: una que se extiende hasta el siglo XVII y la otra cubre los siglos XVIII y XIX.[11] Por último, también España ha emprendido un proyecto de inventario de las visitas pastorales desde el siglo XVI hasta el siglo XX bajo la dirección de Ortí y Milagros.[12]

A causa de la creciente importancia revestida por la documentación escrita como materia prima para la burocracia diocesana, las visitas pastorales configuran una "sociedad de los procedimientos".[13] Con respecto a la época precedente, principalmente caracterizada por la oralidad de la institución, de Trento en adelante todas las fases de la visita son atestiguadas por testimonios documentales: los cuestionarios y las instrucciones que la preparaban, los inventarios, las notas y los procesos verbales que afirmaban el estado de toda parroquia en sus tres componentes fundamentales, *personae*, *res* y *loca*, para terminar con las normas y los decretos adoptados sobre el papel del obispo con el fin de corregir las situaciones que no se adecuaban a los principios del concilio.[14] Los historiadores, en particular aquellos de las instituciones y de los hechos sociales y religiosos, hace tiempo han ensayado una reflexión crítica sobre esta masa documental y se han interrogado sobre la manera más pertinente de tratarla: ¿a qué realidad da acceso la visita? ¿Y cuán efectivo es el control que aquélla intenta ejercitar? Frente a estos interrogantes, la actitud de la historia institucional ha estado marcada por una prudencia cargada de escepticismo: las heterogéneas cartas producidas por la visita no revelarían el grado real de devoción de una comunidad religiosa –tanto en el clero como en los laicos– ni su profunda fidelidad espiritual. Cruzando las fuentes, los estudiosos llegan frecuentemente a conclusiones contradictorias: como ha demostrado Robert Sauzet en su investigación sobre la diócesis de Chartres en el siglo XVII, aquellos mismos sacerdotes que habían obtenido un juicio positivo por parte del visitador y de los parroquianos, en otra vertiente, la judicial, eran acusados de infracciones graves por el tribunal del obispo.

Verificación pastoral y procedimiento judicial retrataban entonces la misma realidad de manera diametralmente opuesta. La veracidad de las respuestas a las preguntas del visitador no escapaba a toda sospecha, sobre todo porque a menudo eran superiores los motivos para ocultarla que para revelarla. Más que medir el real sentimiento religioso y la rigurosidad moral del clero y de los parroquianos, las visitas develan fisuras a través de las que se puede observar la actitud mental del visitador, es decir del sujeto que maneja los instrumentos de investigación y control.[15] Examinadas con distancia crítica, estas fuentes reflejan más o menos la vida de una comunidad, su consumo de devoción –por tomar el título de una investigación de Angelo Torre sobre prácticas religiosas en el territorio del Piamonte meridional durante los siglos XVII y XVIII–,[16] pero de manera mucho más verosímil ellas dejan entender el modo en el cual se elaboraban instrumentos de conocimiento y de gobierno. Es la práctica como dispositivo la que se impone como hecho histórico autónomo, a la vez que los resultados que ella alcanza no poseen el mismo grado de evidencia. En este sentido, la visita representa una etapa importante en el proceso de modernización del aparato administrativo de la Iglesia y del Estado, a pesar de que la categoría weberiana de *Moderniesierung* deba ser empleada con extrema prudencia, para no incurrir en cómodos atajos teleológicos. Lo que cuenta es la actitud política y de gobierno que la visita revela, un evento que para existir no tiene necesidad de la validación en el plano de los resultados efectivos. Si, por ejemplo, los decretos adoptados por el visitador no encuentran ejecución porque, en definitiva como decía Montesquieu, las sociedades no se cambian por decreto, este fracaso concreto no niega la validez normativa de la visita;[17] puesto que ambas situaciones pertenecen a dos regímenes prácticos distintos: uno, el de los decretos, posee una fuerza estructurante, potencialmente abierta a aplicaciones indefinidas; el otro, el del comportamiento real de las instituciones y de los sujetos, pertenece en cambio al campo de las fuerzas estructuradas. Un déficit de efectividad de este último no anula la validez de la institución porque todo contexto deontológico supone, por definición, la diferencia entre ser y deber ser. Confundir ambos planos, como tienden a hacerlo cierta sociología e historia social, significa ignorar esta diferencia básica y lleva a mistificaciones cognitivas que deslegitiman el papel histórico del derecho y, de modo más general, de las normas.

Por tal razón, creo que la actitud prevaleciente de la historia institucional en cuanto a la institución de la visita puede lograr conjurar felizmente dos trampas homólogas en su antagonismo: por un lado, el paradigma de la *Sozialdisziplinierung* que, sobre las huellas de Max Weber, ha tenido fortuna en la historiografía alemana de la Edad Moderna gracias a Gerhard Oestreich, aunque su utilidad ha sido duramente criticada;[18] por otro lado, la historia social, que concentra su atención sobre los actores, sobre su forma de vivir las reglas y la verdad exclusiva de sus prácticas. En cambio, focalizando la observación sobre el dispositivo de gobierno, la historia institucional está en posición de ofrecer una aproximación metodológica pertinente incluso a la historia del derecho que, por su parte, puede interrogar una institución como la visita pastoral para reconocer la racionalidad de las técnicas normativas. En este punto, la visita no aparece como una fuente de conocimiento, más o menos digna de consideración, de la vida o el sentimento religioso de una comunidad. Como tampoco se deja reducir al esquema de laboratorio burocrático para el perfeccionamiento de la máquina eclesiástica y ni siquiera a las fuentes de información demográficas, urbanísticas, económicas, de cultura material y artística y, más en general, de todo aquello que hace a la riqueza de la considerada "historia patria". Junto a los evidentes beneficios de conocimiento que aporta en todos estos campos, la visita pastoral se presta además para ser considerada como un momento relevante del archipiélago heterogéneo que es la normativa administrativa. Por lo tanto, desde este ángulo buscaré esbozar los trazos distintivos de un procedimiento de gobierno que está siempre, es necesario recordarlo, entre las prerrogativas de la *iurisdictio* ordinaria del obispo. Parecerá claro, no obstante, que la naturaleza clásica de la *iurisdictio* tiende a corroerse en un sentido que es esencialmente administrativo. No ilustraré el estudio de un caso de visita en una diócesis particular de la época post-tridentina. Me limitaré a señalar algunas características normativas de una racionalidad de gestión que la visita pastoral exalta de modo singular. Si el Concilio de Trento marca un cambio en la sistematización y la difusión de esta institución, sus principios son mucho más antiguos. Partiré entonces de un rápido *excursus* histórico que se remonta a la época apostólica.

ORIGEN Y DESARROLLO DE LA VISITA PASTORAL

En su artículo fundamental sobre la "visita canónica del obispo" aparecido en el *Dictionnaire de droit canonique*, Georges Baccrabère recorre los pasajes históricos y conceptuales sobresalientes que reconoce la visita pastoral desde la primera constitución de la Iglesia cristiana.[19] Ya Pablo envía a Tito y a Timoteo a Creta y a Éfeso para visitar las comunidades cristianas fundadas por él. En sus dos cartas a Timoteo describe las competencias fundamentales del visitador: predicar y enseñar la doctrina de Cristo, controlar al personal eclesiástico pero también a todos los miembros de la sociedad. La cualidad principal del visitador es la resistencia de un buen soldado, porque en definitiva es el valor de los ministros, como Timoteo y Tito vicarios de Pablo, lo que hace posible la organización de la Iglesia y la eficacia de su administración.[20]

Pablo fija los criterios fundamentales de la jerarquía eclesiástica (obispo, sacerdotes, diáconos, diaconesas, viudas) y consagra aquel ideal de la diligencia y el cuidado en el cumplimiento del mandato "administrativo" por parte de los diversos *épimélètes* (superintendentes, funcionarios) a los que les es confiada la organización de las comunidades cristianas en las diversas provincias: "Para eso te envié a Creta –escribe Pablo a Tito–, para que lleves a término la organización de cuanto ha quedado incompleto, y constituyas en toda ciudad presbíteros como yo te ordené" (Tit. I, 5).[21]

La cartas pastorales funcionaron como modelo además para los padres de la Iglesia en las visitas llevadas a cabo por ellos mismos: tanto los griegos como Gregorio de Nisa (335-395) y Juan Crisóstomo (344-407), como los latinos Jerónimo (347-419) y Agustín (354-430), reconocen en la visita un instrumento fundamental para la misión pastoral del obispo. Los diferentes concilios al inicio de la Edad Media (siglos VI-VII) establecen los principios normativos de la visita: el obispo inspecciona cada año las iglesias de su diócesis, controla los edificios, interroga al clero, instruye al pueblo, visita los monasterios, delega a su vez en los visitadores. En la época carolingia, diversos capitulares afrontan el tema de la visita: en 844 Carlos el Calvo promulga uno en Tolosa que establece que la corrección, la instrucción del pueblo y el crisma son las funciones principales de una institución que se sitúa en una zona de indefinición entre la reforma de las costumbres y la represión penal. En el curso de estas visitas, en algunas regiones renanas, como recuerda Baccrabère, adopta el uso de constituir asambleas judiciales, los sínodos. Las así llamadas visitas sinodales comprendían una investigación sobre los bienes (iglesias, capillas, cementerios, cosas sacras) y sobre las personas (clérigos y laicos) cuyo objetivo principal era el castigo de aquellos que eran acusados de culpas religiosas, morales y penales. Un valioso documento en este sentido es un cuestionario redactado hacia el año 906 por Regino, Abad de Prüm, cerca de Tréveris, a pedido de su obispo Rathbod: se trata del *Libri de synodalibus causis*,[22] un manual de procedimientos del que emergen los trazos ambivalentes de un obispo que comanda y predica pero también controla personalmente el funcionamiento de la comunidad y se sitúa por lo tanto a medio camino entre el inquisidor y el administrador. La *inquisitio* examina sobre todo las cosas sacras, los edificios de la iglesia, los objetos rituales, las pertenencias, entre ellas los cementerios. Luego se vuelve hacia los sacerdotes y su conducta (*De vita et conversatione presbyteri*): origen, lugar de ordenación, integridad física, morada, frecuentación de mujeres, tendencia al juego y la bebida, lecturas. En cuanto a las obligaciones de su servicio, la investigación debe indicar si predican y celebran misa regularmente, si recitan el evangelio y los salmos, si visitan a los enfermos, si celebran adecuadamente el sacramento de la confesión, si aceptan dinero de los pecadores a cambio del silencio en relación con el obispo, si absuelven a personas indignas porque están unidas a ellos por vínculos de parentesco, si venden los bienes eclesiásticos, si practican la usura y el exorcismo. La investigación se extiende luego a los parroquianos para dilucidar si han cometido delitos de derecho natural y divino: homicidio, adulterio, fornicación, hurto, sacrilegio, perjurio, mentira, hechicería, etc. También las confraternidades son puestas bajo control del visitador.

El modelo de la visita sinodal descrito por Regino será recogido más tarde por el decreto de Burcardo de Worms (muerto en 1025) y transmitido así al decreto de Graciano (1140), que hará la síntesis de la producción normativa preexistente. Baccrabère resume los diferentes lugares en la compilación donde se trata de la visita. Entre otros, se toca el problema crucial de la remuneración del obispo, tal como honorarios para su catedral (C. X, q.3, c.1), mientras por otra parte se insiste sobre el carácter moderado y discreto que debe tener el *stipendium* percibido con las ofrendas de los parroquianos (C. X, q.3, c.7-8). Sin embargo, en C. X, q.1, c.12 son resumidas las funciones principales de la visita, que parecen atenerse al manual de Regino: interrogatorio del clero acerca del orden de los bautismos, de sus misas y diversos oficios; instrucción acerca de los procedimientos para purgar a los catecúmenos en los días que preceden al bautismo. Luego, el obispo debe convocar al pueblo para llamarlo a renunciar a la idolatría y los crímenes como el homicidio, el adulterio, el perjurio, el falso testimonio y recordarles la existencia de la resurrección luego del juicio universal.

La proyección normativa trazada por Baccrabère deja de lado las *Decretales* (o *Liber Extra*) de Gregorio IX (1234), que puntualizan temas espinosos como el de la *procuratio* del visitador y definen el tipo de procedimientos que regulan la investigación. En cuanto al primer aspecto, disciplinado por X 3.39.21-27, para justificar el derecho de procuración por parte del obispo se reclama implícitamente un principio fundamental de la misión pastoral ilustrado por la exhortación de Pablo (II Tim. II, 4): "ninguno que sea soldado se embaraza en los negocios de la vida".[23] El apóstol, si es verdaderamente su autor, estigmatiza, por un lado, la participación del cristiano en el mundo de los negocios porque la militancia en la Iglesia no se concilia con otras ocupaciones civiles; pero admite, por otro lado, que el soldado de Cristo, como todo soldado, es absorbido por entero por su servicio y no tiene tiempo para procurarse los medios con los cuales vivir.[24] De aquí la necesidad de ser sostenido por aquellos por cuyo bienestar combate. Debemos suponer esta referencia apostólica en el capítulo 21 de las *Decretales* ("Episcopus, remittens ecclesiae servitia, quae sibi debebat, et statuens, quod aliud servitium non imponatur, procurationem non intelligitur remisisse") que explica las razones de la procuración y la necesidad de su modestia a favor del soldado de Cristo, tal como es el obispo en su papel de visitador:

"[...] Quia ergo visitationi annexa est procuratio, *quum nemo suis stipendiis debeat militare, nec os bovi alligandum sit trituranti*, et episcopus ratione episcopalis iurisdictionis, quam habet in ea, teneatur causa correctionis ecclesiam visitare praefatam, nec intelligatur quasi novum imponi quod ab ipsa fundatione de communi fuerat iure impositum, *de consilio fratrum nostrorum* decernimus, quod idem episcopus, quum ad ipsam ecclesiam causa correctionis accesserit, moderatam ab ea procurationem recipiat bis in anno, sed nihil aliud praeter pensionem et procurationes praescriptas *idem episcopus* ab eadem ecclesia exigere vel extorquere praesumat" [*Decernimus ergo etc. Dat. Anagniae V. Kal. Mart.* 1204].

En cuanto al modo de proceder en su función disciplinaria y de corrección, las decretales enuncian las obligaciones del visitador en la conducción de la investigación sobre sacerdotes y fieles. Es la consagración del procedimiento sumario (X 5.1.25):

"Metropolitani ad correctionem excessuum et reformationem morum singulis annis facere debent provinciale concilium, in quo statuere debent personas idoneas per singulas dioeceses, quae sollicite investigent, et in sequenti concilio referant corrigenda. Et episcopi debent facere synodos episcopales singulis annis, et publicare agitata in provinciali concilio, et haec negligentes ab exsecutione officii suspenduntur. (H. d.).
Sicut olim a sanctis Patribus noscitur institutum, metropolitani singulis annis cum suis suffraganeis provincialia non omittant concilia celebrare, in quibus de corrigendis excessibus et moribus reformandis, praesertim in clero, diligentem habeant cum Dei timore tractatum, canonicas regulas, et maxime, quae statutae sunt in hoc generali concilio, relegentes, ut eas faciant observari, debitam poenam transgressoribus infligendo. Ut autem id valeat efficacius adimpleri, per singulas dioeceses statuant personas idoneas, providas videlicet et honestas, quae per totum annum simpliciter et *de plano absque ulla iurisdictione sollicite investigent quae correctione vel reformatione sunt digna* [las cursivas me pertenecen], et ea fideliter perferant ad metropolitarum et suffraganeos et alios in concilio subsequenti, ut super his et aliis, prout utilitati et honestati congruerit, provida deliberatione procedant, et quae statuerint faciant observari, publicaturi ea in episcopalibus synodis annuatim per singulas dioeceses celebrandis. Quisquis autem hoc salutare statutum neglexerit adimplere, a sui exsecutione officii suspendatur [*donec per superioris arbitrium eius relaxetur*]".[25]

La fortuna histórica de la visita pastoral no ha sido uniforme. Entre fines del siglo XII y el Concilio de Trento, la institución conoció un declive que se explica por diversas razones. En primer lugar, a causa de los conflictos entre el obispo ordinario y el metropolitano que pretendía ejercitar su competencia en ámbitos pertenecientes al primero, así como en un nivel inferior de la jerarquía el archidiácono tendía a interponerse entre el obispo y el clero parroquial. Otro motivo de la crisis de la visita pastoral residía en su exorbitante costo, que recayó sobre la comunidad visitada, a menudo obligada a vender sus bienes para afrontar los costos materiales que comportaba el tren de vida de la visita. A esto se suma el privilegio alegado por el clero regular y por los cabildos por cuanto estaban eximidos de la jurisdicción del obispo: desde el siglo XI con Cluny y desde el XIII con las órdenes mendicantes, este privilegio comenzó a generalizarse; mientras que por su parte los cabildos, hacia los siglos XIII y XIV, se arrogaban su propio derecho de visita en contraste con el del obispo. Otra causa del declive de la visita deriva del conflicto entre el obispo y la sede pontificia por la percepción de la procuración, luego de que una bula de Urbano V del 24 de enero de 1364 estableciese que correspondían al Papa los dos tercios de cuanto hubiese sido percibido por el obispo y por su delegado en su misión, con el consiguiente beneficio para las finanzas pontificias; pero también con el inevitable descrédito espiritual de una institución hacia la cual el obispo no se sentía particularmente "motivado". Por último, no pueden olvidarse las guerras, en particular la de los Cien Años (1337-1453) –como sucederá con la de los Treinta Años en Alemania (1618-1648)–, que representan un factor de imposibilidad objetivo para la práctica de la visita y desalientan los viajes del obispo.[26]

JEAN GERSON

La crisis en que se encontraba la institución en la Edad Media tardía no podía ser disociada de los graves trastornos que minaban desde adentro la unidad del poder eclesiástico. En realidad, no es una casualidad que el teólogo místico Jean Gerson (1363-1429) reconozca en la visita pastoral un instrumento decisivo para reformar la Iglesia. En ocasión del sínodo de Reims (1408), en el marco del gran cisma que azotaba a la Iglesia y a la autoridad pontificia, Gerson da un discurso propio sobre las características fundamentales de la visita: en su *Sermo de visitatione praelatorum*,[27] que habría influenciado la reflexión pastoral de la prereforma,[28] señala una nueva toma de conciencia sobre la necesidad organizativa y pastoral que debe guiar la acción de la Iglesia en la confrontación con su propio personal y, obviamente, con los fieles.

El texto de Gerson está compuesto por 95 instrucciones que se inspiran de hecho en esquemas preexistentes, pero que revelan además una estructuración más articulada de la visita, que incluye su fase preparatoria. Ante todo, la visita debe ser anunciada a la comunidad con cierta anticipación, de modo tal que permita a los fieles reflexionar sobre su propia conciencia y prepararse para abrirla al visitador *in casibus riservatis*. La predisposición a recibir el sacramento del crisma entra también en esta fase. El obispo luego reúne a los clérigos y laicos para recordarles los preceptos fundamentales de la religión. Tras esta ceremonia introductoria, según Gerson, debe iniciarse la fase investigativa. El párroco es el primero en ser interrogado acerca de su estilo de vida: vestido, tonsura, alimentación, modo de hablar, erudición. Pero las preguntas versan también sobre la administración de los réditos y de los bienes de la parroquia, así como sobre los sacramentos, en particular los bautismos, las visitas a los enfermos, y la confesión. Luego es el turno de los fieles, que en primer lugar son interrogados *caute et secrete* sobre las costumbres del párroco –comportamiento con las mujeres, predisposición al escándalo, dedicación al juego– junto con sus obligaciones religiosas: si predica, si administra los sacramentos a los moribundos, si conoce las leyes divinas. Luego de haber recogido noticias sobre el párroco, la segunda parte de la investigación se dirige a los mismos fieles que deben informar al visitador sobre sus propios hábitos de vida. Se deberá proceder con discreción "petendo qualia vitia magis regnant [...] non nominando personas, nisi vitia sunt notoria":[29] los excomulgados y los herejes deben ser los primeros sujetos al interrogatorio, que apunta sin embargo a descubrir además otros crímenes, en particular de naturaleza sexual. Además, el fiel "cooperador" es sometido a la evaluación del visitador, que quiere saber si los diezmos son pagados regularmente y si los ejecutores testamentarios realizan correctamente su tarea. En general el obispo debe ser puesto en conocimiento de todas las controversias existentes entre parroquianos. Una atención particular, según Gerson, es reservada a la instrucción de los jóvenes "quia a pueris debet inchoari reformatio Ecclesia":[30] de aquí la necesidad de evitar la promiscuidad en la familia, tanto como la de asegurar el bautismo de los hijos nacidos de madre muerta durante el parto. La conducta en la Iglesia, la santificación de las fiestas y el respeto por los sacerdotes representan los últimos capítulos del interrogatorio al cual son sometidos los parroquianos, quienes deben informar también la manera en que son gobernados espiritualmente los lugares de cuidado para enfermos y mendigos. Las instrucciones concluyen con un examen detallado de la confesión, verdadera y propia piedra angular de una Iglesia que quiere regenerarse "in hoc stabit fructus principalissimus reformationis".[31]

Si las reglas de Gerson en su disposición recuerdan modelos ya consolidados por la literatura canónica, exponiéndolas con un renovado salto pastoral, las consideraciones más estimulantes se encuentran en el preámbulo del sermón. Las preocupaciones teológicas no colocan ningún velo sobre una exigencia normativa enunciada con la máxima claridad. Gerson preconiza una institución fundada sobre precisos instrumentos reguladores, que la tradición clásica del derecho canónico puede ofrecer sólo parcialmente. Su análisis debe necesariamente partir de la situación de profunda crisis en la que se encuentra la Iglesia a causa del gran cisma, y que se refleja además en la práctica de la visita pastoral:

> "[...] in primis cum *institutiones canonicae sint inefficaces & languidae, nisi per pastorem qui est lex viva*, demandentur effectui, saluberrimum videtur pro reformatione morum & subditorum emendatione, quod pastor iuxta canonicas sanctiones, visitet diligentius & crebro suum gregem; aut per se ipsum, aut per vicarios doctos, habentes plenariam ab eo potestatem, in negotiis praesertim spiritualibus ordinan-

dis & expediendis, praecipue circa materiam poenitentiae, prout eis visum fuerit expedire, & cum moderato stipendio eis ordinando per praelatum: qua in re videntur attendenda pro quadam generali rememoratione ea quae sequuntur, *cum additione vel diminutione, secundum circustantiarum occurentium qualitatem, & cum appositione remediorum, secundum prudentiam visitantis*".[32]

Al menos dos pasajes del preámbulo ameritan una atención particular en cuanto aclaran de manera inequívoca la racionalidad normativa que maneja la visita pastoral.

El primer aspecto concierne a la toma de conciencia de una realidad triste para la Iglesia: su maquinaria no funciona, la letra divina tarda en ser asimilada en comportamientos concretos que evidencien una institución capaz de gobernar al rebaño. Es la oposición neta entre las instituciones "inefficaces et languidae" por un lado y la antigua metáfora de la *lex viva* encarnada aquí por el pastor.

Como se ha notado, la fórmula *lex viva* o *lex animata* proviene de la época helenística, la emplea por ejemplo el filósofo y rétor Temistio en el discurso dirigido al emperador Teodosio I en el 384 para exaltar la función del soberano.[33] La idea reaparece con fuerza en el siglo VI con el derecho justinianeo, como atributo del emperador en calidad de enviado de Dios a los hombres. Es el *nomos empsychos* del cual habla la *Novella* 105.2.4 de 536 que regula el estatuto de los cónsules: "Omnibus enim a nobis dictis imperatoris excipiatur fortuna, cui et ipsas deus leges subiecit, legem animatam [νόμον ἔμψυχον] eum mittens hominibus". (De todo esto que hemos decretado [en el edicto precedente] quedará libre la *tyché* del emperador, al cual Dios ha sometido a las mismas leyes, enviándolo a los hombres como ley viviente.) La fórmula *lex animata* o *lex viva* no contrapone el modelo tradicional del derecho a la figura de un rey monopolizador de las fuentes jurídicas, sustituto de la tradición de la jurisprudencia. En realidad, esta última conserva su racionalidad de regla de derecho, pero su validez pasa ahora por la persona física del soberano, encarnación de todas las virtudes. Si bien en la época de Gerson la fórmula devino un lugar común, luego de ser redescubierta por los juristas de Bolonia en el siglo XII,[34] es sin embargo posible intentar una lectura menos convencional de ella. En un pensamiento medieval estructuralmente enfocado sobre el comentario repetitivo de la autoridad tradicional, no es anómalo que las continuaciones se revelen más innovadoras que el original, del que siguen los pasos. Así como observa Kurt Flasch, "saber cómo incluir una cita puede ser más fecundo que su concepción anterior",[35] y parece característico de esto el caso de la operación de Gerson. Ante todo cambia el contexto: del contexto político jurídico del soberano de Justiniano se pasa al canónico-pastoral del visitador.[36] El detalle es significativo para comprender el sentido general de la impronta del obispo: el referente alternativo de la *lex viva* son las instituciones, que son ciertamente sociales, pero además y, sobre todo, textuales, los cánones y las escrituras sagradas que componen la tradición jurídica y teológica de la Iglesia. El problema de Gerson consiste entonces en individualizar una estrategia normativa adecuada: no se trata de poner en competencia una ley viva y una ley inerte, la corporalidad carismática del obispo por un lado y un *corpus* doctrinal técnico y abstracto por el otro. Más bien, se trata de enunciar una verdad más radical: la *ratio scripta*, que era la marca de excelencia histórica del derecho "científico" redescubierto por los juristas medievales, no basta para transmitir el artículo de fe y así construir un buen cristiano. Por el contrario la escritura puede suavizar los espíritus e inducirlos al relativismo en la interpretación, como lo demuestra la severa hostilidad de la Iglesia hacia la vulgarización de la Biblia y la circulación de textos.[37] Gerson enfrenta aquí un problema de normatividad, que debe encontrar su medio expresivo en el título de la palabra oída más que en el rastreo de la palabra leída. Y no sólo por una razón banal de alfabetización reducida, como deja entender fácilmente el buen sentido, sino por una razón más propiamente técnica de "gestión de los recursos humanos": para ser capaz de administrar mejor una comunidad en sus necesidades espirituales y morales, además de administrar los espacios sagrados y profanos en los que se encuentra. Junto a esto no debe subvalorarse el motivo político detrás de la recuperación de una *lex viva*, que se expresa así en la voz de la prédica y de la confesión, siendo éstos los dos principales instrumentos en el gobierno de las almas. [38]

El papel central de la *lex viva* encarnada por el pastor significa además que, para administrar una comunidad, el instrumento jurisdiccional tradicional presenta intrínsecos límites operativos: a la *ratio scripta* del derecho canónico clásico se le une el *savoir faire* de una autoridad capaz de conjugar prestigio carismático y realismo de gestión. De una combinación similar emana la receta para corroborar la fe. Y no es casual que los tratados post-tridentinos sobre la institución de la visita pastoral, aunque reconocen que el obispo actúa sobre su *iurisdictio*, precisen que la verdadera naturaleza de su intervención no es judicial sino administrativa. Más que como un juez, el obispo actúa como una *pars*, obviamente como pastor, o bien como *medicus*, según el *topos* de la *poena medicinalis* derivado de la práctica inquisitorial y que, en ciertos aspectos, será retomado por la literatura sobre la prudencia política y la razón de Estado entre los siglos XVI y XVII, en el momento en que se asociará la habilidad del hombre político a la del cirujano. De esta manera Bartolomeo Ugolini, que vivió entre los siglos XVI y XVII, en su *Tractatus de officio et potestate episcopi*[39] se pregunta sobre la eventualidad de que el obispo no sea recibido por la comunidad que desea visitar. A partir de la respuesta que da, el autor confirma en varias ocasiones la calidad de los procedimientos en cuestión y el estatuto consiguiente del obispo:

> "Si in quasi possessione visitandi est, excommunicare ipsos posse, sine alia monitione, & scriptura; quandoquidem *non ut Iudex, sed ut pars*, & superior potest

suam iurisdictionem tueri quacumque ratione [...] non teneri recipere exemptionem; appellationem; ex quo *ut pars, & non ut iudex* procedit".[40]

Por su parte, el famoso canonista portugués Agostino Barbosa (1590-1649), que en la primera mitad del siglo XVII presentara la síntesis del derecho de la Iglesia post-tridentina, recordando justamente las sesiones 13 (cap. 1), 14 (cap. 1) y 24 (cap. 10) del concilio, observa que:

> "ut enim faciliùs possint Episcopi populum quem regunt, in officio atque obedientia continere, statuit praedictum Concilium [...] ne in iis, in quibus de visitatione, ac morum correctione agitur, exemptio, aut ulla inhibitio, appellatio, vel querela, etiam in Sedem Apost. Interposita quomodocumque impedimento esse possit [...] Et propterea etiam statum est [...] ne praescribi exemptio in visitatione ulla unquam tempore valeat".[41]

Y poco después precisa con qué autoridad interviene el visitador:

> "[...] potest enim Episcopus visitans etiam contra laicos de quocumque crimine inquirere, & notorios criminosos per se ipsum corrigere, *non tamen ut Judex in omnibus, sed ut Pastor*; quia ubi ad poenam ordinariam deveniendum esset non ita indistinctè potest concedere Episcopus, quia fructus visistationis est potiùs commendatio, quàm punitio".[42]

También el cardenal Madruzzo, en el curso de la visita pastoral a la diócesis de Trento entre 1579 y 1581, es consciente del rol terapéutico, más que judicial, atribuido a su misión.[43] Dirigiéndose al clero de Rovereto, explica cómo la reforma de la Iglesia se cumple sobre todo a través del personal religioso que no sólo debe encarnar constantemente las virtudes teologales tradicionales –humildad, modestia, templanza, castidad, caridad–, sino que también es llamado a interpretar la tarea pastoral como "aegrotis opus esse medico, et quo quis periculosiore morbo laboret, eo maiori, et fideliori cura ipsi esse subveniendum",[44] esto es, de acuerdo con una lógica de la cura y la inmunización.[45]

De estos ejemplos emerge un nuevo tipo de normatividad, esencialmente administrativa, que ubica uno frente a otro al detentador de un poder y a su destinatario, en un intercambio que no puede ser mediado enteramente por la regla positiva. Se trata de un rasgo distintivo de las futuras formas de racionalidad administrativa, de la policíaca a la directiva, que convergen en última instancia, en la imposibilidad de codificar todo caso concreto en una casuística preventiva y abstracta, puesto que la creación de un orden del derecho por la vía correccional –pero se podría decir también gubernamental, de gestión y *lato sensu* administrativa– sigue los antiguos surcos de la *phrônesis* aristotélica. Más que en el reino del derecho de excepción, nos encontramos aquí frente a formas nuevas de constitución de la regla jurídica, que más tarde serán exaltadas por la práctica y por el discurso policial del siglo XVIII y, más recientemente, por todas las aproximaciones directivas que declaran un excepticismo radical hacia una disciplina minuciosa del modo en que se realiza el gobierno de las entidades colectivas. Estas últimas no se guían por códigos completamente a la mano, sino basándose en la habilidad individual de quien detenta el poder y encuentra el remedio informal o incluso el expediente adecuado a la situación. En definitiva, el grado último de determinación que un dispositivo similar puede tolerar coincide con su puesta en obra. En la acción pastoral, como en toda forma de acción administrativa, resiste un punto ciego, un "no sé qué" del cual ella saca su excelencia práctica y que escapa a los criterios objetivos de las competencias burocráticas y de las técnicas jurídicas. Y tal vez no es casual que una de las tendencias emergentes en la reflexión directiva contemporánea, el así llamado *Humanistic management* –en oposición al *management* científico de imposición tayloriana, pero también, diría, al modelo weberiano del burócrata *sine ira ac studio*– insista en la potencialidad del individuo, que, antes que ser un actor social es un átomo cultural, capaz de elaborar soluciones originales a los problemas de una organización y, por este motivo, no es reducible a cualquier tipo de estrategia normativa, jurídica, disciplinar, ética, deontológica, religiosa y tampoco a la dispensada por los denominados cursos de formación.[46]

* * *

Si el pastor de Gerson es una *lex viva*, entonces deberá dotarse de instrumentos apropiados a su tarea. La parte final del preámbulo del sermón precisa la naturaleza de tales instrumentos, cuando el teólogo describe la intervención del visitador en términos de "additione vel diminutione, secundum circustantiarum occurentium qualitatem, & cum appositione remediorum, secundum prudentiam visitantis". En estas palabras está sellado el principio de la adaptación normativa: la regla es esencialmente una "medida", una noción que a pesar de la referencia a la prudencia, no se confunde con las clásicas referencias aristotélicas al justo medio o la equidad ni, mucho menos, con la idea de una naturaleza de la cosa en sí. La medida de la adaptación normativa consiste sobre todo en la ponderación cautelosa de la regla a la luz de aquello que se tiene delante. Aquí la casuística se singulariza de manera radical, al punto que cada miembro del rebaño tiene una historia de sí, ya que la fuerza discriminatoria pertenece a las circunstancias, esto es, al elemento extrínseco y contingente de la situación. Modular la fuerza de la norma, siendo intransigente en un caso y tolerante en otro, significa que los remedios de los que dispone el pastor son producto de esta adecuación permanente entre el caso específico y su contexto institucional, social, familiar y naturalmente público; considerando que el escándalo es una consecuencia de todos modos indeseada. En suma, al juzgar una unidad, el pastor debe gobernar todo el rebaño: ésta es la lógica que guía su prudencia "métrica". Lo judicial se pliega inevitablemente a la exigencia de lo administrativo. Y para parafrasear las categorías de Mario Sbriccoli, que inspiran los trabajos de este coloquio, podemos decir que el preámbulo de Gerson exalta una administración de la negociación más que una administración hegemónica, según una oposición que se hará clara a los ojos de los juristas sólo a fines del siglo XIX cuando se distinguirá una administración de autoridad de un imperio por un lado, y una administración de gestión y de servicio por el otro.[47]

DESPUÉS DE TRENTO: EL PROTOCOLO JESUITA

Como recuerda Baccrabère, la obra de Gerson ejerció una notable influencia tanto entre los teólogos como entre los canonistas.[48] El Concilio de Trento en la sesión XXIV del 11 de noviembre de 1563 delineó de manera definitiva el objetivo esencial de la visita pastoral: "sanam orthodoxamque doctrinam, expulsis haeresibus, inducere, bonos mores tueri, pravos corrigere, populum exhortationibus et adminitionibus ad religionem, pacem innocentiamque accendere, cetera, prout locus, tempus et occasio feret, ex visitantium prudentia ad fidelium fructum constituere".[49] Los motivos clásicos de la institución son evocados aquí y casi por entero puestos al servicio de una preocupación dominante: la lucha contra los herejes. Pero no es sobre este aspecto ampliamente estudiado que quisiera concluir mi intervención, sino sobre el impacto de la nueva figura del obispo post-tridentino en la evolución de la visita pastoral. Desde Hubert Jedin en adelante, los historiadores han puesto en evidencia la nueva fisonomía de la función episcopal.[50] En particular emerge del concilio la exigencia de devolver al obispo a su ámbito natural, la diócesis, luego de que las cortes de los príncipes se habían convertido en el ambiente predilecto para el clero, que vivía de las rentas producidas por diócesis lejanas y cuyos oficios religiosos eran delegados en un personal vicario sin la preparación adecuada.[51] Aunque el concilio haya puesto el cuidado de las almas como núcleo de la función del obispo, quedaba sin resolver el problema decisivo de la obligación de residencia, visto que en los países católicos el modelo del prelado como hombre de corte y de negocios, apoyo poderosísimo de actividades diplomáticas, políticas y militares, continuaba siendo dominante. Como observa Adriano Prosperi: "Si antes del concilio los casos de abandono de la corte para obtener la residencia en la diócesis fueron muy raros y debidos a circunstancias excepcionales, luego de él las cosas no cambiaron mucho. No es casual que el modelo más célebre de prelado post-tridentino fuera representado por Carlos Borromeo, convencido sólo por motivos de conciencia a abandonar su posición de cardenal sucesor a cargo de los asuntos políticos del papado para dirigirse a la sede de la arquidiócesis de Milán; el escándalo desatado por esa elección dice mucho sobre la dificultad de hacer efectivos los modelos de comportamiento que el concilio había diseñado". [52]

Pero si desde la óptica de la reforma pastoral el reclamo a la obligación de residir debía parecer una exigencia imprescindible, para una Iglesia católica deseosa de gobernar la conciencia del hombre, esto no quiere decir que la experiencia mundana del clero en el ambiente inadecuado de la corte se haya visto privada de significado a partir de la elaboración de un *savoir faire* del gobierno, esto es, de un verdadero y apropiado arte de la normatividad administrativa. El trabajo por realizar en este campo es considerable y exige investigaciones profundas. Por el momento me limito a indicar dos indicios que en el futuro deberán ser introducidos en una trama de referencias mucho más amplia y coherente. Comenzaré por el más cercano a nosotros (mitad del siglo XIX), para luego retornar a aquel más coevo a la época en cuestión (mitad del siglo XVI).

En el monumental *Dizionario di erudizione storico-ecclesiastica* de Gaetano Moroni, la palabra "Visita" no entra de inmediato en el corazón de la práctica pastoral como podría pensarse para una obra del género, sino que se abre de manera bastante sorprendente con una larga exposición sobre la visita como fenómeno social, regla de etiqueta en las relaciones privadas, en las ceremonias diplomáticas y en las diversas formas de rendir homenaje a los dignatarios eclesiásticos, al Papa *in primis*. En este lugar, el autor no pudo evitar la referencia al *Galateo*, el celebre tratado de Giovanni Della Casa escrito entre 1550 y 1553 y publicado póstumamente en 1558, que describe las maneras apropiadas de "tratar" con los otros. El *Dizionario* hace notar que "una parte poco estudiada de la civilización cristiana parace ser ésta: la influencia de la fe en el protocolo [...] admito que el protocolo no es más ni menos que la moral aplicada a los usos de la conversación; que hace legítima la afinidad entre él y una religión que tanto ha purificado y perfeccionado la ciencia del bien hacer [...] por lo tanto es que al prevalecer el cristinismo desaparece aquel trato crudo que generalmente presentan los templos gentiles".[53]

Creo que el acento del repertorio de Moroni en el *Galateo* de Della Casa, el segundo indicio en la hipótesis de lectura aquí propuesta, no es una simple circunstancia. Como es sabido, Della Casa era un hombre de Iglesia: su carrera se inicia en 1537; es nombrado arzobispo de Benevento en 1544 y al año siguiente es secretario de Estado bajo Pablo IV. En el capítulo IV del *Galateo* elabora un elogio del obispo de Verona Giovanni Matteo Giberti, autor entre otras cosas de una guía para los visitadores delegados durante la visita a la diócesis entre 1530 y 1541. Lo realizado por el obispo Giberti, estudiado hace poco por Adriano Prosperi,[54] fue convertido rápidamente en un modelo de reforma pastoral pretridentina. Tal como había hecho Lutero en el *Unterrricht der Visistatoren*, en el curso de su visita a las Iglesias de Sajonia entre 1525 y 1529, también Giberti insistía mucho sobre la importancia de la prédica en el desarrollo de la tarea episcopal.[55]

Embebido de la cultura eclesiástica de su tiempo, vivida por otro lado con gran celo contrarreformista e intransigencia inquistorial –entre otras cosas en 1529 redacta en Venecia, donde era nuncio apostólico, el primer catálogo de libros prohibidos–,[56] el obispo cortesano Della Casa es un buen conocedor de las necesarias referencias pastorales, pero entiende que el criterio en la base del arte de comunicar y de entretenerse con las personas, esto es, la manera de comportarse socialmente, se funda en el principio de la "conveniencia". A tal propósito es célebre la explicación del contenido del tratado en el primer capítulo: "quello che io stimo che si *convenga* di fare per potere, in comunicando et in usando con le genti, essere costumato e piacevole e di bella maniera: il che non di meno è o virtù o cosa a virtù somigliante".[57]

Pero ¿qué cosa significa esta "conveniencia" que es la forma sustantiva del verbo "convenir" empleado por Della Casa? Dos acepciones semánticamente plausibles deben ser tenidas en cuenta en este contexto, pero no podemos agotarles el sentido: "conviene" implica, por cierto, un mínimo denominador consensual que no alude sin embargo a la búsqueda de un punto de encuentro medio entre pretensiones contrapuestas; así como, por otro lado, el componente utilitarista contenido en el verbo no podría ser la clave de comprensión de todo el contexto. Para buscar, quizás, la lectura más satisfactoria del "conviene" y de la "conveniencia" que derive de ella como criterio regulador del comportamiento social, puede ser de ayuda referirse a las traducciones extranjeras del verbo, incluso porque el tratado fue inmediatamente publicado en toda Europa y consiguió un gran éxito.[58] La versión alemana, en particular, presenta los matices semánticos más sugestivos, ya que traduce el verbo "conviene" con *angemessen*, del cual se obtiene el sustantivo *Angemessenheit*, la "convenicencia" exaltada por Della Casa, que se pudo explicitar posteriormente con perífrasis como "el ser apropiado", "el ser adecuado", "el ser medido" respecto de una cierta situación.[59] Y la noción de medida, precisamente, parece ser la clave resolutiva de la "conveniencia", incluso porque el verbo alemán *angemessen* está constituido por la raíz *Mass* que significa exactamente "medida". Se entiende entonces que, comprendida en el campo semántico de la medida, la "conveniencia" se emancipa sin dificultad tanto de la esfera del consenso, como de la de lo útil, de la que parecía depender inmediatamente. La "convenicencia" puede entenderse mejor como el arte de gobernar una situación atribuyéndole la medida que le corresponde, esto es, la medida que le conviene, pero no en razón de una hipotética naturaleza de la cosa, ni de una ley intrínseca al objeto y mucho menos en función de un principio de equidad que los hombres deben extraer de la complejidad de las relaciones sociales. La medida que "conviene" no es predeterminada y estable, sino que responde a la singularidad de la situación, a sus circunstancias y a todas las variables históricas posibles. La casuística alcanza aquí su punto límite, y es difícil pensarla en una trama normativa más vasta y duradera que no rescate el carácter coyuntural. Ciertamente, el autor del *Galateo*, como cualquier otro intérprete, para orientarse en la comprensión y en la acción, debe buscar salvar la singularidad contingente en situaciones sociales tipo, en presencia de las cuales sabe cómo comportarse y cómo regular la conducta ajena. Y en el fondo, el *Galateo* no es más que la sistematización calculada para circunstancias similares. Pero el recurso a situaciones tipo está dictado precisamente por la conciencia de que el arte de la conveniencia es un arte tan provocativo como huidizo, que se mueve más por la sagacidad táctica que por una convicción axiológica. La medida de la "conveniencia" está en relación inmediata con la realidad, donde el adjetivo "inmediata", como recuerda Benveniste, no significa otra cosa que presente.[60]

La conveniencia es, por lo tanto, la declinación normativa de la medida, comprendida ésta como un modo de ser adecuado a una situación con el fin de patrocinarla. Pero ¿en el operar de qué organización religiosa encontramos la aplicación más completa y refinada de un arte administrativo similar? La respuesta es casi obligada: en el de los jesuitas. En las *Constituciones*, por ejemplo, como corolario de la toma de toda decisión, se repite frecuentemente la fórmula "en función del sujeto, del lugar, de la situación y del momento". Sobre la base de tal asunto, un miembro de la orden se ha atrevido recientemente a observar que los jesuitas son los verdaderos precursores de la "situational leadership", el modelo de gestión de los recursos humanos concebido por Hersey y Blanchard.[61] Del mismo modo, Luce Giard ha llamado la atención sobre el "estatuto enunciativo" de las reglas contenidas en las *Constituciones*, que logran articular lo particular y lo universal en la formulilla recurrente "siempre salvo si" o bien "en la medida de lo posible".[62] Si se considera la estrategia de conversión de los pueblos extraños a la cultura occidental, en particular en las Indias orientales, encontramos en el dispositivo de la misión diversos principios que confirman ese ideal de la "conveniencia" como modo de gobernar una situación atribuyéndole la medida que le es apropiada.[63] Como cualquier otra comunidad religiosa organizada, también la misión jesuítica en los territorios por cristianizar es "visitada" por un alto miembro de la orden. La visita misional conducida por el visitador, destinada a durar años en virtud de la envergadura de la tarea y por la lejanía del lugar europeo de origen se sirve, como la visita pastoral propiamente dicha, de un sistema de normas adecuadas al objetivo de la conversión que se le asigna a una misión. En este sentido la visita misional puede ser considerada una visita pastoral primordial por su carácter institutivo antes que correctivo. Que se trata de una institución fundamental para el funcionamiento de la misión jesuítica lo prueba la importancia revestida por la figura del visitador en la jerarquía de la orden. Concluiré recordando rápidamente el caso de Alessandro Valignano, visitador en el Japón entre fines del siglo XVI y principios del XVII, además maestro del muy célebre Matteo Ricci que, al inicio del siglo XVII conseguía gran crédito en China como artífice del diálogo cultural.[64]

En la arquitectura institucional de la orden de los jesuitas, el visitador es nombrado directamente por el general para efectuar una gira de inspección en una o más provincias, es decir, las circunscripciones territoriales en que es subdividida la orden, cada una de ellas gobernada por un provincial. Subordinado exclusivamente al general, el visitador extiende su autoridad sobre todas las provincias visitadas y, en consecuencia, también sobre el provincial. Por esto su autoridad es superada sólo por el jefe de la congregación.[65] Nombrado en 1573 visitador de las provincias de las Indias orientales por el cuarto general de la orden Everard Mercurian, Valignano desembarca en Goa en 1574, cuartel general situado en la India portuguesa, y de ahí hasta su muerte, que le sobrevino en 1606, permanece como visitador, a excepción del período entre 1583 y 1587 durante el cual ocupa el cargo de provincial.[66] Su actividad se concentra sobre todo en Japón, donde organiza entre otras cosas la célebre primera misión diplomática a Europa de cuatro nobles japoneses, con el fin de favorecer el encuentro de la civilización cristiana y renacentista por un lado, y la japonesa por el otro. De acuerdo con el espíritu de esta mediación cultural, envía un escrito que tiene todas las semblanzas y contenidos de un "protocolo", un manual de comportamiento para los misioneros en Japón con detalladas instrucciones sobre la manera de entrar en contacto con las costumbres de la nobleza local, un referente estratégico para evangelizar una sociedad tan rígidamente jerarquizada. La obra, que se remonta a 1581 y fue escrita en protugués (*Advertimentos*), es publicada en 1946 en una edición bilingüe portugués-italiano gracias a la incomparable edición de G. F. Schütte.[67] El escrito de Valignano puede ser considerado como la exaltación del arte del "tratar" en un sentido que, sin embargo, no es reducible a una negociación comercial y menos a la habilidad diplomática. Un tratar que significa, en una acepción extensa, gobernar en todos los círculos las operaciones, las circunstancias, y las personas que se encuentran implicadas, con el fin de asumir las decisiones oportunas. En el proemio, Valignano enuncia así la puesta en juego, ni siquiera muy disimulada, del involucramiento en las ceremonias: "Una de las principales cosas que son necesarias en Japón para realizar lo que los padres [*i. e.* los misioneros jesuitas] se proponen en torno de la conversión y la Cristiandad, es saber tratar con los japoneses de manera de, por un lado, gozar de autoridad, y por el otro, usar mucha familiaridad, uniendo estas cosas de tal manera que una no impida a la otra, sino que se conjuguen de modo que cada una tenga su lugar".[68]

El arte de tratar no puede entonces renunciar a los dispositivos apropiados, suficientemente dúctiles como para poder adaptarse en su permanencia. Es éste el modelo normativo de la "medida" que surge entre los pliegues de la "conveniencia", el mismo que ya había sido claramente instituido por Jean Gerson a principios del siglo XV a propósito de la conducta del obispo durante la visita pastoral.

Corresponde ahora a Valignano, y a la poliédrica congregación a la que pertenece, escribir otro capítulo de la normatividad administrativa que rompe la identidad entre derecho y jurisdicción, y afianza en la imperatividad otros modos históricos de funcionamiento de la ley. El *Cerimoniale* describe las minuciosas formas a través de las cuales los misioneros deben dirigirse a las poblaciones japonesas en sus diferentes estratos sociales, respetando los capilares códigos de conducta que las distinguen. A este respecto el jesuita subraya que, frente a una rigidez similar, el carácter vinculante de las prácticas no es nunca definido en un sentido absoluto por el rango social del interlocutor; estas ceremonias, en efecto, "no son determinantes de tal manera que no tengan cierta latitud, dentro de la cual, no saliendo de esto que es determinado, se puede hacer un tanto de más o de menos, conforme a la persona que la hace y a la cual se hace, a pesar de que fueran todas del mismo grado".[69] Ciertamente, estamos en presencia de la enésima declinación de aquella lógica de la adaptación sobre la cual los jesuitas han construido su controversial reputación; una lógica que, más allá de esta orden, representa de todos modos el requisito básico del saber misional y, más aún, un fundamento de la exégesis bíblica,[70] además de ser el criterio que acompaña el nacimiento de la idea de "perspectiva histórica", como lo ha mostrado Carlo Ginzburg.[71] Sin embargo, no puede ignorarse que, detrás de la divisa del diálogo entre civilizaciones, y la estrategia de aculturación exhibida como señal en el estandarte de una razón de Estado eclesiástica más *éclairée;* se juega una partida importante al nivel más discreto del *savoir faire* normativo: una racionalidad "directiva" fundada en el criterio administrativo de la medida encuentra aquí un nuevo terreno de prueba. "Conveniencia", *Angemessenheit*, "adaptación", diversos modos lingüísticos para describir la misma metamorfosis de la regla jurídica: bajo la égida de la "medida", entre derecho y hecho la continuidad toma la ventaja sobre la discontinuidad, y la norma termina por anexarse a aquel mundo de la historia que por siempre constituye su indisponible exterioridad.

NOTAS

* Traducción de Héctor Francisco.

1. Sobre el tema véase N. Coulet, *Les visites pastorales*, Turnhout, 1985.

2. Cf. la entrada "Visita apostolica", en G. Moroni, *Dizionario di erudizione storico-ecclesiastica*, Venecia, 1860, CI, pág. 105 y sigs.

3. Sobre las visitas apostólicas romanas véase L. Fiorani, "Le visite apostoliche cinque-seicentesche e la società religiosa romana", en *Ricerche per la storia religiosa di Roma*, 4, 1980, págs. 53-148; S. Pagano, "Le visite apostoliche a Roma nei secoli XVI-XIX. Repertorio delle fonti", *ibid.*, pág. 317 y sigs.

4. P. A. Vecchi (De Vecchis), *Raccolta di rescritti, decreti e lettere della S. Congregazione del Buon Governo, ed altre SS. Congregazioni...*, vol. 3, Roma, 1732-1743, II, págs. 377-378. Sobre la Congregación del buen gobierno además del viejo estudio bajo la dirección de E. Lodolini, *L'archivio della Congregazione del Buon Governo (1592-1847)*. Inventario, Roma, 1956 (para las visitas págs. 96-98) véanse entre otros, el tra-

bajo reciente de S. Tabacchi, “Per la storia dell’amministrazione pontificia nel seicento. Organizzazione e personale della Congregazione del Buon Governo”, en A. Jamme y O. Poncet (ed.), *Offices et papauté (XIVe-XVIIe siècle). Charges, hommes, destins*, Roma, 2005, págs. 613-634.

5. Sobre el tema véanse J. Cottier, “Éléments nouveaux des normes de la visite ‘Ad limina’ et leur valeur juridique respective, des décretales aux concile de Trente”, en *Ephemerides juris canonici*, 8, 1952, págs. 174-296; D. Menozzi, “L’utilizzazione delle relationes ad limina nella storiografia”, en *Storia e problemi contemporanei*, 9, 1992, págs. 135-156.

6. Las visitas en las posesiones italianas comprendían Nápoles, Sicilia y Milán. Sobre el tema véase P. Burgarella, “I visitatori generali del regno di Sicilia (secoli XVI-XVII)”, en *Archivio storico della Sicilia Orientale*, 73, 1977, págs. 7-88; M. Peytavin, *La visite comme moyen de gouvernement dans la monarchie espagnole. Le cas des visites générales du royaume de Naples XVIe-XVIIe siècles*, vol. 2, Tesis doctoral, EHESS, 1997 (dir. B. Vincent).

7. M. Peytavin, *op. cit.*, págs. 109-110.

8. P. T. Lang, “Visitationsakten”, en C. Keitel y R. Keyler (eds.), *Serielle Quellen in südwestdeutscher Archive. Eine Handreichung für die Benutzerinnen und Benutzer südwestdeutscher Archive*, pág. 2, noviembre de 2003, http://www.uni-tuebingen.de/uni/gli/veroeff/serquell/serquell.htm.

9. La *Revue d’histoire de l’Église de France* da cuenta de la elaboración del proyecto ya en fase avanzada del vol. LV (1969) al LXIII (1977). De la primera serie han aparecido los siguientes volúmenes: Agde-Bourges (1977), Cahors-Lyon (1979), Mâcon-Riez (1983), La Rochelle-Ypres y Bâle (1985); de la segunda serie, Agen-Lyon (1980) y Marseille-Viviers (1978). Para una puesta al día, vease *Répertoire des visites pastorales de la France, anciennes diocèses (jusqu’en 1790): corrections et compléments*, Société d’histoire religieuse de la France, París-Turnhout, 2006. Véase también M. Froeschlé-Chopard, *Atlas de la Réforme pastorale en France de 1550 à 1790. Les évêques en visites dans les diocèses*, París, 1986.

10. E. W. Zeeden y P. T. Lang (dirs.), *Repertorium der Kurchenvisitationakten aus dem 16. und 17. Jahrhundert aus Archiven der Bundesrepublik Deutschland*, Stuttgart, Cotta, t. 1: Hessen, 1982; t. 2: Baden Württemberg I, 1984; t. 2: Baden Württemberg II, 1987.

11. E. Massa y G. De Rosa (dirs.), *Thesaurus Ecclesiarum Italiae*, Roma, 1966. El Centro de Investigaciones de Historia Social y Religiosa de Vicenza dirige además la reedición de las fuentes para la Edad moderna. Para un análisis comparado véase U. Mazzone y A. Turchini (dirs.), *Le visite pastorali. Analisi di una fonte*, Bolonia, 1985; A. Turchini, “La visita come strumento di governo del territorio”, en P. Prodi y W. Reinhard (dirs.), *Il concilio di Trento e il moderno*, Bolonia, 1996, págs. 335-382; C. Nubola y A. Turchini (dirs.), *Fonti ecclesiastiche per la storia sociale e religiosa d’Europa*, Bolonia, 1999.

12. C. Ortí y M. Milagros, *Las visitas pastorales de España: siglos XVI-XX: propuesta de inventario y bibliografía*, Oviedo, 2000.

13. A. Turchini, *op. cit.*, pág. 345.

14. Han sido identificados ocho tipos de documentos: 1) los cuestionarios, esto es la lista de preguntas dirigidas al clero y a veces a los laicos, que servían de orientación cognoscitiva para el pastor; 2) las respuestas; 3) las actas de la visita; 4) las órdenes y

los decretos emanados del visitador para corregir infracciones; 5) los inventarios de los bienes eclesiásticos con los libros llevados por los sacerdotes; 6) los interrogatorios de sacerdotes y laicos; 7) las actas relativas a legados, confraternidades, lugares piadosos, hospitales etc.; 8) documentos varios recogidos en el curso de la visita. Cf. X. Toscani (dir.), *Visite pastorali in diocesi di Pavia nel Cinquecento. Una documentazione guadagnata alla storia*, Bolonia, 2003, pág. 23.

15. Cf. M. Venard, "Le visite pastorali francesi dal XVI al XVIII secolo", en U. Mazzone y A. Turchini, *op. cit.*, págs. 50-51.

16. A. Torre, *Il consumo delle devozioni. Religione e comunità nelle campagne dell'Ancien Régime*, Venecia, 1995.

17. Validez normativa entendida en el sentido de Hans Kelsen: la visita en cuanto instrumento normativo se sitúa en el plano del deber ser (*Sollen*); su nivel de realidad jurídica se agota en esta dimensión. En cambio, otra cosa es explicar los efectos sociales concretos, ya que en este caso se cambia de plano y se lo coloca en el nivel del ser (*Sein*).

18. Acerca de la crítica y la puesta a punto véase S. Breuer, "Sozialdisziplinierung. Probleme und Problemverlagerungen eines Konzepts bei Max Weber, Gerhard Oestreich und Michel Foucault," en C. Sachße y F. Tennstedt (dirs.), *Soziale Sicherheit und soziale Disziplinierung. Beiträge zu einer historischen Theorie des Sozialpolitik*, Frankfurt, 1986, págs. 45-69; W. Schulze, "Gerhard Oestreichs Begriff Sozialdisziplinierung in der Frühen Neuzeit", *Zeitschrift für historische Forschung*, 14, (1987), págs. 265-302; M. Dinges, "Frühenneuzeitliche Armenfürsorge als Sozialdisziplinierung? Probleme mit einem Konzept", en *Geschichte und Gesellschaft*, 17, (1991), págs. 5-29; F. Sack, "Strafrechtliche Kontrolle und Sozialdisziplinierung", en *Jahrbuch für Rechtssoziologie und Rechtstheorie*, XV, 1993, págs. 16-45; P. Schiera, "Disciplina, Stato moderno, disciplinamento: considerazioni a cavallo fra la sociologia del potere e la storia costituzionale", en P. Prodi (dir.), *Disciplina dell'anima, disciplina del corpo e disciplina della società tra medioevo ed età moderna*, Bolonia, 1994, págs. 21-46; W. Reinhard, "Disciplinamento sociale, confessionalizzazione, modernizzazione", en *ibid.*, págs. 101-123; P. Napoli, "Police et société: la médiation symbolique du droit", *Enquête*, 7, 1998, págs. 129-137.

19. G. Baccrabère, "Viste canonique de l'évêque", en R. Naz (dir.), *Dictionnaire de droit canonique*, vol. VII, París, 1965, col. 1512-1619.

20. En cuanto a las cartas de Pablo, cuya autenticidad como es sabido es controvertida, se recomienda el comentario clásico de C. Spicq en su edición. Cf. Saint Paul, *Les épitres pastorales*, 2 tomos, París, 1969 (4a ed.). Sobre su carácter de instrucciones asimilables a modelos preexistentes como las ordenanzas y decretos emanados en forma epistolar de la administración de los gobiernos helenísticos, cf. I, pág. 35 y sigs.

21. P. De Ambroggi (ed.), *Le epistole pastorali di S. Paolo a Timoteo e a Tito*, Turín-Roma, 1953, pág. 228. El editor subraya la analogía en el tenor de las instrucciones para Timoteo y las relativas al papel del obispo (I Tim. III, 2-7).

22. *PL* 132, *De ecclesiasticis disciplinis et religione christiana*, col. 187-191.

23. "Nemo militans Deo implicat se negotiis secularibus". Cf. C. Spicq, *op. cit.*, págs. 193-194.

24. En este sentido, C. Spicq, *op. cit.*, II, págs. 741-742.

25. El *Sextus* (1298) 3, 20, c.1-5, retoma sustancialmente el tema ya delineado en el *Liber Extra* de la visita, con particular atención al derecho de procura.

26. Sobre todas estas causas se reenvía a G. Baccrabère, *op. cit.*, col. 1517-1520.

27. La primera edición es de 1475. Cf. E. Martène y U. Durand (dirs.), *Veterum scriptorum et monumentorum historicorum dogmaticorum moralium amplissima collectio*, Montalant, París, 1733, t. VII, col. 416-424. Ahora en J. Gerson, *Œuvres complètes*, vol. VIII, Mgr Glorieux (ed.), París, 1971, págs. 47-55. Siempre durante el sínodo de Reims, el 29 de abril de 1408 Gerson pronuncia un discurso más general sobre la función pastoral y en la undécima *provisio* afronta además el tema de la visita: la presencia visible del pastor entre su rebaño es considerada "totius reformationis ecclesiasticae cardo". *Sermo de officio pastoris*, en *op. cit.*, V, 1963, pág. 142.

28. Baccrabère recuerda, entre otras cosas, una figura importante como el obispo de Saint-Papoul (1427-1451) Pierre Soybert, autor del tratado *De cultu vinee Domin* (J. Chappuis [ed.], París [1508]), que completa el *Sermo* de Gerson. En Alemania se une a esta tradición Denys le Chartreux (muerto en 1471) en su *De vita et regimine praesulum*, en *Opera omnia*, Turnai, 1909, XXXVII, págs. 18-41, mientras que en Italia se destaca el arzobispo de Florencia S. Antonino que en la *Summa theologiae moralis*, Venecia, 1571, III, 20, reafirma la visita como momento esencial de la misión episcopal.

29. *Op. cit.*, VIII, pág. 50.

30. *Ibid.*

31. *Ibid.*, pág. 51.

32. *Ibid.*, pág. 47-48. El destacado es mío.

33. *Oratio*, XV, Dindorf (ed.), pág. 228 y sigs. Citado por E. H. Kantorowicz, *The King's two Bodies*, Princeton, Princeton University Press, 1957, traducción italiana de G. Rizzoni *I due corpi del re*, Turín, 1989, pág. 110 y sigs. (Hay traducción castellana E. Kantorowicz, *Los dos cuerpos del rey. Un estudio de teología política medieval*, Alianza, Madrid, 1985.) Los estudios acerca de la *lex animata* son todos bastante fechados: cf. E. R. Goodenough, *The political Philosophy of Hellenistic Kingship*, Yale Classical Studies, 1928, págs. 55-102; A. Steinwenter, "Nomos empsykos: zur Geschichte einer politischer Theorie", en *Anzeige der Akademie der Wissenschaft in Wien, en Phil., Hist., Klass.*, LXXXIII (1946), págs. 250-268; P. De Francisci, *Arcana imperii*, Milán, 1948, III, 2, pág. 114 y sigs.; más recientemente véase L. Mayali, "Lex animata. Rationalisation du pouvoir politique et science juridique (XIIème.-XIVème. siècles", en A. Gouron, A. Rigaudière (dirs.), *Renaissance du pouvoir legislatif et genèse de l'État*, Montpellier, 1988, págs. 155-164.

34. Cf. Kantorowicz, *op. cit.*, pág. 111.

35. K. Flasch, *Einführung in die Philosophie des Mittelalters*, Darmastadt, Wissenschaftliche Buchgesellschaft, 1989, traducción italiana de M. Cassisa, *Introduzione alla filosofia medievale*, Turín, 2002, pág. 5.

36. Aunque, como destaca E. Kantorowicz, desde el siglo XIII en adelante la fórmula no es insólita para definir al pontífice (ver los ejemplos en Alano Anglico, Johannes Andrea, Oldrado), ella se mantiene prevalecientemente como un modo para calificar al emperador (*op. cit.*, págs. 111-112).

37. Sobre este tema, para la edad moderna, véanse los trabajos de G. Fragnito, *La Bibbia al rogo. La censura ecclesiastica e i volgarizzamenti della Scrittura (1471-1605)*, Bolonia, 1996; *Proibito capire. La Chiesa e il volgare nella prima età moderna*, Bolonia, 2006.

38. Es difícil encontrar una denuncia más despiadada de la potencia estratégica de

la oralidad que la realizada por Paolo Sarpi en la segunda mitad del siglo XVI. A propósito del arte de la confesión en el que sobresalían los jesuitas, el autor de la *Historia del concilio tridentino* observaba que "Éste es uno de los mayores misterios del papado, mediante el cual se persuade y se instila dulcemente cada doctrina que le sirve, haciendo pasar por este camino todo aquello que no puede proponer públicamente, como violento y sedicioso, lo cual, cuando se propone en libros, alguien puede contradecirlo y descubrir la malicia, pero en el momento de la confesión, el penitente no se atreve a dejarse asaltar también en el ánimo por ninguna mínima duda". P. Sarpi, *Dalle aggiunte alla "Relazione dello stato della religione" di Edwin Sandys*, en *Opere*, G. y L. Cozzi (eds.), Milán-Nápoles, 1969, págs. 307.

39. Roma, apud Andream Phaeum, 1617.

40. Cap. XLIX, § VI, 6, págs. 107-108 (el destacado es mío).

41. *Juris ecclesiastici universi*, Lyon, 1718, t. I, cap. XIV, 34, pág. 52.

42. *Ibid.* (el destacado es mío).

43. El caso ha sido estudiado por C. Nubola, *Conoscere per governare. La diocesi di Trento nella visita pastorale di Ludovico Madruzzo (1579-1581)*, Bolonia, 1993.

44. *Ibid.*, pág. 322.

45. Sobre el significado de la cura como disposición del ánimo del administrador eclesiástico en el derecho canónico me permito remitir a P. Napoli, "Administrare et curare. Les origines gestionnaires de la traçabilité", en Ph. Pedrot (dir.), *Traçabilité et responsabilité*, París, 2003, págs. 45-71.

46. Un texto fundante para sus aplicaciones en el campo de la empresa es aquel del padre de la consulta filosófica, G. Achenbach, *Philosophische Praxis*, Colonia, 1987. Pero también véase M. Minghetti y F. Cutrano (dirs.), *Le nuove frontiere della cultura d'impresa. Manifesto dello Humanistic Management*, Milán, 2004.

47. Véase el caso ejemplar de los teóricos del derecho administrativo de la Tercera República francesa, en particular, E. Laferrière, *Traité de la juridiction administrative et des recours contentieux*, 2 vol., París, 1896, 2ª ed., I, págs. 484-486, y M. Hauriou, *La gestion administrative*, París, 1899.

48. Seguramente, para los juristas amerita una mención particular Giovanni Pavini, un canonista de la curia romana que enseñó en Padua y en 1475 compuso el *Bacolus pastoralis ad dirigendas in viam pacis pedes visitantium et visitatorum*..., una obra que circuló mucho también en Francia gracias a las diferentes ediciones dirigidas por Jean Chappuis. Si bien es verdad que el texto de Pavini habría representado un modelo para seguir para los obispos en sus visitas, es igualmente verdad que la experiencia concreta de las visitas proveía a la literatura del material en el cual inspirarse. Está en preparación un trabajo doctoral sobre Pavini de S. Di Paolo bajo la dirección de E. Conte.

49. S. Ehses, *Concilii Tridentini Actorum*, Friburgo, 1911, V, pág. 980.

50. H. Jedin, *Il tipo ideale di vescovo secondo la riforma cattolica*, Brescia, 1950.

51. Cf. A. Prosperi, *Il concilio di Trento: un'introduzione storica*, Turín, 2001, pág. 79.

52. *Ibid.*, pág. 86.

53. *Op. cit.*, CI, pág. 86.

54. A. Prosperi, *Tra evangelismo e controriforma. G. M. Giberti (1495-1543)*, Roma, 1969. El material de las visitas llevadas a cabo por Giberti está ahora publicado: cf. A. Fasani (ed.), *Riforma pretridentina della diocesi di Verona: visite pastorali del vescovo G. M. Giberti, 1525-1542*, Vicenza, 1989. En este aspecto, G. De Rosa, "Visite

pastorali del vescovo Giovanni Matteo Giberti", en F. Volpe (dir.), *Studi di storia del Mezzogiorno offerti ad Antonio Cestaro da colleghi ed allievi*, Venosa, 1993, págs. 114-130.

55. Cf. A. Turchini, "La visita come strumento di governo del territorio", en P. Prodi y W. Reinhard (dirs.), *Il concilio di Trento e il moderno*, Bolonia, 1996, págs. 365-369.

56. Sobre los acontecimientos biográficos de Della Casa véase la rica entrada de C. Mutini en el *Dizionario biografico degli italiani*, Roma, 1988, 36, págs. 699-719.

57. G. Della Casa, *Galateo*, G. Prezzolini (ed.), Milán, 1985, pág. 5 (el destacado es mío).

58. Sobre la fortuna del *Galateo* en Francia, véase M. Magendie, *La politesse mondaine et la théorie de l'honneteté en France au XVIIe siècle, de 1600 à 1660*, París, 1925; M. Richter, *Giovanni della Casa in Francia nel secolo XVI*, Roma, 1966. Para España, M. Morreale, "El Galateo de Giovanni della Casa traducido por Domingo de Becerra", en *Nueva Revista de Filologìa Hispánica*, XV, 1961. Para Inglaterra, M. P. Tilley, "Della Casa's Galateo in Seventeenth-Century England", en *The Romanic Review*, IX, 1918. Sobre estos temas la referencia clásica es naturalmente N. Elías, *Über den Prozess der Zivilisation. I Wandlungendes Verhaltens in den weltlichen Oberschichten des Abendlandes*, Frankfurt, 1969 (1a ed. 1936) (traducción cast.: N. Elías, *El proceso de la civilización. Investigaciones sociogenéticas y psicogenéticas,* México, 1987). Para una consideración en clave moral y pedagógica de la tratadística sobre el comportamiento del siglo XVI ver R. Casale, "Erziehung vor der Moralerziehung: Konversation versus Kommunikation", en D. Horster y J. Oelkers (dirs.), *Pädagogik und Ethik*, Wiesbaden, 2005, págs. 25-48.

59. Cf. la versión de N. Chytraeus, *Galateus: das Büchlein von erbarn/höflichen und holdseitigen Sitten*, 1597. Agradezco a mi amiga Rita Casale por la indicación.

60. E. Benveniste, *Problèmes de linguistique générale*, París, 1966, pág. 135 (trad. cast.: E. Benveniste, *Problemas de lingüística general*, Madrid, 1977).

61. A. Darmanin, "Spiritualità ignaziana e leadership organizzativa", *La civiltà cattolica,* 1, 2006, pág. 125. Elaborada en los años setenta, la *leadership* situacional de Hersey y Blanchard niega que exista un estilo justo de *leadership,* es decir, un modo a priori válido en la dirección de la conducta de otros, puesto que la capacidad directiva varía respecto de las situaciones y a las características de los destinatarios de las directivas. Cf. P. Hersey, K. H. Blanchard, *The Management of Organizational Behaviour*, Upper Saddle River N. J., 1977. Además véase P. Hersey, *The Situational Leader*, Nueva York, 1984. Para una recuperación de la teoría y práctica jesuítica como modelo de "leadership" contemporánea, véase el trabajo de un ex directivo de JPMorgan aunque alumno de la Loyola University de Chicago, Ch. Lowney, *Heroic leadership*, Chicago, 2003. La intención ideológica prevalece decididamente sobre el rigor histórico. Del mismo género véase V. Volpi, *Marketing Mission. Come conquistare un mercato internazionale. Le straordinarie lezioni di Alessandro Valignano, gesuita italiano del Cinquecento*, Milán, 2005. Véase además nota 56.

62. L. Giard, "Relire les 'Constitutions'", en L. Giard y L. de Vaucelles (dirs.), *Les Jésuites à l'âge baroque (1540-1640)*, Grenoble, 1996, pág. 58. El núcleo de esta sagacidad política o filosófia normativa se encuentra en el prólogo (136), según el cual las constituciones deben poder "proveer a cada caso", pero sólo "en la medida de lo posible".

63. Sobre las misiones jesuíticas, la literatura es obviamente muy amplia, ya sea por las internas (europeas), ya sea por las extraeuropeas. Entre los estudios más recientes véase P. Broggio (dir.), *Strategie politiche e religiose nel mondo moderno: la Compagnia di Gesu ai tempi di Claudio Acquaviva, 1581-1615*, Atti delle giornate di studi a Roma, École Française 28-29 de octubre de 2002, Roma, 2004. Para Italia, B. Majorana, "Une pastorale spectaculaire. Missions et missionaires jésuites en Italie (XVIe-XVIIIe siècle)", en *Annales HSS*, 2, 2002, págs. 297-320.

64. Para una visión desmitificadora del llamado "diálogo cultural" emprendido por los jesuitas –que como se sabe se liga a las luchas sobre los ritos y a los límites de la adaptación del cristianismo a los usos locales– véase el reciente J.-P. Rubiés, "The concept of cultural dialogue and the jesuit method of accomodation: between idolatry and civilization", en *AHSI*, 147, 2005, págs. 237-280. Contra las tendencias apologéticas del pasado, el autor observa que "parece ciertamente anacrónico glorificar un 'diálogo cultural' que fue calculado para un fin mayor, la salvación de las almas humanas de acuerdo con una pasión religiosa que excluía enfáticamente, y de hecho era intolerante a, cualquier culto alternativo" (pág. 239).

65. Acerca de la importancia de la actividad inspectiva para el buen funcionamiento de la Compañía en las primeras décadas de su existencia véase G. Philippart, "Visiteurs, commissaires et inspecteurs dans la Compagnie de Jésus de 1540 à 1615", en *AHSI*, 37, 1968, págs. 3-60 y 38, 1969, págs. 229-291.

66. Cf. J. F. Moran, *The Japanese and the Jesuits: Alessandro Valignano in sixteenth-century Japan*, Londres, 1993; V. Volpi, *Il visitatore. Un testimone oculare nel misterioso Giappone del XVI secolo*, Casale Monferrato, 2004.

67. A. Valignano, *Il cerimoniale per i missionari del Giappone*, Roma, 1946.

68. *Ib.*, pág. 121. En la amplia gama de significados enumerados por el repertorio de S. Battaglia, *Grande dizionario della lingua italiana*, vol. XXI, Turín, 2002, "trattare" equivale en un sentido simple a "regular, gestionar, conducir, organizar el desarrollo de una operación, de una hacienda, de un asunto público o privado, ocuparse de las necesidades, de los intereses, de los deseos propios de ajenos".

69. *Ibid.*, pág. 211.

70. Para una rápida dilucidación véase Th. Ohm, "Akkomodation", en H. Fries (dir.), *Handbuch theologischer Grundbegriffe*, 2 vol., Munich, 1962, I, págs. 25-30.

71. Véase el ensayo "Distanza e prospettiva. Due metafore", en C. Ginzburg, *Occhiacci di legno*, Milán, 1998, págs. 171-193.

Impresos 500 ejemplares en marzo de 2009
en Talleres Gráficos Leograf SRL,
Rucci 408, Valentín Alsina, Argentina
Tel.: 4208-7766
impresionesleograf@speedy.com.ar